SÓCRATELAS...!

(Crónicas
de la misma
Historia)

SERGIO ANDRADE

EDITORIAL ALAMINOS

Título: **SÓCRATELAS...!**
Subtítulo: **(Crónicas de la misma Historia)**
© 2009 **Sergio Andrade**
© 2010 Sergio Andrade / **Editorial Alaminos**
Antiguo Libr. Actopan 118 / 42080 / Pachuca, Hidalgo (Mex)
editorialalaminos@gmail.com

ISBN: 978-0-9838841-3-2

Diseño de Portada y Contraportada: **SO FAR Design**

Todos los derechos reservados. Esta publicación no puede ser reproducida, ni en todo ni en parte, ni registrada en o transmitida por, un sistema de recuperación de información, en ninguna forma ni por ningún medio, sea mecánico, fotoquímico, electrónico, magnético, electroóptico, por fotocopia, o cualquier otro, sin la autorización previa, expresa y patente, por escrito, del Autor y del Editor Titulares del Copyright.

ÍNDICE

PRÓLOGO 4
I PLÁTICA 4
II PLÁTICA 9
... PÁGINA 11 13
POR QUÉ YO NO VOTÉ 14
LA GRAN MURALLA CHOLA 26
LOS MAILS DE RELACIÓN DE FERNANDO CORTÉS -II Mail
de Relación (Fragmento) 38
LOS SOÑADORES 112
LA CORRECCIÓN POLÍTICA I (ó ¡ Quítate, pinche negro!) 133
MUY TRUCHAS 145
LA CORRECCIÓN POLÍTICA II ("¡La maestra nos GRITÓ!!") 155
Santa An(n)a Freeway 163
LOS PEATONES 170
PAN Y CIRCO 178
LOS MAILS DE RELACIÓN DE FERNANDO CORTÉS
-III Mail de Relación (Fragmentos) 194
MINI-CRÓNICAS DE LA ACTUALIDAD 246
LA CORRECCIÓN POLÍTICA III (El sonrojado) 254
APpOLOGÍA DE LA CARNE 260
"A video camera is not a gun" (ó La aparente diferencia del
valor humano) 285
Entremés virtual para el hambriento peatón 300
CORRECCIONES POLITICAS MÁS, CORROSIONES
POLITICAS MENOS 312
El DISCURSO DE LA NUEVA (y vieja) DEMOCRACIA
y su altísimo costo ----- 328
MÁS MINI-CRÓNICAS DE LA ACTUALIDAD 345
LA VIDA COMO ENTRETENIMIENTO 360
MITOS, FALACIAS Y PELIGROS DE LA
"DEMOCRATIZACIÓN" DE LOS MEDIOS 376
EL HOMBRE MASA 460

PRÓLOGO

PLÁTICAS DEL MAESTRO PRETENCIOSO* (PERO NO ESTÚPIDO).

*Nota:- El lector retardado, zonzo o impaciente, urgido de otro tipo de verdades y de diversión, puede saltarse estas páginas e iniciar la lectura en la página 11. Aquel lector inteligente, que insista en pasar religiosamente por estas primeras diez páginas podrá, si las llegare a entender cabalmente, tener la certeza de que -con respecto a la comprensión cabal del resto del libro- *ya la hizo*.

I PLÁTICA

Ha sido dicho que quien no aprende de los errores volverá a cometerlos; pero yo os digo que es condición natural del hombre tropezar y tropezar varias veces con la misma piedra, porque no es aún en él lo más dominante su intelecto sino las pasiones del cuerpo, y porque otros habrá, más capaces y avanzados, que estén siempre interesados en que la gran masa de hombres comunes y corrientes se mantenga en la bruma, pero también porque aquellos que dominen y controlen, por inteligentes y expertos que sean, acabarán regodeándose con el exceso de poder y abusarán del mismo, cayendo indefectible e invariablemente, vez tras vez, en el error. Esa ha sido, es y será –me temo que por mucho tiempo aún- la irreflexiva y estúpida condición humana.

En primera instancia, pues, la causal primaria de los errores repetidos del hombre, tanto como individuo cuanto como grupo social, es su animalidad pasional en la que las vísceras, glándulas, humores, hormonas, secreciones, feromonas e instintos pesan más y permanecen por encima de su raciocinio, minimizándolo, dirigiéndolo y controlándolo; ahora bien-y no menos serio e importante-: en última instancia los comportamientos y actitudes del ser humano acaban sobreviviendo y evolucionando en su propio sistema de selección natural con base en el castigo o reforzamiento que reciba.

Sobreviven, se repiten y se perpetúan aquellos actos y actitudes que no son castigados y que, por el contrario, son favorecidos con el premio, el reforzamiento positivo y- en el mayor de los casos- la indiferencia. Al buscar el ser humano por encima de todas las cosas su sobrevivencia y reproducción, elementos esenciales –obviamente- para él, y cuya realización está íntimamente ligada a los elementos de satisfacción y de placer -aunque en la práctica muchas veces éstos ya independizados y disociados de aquéllos-, nos encontramos prácticamente y en la generalidad de los casos con un animal hedonista -únicamente en muy pocas ocasiones de manera más consciente que los animales de las otras especies – y habituado casi siempre a prácticas toleradas por terceros y favorecidas por ellos mismos hasta el grado de convertirlas en la ejecución acostumbrada de conductas francamente viciosas y de funestas potenciales consecuencias.

Salvo en aquellos casos extremos en que la conducta viciosa permitida o apoyada durante años –y que llegó a convertirse para el individuo en cuestión en una forma de vida- desemboca en actos delictivos de perjuicio para la sociedad y acaba eventualmente por ser castigada por ésta – considerando que inclusive en la mayoría de los casos en que socialmente se descubre el delito se atrapa al delincuente y se le castiga con periodos más o menos largos de encarcelamiento-, las crisis personales provocadas por los disturbios familiares, laborales o emocionales en las relaciones afectivas, que se producen por el desequilibrio generado en el individuo y/o en su entorno inmediato por la enajenación causada por las actitudes viciosas habituales y habituadas en él durante años de favorecimiento por refuerzo u omisión, no generan más que momentos de choques de intereses, de relativa importancia, con mayores o menores consecuencias que casi nunca provocan una desestructuración del individuo ni impiden su pronta recuperación y la continuidad existencial, provocando además –reforzado en todo y más que nunca por aquella verdad intuitiva de que lo que no lo destruye lo hace más fuerte- la prolongación en tiempo y espacio de dichos comportamientos y el más o menos pronto olvido de las consecuencias negativas de los mismos.

En muchas ocasiones el tiempo de recuperación de las crisis, los arrepentimientos y el subsanamiento de las heridas propias y/o ajenas, físicas y/o emocionales y/o espirituales, llega a provocar que la nueva crisis provocada por un siguiente estallamiento de las consecuencias del nuevo desequilibrio presentado (casi siempre en un mayor grado que en la ocasión *anterior*), acabe ocurriendo algunos años después, normalmente en la siguiente década de vida del individuo, habiendo generado –y siendo generada-, por el tiempo transcurrido, un olvido consecuente que se hace cómplice no de ese olvido(para tranquilidad física y emocional del individuo) de las penas anteriores provocadas por los viejos vicios, sino de los nuevos actos agresores en perjuicio -inclusive ahora y de manera más objetiva y patente, las más de las veces definitiva- del mismo individuo, sus amistades, relaciones familiares y descendientes.

Para entender cómo es posible que la fuerza de los errores repetidos acabe imponiéndose casi siempre a la previsión de sus funestas consecuencias, hay que recordar que no estamos solos y en medio del vacío con nuestros vicios, debilidades y tendencias. Nuestros familiares, amigos, amantes pueden hacer –y con frecuencia hacen para beneficio de ellos- un muy productivo uso de nuestros errores y sacan provecho de la repetición de los mismos y del poder creciente que adquieren sobre nosotros al señalárnoslos, culparnos y recriminarnos por nuestra insistencia en cometerlos, cobrando para abono en su cuenta: puntos a su favor en ascendencia "moral", amnistías y perdones recíprocos, y hasta en conductas de nuestra parte favorecedoras de sus intereses, e inclusive bonos del tesoro, herencias, viajes y premios en efectivo. Acaban ellos -los seres "querientes" "queridos" que nos rodean durante nuestros muy propios y particulares *via c r u c i s* - convirtiéndose en *víctimas-sacerdotes amonestadores, perdonadores, guías-cómplices-líderes admonitorios semicontroladores* que lucran con nuestros vicios y caídas sucesivas, en algunos casos hasta de manera inconsciente y por una necesidad de compensación del eterno conflicto de dominio y sumisión, para prolongar de manera más o menos estable el equilibrio precario de nuestra conducta y nuestras relaciones y volver luego de un tiempo – hasta que la crisis definitiva no dé al traste con todo- al mismo ciclo: *víctima-sacerdote amonestador, perdonador, guía-cómplice–líder admonitorio semicontrolador...* y vuelta a lo mismo. Este fenómeno de la extorsión de valores e integridades y el chantaje por la dinámica de la pérdida de los mismos, se da también, aunque con características particulares acordes con su propia dinámica social, no sólo entre grupos de individuos gobernantes-gobernados, sino también entre grupos de individuos que, aunque participan del control político y social de la sociedad, poseen diferentes niveles de poder, y a dicho acontecer particular en la interacción de los individuos y grupos durante sus relaciones (psicológicas -individuales y sociales-) podríamos llamarlo: *Síndrome de Jehová.-Te perdono pero a partir de ahora tendrás que trabajar y esforzarte más y ser buen muchachito y ganarte el pan con el sudor de tu frente(o parir los hijos con dolor); y si vuelves a caer en errores te tendré así agarrado por el cogote y me enojaré más cada vez que vuelvas a errar y en todo el proceso algo ganaré pues en un descuido -y dado que eres perfectible- hasta quién quita y te iré mejorando poco a poco sacando mientras buen provecho de tu servidumbre; si no, de cualquier forma me encargaré de castigarte con ira y abundante parafernalia aunque sea por la pura satisfacción del ejercicio de mi poder y para abrirles los ojos con una visión de la ejemplaridad a otros potenciales pecadores- como tú, a mi servicio-, no sólo yo de manera directa, sino también a través de mis iglesias y templos y sacerdotes, franquicias, locales comerciales y representantes de ventas.*

Hay, por supuesto, variantes y subdivisiones de ese *Síndrome de Jehová* del que padecen -y con el que nos hacen padecer- nuestros padres, abuelos, bisabuelos, tataraabuelos, esposas, esposos, novios, novias, amantes, amigos, amigas, jefes, profesores, nanas, instructores, tíos, primos, sobrinos, hijos e hijas, nietos y nietas (cualquiera que en el transcurso de nuestras relaciones ejerza o pretenda ejercer dominio sobre nosotros), como aquella variante en la que no sólo se obtiene para beneficio propio la ventaja del control obtenido sobre el vicioso irredento, pecador compulsivo o tropezador incurable, a través del señalamiento de su culpa y el "perdón" otorgado, sino se consiguen también mejoras en la imagen pública propia en virtud del papel que hacen -o que, para mejor decir, *representan*- frente a la sociedad nuestros perdonadores y "cargadores asociados de nuestra cruz", (ésta sería la "Modalidad *Hillary Clinton*" del *Síndrome de Jehová*). Y existen -cuando lo analizamos en su ocurrencia dentro de estructuras sociales y entre grupos políticos- mil variantes y modalidades más de este Síndrome.

En el caso del ser humano, tanto la imperfección del que comete el error una y otra vez, como del que se confiere o ha recibido la autorización para juzgarlo -en forma de juicios morales dentro de las interrelaciones humanas- convierten el problema completo en cualquier cosa, menos en la solución o erradicación del mismo.

Si en términos de una vida humana ese olvido de las funestas consecuencias de los actos viciosos y la desatención a los consejos y advertencias (tengan o no el fin honesto y saludable de prevenir y evitar las fallas futuras) no pueden ser tachados de otra cosa más que de estulticia y estupidez, siendo por ello una proyección *catáfora* –en el sentido de una figura de la realidad que expresa o representa un concepto poético existente, sin perjuicio de los antecedentes u orígenes del mismo, claro- del "otra vez la burra al trigo",y convirtiéndose, además (en una virtual biografía del individuo en cuestión), en una serie de actos y hechos, objeto (para el virtual biógrafo) de una narración repetitiva de episodios tipo "la misma gata, pero revolcada" u "otra vez la misma canción", ¿cómo podrá ser calificada, en qué términos desmesurados peyorativos podrá ser tachada la actitud de las sociedades y culturas que muchas veces a tan sólo una generación de distancia olvidan las terribles consecuencias sociales y el recuento de los costos trágicos *históricos* de los vicios , errores, insconsciencias, excesos, locuras, permisiones, banalidades, injusticias, deshumanidades, omisiones y barbaridades de sus individuos ciudadanos comunes y sus directivos y sus jefes y de los grupos y las administraciones, sistemas económicos, medidas, posturas, planeamientos, estrategias y liderazgos de sociedades de gobiernos pasados, y toda la serie de los sueños no escuchados, derroteros alternativos de propuestas y hallazgos y señalamientos de iluminados no atendidos -sólo defenestrados y sacrificados-, que convierten a las materias de las reseñas y los análisis de hechos en una circular vuelta insensata al trigal de parte de una burra gigantesca, obstinada y torpe, en una absurda, simple y reiterada serie de *crónicas de la misma historia*?.

II PLÁTICA

Las sociedades son organismos que nacen y se desarrollan dentro de las circunstancias de los caldos de cultivo que las favorecen.

Aun dentro de esta herencia conceptual de tintes spenglerianos, no podemos negar un verdadero sentido del progreso en la evolución social que se da de manera clara –y generalizándola al mundo en su totalidad– por medio de los "puestos de avanzada" significados por los logros y descubrimientos científicos, técnicos, tecnológicos y de orden sociológico y conceptual que algunos individuos y ciertas sociedades consiguen, plantean o manifiestan.

Tampoco podemos dejar de lado el que las sociedades, al surgir de caldos de cultivo más similares de lo que a primera vista parecen, y estar envueltas por circunstancias naturales de un devenir histórico arraigado mucho más profundamente en la naturaleza misma de las condiciones geográficas, geológicas, astronómicas y bioambientales del globo terráqueo, que en las condiciones de orden económico -las que, en gran medida son prefiguradas por aquéllas-, comparten necesidades, locuras, vicios, carencias...y mesías.

Este sustrato profundo natural y biológico del que se alimentan diversas raíces de sociedades que, por lo mismo, comparten características a pesar de su distancia en el tiempo; aunado a la esencia misma del carácter humano, sus motivaciones, anhelos, sueños, realizaciones y contradicciones; y sumado igualmente a los procesos de orden similar y naturaleza más que semejante, de surgimiento, desarrollo, llegada y/o arribo a su máximo nivel de competencia, y posterior caída, decadencia y/o desaparición después de lapsos más o menos breves de estabilidad...es lo que hace que hallemos singularidades comunes compartidas significativamente por sociedades en apariencia las más disímbolas.

Ya Toynbee, el sobrino, y a pesar de las críticas más o menos generales a sus planteamientos, había reconocido conceptos en cierto modo similares, aunque en nuestro juicio y para los efectos del presente libro el concepto de "sociedad" implique una combinación entretejida y absolutamente simultánea ("sistema de vasos comunicantes") de –entre otros- elementos partícipes de aquellos conceptos como *pueblo, raza y civilización*.

Una ejemplificación cercana a la definición que usamos, la podemos encontrar en lo que fue el reino de Timur Lang, por las "Kazakistanes" y "Uzbekistanes",Damascos, Bagdades y Ankaras de entre los siglos XIV y XV; en el de Nadir Khan, cometiendo sus tropelías y maquinaciones entre los Thamasp y Abbas de los siglos XVII y XVIII (o en la sociedad mexicana post-independentista entre los años de 1821 y 1884, vorágine de colección de colección de piezas realistas, insurgentes, imperialistas, republicanas, centralistas, federalistas, reformistas y presidencialistas).

No importa si adoptamos ciertos elementos hegelianos, algunos taineanos, marxistas o dynnikianos, o neadianos; antropológicos, sociológicos, económicos, filosóficos y/o históricos para "leer" la estructura y evolución de las sociedades; la evidencia de los similares nacimiento, evolución y estabilización -o decadencia/desaparición- de sus coincidencias funcionales (a pesar de los aparentemente muy diferentes nombres que se les asignan y los algunas veces hasta "contrarios" sistemas económicos a los que pertenecen), de la compactación del tiempo y las épocas históricas en su seno, del percurso más o menos acelerado que siguen por los estadios típicos del desarrollo social evolutivo, y de la existencia de elementos permanentes atávicos *socioeconómico- culturales* en sus entretramas (que provoca una convivencia real de elementos multisociales aparecidos en otras épocas a lo largo de la Historia), todo ello, nos obliga a prestar una especial atención a la contemplación que hagamos de ciertos elementos de nuestra sociedad actual, que no es *única* primordialmente en función de su "complejidad", "aceleración" y avances tecnológicos, sino en función de que es la única -lógico- que aglutina todos los elementos pasados, presentes y potencialmente accesibles a futuro desde nuestra perspectiva actual; particularidad que, por supuesto, tendrán todas y cada una de las por venir, mientras el proceso evolutivo social no se rompa o interrumpa drásticamente, y continúe -a pesar de todos los esfuerzos que llevamos a cabo para suspenderlo por medio de las tradicionales guerras, bombas de destrucción no-total y conflictos "de costumbre"– como un proceso gradual conjunto y más o menos generalizado de desarrollo evolutivo de cierta regular y "estabilizada" continuidad.

En una época en que las diferencias de desarrollo entre países y aun entre grupos sociales de una misma nación -y en el seno mismo de la personalidad biológica y psicológica de los individuos- provocan que coexistan y confluyan en su evolución "tiempos históricos" muy diferentes alejados en principio unos de otros, y características tecnológicas y culturales de los mismos, en un origen localizadas en sociedades de muy lejana situación geográfica y temporal, nos hallamos cotidianamente presenciando una convivencia de tradiciones, prácticas, costumbres, usos religiosos y modelos y estructuras socio-culturales, participantes de diferentes estadios económicos y tecnológicos muy diversos, en el interior mismo no solamente de cada cultura o sociedad, sino también en el de cada individuo; y debido a ello –y la fragmentación que provoca y produce en las personas y en los grupos mayores o menores a los que pertenecen- nos es posible asistir a las repeticiones de fenómenos sociales y actitudes cuyas coincidencias, a pesar de los momentos históricos diferentes en que aparecen, nos instruyen un comparativo de algunos de esos puntos destacados que se muestran con repeticiones periódicas de lo que en común tienen todos los hombres y todas las sociedades.

La saturación, el maltrato y el exterminio que imperan en la actualidad con respecto a los elementos de nuestro planeta -que en su biodiversidad la conforman plenamente- deberían determinar una real y racional preocupación a estas alturas tanto por entender cabalmente la medida de la importancia de esa biodiversidad en el nacimiento y desarrollo de las sociedades, como para saber aprovechar, en un mucho mejor y más amplio sentido que los filósofos griegos, los elementos míticos conceptuales simbólicos de *la agua,* la *tierra,* el *viento* y el *fuego,* y poder sacar de las comparaciones y puntos en común, así como de las terribles, magníficas coincidencias, no sólo críticas o sonrisas, o motivos de llanto y esperanza, sino la base para una educación consciente y para que en el futuro las crónicas de las *actualidades* -por venir- que hagamos, no tengan por qué ser necesariamente -como la de ésta-:*crónicas de la misma historia.*

...página 11

Este libro es un humilde homenaje -por medio de la revisión de ciertos actos y personajes históricos- a los que sueñan, aman con pasión y señalan sendas a seguir para que los demás caminemos por ellas rumbo a mejores épocas; pero también es un homenaje a los que han acallado y castigado a las voces de aquéllos que han tenido sueños y nos han señalado caminos, y, del mismo modo, un homenaje a los que se han equivocado una y otra vez como si en ello estuviera el chiste y la razón -a manera de un espectáculo alucinante de loca diversión y entretenimiento- de la existencia. Todos ellos merecen que se les recuerde, aunque sólo sea para que un buen día, por error y si Dios quiere, cometamos una equivocación fortuita, que sea aquella consistente en que por primera vez no nos equivoquemos, nos apartemos un minuto solamente de esa nuestra usual costumbre de inconsciencias, hagamos lo verdaderamente razonable de ser hecho, y sonriamos al descubrir que es posible, y en la mayoría de los sentidos conveniente, y mucho más productivo, ***atinarle***.

¡Abrid las puertas y ventanas, las de vuestra casa y vuestra alma; cantad la vida y la obra de todos los que con sus sueños y aciertos, injusticias y errores, nos piden que todos los días y a toda hora, incluso antes de nuestro próximo respiro, repasemos la Historia!

POR QUÉ YO NO VOTÉ

Yo no voté por Keops, ¿quién era yo para votar?, si en las reuniones de la clase alta y de los miembros de la familia real egipcia un mísero buscador de piedras preciosas y explotador de canteras de piedra, como yo, no tenía lugar, ni de lejos, ni de chiste, y además, en la designación del sucesor de Snefrú, prácticamente en nada influyó ninguna tradición más que la real y divina, para entronizarlo a *él*, el ambicioso, el comodino, el presuntuoso el megalómano, el cruel, Keops. ¿Cómo iba yo a querer que él nos gobernara si yo sabía muy bien desde el principio que *él* iba a convertir nuestra existencia en súbete aquí, bájate allá, carga esto, empuja el otro, llévate aquello, pica esa piedra, arrima ésta, vete al Sinaí, llévate esto hasta la barca en el Nilo, arrastra todo aquello desde Abu Simbel, recubre los bloques, pule la caliza, empuja el túmulo...?

Yo no voté *pra irmos* hacia el oeste sino por seguir *até o sul*, pero ni el Alvares Cabral ni los otros me hicieron caso y allá nos fuimos todos, rumbo a la dizque *terra* de la Vera Cruz, desobedeciendo las indicaciones de nuestra Excelencia y Majestad de ir a la India. y ahí anduvimos, en mares desconocidos y corrientes exóticas y hallando aborígenes en cueros, cuando lo que yo quería era llegar de nuevo a Calicut, como lo había hecho en uno de los navíos del Vasco dos años antes, para ver de nuevo a mi preciosa noviecita india que había dejado yo por esos rumbos.

Yo no voté en las huestes de Diego de Almagro en Liribamba, rumbo al Cuzco, por los Andes peruanos, porque no llegué muy sano ni en mis cinco sentidos ni a tiempo al cónclave por haber andado en los socorrimientos de Jauja, pero por supuesto que habría votado en contra de comprarle su armada a Pedro de Albarado a través de las negociaciones del licenciado Calderón, el de Sevilla- ni como indemnización para sacarlo del medio y convencerlo de que se apartase de la conquista de aquellos rumbos-, y sí a favor de ejecutarlo entre todo nosotros allí mismo; bastante daño había hecho ya a muchos y él no se tocaba el corazón cuando se trataba de atacar a traición y por sorpresa a indígenas y a paisanos europeos. Tampoco voté en Londres a favor de que acusaran al joven Marlowe de tánta cosa, ni nunca creí que fuera realmente ateo, ni blasfemo, ni conspirador, ni sodomita (tal vez sólo asesino y espía, *pero a nuestro favor*); ni creí nunca, cuando se murió, que no se hubiese muerto. Ni voté contra el viejo Galilei en nuestras reuniones del Santo Oficio, pues además de haber estado siempre enamorado de su hija Virginia, simpatizaba con él, y la forma en que yo sentía que se movía la tierra bajo mis pies cada vez que miraba a la muchacha, era para mí prueba suficiente de que el pisano no andaba tan errado.

Yo no voté a favor de las decisiones y promociones de el duque de Marlborough -a pesar de que, si tenía que elegir entre las partes, me inclinaba más por las opiniones de los *tories* que por las de los *whigs*- porque aunque él entendió la conveniencia de apoyar a éstos, y era verdad que tenía tan preclara mente, tan recia voluntad, tan férreo carácter y tan buena sangre que habría de engendrar aún muchas décadas después tan ilustre descendencia *consumepuros* inclusive, y -además- todo nuestro pueblo entero vibraba con fervor patriótico ante la declaración de guerra a Francia, yo era y siempre he sido, y creo que siempre lo seré, profunda y esencialmente anti-bélico y en ese momento sólo estaba convencido de votar por la paz en nuestro reino y en las posesiones que ya teníamos allende el mar.

Yo no voté –pues me encantaba bebérmelo mañana, tarde y noche- por que lo regresásemos a Inglaterra, y menos voté por que tirásemos los baúles de ese delicioso té al Atlántico aquella noche, y mucho menos quise vestirme de piel roja; pero de alguna forma tenía que ir yo con la corriente para no hacerme odioso ni despertar más sospechas y acabé por hacer lo que dijo Samuel Adams, y ahí me tuvieron, subiéndome a los navíos y siguiéndoles la corriente a los acelerados y aventando al mar con todo el dolor de mi corazón el té que yo quería en realidad tomarme a la mañana siguiente; hasta -cuando lo estábamos aventando en el puerto de Boston- me imaginé echándome a nadar al mar cuando acabáremos de hacerlo, y sintiendo en mi boca, en mi olfato y en toda mi piel el sabor de la gran infusión de ese té gigantesco preparado ahora, prácticamente, en una colosal taza oceánica.

No pude ni votar ni darles mi opinión para que, por lo menos a ésa, la salvaran y no la vendieran (ellos no solían escucharme en ese tipo de asuntos), cuando mis padres decidieron poner a la venta nuestra casa junto con todo el patrimonio inmobiliario moscovita de los Rostov ; y no me quedaba más que espiarlos junto con mi hermana Natasha desde debajo de la escalera o detrás de las puertas de su habitación, y apuntar posibilidades y hacernos cruces después los dos hermanos aprensivos sobre la potencial fatal concreción de la amenaza que tánto yo temía...

Yo no voté aquel día de los comicios en Yonville l'Aballe por que se le diera el dichoso reconocimiento a la vieja Leroux –y así se lo dije a Rodolfo Boulanger antes de que se retirara del brazo de Emma de la zona de los terneros berreantes-, porque todo ese circo de los premios, las menciones y medallas no me parecía más que un burdo y obvio pretexto para que los achichincles del Estado siguieran vendiéndonos las ideas de la "buena administración" que estaban ejerciendo, la paz de la que disfrutábamos, y el crecimiento de la actividad fabril y económica que retomaba su fuerza, y más que nunca, para gloria de nuestra moderna Francia... bla, bla, bla, bla, bla. Y no voté porque ni me dejaron, pues me consideraban un médico demasiado joven – más que del que Ippolito Kiríllovich sí quiso oír la opinión pues apoyaba sus teorías-, y aunque yo siempre creí que Mitia no estaba en su juicio, no servía de nada lo que yo creyera y sólo tuve que conformarme con disentir, desde una banca, de las afirmaciones absurdas y calenturientas del fiscal de la causa. Ni voté, porque en mi humilde posición no me correspondía hacerlo, para que Don Fabrizio no se explayara tanto ni profundizara en pormenores minuciosos de sus propios asuntos que le fue empezando a contar poco a poco a Don Calogero (me parecía el hecho de sus confidencias inconveniente y peligroso a futuro); me dediqué únicamente a desempeñar mis leales servicios, a amarrar animales, a cazar y a tantas otras monotonías isleñas que me permitían llevar la sumisión a cuestas sin muchos resquemores; ahora bien, viendo lo que fue pasando y lo que pasó al final con el Príncipe, con Angélica y con el mismo Tancredi, hasta pienso que sólo Dios sabe por qué hace las cosas y que todo tenía que haber sido en última instancia como fue y de esa manera. Siempre me pareció inevitable la inutilidad del voto, desde aquel plebiscito en que yo voté que "no", que "no" y que "no", (como que me llamo Francesco, como que la vida es ruin...), y ellos salieron conque todos los votantes habían votado "sí", ¡y cómo iba a ser eso si yo sé que por lo menos *yo* voté que "*no*"! Lo dicho: en las cosas humanas que cuentan, *muy* humanas, como cuando junto a los nobles que queremos y respetamos deseamos cuidarlos, protegerlos, advertirles del mal, no podemos, no nos sentimos ni con derecho a hablar, no nos toman en cuenta; y ahí donde sí nos dejan votar, a nosotros, los miserables, porque les conviene montar el tinglado y darle visos de honestidad a la cuestión, se tragan campechanamente nuestra opinión y la cagan convertida en lo que se les antoja; dicen que dijimos "negro" cuando en realidad dijimos "blanco". Lo dicho: ni para qué.

Yo no voté ni como grumete -porque en los barcos nadie pedía que los grumetes, *nosotros,* alzáramos el dedo-, ni como alférez -porque yo no estaba en el ejército más que para obedecer órdenes y no me era conveniente llamar mucho la atención-, ni, realmente, como monja -porque ahí los votos sólo se dan para servir a Dios-, en los diferentes momentos religiosos de mi entretenida chapucera vida. Y cómo iba yo a votar si las mujeres estábamos excluidas del voto y ni a las putas de Donnafugata, en Sicilia, les dejarían hacerlo dos siglos y medio después!, cuantimenos yo, mujer desubicada del siglo XVII, casta y con pretenciones místicas. Tampoco voté en las innumerables parodias de elección, que no eran más que reelecciones continuadas disfrazadas, del General Presidente Don Porfirio Díaz, porque no venía al caso, ni servía para nada; y las mujeres seguíamos sin votar aún en aquel entonces!

Yo no voté a favor de mis preferencias adolescentes femeninas, porque aunque votara acababa yo casi siempre plegándome a los señalamientos y determinaciones de mi abuela, aunque fuese a regañadientes; y como en otras ocasiones y en perjuicio, aunque fuese provisional y superficial, de mis ensoñaciones, acabé por obedecerlas y aceptar hacer el largo recorrido hasta el estudio de Elstir, para seguir los consejos de mi abuela sobre las ventajas de hablar con un hombre superior y ver sus obras y tralalá tralalá, aunque yo lo que quería realmente era ver una vez y otra vez a mi ramillete de nínfulas...y no quise ni votar cuando algunos de mis otros compañeros, los fornidos, gordos, de traje negro muy formal bien pegado al cuerpo insistieron en todo momento, hablando a cada instante mal de él, en la ejecución final de Josef K, desde el momento de su arresto hasta el de la absurda decisión de llevar su proceso a las últimas consecuencias.

No voté porque se traicionara y asesinara en la hacienda de Chinameca a Zapata. Nos pidieron levantar el dedo a los carrancistas que habríamos de determinar su suerte, pero yo entendí que era puro formulismo y que ya el Coronel Guajardo se había puesto de acuerdo con Don Venustiano, lo habían decidido los dos y sabían qué hacer y cómo, dónde y cuándo, y me quedé como dudando porque, aparte de eso, yo era de la opinión de mi abuelo Guillermo, quien nos heredó los pantalones que siempre tuvimos los herederos de los Prieto, y yo entendía muy bien con él - aunque los dos profundamente equivocados- que ni los hombres cabales merecen la traición ni los valientes asesinan.

No voté en 1968 porque a pesar de tánta vida y tánto tiempo, tenía apenas doce años, y aunque la violencia de los granaderos sí la llegué a sentir en carne propia cuando, en uno de los últimos días de escuela antes de las huelgas y los bazookazos al portón de la Prepa 1, los tanques y los gases entraron por un costado de la Catedral Metropolitana y nos fueron arrinconando hasta por la Iniciación Universitaria de San Ildefonso, frente a la Secretaría de Educación Pública, y me habría gustado participar de la hechura de alguna diferencia gritando a voz en cuello en los mítines y marchas y votando por el cambio absoluto del régimen, cuando se pudiera, por mi edad y en mi caso yo no podría eso último hasta casi seis años después.

Y no voté cuando cumplí los dieciocho porque no era año de elecciones. Ni a los diecinueve, porque andaba yo en las últimas de dinero, para variar, y me andaba cambiando de una casa en la Clavería a una vecindad en la Popotla y más preocupado por conseguir qué comer y en dónde dormir y en cómo pagar las rentas caídas de donde me estaban echando, que por votar para los cargos de elección popular que fueran.

Y no voté a mis veintiuno porque ya había yo tomado plena conciencia de lo que la mayoría de las acciones "políticas" de nuestros políticos y líderes sindicales significaba *en* y *para* nuestro país, pues desde pequeño había venido oyendo sobre varios integrantes de mi familia: mi abuelo (líder y miembro de la burocracia sindical desde que fue integrante de aquel famoso grupo de *lobitos* lecheros junto al joven Fidel Velázquez), mi tío abuelo (miembro del mismo y después Senador de la República), su hijo -mi tío- (por el estilo -por educación, asimilación y herencia-), mi hermano (Diputado, y con intenciones de seguir por muchos años en la carrera que traía en la sangre); y porque aunque hubo elecciones presidenciales ese año, eran de aquéllas a las que el gobierno nos tenían acostumbrados, en que sabía uno perfectamente quién iba a ganar porque –aunque lo negaran algunos- la monarquía partidista en que vivíamos en México, en la que no sólo se designaba con el dedo omnipotente presidencial al próximo candidato oficial a Presidente por parte del partido en el poder sino al que sería indefectiblemente el próximo Presidente (que no era sino el mismo aquél candidato preparado de antemano), no sólo hacía innecesario, superfluo y prescindible el voto de los soñadores con espíritu ilusorio de cambios, sino completamente inútil, patético y absurdo. Y la verdad yo andaba tan preocupado por conseguir trabajo para llevarle de comer a mi hijo ya de año y medio, que me parecía una perdida olímpica de tiempo (y el decir "olímpica" siempre me retrae al recuerdo de aquellos juegos olímpicos de la infamia en la Ciudad de México en el 68) el ir a votar en unas elecciones para las que lo que menos contaba era el voto real y voluntario de los ciudadanos y en las que el sufragio no tenía nada de efectivo.

Qué le íbamos a hacer, ni siquiera éramos los activistas del 68 y del 71, pues prácticamente éramos una generación más joven, y padecíamos una inconciencia y apatía políticas producto más que de la estupidez, del desencanto. Los muertos no habían abonado mayormente los terrenos y todo parecía caer en las mismas miasmas mexicanas de siempre del sopor y del olvido. Y así se iban pasando los años y hasta los resquebrajamientos de los partidos los veíamos con escepticismo, y las fundaciones de nuevas fuerzas partidistas con suspicacia, pues para nosotros tenían los visos de estrategias generadas por el mismo *partido institucional* – fuéranlo o no- para ofrecer "alternativas" que paliasen la ausencia de verdaderos grupos opositores en el triste remedo de democracia que era el sistema político de nuestro país. Y no voté en el 82 porque andaba ya tan ocupado haciendo dinero que ni tiempo para ir a sacar la credencial o para ir a votar tenía (cuando hay por fin cohetes, hay que echarlos rápido, antes de que se nos mojen o nos los decomisen), y, por el mismo entusiasmo del ir poco a poco dejando atrás mi pobreza material, me parecía que el sistema no podía ser tan malo si permitía que un descastado como yo comenzara a escalar socialmente hasta niveles que ni había soñado.

Y no voté en el 88 porque andaba de luna de miel en una isla de los mares del sur y dedicado más a menesteres del tálamo nupcial que a aconteceres del fraude electoral. Y cuando volví y supe de la caída del sistema y de las negociaciones posteriores y de los tejes y manejes, me confirmé en la idea de que había aprovechado mejor mi tiempo metiendo semillas en urnas eróticas y pródigas, que introduciendo votos en urnas caóticas, efímeras y estériles.

Y no voté en 1994, porque a mi candidato, con el que un día platicamos y vivimos el contagio de su entusiasmo por los planes de cambio y renovación que pretendía, lo habían asesinado en Tijuana, y daba tristeza y rabia ver en qué se había convertido nuestro país y en manos de quiénes iba a quedar seguramente el futuro inmediato de nuestra política.

Tampoco voté, porque no me dejaron ni votar –a pesar de ser amiguísimo de uno de los numerosos sobrinos del mulá taliban Omar- y me dijeron que yo ni llevaba vela en ese entierro, cuando se trataba de decidir qué hacer con los budas gigantes del acantilado de Bamiyan, en Hazarajat, y con muchas otras de las obras del patrimonio del Afganistán preislámico; yo sí cumplía con mi conciencia y le decía, le decía a cada momento al sobrino Abdallah, entra en razón, Abdallah, pára con eso, Abdallah, paren con eso, ¿Cómo van a destruir semejante tesoro por mucho que no les gusten en su religión las imágenes?, *biism Allah!* no tiren esas estatuas! Pero, así como...votar, *votar*..., no voté.

Y no voté en el 2000 porque estaba preso y detenido en Brasil, y negándome a ser extraditado por la injusticia que implicaban las acusaciones de mi caso y la forma ilegal en que habían sido implementadas, y estaba yo limitado por razón del territorio, pues estaba en el extranjero (cuando los mexicanos en el extranjero no podían votar); además, por las leyes de mi país de origen -tan "especiales" y diferentes a las de países de mayor riqueza y civilización, que sí lo permiten- en mi calidad de preso, detenido prácticamente procesado, me habían retirado mis más elementales derechos cívicos y no podía yo –ni pude hacerlo durante cinco años- registrar *mis* obras intelectuales a *mi* nombre en la Dirección General del Derecho de Autor, hacer otros trámites cívicos elementales, ni muchas otras lindezas (creativas y esencialmente humanas y dignas) por el estilo. Ni, por supuesto, *votar*.

¡Y llegó el 2006! y, por fin!, estaba yo libre y en posesión de mi credencial de elector que fui a sacar casi inmediatamente después de que salí de la cárcel, y con toda la ilusión de haber recobrado mis derechos cívicos y de estar a punto –consciente, plena experimentada y cabalmente- de ejercitarlos. Y vi programas de televisión de contenido electoral, con asiduidad desacostumbrada en mí, y escuché debates radiales de índole política y hasta leí con cuidado las bardas, los *posters,* los anuncios monumentales espectaculares y los colguijos plásticos en los *posters*, y llegué al 2 de julio con la convicción de que "el voto es el instrumento del cambio en la democracia", de la importancia de mi voto maduro, con la ilusión de ejercerlo adecuadamente, y con la seguridad –ahora sí- de la efectividad de los sufragios. Y como estaba lejos de la casilla que me correspondía en razón de mi domicilio, que era en Chihuahua, y sabiendo que podría acudir a una casilla especial en la Ciudad de México, donde me encontraba en viaje de negocios, seguí desde la noche anterior los comentarios y noticias sobre el inminente día de elecciones (a pesar de que la luz se fue en el hotel durante un buen rato y la televisión simplemente dejó de verse toda la noche anterior a las elecciones, y *eso* había comenzado ya a darme mala espina), y muy temprano en la mañana vi las trasmisiones en directo ya de las casillas y los comentaristas de lujo de la noche en vela de los diferentes canales haciendo oficios mañaneros y marqué al número 01800 en el que supuestamente me dirían qué casilla especial me quedaba cerca del Fiesta Inn del Viaducto e Insurgentes; y me dio otra mala espina cuando sonaba todo el tiempo ocupado, o nadie contestaba durante un buen rato, o me dejaban esperando eternidades –a pesar de la cortesía meliflua exagerada del principio de la conversación telefónica cuando sí la lograba– y luego me colgaban. Y aunque no me supieron decir con precisión, salí en el auto con mi esposa, quien también iba a votar entusiasmada, y fuimos por las calles de la Ciudad de, México rumbo al sur por las calles de Insurgentes y luego por División del Norte y aun por Vertiz divisando casillas con filas gigantescas hasta llegar cerca de aquélla en la que un servidor mejor informado me había, al fin, dicho que podríamos votar pues era una de las denominadas "Especiales" –para ciudadanos lejos de su domicilio y casilla correspondiente- y que se encontraba en la calle de Providencia, a media cuadra de Félix Cuevas. Y llegamos allí pero era prácticamente imposible transitar con el auto por esa calle y hasta fue mejor no haberlo dejado a unas cuadras de ahí y avanzar caminando, pues casi al llegar a la casilla vimos que la cola de gente, además de sudada, estaba enorme y que daba la vuelta a la manzana y que no habría forma de votar en muchas horas, pero lo peor, que había varias cámaras de televisión de equipos de reporteros de varias televisoras, y habría sido para mí un suicidio haber llegado hasta el lugar de los hechos caminando y en vivo y a todo color para ser acribillado a mansalva, como figura pública que no se precia de serlo, por las preguntas profundamente estúpidas e inoportunas de los hombres y mujeres del micrófono.

    Y al decidir avanzar por otras calles, siempre rumbo al sur, caímos en la cuenta de que iba a ser un día difícil, si es que queríamos votar, y hasta encontramos dos casillas "Especiales" más, pero ya con las boletas agotadas.

Decidimos entonces agarrar camino a Cuernavaca, donde tenemos amistades y donde seguramente no estaría el asunto tan aglomerado. Llegamos a un fraccionamiento donde había casillas Normales y Adjuntas, pero no Especiales. Pasamos frente al Seguro Social cerca de la salida a Civac e intuimos, por la multitud inmensa que se agolpaba a las puertas de lo que parecía ser una escuela, que probablemente allí se encontraba situada una casilla; pero, además de la bola de individuos e individuas abanicantes, sudorosos y huarachudos, y de los automóviles apelmazados a unos centímetros de ellos frente al local, había cerca de trescientas personas haciendo fila (las contamos) y optamos seguirnos hasta Temixco. Más ilusión y ganas de votar nunca se vio en sujeto alguno, éste inclusive exaltado no sólo por la libertad del voto sino por la suya propia conseguida recientemente.

Preguntamos a varias personas, policías y guardias incluidos, al entrar a Temixco, y hasta después de muchos minutos alguien atinó a decirnos que había una casilla Especial afuera de la Exhacienda Temixco. Misma cantidad de gente acalorada, desesperada, ojos alucinados, otros en parpados caídos, gente sentada en el piso, en cuclillas, dormida...Preguntamos y nos dijeron que sí, que ahí podíamos formarnos si queríamos, y que todavía había boletas, y que aunque la votación terminase a las seis de la tarde *le permitirían votar a todo aquel que ya estuviera formado*, PERO que lo que *no era seguro era que las boletas fueran a alcanzar para todos*. Una muchacha comiéndose un raspado se aproximó a nosotros en un afán de comentar el sufrimiento simpático: "újule, ya nosotros fuimos a varias casillas especiales y venimos desde México, allá tratamos de votar en la mañana cerca del Aeropuerto pero se acabaron las boletas...aquí en Cuernavaca ya fuimos a la que está por el Seguro y a otra más y lo mismo...quién sabe si vayamos a alcanzar en ésta... dicen que hay otra Especial por el Polvorín, nosotras mejor nos vamos a esperar en ésta...mi mamá está allá formada en la fila con mi hermano..." Mientras señalaba con el dedo y se volvía para mirar a sus parientes, mi mujer y yo nos miramos, caminamos rápidamente, nos subimos al auto y enfilamos todavía más apresurados rumbo al Polvorín. Tres cuadras más arriba y unos minutos antes de las seis, efectivamente: una "CASILLA ESPECIAL"!!, pero, qué creen?, lógico...*ya sin boletas para los que anduviéramos queriendo votar lejos de casa*. Nos rendimos.

En los días siguientes –entre entrevistas y comentarios de los votantes- escuchamos testimonios de muchísimos otros como nosotros. Una señora narraba lo que parecía una versión calcada de nuestra Odisea, pero en vez de las playas del mar Egeo, el escenario eran las playas de Acapulco. Decía la mujer con entusiasmo y con razón que ella y su familia habían tratado de votar en el Aeropuerto de la Ciudad de Acapulco y también en un hotel donde había casilla Especial, pero, qué creen?, lógico...se habían acabado las boletas; y que era notoriamente absurdo que las autoridades electorales no hubiesen previsto con un mínimo de inteligencia razonable, que en los lugares turísticos habría una mucho mayor afluencia de votantes en las casillas Especiales y lejos de su casa, como para poner una mucho mayor cantidad de boletas en esas casillas.

Así que, treinta y dos años después de mi primera oportunidad de voto, tampoco voté. Luego vendrían aquella noche del dos de julio, mi frustración y la de mi señora, los comentarios ávidos y chuscos y luego la incertidumbre por la falta de la información del IFE. Una vez más –por pusilanimidad, indecisión, truculencia, miedo, precaución o lo que fuera-: *noches a oscuras.*

Con todo lo que vino a pasar después: silencios incómodos, estrategias siniestras, negativas absurdas y obstinadas, posiciones necias, besamientos mutuos de manos, ungimientos oportunos, multiplicidad de errores negados y al fin reconocidos..., no supe si lamentar menos o más el no haber votado. Sólo me ha quedado bien claro que los tiempos cambian, la moda, los ciclos de poder, los hombres, las instituciones; los integrantes de los partidos también cambian- en nuestro país, en las últimas décadas, incluso recíproca, alternada y periódicamente-; cambian los sistemas; cambian los arribistas, los mediocres, los parásitos, los cuenteros, los hipócritas, los chismosos, los lamesuelas, los engañabobos, los intrigantes, los megalómanos, los lamehuevos, los ineptos, los omisos, los remisos, los metiches, los peculadores, los especuladores, los saltimbanquis, los cruzarríos, los lameculos; cambian también, ni duda cabe, los planteamientos, los slogans, las campañas, los tipos físicos de los candidatos, los peinados, los tintes para el pelo, las canas que se inventan, las puntadas que se avientan; cambian los vestuarios, las preferencias conceptuales, las ideologías, el ritmo de los discursos, las marcas de los autos, el menú de los banquetes, el look de los guardaespaldas, los modos y maneras de los consejeros y asesores de los políticos, la asignación y el sentido de los presupuestos , los gobiernos, los Presidentes y hasta los Gobernadores; *y hasta las alianzas y la afiliación ideológica de los partidos y los nombres de los partidos y los partidos políticos mismos cambian* , pero los vicios... **nunca**.

LA GRAN MURALLA *CHOLA*

La felicidad de mi hijo Ernesto, de siete años, se me reflejó en la cara y la luz en sus ojos iluminó el jardín y mis miedos y mis angustias por una relación a punto de quebrarse, matrimonio fallido, alumbró mis problemas económicos e iluminó, de hecho, todo el fraccionamiento y esa parte brumosa a fuerza de transpirante del estado de Morelos.

Hasta el gatito que saltó la barda, proveniente del terreno del vecino, y que cayó en la parte profunda de nuestro jardín, quedó abrillantado la luz feliz en la cara de mi hijo al verlo. El grito que dio atrajo a la hermanita, cuatro años, cabello alborotado, pura energía voluble y poderosa pasando también ahora deslumbrada entre mi pierna y el marco de la puerta que da al jardín.

Corre ella por el pasto con los pies descalzos haciendo una línea inclinada, como personaje de caricaturas resbalando y barriendo el piso y acercando primero la cabeza a su objetivo, correcaminos motivado llega donde Ernesto, acaricia el vientre del gatito y entre los dos lo juegan, lo alzan, lo empujan queriéndolo hacer que camine, lo abrazan acurrucándoselo en el cuello y acaban devolviéndole la luz que él nos trajo, al iluminarle con sus mimos, aligerándoselo, el miedo que el animal está sintiendo, y a mí mi propio miedo por la preocupación de la audiencia del divorcio con el juez de lo civil y esa arpía traicionera mal nacida, mañana, que se me diluye ahora a cada paso que doy por el jardín cuando avanzo y perdono y sonrío y llego ya radiante a jugar con Ernesto, Laurita y Tapete. Gracias, gato, gracias.

Cuando Tapete llegó habían saltado ya del jardín del vecino a nuestro jardín: 2 perros satos, 1 fox terrier, 1 cocker, 3 gatos siameses y 1 gata cruzada muy raro, pero para efecto de nosotros los desconocedores, prácticamente de Angora, lo que no impidió que la llegada del nuevo fuera, una vez más motivo de alegría, detalle folklórico, curiosidad simpática.

Nos habíamos acostumbrado a ser, en resumidas cuentas, receptores de animales, orfanatorio de bestias descastadas, asilo de mascotas, de mamíferos fugitivos, de cuadrúpedos pata de perro (aunque fueran gatos y gatas), y anexas, que hallaban seguramente atractiva nuestra casa y agradable nuestro jardín. Mientras anduvieran de aquí para allá, a veces hasta sin darse a notar, como los gatos, que de hecho callejeaban el día entero y volvían sólo por la noche, y no causaran mayores daños...todo bien. Mis hijos felices juguetones, yo con ellos entretenido, mi ex bien, gracias a Dios que la tenga en su Santa Gloria y ojalá se muriera antes de la audiencia de mañana.

No por ello dejaba de ser notable éxodo. Me subí un par de ocasiones a la azotea para ver de dónde llegaban exactamente. Sí, era el jardín del vecino, mucho más lleno de animales que el mío, en franco desorden, desesperados y agresivos. Perros, gatos, ardillas, iguanas, dos o tres chimpancés. Llegué inclusive a sorprender a una perra collie en el momento de brincarse la barda por donde a todos les era más fácil pasarse a mi terreno. Pero ella y dos pastores alemán que se saltaron la siguiente semana, acabaron por ser bienvenidos como perros ladradores para seguridad de nuestra propia casa. Tenía hasta sus conveniencias: compañía, favorecimiento de la convivencia y el juego familiares -tan importantes-, diversión gratuita, cursos prácticos de biología, de relaciones interanimales, seguridad contra saqueadores, abono excremental gratis para el césped y las plantas del jardín...

De cualquier forma, tampoco era cuestión de que al rato ya no pudiéramos ni caminar por el jardín o que acabáramos gastando más en Whiskas, CAT CHOW y retazos con hueso, que en las pizzas y hamburguesas que nos gustaban. Así que me armé de valor cuando comprendí que después del tercer timbrazo largo que acababa yo de dar, el vecino saldría seguramente alterado a hablar conmigo. Nada. Ni ese día ni los siguientes de esa semana ni en las tres semanas siguientes; era como decir una casa abandonada. Por las noches los aullidos, ladridos, maullidos y demás provenientes de la casa del vecino se iban volviendo cada vez más intolerables. Los pobres animales pasaban hambre.

A nuestro jardín siguieron llegando con regularidad y cada mes en mayor número los animales que se escapaban de la casa del vecino. Hasta en Laurita alcancé a ver una tarde una expresión de preocupación. Con la sabiduría dilapidante y sencilla de sus ya cinco años le dijo a su hermano una noche, en la cena, entre el sándwich de jamón y queso y el vaso de leche: "si se siguen brincando nos vamos a tener que salir nosotros". Lo dijo en voz baja, aproximando su cabeza a la de Ernesto, como para que yo no la oyera. A partir de ahí, a cada ruido de puerta, sonido de auto o de timbre que alcanzaba yo a oír -a la hora que fuera- en la casa de al lado, corría a asomarme por una de las ventanas para ver si había alguien en el patio que no fuera de raza rottweiler o bóxer o pequinés, o alguna sombra de humano en la terraza del vecino o alguna silueta de dueño, sirviente o cuidador tras las cortinas;o bajaba la escalera de cuatro en cuatro y corría, dejaba abierta la puerta de mi casa al salir y llegaba patinando a tocar el timbre del vecino o a dar de golpes en el portón de su garage con el puño cerrado.

Salté, por el cúmulo de emociones que se me generaron, la ocasión en que desde la ventana del segundo piso que daba a la calle respondió a mis toquidos desesperados el hombre con gorra roja que había alcanzado a ver minutos antes en el patio del vecino y que ya para ese momento comenzaba yo a considerar una aparición.

-Qué se le ofrece?-preguntó con una candidez aniquiladora.
Cuarenta oraciones, muchas irónicas, se me atropellaron en la mente y en la boca. Acabé diciendo la primera que se me había ocurrido, o pegando palabras de algunas de ellas; no lo supe.

-Bueno, los perros...y los gatos...y las ardillas y las iguanas-señalaba yo como idiota a algún lugar imaginario cerca de una nube en el cielo-son ya muchos, ya no caben-el tipo asomó más la cabeza con las cejas casi juntas sobre la nariz y se acomodó la gorra-,es usted el dueño? Porque... mire usted, no podemos seguir así...-mi mano seguía levantada como la de un general latinoamericano en estatua de glorieta-...la verdad-ahí atiné a mover la cabeza diciendo muchas veces que no-...ya ni mis hijos ni yo podemos andar por el patio, ya no hay espacio, está tan lleno de cacas que no podemos dar un paso sin embadurnarnos con excremento los zapatos y ya ni para cuidar o avisar sirven porque ladran y maúllan a todas horas...

Sin dignarse a bajar me explicó que él sólo era el cuidador, (cuidaba qué? si nunca estaba!), que los dueños se la pasaban viajando por el mundo y casi nunca iban (si no lo sabía yo!) que la casa como que ni les interesaba pues ya ni los servicios pagaban ni mandaban dinero para darles de comer a los animales que, por otra parte no sólo se habían reproducido como conejos a pesar de la progresiva falta de alimento y las privaciones, sino que se habían ido sumando a los que llegaban al jardín del vecino saltando desde otros terrenos baldíos, otros predios colindantes y la misma calle.

Pasó un año y nunca volví a ver al cuidador. Ahora era imposible ya caminar por el césped; en cualquier momento de descuido se metían por puertas y ventanas a nuestra casa más animales inquietos y aburridos de nuestro jardín de los que estábamos dispuestos a tolerar en la terraza, en alguna recámara, o en la sala al ver televisión. Arañaban las paredes por fuera, las puertas de cristal y los mosquiteros; dejaban sus lengüetazos y sus vahos en los vidrios de los ventanales; habían tapizado completamente el jardín con sus cuerpos como un nuevo césped viviente, se habían comido o pisoteado los rosales, las bugambilias y los claveles; orinaron hasta la estatua pequeña de la Venus de Milo que tenía yo al lado de la palapa; estaban sobre las ramas de los árboles, sobre y adentro de mi carro, bajo el lavadero, sobre las bardas y hasta en agujeros que habían abierto en muros y en pavimentos. Lo bueno que habían traído alguna vez junto a su belleza- movimientos acompasados, somnolencia gentil y la alegría- había desaparecido o sido superado por las cosas malas de la invasión, los daños colaterales, los cánceres ecológicos, los desequilibrios de los géneros, las especies y las razas.

Ahora podían verse en mi jardín hasta ratas, cacomiztles y zarigüeyas durmiendo su siesta tradicional o pernoctando plácidamente entre los otros invasores y, colmo de colmos!, no sólo se brincaban la barda ya por los lugares acostumbrados, sino por todos los puntos a todo lo largo; hasta vi caracoles, gusanos, serpientes y lombrices cruzando del jardín del mítico vecino a mi jardín por los intersticios de la barda de piedra divisoria entre los terrenos y, maravilla de maravillas!, ahora los perros pasaban haciendo túneles por abajo de dicha pared como topos especializados ya en excavaciones subterráneas...

Corrí, no en el auto, pues no pude ni sacarlo de la parte del jardín donde lo guardaba, por la miríada de animales que lo llenaban y lo cubrían, bajé por las pendientes del fraccionamiento, *jogger sui generis* de traje y corbata y zapatos Zegna a las cuatro y media de la tarde, sudoroso y angustiado hasta la casa de venta de materiales de construcción, pagué con la única tarjeta que no se me cayó al sacarlas nervioso de la bolsa del saco, pedí servicio extra urgente, manden los bultos de cemento y las varillas y los camiones de grava y arena hoy mismo en la noche a la hora que puedan, les dije, yo de todos modos ni duermo con el escándalo ése. De vuelta en la casa le llamé al ingeniero, al maestro albañil (él les llamaría a los peones, al arquitecto, a todos).

En una semana estrené la nueva pared divisoria entre mi terreno y el del vecino, precioso muro de piedra de cuarenta centímetros de ancho y seis metros de altura a todo lo largo entre los dos terrenos, flamante, poderoso, intimidatorio, con mampostería hasta de seis metros de profundidad para acabar con los túneles, a ver cómo le hacen ahora desgraciados agujereadores, y una bella espiral de navajas coronando la parte más alta, brillante a los cálidos rayos de la luz del sol cuernavaquense durante el día y a los tibios rayos de la luna morelense por las noches...

Eventualmente -sé que si siguen llegando al jardín de mi vecino animales de otros predios, reproduciéndose ahí como se reproducen con fruición los que ya están, si siguen sin tener qué comer ni qué hacer en realidad, desatendidos de la vida y del mundo completamente por sus dueños, si continúan sin poder saltarse por la barda de atrás de su jardín hacia otros patios pues ese terreno da directo a la cañada y se ahogarían, y si conservan en su memoria colectiva animal ,o entre ellos se cuentan en algún peculiar lenguaje bestial compartido, que al otro lado del muro hay un jardín al que solían brincarse cómodamente sus compañeros de antes y la pasaban bien ya estando ahí porque el dueño de la casa era acomodado, tolerante, caritativo, permisivo, altruista y receptivo (y en muchos sentidos hipócrita, egoísta y convenenciero cuando se trata de la comodidad y la alegría de sus hijos)- volverán a encontrar esos animales el modo de pasarse de nuevo a mi terreno, y - *de nuevo*- masiva e impunemente. Eso *lo sé*. Estoy perfectamente consciente de que -a pesar del muro, y aunque el haberlo yo alzado haya sido una buena medida para por lo menos concientizar a mis vecinos momentáneamente del problema- ni voy a detener total ni definitivamente la invasión, ni el muro va a hacer que se acabe ese grandísimo problema que tienen los de al lado, que irá encontrando formas de canalizar poco a poco otra vez los animales hacia mi terreno, de maneras más nuevas y originales, y mismo que, tarde o temprano, terminará por manifestarse en toda su plenitud, o mayor aun que hace unos meses; cuando no fuere que por lloriqueos y pataletas de mis hijos o *alguna* protesta de vecinos generada por recomendaciones de cualquier organización internacional protectora de los derechos animales y del desarrollo psicológico afortunado y no-conflictivo de los niños, acabe yo mismo por derruir el muro y dejar que todo se venga abajo y que los vecinos y sus cateras y hatos de animales, bestias, fieras, gusanos y reptiles acaben saliéndose (o mejor, *metiéndose*) con -y haciendo completamente de- las suyas.

Lo que no puedo creer es que -según me contaron hace unos días unos vecinos chismosos por naturaleza-tanto el cuidador del terreno como los dueños de la casa anden diciendo por ahí, él en cantinas de la región y ellos en bares y bistros más sofisticados en Europa y las Bahamas, que yo soy un desconsiderado, mal nacido, inhumano (aquí sería más bien *un animal*), que es inaudito que haya yo levantado ese muro entre nuestras casas (como si no estuviera yo en *todo mi derecho*!), que podía yo haber adoptado otras medidas (como si eso fuera posible ante su inacción y su inasistencia permanente que *dejaron siempre el problema sin resolver*!!), y que no es forma de comportarse ni de llevar una buena relación y un trato decente y razonable entre vecinos...(!!!) (*sic* potencial)

      Imagino a los guerreros de la Asia septentrional del siglo III a.C. ante la decisión de Ts'in Shi Huang-Ti, primer emperador (de la dinastía Ch'in), de levantar -para empezar- los primeros kilómetros de la gran muralla china; sus expresiones tal vez serían de asombro y desagrado, pero tendrían que haber estado muy orates para mandarle con algún propio mensajero emisario al emperador chino, algunas cartas -en papel de china, claro- junto con el embajador y la embajada y encargados de turno para ese viaje, todos y todas con expresiones de indignación y de protesta por la erección del muro.

Tal vez lo hicieron y no ha quedado registro fiel de tales estupideces en los anales de los registros de aquella dinastía. Y tal vez, si lo hicieron, el emperador en cuestión también se pitorreó de risa al saber de las protestas (y orinó entre carcajadas orientales todo el té chino que se había tomado junto a las delicias del chow mein y del pato), por la inconsecuencia.

      Por otra parte -aquélla que tiene que ver no ya con las inutilidad de las quejas contra los muros y murallas, sino con la muy radical inutilidad de su construcción-, las complicaciones logísticas y estratégicas del emprendimiento y realización de obras de semejantes propósitos, alcances y envergadura no pueden ser pasadas por alto, y han despertado desde siempre la imaginación de los ordenadores de las mismas, de los arquitectos, de los sudorosos constructores diarios, del pueblo en general, de los analistas históricos y hasta de los artistas. Ya el humilde constructor kafkiano de la muralla china comprendía:"*La naturaleza humana, por esencia voluble, inestable como el polvo, no admite amarras; y si se las impone ella misma,no tardará, enloquecida, en romper sus ataduras, hasta hacer pedazos murallas, cadenas y a sí misma".*

Siglos después -y desde otra muy diferente perspectiva-, voces que deberían ser aliadas, no dejan de tener lucidez (aunque sea por aquello del *viva México, cabrones!*) en su apoyo a la medida de George Bush de extender el levantamiento de un muro en una gran longitud entre México y Estados Unidos a fines del año sexto del siglo veintiuno, y llegan hasta a decir en sus voces de linaje secretarial de estado, que fue una buena medida y debería extenderse aun más y tal vez sería la solución definitiva al problema de la migración ilegal entre los dos países.

George Bush -el junior- por quedar bien con socios financieros, alas partidistas y algunos votantes, pasa por alto que la construcción de una muralla es, a estas alturas históricas: ánacrónica, obsoleta y antifuncional. Se le olvida también que los muros y murallas, sobre todo los de grandes dimensiones (y mayores pretensiones), han acabado -históricamente- por mostrarse definitivamente inútiles. Hasta porque el afán de autoprotección y aislamiento llevado al extremo no impide -y muchas veces provoca, origina y promociona- la aparición destructiva de presiones y cánceres internos (desde adentro) que acaban con cualquier reino; si no el anquilosamiento paulatino, aunque irreversible y terminal del mismo por falta de contactos e intercambios dialécticos culturales.Un desarrollo cultural sano y tradicionalmente "normal" requiere una buena cantidad de guerras e invasiones, tanto infligidas como sufridas.Pero ése es otro cantar.

La vastedad de monumentos humanos -que en eso terminan- erigidos, en última instancia, en homenaje al *miedo*, es impresionante. Pareciera que el hombre se ha dedicado a levantar construcciones en honor de sus emociones más señaladas y arraigadas, aquéllas que han hecho que se pase toda una Historia ocupado en sus actividades favoritas (cuidándose *de sus enemigos*, y *preparándose para la muerte)*. Entre miles de otras construcciones, dan testimonio de ello: las ciudades, castillos y fuertes amurallados, la fortaleza y muralla de Jodhpur (India), la Gran Muralla China, los mausoleos de la antigüedad mediterránea, el palacio y fortaleza Alhambra (Andalucía), la fortaleza inca de Sacsahuamán (Perú), las tumbas y grandes pirámides (Egipto), el complejo funerario khmer de monumentos en Angkor (Camboya Occidental), el Taj Mahal (India), y las tumbas romanas y cristianas (monumentales) en honor de dioses, emperadores, reyes, papas, héroes y militares; y, dentro de los primeros -de los que se refieren a cuidarse la espalda (no mojada) de las agresiones e invasiones del enemigo-: la novedosa, flamante y actualísima *Gran Muralla Chola*, aquélla que te encuentras como quien va pa'l chuco, y que no sabemos en qué vaya a acabar.

No obstante, podría ser también, quizá, y solamente , cuestión de esperar: proyecciones bastante minuciosas, en teoría confiables y probablemente acertadas, apuntan a que para el año 2050 un cuarto de la población de los Estados Unidos de América será hispana o de origen hispano – principalmente *mexicanos* (de hecho, parece ser que a diferencia de hace algunas décadas, cuando con bombo y platillos los norteamericanos festejaron el nacimiento de su habitante número"200,000,000", dando abiertamente a los medios todos sus generales y sus datos, en octubre del 2006 han restringido la información sobre el nacimiento de su habitante número "300,000,000" pues *supuestamente es mexicano o de origen mexicano o hijo de inmigrante mexicana)-,* lo que quiere decir que en unos años prácticamente todos nosotros, con nuestros abuelos y nuestros hijos, estaremos por allá, y el presente problema de la inmigración ilegal será, por fuerza, considerado bajo un muy diferente punto de vista, a la luz de una realidad económica y social muy distinta de la actual y desde perspectivas internas y externas, republicanas y demócratas(si es que la incompetencia de ambos bandos no acaba antes con los dos partidos de la gran nación), diametralmente modificadas.

Yo, personalmente, estaría ahora a favor de levantar *ya* un muro gigantesco y, efectivamente, a todo lo largo entre la frontera entre los dos países, pero me refiero a *entre México y Guatemala y Belice*, para evitar que más indígenas sudamericanos sigan pasándose a nuestro país ilegalmente; y cuando digo "a nuestro país" me refiero al que resultare de derribar cualquier muro existente entre México y Estados Unidos y eliminar cualquier barrera limítrofe legal, geográfica y migratoria entre los dos países, y cualquier otra posible barrera de carácter aduanal y nacional, convirtiendo a los territorios de los dos países en uno solo, en donde los idiomas oficiales serían el español y el inglés, las taquerías convivirían con los restaurantes de fast food (qué, todo eso no está así ya?), donde la efectividad de la policía americana tuviera que convivir con la de nuestros narcos, donde el mercado-no sólo el de la droga-de todos los insumos y materias y productos se convirtiera en el número uno del mundo muy por encima de todos los demás, y los michoacanos, guanajuatenses y otros no sólo no tuvieran para donde ni por qué saltarse-porque ya estaban dentro-sino que se ilusionaran con la idea de que aunque seguían más o menos igual de jodidos y discriminados, por lo menos los bienes de consumo, las calles y carreteras, las leyes y su dizque aplicación, y los billetes verdes y la espejeante aplicación honesta de la recaudación de los impuestos, les daban la ilusoria redimida sensación esperanzadora de que ahí la llevaban y aunque fuera poco a poco la estaban haciendo; o no, *amigou*?

Aunque quién sabe, nuestros paisanos mexicanos suelen ser candil de la calle y oscuridad de su casa, y a lo mejor los principios de conciencia, de seriedad y puntualidad y efectividad con los que muchos de ellos se barnizan cuando caen en la realidad de la lucha del inmigrante en el territorio de la potencia extranjera concreta y exigente, iban a quedar sin efecto al sentir que no estaban en Illinois o Washington sino que aún estaban durmiendo por la noche en algún suburbio de Tipiripécuaro o de Uriquiurangato, y lo mexicano les iba a seguir invadiendo los riñones subiéndoles desde la tierra del suelo por ósmosis entre las células epidérmicas de las plantas de sus pies y filtrándoseles hasta llegarles a la médula, e iban entonces así a seguir de baquetones, impuntuales huevones, taciturnos, taimados, bravucones, cobardes, pusilánimes, incumplidos, informales, imprecisos, indecisos, flojos, impreparados, incultos, analfabetas, derrotistas, más o menos, al ratito, hasta mañana, relajientos y demás. Con todas sus taras y carencias de siempre, con todas sus pretensiones, presunciones e ilusiones(mentira que el mexicano realice fiestas o festeje-el mexicano sólo relajea-;mentira que posea un sentimiento profundamente religioso-su comportamiento no tiene que ver con la fe, sino con la repetición vacía e imitativa de los ritos en un afán de parecerse a alguien o a algo y de ganarse un lugar, un afecto, un reconocimiento- ; mentira que en sus valores morales la familia esté por encima de todo-simplemente, ante su incapacidad de superación, su flojera y su desencanto, se resguarda en aquella institución más próxima y que le permite escudarse mejor(cuando le conviene)del mundo, y ejercer una autoridad sobre mujer e hijos, que fuera de ese núcleo y sobre bases que no fueran las del "yo soy tu padre",no conseguiría, ante nadie más, llevar a cabo y poner en funcionamiento; mentira que se burle de la muerte-no hay posibilidad de burlarse de aquello de lo que no se tiene conciencia, y el mexicano no tiene verdadera conciencia de la muerte pues sólo la puede tener aquél que se siente dueño de su propia existencia(aunque en estricta esencia nadie lo sea),cosa a la que el mexicano no ha llegado, en función de las características de su desarrollo histórico y psicológico, jamás.

Iban ,de esa manera, a perpetuar su comportamiento con perjuicio de su lugar de origen y de su patria adoptiva (engrandecida para un supuesto beneficio-nunca obtenido-de las partes) y, lo que es peor, a acabar, como en un pásale a tu casa mano, qué te tomas, recibiendo ya en el mismo seno de la unificada nación y también ya de manera indiscriminada, a todos los gringos y gringas e inmigrantes llegados allá y de allá y dólares y hip-hops y anexas y mezclándose y cruzándose con ellos y entre todos ya también alucinada e indiscriminadamente, y, en vez de mejorar los mexicanos, pasar a contagiar a los gringos americanos de todos nuestros defectos, haciendo que toda la nueva nación pasase a devaluarse y mandando el nuevo territorio agrandado unificado *americano* al hoyo del tequila, a la crisis sexenal (para colmo, en uno de los muy particulares e idiosincráticos modos mexicanos originales *made in ésta mi casa que es tu casa* inventados: reelectoral),al pozo sin fondo de la inexistencia y la derrota continuas, y yéndose ahora sí todos juntos y en bola desde Seattle y los Grandes Lagos hasta el Suchiate y el Usumacinta, desde la isla Catalina hasta Cozumel y Xcaré, y desde Alaska y Hawaii y Nueva York y Puerto Rico hasta Puerto Escondido y Acapulco...definitivamente a la chingada.

LOS MAILS DE RELACIÓN DE FERNANDO CORTÉS

> Sept/2005.- El Cártel de Tijuana envía un batidor a la Ciudad de México para evaluar la apertura de novísimas rutas y mercados y establecer una SuperGerencia Regional para la América Central y del Sur; Fernando Cortés –el elegido para la misión– vuelve al D.F. después de encarcelado y de 8 años de ausencia, para enviar sus informes de reconocimiento en mails hasta cierto punto codificados.

II Mail de Relación (fragmento)

Lleguéme por las entradas que vienen de la provincia que aquí llaman Querétaro, y dos horas después de andar habiendo dejado la dicha provincia y cuando suponía yo, por mis conocimientos anteriores que de estos rumbos tenía, que habría de cruzar las tierras inhabitadas de costumbre antes de llegar a los parajes conocidos como Cuautitlán Izcalli, sorprendiéronme sobremanera la multitud y la variedad de casas y construcciones que ahora atestan dichos rumbos antaño despoblados.

Es tánta la aglomeración de habitaciones que ahora se percibe, en lotes que yo recuerdo perfectamente bien haber visto con anterioridad a mi largo encarcelamiento absolutamente baldíos, que compite, Excelentísimo Señor de Tijuana, en multiplicidad, colorido y variedad, con esta otra aglomeración, antes desconocida o ignorada tal vez por mí, por la característica diferente de mis anteriores ocupaciones, que es la aglomeración de los aquí llamados *tráilers*. Llegando a esta parte del camino, ya casi por arribar a lo que antes eran las afueras de Temixtitan, en el rumbo que ya os dije ser el de pocas leguas antes de Cuautitlán Izcalli, no podía yo avanzar con mi automóvil por razón de la dicha carretera encontrarse invadida materialmente por millares y millares de los dichos *tráilers*. Más que una autopista como las que se hayan en los muy diversos lugares urbanizados del mundo, Señor, parece ahora un estacionamiento gigantesco de tráilers y de esos otros vehículos acá conocidos como semiremolques, camiones y camiones de redilas, a tal punto que paréceme más ese tramo del camino una zona de recreación para acampar o lo que en otras partes civilizadas del mundo llaman RV Parks ó trailer-parks. Debo decirle que fue tánto y de tal envergadura mi asombro, Señor, por el encontrar en esas latitudes, entre la observación de las nuevas casas levantadas y lo tumultuado del camino repleto de vehículos, que entrambas cosas no queda cosa vacua, espacio ermo por donde la vista alcance a percibir a su través cosa alguna, así de llena y tumultuada es esta zona, que inmediatamente, aunque eso es un eufemismo, Señor, pues tardé por lo mismo otros más siete días en llegar a las partes de Temixtitan a las que antes yo llegaba desde ese mismo punto en medio, que "inmediatamente" en mis intenciones por lo menos, os digo, Señor, dirigíme a un Internet para alquilar espacio y equipo desde el cual enviaros la presente relación por todo lo que en ella pueda haber de útil en significar para Vuestra Obra y Honra que nuestros vehículos cargueros, tal vez por la una parte, hallen imposible de transitar a una velocidad razonable por la dicha zona de las cercanías anteriores a la Cuautitlán Izcalli y con ello retrasárense significativamente las entregas a nuestros nuevos contactos y comercializadores que a partir de mis informes y con base en vuestras sabias decisiones hagamos y formemos en esta gran metrópoli, pero a la misma vez, por la otra, será del mayor servicio a vuestra causa, que es la nuestra, el que aprovechando esa coyuntura, nuestras naves cargueras podrán seguramente vender directamente nuestros productos durante todo el tiempo que estén varadas en la tal parte de la dicha autopista, y todo ello mientras esperen el avance del congestionamiento vehicular para seguir su trayectoria hacia la dicha Temixtitan, a los pobladores de los miles de casas- habitación nuevas que por estos parajes se han construído en los años que yo estuve recluído fuera de circulación por los avatares que usted, muy respetable Señor, conoce a fondo, y que son tántas las dichas casas y tan pobladas de tánto ser autóctono de tan diversas partes de la república, y conformando núcleos familiares tan llenos de niños pequeños, púberes y adolescentes de tánto color, forma y variedad, que no dudo que las ventas que hagamos en vuestro servicio, Señor, al ser detenidos por el tráfico durante días, como yo, en la esta parte del camino, superarán en tamaño, monto, temporalidad y consistencia, a aquellas otras que la magnífica providencia de Dios Nuestro Señor nos permitiere lograr en esotra, la ubicada ya en terrenos interiores y en efecto localizada dentro de la dicha gran ciudad metrópoli de Temixtitan.

Volviendo al asunto de las casas que como proliferación de hongos en terreno húmedo montañoso han venido a levantarse en esta región donde antes sólo había especie de pastizales secos con alguna vaca enclenque y uno que otro galgo pulgoso errante y moribundo, y que queda, como ya os relaté, unas cuantas leguas antes de la Cuautitlán Izcalli enllegando a Temixtitan viniendo desde la provincia de Querétaro, habré de referirle, Excelentísimo Señor, que la dicha aglomeración de las casas nuevas tiene en torno 50 leguas y aun más, y se extiende de tal manera hasta los cerros aledaños que se divisan en lontananza, que es de tan grande y de tánta y mucha admiración que todo esto haya sido construido en el lapso de ocho años, que es el tiempo desde el que yo no me venía por estos parajes y que antes estaban carentes de gente, luz, agua, servicios públicos y todos los otros menesteres. Aunque eso de los servicios, según vecinos del lugar que conmigo han hablado durante los días que quedé varado en aquella parte del trayecto, y quienes me informaron ampliamente mientras comía yo cacahuates, habas en bolsitas de plástico, papas y platanitos fritos, merengues y otras muchas confituras y porquerías chatarra que suelen comerse por acá con la mayor naturalidad, y de las cuyas los cientos de vendedores ambulantes, que también ahora pululan por el aqueste lugar y que son aun muchos más que los que antaño tuve yo oportunidad de llegar a ver, expenden a mansalva, continúa a ser eso de los servicios, a decir de los que más saben y segundo me hicieron saber, un problema aquí de la mayor envergadura pues los colonizadores, o a un mejor decir, los constructores que han arquitectado las habitaciones para los colonizadores nuevos de esas tierras, han hecho las casas pero no se han preocupado de la misma forma para dotarlas, ni a ellas ni a la dicha zona en general, del abastecimiento de agua ni del alcantarillado conveniente, que aun paréceme que en otras partes del reino de España y ya desde hace muchísimo tiempo los había mejores en ciudades como la de Córdoba, en Andalucía: y con toda esa carencia de servicios convenientes vése que aquí los dichos habitantes viven, aunque en casitas relativamente nuevas y de un cierto modo curiosas y de buen ver, hacinados de manera la más de inconveniente y sufriendo un nivel de vida a la ínfima altura equiparable a esotros lugares del globo como los que desde mi infortunado encarcelamiento tuve yo oportunidad de ver en algunas partes del Caribe, de la África y de la India. Lo cual, Excelentísimo Señor, me llena el cuerpo y la alma de fe y esperanza en el futuro de la organización que Vuestra Señoría tan firme y sabiamente dirige, pues es del conocimiento común y de todos sabido, y por demás reconocido, que en las poblaciones de la máxima pobreza dáse la oportunidad de hacer prosperar los más grandes vicios y, asimismo, el comercio de las más grandes y nobles distracciones e ilusiones que permiten a los miserables sobrellevar su infierno durante el tránsito por este mundo, como son: el circo, la televisión, los espectáculos, el juego, las drogas y la prostitución. Es todo eso aquí y hasta tal grado la dicha pobreza y desesperación en los rostros de las personas que aquí pernoctan, pues la mayor parte de ellos viven lejos y sólo se vienen en días entre semana con el mínimo tiempo para dormir, que no dudo que lograremos muy altas ventas de las nuestras mercadurías en beneficio de usted y de quienes le rodean, y aun muy más grandes que las que hemos alcanzado en estos años próximos anteriores en las provincias del Norte de nuestro país y en el País de las Provincias del Norte.

Así como en pasando por estos lares, determiné de irme unos minutos a inspeccionar el área, ya que el embotellamiento enorme de los tráilers con holgura me lo permitía, y os puedo decir que divísase el llano tan así lleno de las dichas casas, que llegan las dichas construcciones hasta el pie de los muchos cerros que se hallan no muy cercanos de allí, tal vez a un doble tiro de frisbee de un buen jugador, si fuere bueno en realidad, o de jabalina olímpica, que ya los he visto excepcionales en algunas competiciones alrededor del mundo, y en siendo la distancia desde la autopista hasta los dichos cerros de la tal manera que os acabo de referir, admira que todo ese terreno y aun parte de las faldas de los dichos cerros estén ya como tapizados de ese musgo fértil de crecimiento y avance incontenible con el que podría asemejarse aun a la dicha nueva zona de agrupación de casas.

Por donde usted viere hay casas, a ambos lados de callejuelas de no muy grandes dimensiones, por lo que paréceme que los constructores desta zona han escatimado en lo moral y en lo económico al manufacturarlas. No os cansaré con mis relaciones y no pretendo, Señor, haceros leer de más, sabiendo lo múltiple y delicado de las operaciones del tráfico comercial que os ocupa en la gloriosa Ciudad de la Tijuana, pero, aun advirtiéndole del hecho de que callo más de lo que reporto algunas cosas, porque ya tendrá usted, espero, ocasión de venir a hacer una visitación personal, y otras porque son de tan grande interés y de naturaleza tan delicada para nuestra causa, que prefiero enviar a vuestra merced por otro medio o mejor criptografiadas para su propia protección, debo sin duda señalaros que yo personalmente divisé y conté hasta cuarenta mil casas. Son las dichas casas hechas de materiales muy sencillos, tales como tabiques, cemento y grava. Algunas vénse ya levantadas aprovechando materiales prefabricados, pero siempre de apariencia tan humilde y de fragilidad tan señalada, que preveo que no aguantaren uno de los múltiples y drásticos temblores de la tierra, que sabemos asolan continua pero sorpresivamente esta región del Valle de México y Provincias circundantes. Paréme incluso encima de mi automóvil y no alcancé a divisar en toda la extensión, que será como de unas cincuenta leguas en torno, como ya os mencioné, ningún edificio de altura mayor a las dos o tres plantas, como los que descubre uno en cualquier ciudad moderna de otras regiones más avanzadas del globo, y cae uno en la cuenta, al ver como yo vi, que las casas son de tamaño muy reducido, simples, pintaditas todas de la misma manera y colorido, aunque por secciones: algunas, las más, alineadas de dos en dos o de cuatro en cuatro para ahorrar los dineros del constructor y aprovechar que los muros de la estancia o el baño de las unas, sean los mismos, pero en su contraparte, de los de la estancia o el baño de las otras; y si usted viere la dicha colonización, verá como yo que todas las dichas casas, por su número y características, provocan en el observador la sensación de mareo o de cosa mágica o de obra de prestidigitador moro o de demonio, pues la vista se confunde y tiene uno la sensación de estar viendo la misma casa a pesar de que la cabeza y los ojos giran en creyendo apercibir otras, y hasta piensa uno el ver visiones y frótase con desesperación los ojos por no saber distinguir la una casa de la otra o dónde terminan ni dónde acaban ellas. Tal es la multiplicidad y la similitud o, por mejor decir, la igualdad de las mismas.

Por inspección ocular que también desde mi auto realicé, y cálculo matemático simple, en considerando el promedio de habitantes por casa-familia, os informo que, sólo de lugareños, habrá aquí sobre la cantidad de cuatrocientos mil, y maravíllome que hasta ha sido tanta la aglomeración de los nuevos asentamientos en esta la dicha zona de unas leguas previas a la Ciudad de Cuautitlán Izcalli, que puedo os certificar que yo mismo divisé en las lejanías de por los cerros cercanos a ella, y ya materialmente viviendo en cuevas naturales o practicadas con artificios de constructor amateur en ellos, muchas y muy numerosas familias de proveniencia varia, pues a decir de vecinos lugareños que junto a mi pernoctaron en los automóviles durante la larguísima y muy lenta marcha de avance a mi entrada en la ciudad de Temixtitan, hánse llegado los dichos nuevos colonizadores de muchas provincias no sólo del interior del país de Jauja, sino del de otros de similar atraso y melancólica existencia, como son la Guatemala, Las Honduras, la Colombia, la Venezuela, el Paraguay y otros asimismo por el estilo. Y dáme aprensión, Excelentísimo Jefe, imaginar que los dichos habitantes han elegido las cuevas de los cerros aledaños para construir su vivienda, no terminen aplastados y muy mal heridos y casi en su totalidad exterminados como aquellos de infausta memoria que fenecieron en durante las tragedias de San Juanico, San No Sé Qué y similares. Debo le reconocer que, aunque a mi muy humilde parecer, Señor, dicho exterminio, quizá, no sería más que una proyección de la selección natural que aun más y inclusive ayudaría a limitar un poco las dichas aglomeraciones de gentes y sería tal vez medida providencial del Señor Dios Nuestro para les otorgar a tan infelices accidentados una vida en el más allá muy mucho más positiva, agradable y tolerable que la que ellos aquí de por sí llevan, reconozco que no sería la dicha tragedia del desaparecimiento de los tales vecinos de por acá, conveniente para nuestra empresa de expansión de imposición y venta de nuestras mercadurías, pues ésta lo que requiere, y a la sombra de lo que tan magníficamente prospera, es, por el contrario, la multiplicación irracional, desmedida e incontinente, de los seres así dichos, y tal vez en este caso más impropiamente que en otros, de humanos, y el hacinamiento en condiciones primitivas de los mismos.

Y más aun, usted disculpe, dáme pesar considerar que hasta los poquísimos que no son tan pobres, han vivido una fantasía guajira al creer que comprando una casita como las de por aquí, comenzarían su escalamiento social o adquirirían algún tipo de estabilidad, seguridad y protección para el futuro.

Por no cansaros, sólo os repetiré que la dicha zona puede darnos, con certeza, los mayores ingresos si aquí viniéremos, como son vuestros planes, a aposentar una importante sucursal de nuestro próspero negocio del Norte, y que por ello no quise pasar por alto la ocasión de os referir algunos pormenores esenciales de la dicha zona.

Torné a avanzar, siempre a vuelta de rueda, porque de hacerlo no había otra forma debido al tráfico vehicular que, si ya por el año en que salí desta ciudad era insoportable, hoy he venido a encontrármelo, después de la ausencia, absurdo e imposible, a grado tal de que llegué a contar hasta un día y medio detenido en mi vehículo sin avanzar ni un codo, y cuando por fin y con gran contentamiento de mi parte, pude ponerme en marcha otra vez, lo hice por un espacio y distancia de no más de una pulgada, que usted puede dar fe a lo que digo, ya que es la verdad más absoluta de lo que he percibido respecto al tráfico actual en una de las entradas norte de esta gran metrópoli. Y de las otras ha de poderse decir la misma cosa, ya que el número de autos y camiones ha aumentado en demasía, así como el de los conductores, de los cuales fueron muchísimos los que en ese día de mi retorno y entrada a la ciudad de Temixtitan me acompañaron en el sufrimiento de pasar prácticamente estacionados tres días en un tramo de una longitud no mayor a la que conocemos que va del Puente Internacional, allá en Tijuana, a la cantina "Mi Oficina", que de su propiedad, Señor, se ostenta, hace gala y Dios guarde y haga prosperar aun más en los años venideros, para solaz y esparcimiento de nosotros sus subalternos y de la plebe en general.

 Me partí de la caseta de cobro y fui por la tierra que llaman ellos de La Lechería y anduve lentísimamente, que no hay modo distinto de transitar por esos poblados, y anduve otras tres leguas hasta llegar a una bifurcación de caminos nuevos muy bien obrados y de tan grandes dimensiones y bondades, que altos peajes cobran las autoridades para dejarnos pasar por ellos, y que parten de un punto cercano a la entrada de la mancha urbana principal para dirigirse a la provincia que se llama de Toluca, al gran mercado centro comercial de Santa Fe y a las cercanías de Tecamachalco y el Bosque de Chapultepeque, y muchas y muy buenas recomendaciones sobre dellos y insistencias de tomarlos me hicieron los conductores de otros vehículos, vecinos del dicho poblado de La Lechería, durante los días que pasamos allí de fijo sin avanzar por la calzada de circulación "rápida" que denominan Anillo Periférico, pero dióme temor y precaución y gran desconfianza el seguir esas rutas desconocidas para mí, y construidas recién ha poco que yo ni las sabía, y ello tanto por la ignorancia que de su desembocadura exacta yo tenía y hízoseme temor a extraviarme, como por la idea que asaltóme en aquel momento, de que quizá en llegando a la Casa de Cobro donde debería pagar el peaje, por ser ésa como todas las otras modernas que en el camino de mi vuelta a estas regiones vine a descubrir como nuevas en su haber y de muy mejores servicios y cumplimientos a aquéllas que yo conocía endenantes, me cobrarían una cantidad estratosférica, y más alzada aun que las muchas que ya en este mi regreso he pagado, exponiéndome a no tener lo bastante ni para cruzarla, que ya como decía otro de mis vecinos en esa marcha de automóviles sin marchar que duró los días, al ser hechas las dichas autopistas y caminos sólo para finalidad y provecho del tráfico más expedito de los ricos y poderosos a sus hogares y empresas de trabajo, quedan muy por sobre del alcance del bolsillo de los plebeyos, y determiné de irme hacia el centro de la ciudad, continuando la ruta por la dicha misma calzada, y a unas dos leguas más, di en un bosque de seres gigantescos y grandes rótulos que se prolongaban ya de manera continua por todas las leguas que yo de frente de por mí vía en lontananza, y que eran los millones de carteles y anuncios espectaculares publicitarios que espantáronme por su tamaño, cantidad, fealdad y proliferación insensata, y que trataré de definir más adelante al final de este mail de manera acuciosa, mas sin cansaros, y en la forma en que se han reproducido y esparcido de manera tan extraña y desproporcionada y tan diferente a aquélla en que yo los dejé cuando partí desta villa el año en que comencé mi periplo mayor que terminaría llevándome a ser detenido y encarcelado mucho tiempo, como Vuesa Merced sabe.

Baste decir y por ahora, que fue como que me saliesen al paso ejércitos de gigantes, caras, brazos piernas, objetos enormes por doquier, y aunque muchos la mayoría de ellos eran de una belleza como la que ya he visto en otros carteles de otras ciudades del orbe, los había otros que por la fealdad de sus modelos, que no precisamente tiene rasgos griegos la gente de estas latitudes, me espantaron en grande medida y me pusieron en estado aun más nervioso que en el que de por sí, por lo lento de mi transitar, me encontraba. Y así, asombrado al grado máximo, avancé por las Villas y Municipios de Tlalnepantla, que dicen de Baz, y muchos otros, y hasta llegar y cruzar por el medio del de Naucalpan, que asignaron a Juárez, trecho en el que mi retorno a la ciudad gigante se convirtió en un testimonio de admiración y extrañeza y expresiones de sobrecogimiento y sorpresa muy más numerosas y mayores que las que me asaltaron cuando llegué a Venecia en aquella nave transmediterránea en que lo acompañé a usted, Magnífico Señor, a pasar aquellas cortas vacaciones luego de negociar con los Donatelli y los Berlusconi; y más desmedidas todavía, que las que hice, Su Excelencia debe se acordar bien, que Dios lo ha proveído de tan buena y vigorosa memoria, cuando llegamos en su DC-9 privado a la **cidade maravilhosa do Río de Janeiro** aquel carnaval en que cerramos acuerdos y ordenanzas municipales con el rector no oficial de la misma, el capitán capo de aquella época y conocido suyo, el sanguinario Fernandinho Beira-Mar; y incluso más señaladas que las que debe haber generado mi tátaratátaratátaratátaraabuelo Hernán cuando, como yo, entró a esta fabulosa Temixtitan y, como yo, absorto, mudo y asombrado en mucha muy grande medida, divisó las maravillas que le escapaban a sus conocimientos previos, como éstas a los míos, aunque en arribando él, a decir verdad, por otro lado, allá por los rumbos de Tescucan e Iztapalapa.

Para abreviar y poder llegar a la médula del sentido de mi viaje, que es la ciudad misma de Temixtitan en sí propia, os referiré por lo pronto, sólamente, cuáles tres cosas me han asombrado sobremanera al comenzar a entrar ya práctica y materialmente en ella luego de los años de mi reclusión. La una es la impresionante proliferación y asentamiento de muchas y muy nuevas y grandes empresas en la entrada de la dicha Temixtitan, para quien llega por la entrada de la autopista que viene desde la provincia de Querétaro, pues las hay de múltiples y muy variadas especialidades, pero todas de muy visible y señalada prosperidad, a decir por los materiales de construcción de sus casas comerciales, la vistosidad de sus aparadores y la brillantez y tamaño de sus logos, haciendo que en ello sí comience a parecerse la dicha Ciudad de Temixtitan a cualquiera que su merced quisiere considerar de otras latitudes más desarrolladas del globo, como son San Diego, Miami, Milán o Londres. Venden en esas grandes empresas autos de importación, vestimentas y tejidos, mueblería, comida como la de Estados Unidos de América y mil mercadurías más; con marcas en los autos, por decir algunas, como BMW, Mercedes Benz y otras de particular predilección de Vuestra Merced; en las áreas de las comidas hállanse hamburgueserías como Wendy´s, Burger King y McDonalds y otros negocios de comida de relativo reciente desarrollo en otras partes más civilizadas del mundo que conocemos como el Starbucks Coffee y otros de muy mucha categoría, elegancia y clase; y admiran de todos los tales negocios y comercios asentados en los últimos años en la dicha entrada nor-noroeste de Temixtitan, la que pasa luego de unas seis leguas por la Ciudad Satélite, el número de ellos y la vistosidad y el tamaño de sus salas de exhibición, y la grandeza y magnificencia de los aparadores, logos comerciales y edificios que los albergan, llegando algunos a ser de varios pisos, con grandes y muy espejeantes ventanales y , por las noches, de una tan grande y poderosa iluminación que no los he visto iguales en Sevilla ni en Cataluña.

La segunda de las cosas que me han dejado perplejo a mi retorno, es aquella referente a la existencia de muchos y muy nuevos centros comerciales donde agrúpanse comercios de dimensión menor, como pequeñas fondas, farmacias, papelerías, centros de copiado y otros, llegando a algunos de esos centros comerciales a alcanzar proporciones gigantescas y más de las que en alguna ocasión vimos usted y yo en aquella Galería enorme de la ciudad de Houston, en donde fuimos a celebrar la muerte de Nuestro Señor de los Cielos, que descanse en paz y Dios lo tenga en su Santísima y Rechingada Gloria. Apréciansé también, porque no es posible dejar de hacerlo, construcciones muy mayores que albergan muchas salas de cine, las más de capital y origen extranjero, como antes yo nunca vi ni en esta parte norte de Temixtitan ni en toda la aquella ciudad en sí que yo tuve oportunidad de vivir durante treinta años y que dejé por razón de mi prisión por el año de Nuestro Señor de 1997. Forman los tales grupos de salas cinematográficas, complejos de hasta de más de 18 salas y aun más, y sorprendióme el divisar en las carteleras y marquesinas de algunas de ellas, nombres de películas que, segundo la información de conductores de esos los otros vehículos que junto conmigo hallábanse varados y en espera de la reactivación del tráfico y con quienes tuve ocasión de conversar con el mayor comedimiento y amplitud durante los días que en esa vía pasé y me dormí y me amanecí, son producidas en el país de Jauja: con lo que dióme gran contentamiento, pues recuerdo que por los años en que yo de aquí me partí, si bien ahora no son las dichas películas aína muchas, ni en gran proporción con respecto a los filmes extranjeros, antes por el contrario y más bien no era ninguna de ellas la que se ostentase con algún tipo de orgullo como mexicana compartiendo cartelera con las otras, las de importación, en un mismo cine. Y aun maravillóme la de oportunidades que tendremos de comercializar por estos lares y en los grandes centros comerciales que ya os referí en particular, y en estos complejos muy modernos de salas de cines, nuestra pequeña pero muy rentable variedad de productos, si decidiere usted, Señor, como es mi muy humilde sugerencia que lo hiciere, desarrollar en esta ciudad, como en la suya, que ya es la nuestra, de la Tijuana, no sólo el comercio de los enervantes y estupefacientes al por mayor, cosa que veo como la más sabia de las que pudiere usted abordar, sino igualmente, como allá, la venta directa al público y al menudeo, que es del común saber, genera, si bien llevada, las muy mayores ganancias.

Y así, y en viendo tántas y tan variadas novedades, fui dando en la dicha Ciudad Satélite y en el Seguro Social lleno de bañistas y orinadores en las albercas, que era la época de los contínuos puentes y festejos de la Independencia, y lleguéme hasta el Toreo, que es la grande estructura de techo como de cobre en donde hace algunas décadas, y cuando aun no gozaba de cubierta, asistí a uno de los conciertos de Joe Cocker, que él sí sabía de estupefacientar audiencias y conciertos, y atravesé después la zona de

Chapultepeque y los grandes y numerosos rascacielos que en estos últimos años han proliferado asimismo por doquier, edificios que yo mismo certifico de haber en muchos dellos más de cuarenta pisos o niveles y, por inspección que desde mi auto tuve oportunidad de realizar en el mucho tiempo de los eternos embotellamientos, cuentan los dichos nuevos edificios en que vine a dar, hasta más de cien metros de longitud desde la base hasta su parte más superior, y no es poca cosa esto y hasta paréceme que de mucho provecho para nuestra causa, pues pienso que muy cumplidamente en uno de aquestos muy grandes edificios podríamos nos aposentar todos los miembros de nuestra organización que viniéramos a fundar aquí, en esta grande y portentosa ciudad de Temixtitan, la división general de nuestra empresa para la América Latina. Y os certifico a Vuestra Excelencia que es de maravillar cuánto esos edificios ingentes han prosperado en demasía, como por otra parte, y en sentido distinto, han proliferado sobremanera igualmente y aun más, los vendedores ambulantes, los pobres que piden por las calles entre los carros de los adinerados, los "ganapanes" cargadores como los de Castilla, y los miserables tragafuegos, malabaristas y juglares, que son tántos, que junto con los limpiavidrios, periodiqueros, vendetarjetas telefónicas y vendedores de unos hielos emplasticados, como las nieves que usted conoce y que aquí llaman BonIce, todos ellos los dichos depauperados hacen un tal enjambre de podredumbre miserable, que uno se maravilla al pasar por las calzadas y avenidas, y casi llega uno a pensar que la ciudad que uno ve en observando hacia arriba no es la misma que la que uno descubre en divisando al ras del suelo. Y debo decir a Vuestra Excelencia que es tánta más aun la diferencia que he venido a encontrar a mi regreso, entre los haberes y condiciones de vida acomodada de los señores comandantes, regidores, clérigos y gobernadores de estas provincias, así como de los de los riquísimos comerciantes y especuladores de la bolsa, y esos otros, los de los pobretones desamparados de la tierra durmiendo bajo puentes y entre semáforos, que no dudo en os avisar y os apremiar de venir con las nuestras mercadurías lo más pronto posible para las distribuir entre los habitantes de esta regia metrópoli, pues podrémoslas vender no únicamente entre los dichos ricos acomodados de las Lomas, Tecamachalco y los edificios altísimos y los antros de Santa Fe, Polanco y la Reforma, sino también, y muy mucho más, entre todos los desesperados hijos de nadie que ni para comer tienen y que son muchos más y muchísimos más que antes y que prefieren muy mayormente punzarse una dosis de heroína o esnifar polvos blancos de los buenos nuestros y vapores del crack, a comer pagándose un plato de buena sopa, pues en aquello les va muy mucho mayor rendimiento al descansar, en consumiendo nuestros productos, no sólo las inquietudes del cuerpo sino las del alma.

    Pareciéronme tan largos cuanto molestos los dichos embotellamientos de tráfico en la tal vía llamada de rápida del Periférico, y de tal magnitud sus dimensiones y los efectos que las mismas causaron en mis ánimos, que en varias ocasiones no supe ya si lo que vía eran facetas prismas de las realidades maravillosas de estas latitudes, obras de algún encantador de los muchos que abundan por aquí, hechiceros, sacerdotes y brujos ,en mis sentidos, o ilusiones y espejismos de mi entendimiento como los que han causado la insania de mayores héroes andantes que yo, en las épicas gestas de caballería del pasado, que seguramente darán tema a algún escritor de nuestras literaturas para componer en algún día piezas muy mejores y emocionantes de aventuras que ésta, aunque, Loado Pontífice de nuestra organización, seguramente menos llenas de verdad, honor, lealtad y abnegación para la excelente figura de un conductor de almas como vos, que estas pequeñas piezas que a título de relación os compongo y envío con la esperanza de contribuir a Vuestra Excelsa Causa. Y fue así que como llegué en uno de mis primeros días en esta grande Villa de Temixtitan, a ciertos parajes que les nombran proximidades de la ciudad que se dice Tacubaya, halléme, a pesar de estar en mi automóvil y en la supuesta vía rápida del Periférico, en una fila tal de autos que mayor no he visto ni aun en las arterias congestionadas de Sevilla, pero más que el asombro en que di cuando me vi dentro de ella sin avanzar ni hacia delante ni hacia atrás pie alguno, impresionóme el que topé allí mismo a un ***hombre-abarrote***, o lo que bien pudiera llamarse de tal, pues era el dicho hombre cual una especie de stand comercial que en su mismísima persona y vestimentas llevaba colocados mantenimientos y provisiones de las de el tipo que hállanse en centros comerciales de mucha mayor envergadura, como los dichos de la Comercial Mexicana, el Gigante, el Carrefour y otros. Y era así que el dicho tal ***hombre-abarrote*** caminaba entre los autos campechanamente abriendo con sus extremidades superiores la capa que a manera de abrigo le servía tanto de ropaje cuanto de mostrador de sus mercadurías, en una actitud parecida a la de los exhibicionistas sexuales que muéstranse subrepticiamente y de manera asaz furtiva a las púberes y adolescentes en los parques y cercanías escolares, pero éste mostrándonos a todos los conductores allí varados sus múltiples productos en venta, y azorábame en demasía a cada instante de su lento deambular el ir descubriendo la ingente variedad de productos que ofrecía, todos y cada uno de ellos adosados a su comercial cuerpo, meticulosa, inteligente y organizadamente dispuestos en los intersticios y pliegues de sus prendas de vestir, sus articulaciones y hasta sus cabellos. Y vide así en la persona del asombroso y maravilloso **hombre-abarrote**: cajetillas de cigarros de las múltiples marcas que por acá se queman; refrescos, jugos de los dichos Jumex, sodas y aguas del Tehuacán de los más varios tamaños y sabores; paletas de dulce y tamarindo; bolsas de muéganos, de cacahuates japoneses de a cinco por un peso, de alegrías amaránticas emplasticadas; gorditas de nata, sándwiches de jamón y tortas ídem en bolsa; pastillas para el aliento, para la tos y rollos de papel para el baño, y mil productos más que el cual hombre-abarrote llevaba en su figura como si fuera una caja humana expendedora de mercadurías, imitación biológica al natural, y aun mejor y más surtida, de aquellas que Vuestra Excelencia y yo hemos visto para servicio de los hambrientos y sedientos trasnochadores en hoteles y casinos de las Vegas y en los Best

Western de California, pero ésta aquí, en su natural y folklórica autoctonía, a la mitad del Valle de México y en el mero centro entre los carriles de la dizque vía rápida del Periférico. Y aun mayor era esta maravilla del hombre mercader ambulante autosuficiente, dicho de hombre-abarrote, pues él mismo se agenciaba la manera de ofrecernos en voz alta sus productos, de hallar con presteza entre sus ropajes la mercaduría que le solicitábamos, y de entregárnosla y cobrarnos y recibir nuestro dinero y darnos el cambio mientras respondía a otros que lo solicitaban más adelante o más atrás en la fila, y les decía allá voy y corría con todo el peso de su catálogo de productos a cuestas a atenderlos. Maravilla genética de la ingeniería biológica natural la raza de estos pobladores, quienes desde los antiguos tamemes hasta los actuales éstos los dichos nobles cargadores comerciantes **entrepreneurs** maizeros latinoamericanos de las calles y vías rápidas, han superado, y con creces, a bestias de carga de mayores dimensiones y músculos, como los camellos de Etiopía y los elefantes de la India, animales nobles y aguantadores, sí, pero, con seguridad, de mucha menor motivación y muy mucho menos hambrientos que éstos.

Y hallándome en el dicho Periférico he habido el sentir de solicitar al dicho hombre-abarrote en aquel momento un tipo de comercio y de mercaduría que tengo certeza ha de manejar y expender, por lo extendido que el dicho comercio hállase en estas latitudes, y del cual haré referencia a usted en mi próximo Mail, pero detúveme en pedirle una chinche, un gallo, un shot, un pericazo, que seguramente habríame él vendido con prontitud y placer, pues reflexioné, en pensándolo, que nunca gustádome han ni el mezclar placeres con negocios ni el orinar donde me abastezco, pero, principalmente y en muy mucha mayor medida porque di en resentir cómo es posible que llévennos tal delantera estos distribuidores en la manufacturación, comercio y venta de nuestros lucrativos productos por estas pródigas regiones, y en que yo no haría con la dicha compra más que acrecentar aun en mayor grado la dicha tal delantera que nos llevan.

Dos jornadas después de las anteriores, siempre continuando a me entrar a la ciudad, y al tercero día ya avanzando por la misma calzada de circulación, otrora y en tiempos del regidor Ávila Camacho llamada de "rápida", y que es tan ancha como seis Hummers puestas transversalmente, y tan bien obrada que, a pesar de sus innumerables baches y desasfaltados, ha soportado mal que bien el peso de millones de vehículos pesados y jamás se ha hundido más allá de en unas cuantas veinte mil partes y tan únicamente por un par de metros, y que da paso diariamente a un sinfín de vehículos y aun más desde hace algunos años, en que por vía de una disposición brillante de los gobernadores, en vez de ancharla para hacerle más carriles, simplemente pintáronle tres en vez de dos por lado, aumentando con ello la capacidad de tránsito de los habitantes, aunque eso sí, de manera muy mucho más apretada y peligrosa de rozamientos y choques entre los autos y carros, y pasa esta calzada por el medio de los Chapultepeques Viejo y Nuevo y a un costado de la Casa Real de los Pinos, cuya circulación frontal, os comunico, Gransenor de Tijuana, víneme a encontrar a mi regreso cerrada a la circulación normal de vehículos y no ya abierta al gran público pendejo-democrático, como era en la mayor parte de los viejos tiempos del gobierno del país por los regidores del viejo y dinosáurico Partido Revolucionario Insitucional, que en paz descanse; y se continúa la dicha calzada hasta llegar a una parte que maravillóme, pues yo no conocía, y a la que accedí luego de diferentes y entrincados recorridos que hice por el rumbo del World Trade Center, que es eso mesmo ahora y no el proyecto del Hotel de México que yo dejé a mi partida, ocho años antes, pues habíamos salido de la calzada denominada de "rápida" para hallar mejor ruta rumbo al centro internacional de negocios, y para mi magnífico y incrédulo estupor, víme transitando, como volando cual ave marinera con mi auto, a una altura que yo nunca antes había ejercitado por estos lares, cuando yo vivía aquí, todavía hasta mediados del año 1997, y era la tal novedad una estructura aérea, que eso parece desde arriba, por donde uno va, pero que en efeto encuéntrase soportada por muy muchos pilotes de enormes proporciones y gigantescos, del mismo ancho la dicha estructura y calzada superior, poco más poco menos, que el de aquella que os referí líneas antes, y que, según he venido a informarme por vecinos de la localidad de Tacubaya, ha sido hecha y construida la dicha tal calzada desde los últimos y más próximos y recientes años, con la intención de descongestionar el desmedido tránsito vehicular de ésta la dicha Villa y Ciudad de Temixtitan. Pero debo aclarar a usted, Señor de Tijuana, antes de que su preclara mente entre en el entusiasmo de los cálculos al suponer que la velocidad del tránsito de los vehículos mejorará por efecto de dicha vía superior que ahora corre por encima de aquella otra que es otra parte y sección de la misma, tal que viene desde la provincia dicha de Querétaro, que mi descubrimiento no es para echar una de las múltiples campanas de las sin número capillas y parroquias y magníficas catedrales que pueblan esta gran metrópoli a vuelo, pues el tal camino a todo lo alto, que dan los aborígenes y visitantes de provincia de aquí en llamar de Segundo Piso del Periférico, no servirá de mucho precisamente a vuestros fines nobles y ambiciosos de lograr una muy mejor distribución de nuestras mercadurías, y la mayor y mejor que conozca el continente americano desde Ushuaia hasta el estrecho de Behring, logrando transitar con suma rapidez por el centro del país de Jauja hacia Veracruz, Chiapas, Tabasco y Centroamérica, muy a pesar de las extraordinarias autopistas que ya en años pasados Vuestra Excelencia financió y negoció su construcción con los gobernadores del centro para tal efecto y que pasan por la Morelia, la Toluca, la Iguala, la Tinaja y lugares próximos y circunvecinos, y digo que no servirá de mucho la dicha nueva calzada en las alturas que di en venir a descubrir de manera muy asaz de accidental y conmovedora, porque no sólo sale ella de ningún lado para llevar a ninguno otro, y no sólo no tiene vía de regreso, y no únicamente está ya tan poblada de vehículos desde el tercero día de su inauguración, según me dicen los vecinos de la Villa de San Ángel, no sólo todo eso, sino también que es de mi parecer, que los arquitectos que la han construido fumaron de la nuestra y de la de mejor clase, procesamiento y cosecha, pues da el dicho Segundo Piso del Periférico en ir a llegar al mismísimo lugar que llega el inferior, el que transita por abajo, pero no digo al mismo rumbo, zona o región de la gran ciudad, sino que el uno entronca con el otro en uno y el mismo punto específico, concreto y particular, con lo que dáse con ello la situación de que en nada mejora lo que ha pretendido mejorarse con su implementación y sus apresurados y magníficos y caros soportes, basamentos, carpintería, asfaltos y cumplimientos, sino que muy mucho, por el contrario, piérdese en ese punto del entronque de las dos vías, la de arriba y la de abajo un tiempo muy mucho mayor, por efeto de la suma de las ambas dichas circulaciones que se van a agregar ahí de la manera más impropia, idiota y absurda que no he visto en las ciudades dichas tales de mis viajes como Madrid, Los Ángeles, París, Hannover, Berlín y Vancouver. Bueno, ni aun en las muy menos desarrolladas de Buenos Aires, San Juan el del Puerto Rico y São Paulo, el de los bandeirantes.

Y aunque después de tánta pena y sufrimiento por lo dilatado del tiempo y tánto día empleado tan sólo en mi entrada a la dicha ciudad de Temixtitan, queríame yo partir luego inmediatamente para dormir en algún grande hotel de los que asimismo llegué a encontrarme muchos y muy nuevos y de los cuales yo no conocía a mi partida, como se dicen los Fiesta Inn y muchos otros aun mejores y muy más lujosos que hablan del grandísimo crecimiento económico de la metrópoli, decidí mejor por dar algunas vueltas por las diversas calles de la ciudad, para poderos hacer relación inmediata no sólo de las bondades atuales desta provincia, mas del mismo modo de las novedades y mudanzas que vine a encontrar variándola en gran medida de aquella ciudad que dejé hace ocho años, para hacerla mucho más insoportable de vivir en ella, pero, ciertamente, muy mucho más potencialmente conveniente para el mejor desarrollo de nuestros fines, la buena venta de nuestras mercadurías y la máxima expansión de los dominios de nuestro imperio comercial.

Y he de decirle a usted, Señor, que no fueron pocas, ni de pequeño tamaño, ni provocaron en mi asombración menor, las mudanzas que vine a hallar tan sólo en las calles, vías y avenidas de la tal ciudad, pues he aquí que han levantado muchos puentes y asimismo implementado rampas y pasos a desnivel para servicios de los dichos puentes, y han mudado entradas y salidas y retornos, pero siempre a mi parecer con tan escasa lógica y sentido, que yo no he hallado semejantes disposiciones de tránsito vehicular en ninguna ciudad de las que se señalan por buen civismo y estructura, y que me parece que la forma en que han sido dispuestos los tales tramos y bajadas y subidas y entradas y salidas, y el mantenimiento del ilógico y injusto hoy no circula, y los aumentos y detenciones y restricciones en razón de las tenencias y sobreimpuestos, colaboran más aun para la mayor confusión ciudadana y la sin par enajenación civil que he venido a encontrarme actualmente ahora, y no a su beneficio, como sería de esperar en cualquiera gran villa civilizada de las que creo yo debieran contar con planificadores y arquitectos y delegados y regidores calificados.

En pasando por áreas y zonas de evidente y muy mayor capacidad económica y muy mejormente bastecidas, encontré, allá sí, muy buenas y maravillosas y muy bien labradas y enormes casas, y las dichas tales en calles hermosas y muy anchas y derechas, no así como las que divisé por todo los otros muchos lados, pues no hallé, en esotras zonas depauperadas, calle ninguna en la que de un cabo se pareciese al otro, ya por lo torcido de su falta de diseño y planeación, ya por los baches, agujeros y desniveles del asfalto o tierra lodosa apisonada, o ya por lo atiborrado de los puestos de venta y comida, que, en puntos, hasta en media calle se aposentan y impiden la vista del seguimiento de las calzadas en lontananza. Luego de admiración cumplida de estos nuevos y maravillosos palacios que dan fe de lo que por aquí llaman los actuales gobernantes y administradores la nueva bonanza económica y mejor administración financiera de nuestro país, torné a seguir por diversas calles hasta los límites de otras de las dichas colonias de comerciantes, políticos y empresarios y especuladores abastados, y halléme, de súbito, frente a zonas que con ellas confinan y que están aun muy mucho más pobres y depauperadas de las que yo dejé por aquí en el año 1998 de mi partida;   grandes y muy mayores colonias y muchas de ellas de reciente aparición, de miles y miles de damnificados y de lo que usted califica, Excelente Jefe, como "jodidos de la vida". Hánse multiplicado sin medida los dichos asentamientos, y las cuyas condiciones de vida, si es que a la existencia que los tales pobladores pobres de Temixtitan llevan puédale llamarse así, son infrahumanas y aun en grado mayor que las que vimos Su Excelencia y yo en Mangalore, Cannanore, Calicut, Ostacamund, Coimbatore, Tiruchchirapalli y Thanjavur y otras ciudades de la India meridional cuando hace algunos años fuimos a abrir nuevos mercados para nuestros productos rumbo al lejano Oriente, por lo que paréceme lo que ya os he manifestado: que entre los kilos y kilos que podamos vender a los millonarios, y allí, al lado de donde ellos viven, sin mucho esfuerzo de desplazamiento y transportación, muy cerca, a uno o medio tiro de frisbee de distancia, los kilos y kilos que pudiéramos vender a los muertos de hambre sedientos de ilusiones y de escape de su mundo desgraciado, nuestra compañía hallará en este valle motivos reales de crecimiento y desarrollo desmedidos, y satisfacción mayor por haberlo seleccionado como el objetivo para los basamentos de nuestra futura y muy esperanzada expansión.

Halléme la dicha ciudad de Temixtitan, después de los ocho largos años de mi ausencia, que al decir de muchos no es tiempo muy mayor, pero en mi caso, alargado en mi percepción por las incomodidades y aprehensiones del cautiverio, convertida la tal urbe mayormente en un infinito muladar, con la contaminación del aire que hízome llorar los ojos y dióme alergia inmediata, y llena la dicha ciudad, hasta desbordar, de basura y desperdicios, muchos más, pero muchísimos más que cuando yo aquí habitaba, sin grado de comparación; desechos domésticos e industriales en callejuelas, calzadas, parques y banquetas; basura, basura y mucha más basura, al grado tal de en ocasiones haber yo de dirigir mis pasos cabal sobre ella, manchando mi calzado, mis calcetines y mis calzas. Es la tal Temixtitan en la actualidad, y como nunca antes en todos los siglos de su larga vida, un basurero ingente, pestilente, creciente. Abundan, y también más que nunca, las ratas y otros géneros de roedores, tales y en cantidad tan considerable, que no exagero a usted en lo más mínimo, Excelente Dirigente, al relacionarle que ellos mismos los dichos ratones disponen ya de semáforos propios y de sus propias y muy particulares señales de tránsito, para andar por las calles y pasadizos con su muy peculiar cierto orden y propiedad, aunque eso sí, ellos, tal parece, no han de construir segundos pisos para sus vías de transportación; el número de gatos y perros ha alcanzado cifras récords, y destos últimos vénse en plazas públicas, atrios de iglesia y salidas de fondas y mercados tal número, que compiten ellos por el espacio hasta para el rezo con los otros habitantes, dizque seres humanos, pobladores de esta llamada otrora Ciudad de los Palacios.

Háme maravillado, y ensombrecido también, ni duda cabe, y asimismo en gran medida la oscuridad que reina por las calles. Muy grandes zonas de la capital tienen tan poca luz como nunca antes vi cuando vivía yo aquí y en ninguna de las grandes ciudades que hube visitado en mis numerosos viajes. Me partí una noche hacia el Centro Histórico creyendo habría de dar en un sitio, por lo menos por su finalidad turística, iluminado en grande medida, a la manera de villas como Granada, Sevilla, Segovia, y otras que hacen del comercio turístico su **modus vivendi**, y lleguéme a una serie de calles, callejuelas y callejones con menos luz y alumbramiento que la que tenían las mismas en la época de la colonia y de cuando las inauguraciones y bailes de nuestro primer virrey Don Antonio de Mendoza. Oscuridad tan grande en ése y en otros muchísimos puntos de la ciudad real, que no hallo cómo ha venido tan grande ciudad de tan magníficas glorias pasadas, a dar en esta desgracia de tinieblas; que aunque usted y nuestra organización que tan sabiamente conduce pueden aprovechar aun en gran y muy mayor medida, a pesar de la incursión de muchas y muy novedosas bandas y gangs como las de la Mafia Mexicana y la Mara Salvatrucha, entre muchas otras que he venido sorpresivamente a encontrarme asentadas sólidamente por estos lugares a mi regreso, pues nuestra organización, con seguridad y la providencia de Nuestro Señor, cuenta con muy mayor fuerza económica, bélica, de armamentos pesados , provisiones y Gracia de Dios para superarlas en cuanto viniéramos y llegáremos a nos asentar y hacer lo propio nuestro acá, y por ende, sacar, después de dominarlas, partido de la dicha oscuridad de las calles para beneficio de nuestros fines y propósitos, no puedo aun , y a pesar de esos proyectos saludables, dejar de sentir un muy gran pesar de malestar y nostalgia y desilusionada melancolía por venirme a regresar a ver en lo que esta ciudad aun muy más se ha convertido de ocho años a la fecha:un miserable páramo umbroso. Y aunque muchos detractores de los últimos y más recientes gobernadores de esta gran provincia central de Temixtitan, achaquen las desventuras decadentes que se le aprecian, a esos mismos dichos últimos y más recientes gobiernos que la han regido, Vuestra Excelencia, con su inteligencia suprema y sin par, y yo con mis humildes alcances intelectuales, sabemos bien que el estado actual de esta otrora magnífica metrópoli, no es más que el reflejo y consecuencia, y no otra cosa que la parte más visible y expuesta, del deteriorado estado general de las cosas, desigualdades, decadencias, malas economías, regencias, corrupciones y vicios, que guarda, e imperan en, nuestro país de forma más general y extendida.

He dado cuenta a Vuestra Magnífica Persona, ya, de el aumento notable del número de individuos de la población de este valle, habiendo conocedores que colocan la tal mancha urbana que comprende, a la cabeza de aquéllas las más pobladas de la tierra, y aunque yo dello no podría dar fe, sí en cambio le certifico que yo no he visto otra de tan grande proporción y enjambre y multitud poblacional en lugar ninguno del planeta. En mi próximo Mail os daré cuenta de la situación delictiva, entre otras, y misma que así mismo háme sorprendido pues hay muchos más y muy mayores delitos, robos, asaltos y secuestros que antes, cuando yo aquí vivía, y hasta en uno de esos renglones accedimos ya de alguna, aunque muy vergonzosa, manera, a ciertos escaños, de los tenebrosos y indignantes, de las naciones de mayor envergadura económica del continente, pues víneme a dar en el comentario general de que ya hasta con asesino serial cuenta la ésta dicha ciudad, y que no es otro que aquél que tortura y extermina a damas de muy variada índole, pero todas ellas en la común de la tercera edad.

Hálleme un tren dicho de *ligero* pero que a mí no parecióme de tal, aunque el dicho tren dále, es verdad, también una cierta apariencia de ciudad civilizada a Temixtitan, y conforme a otras que en mejores y más avanzadas latitudes he conocido; pero para nuestros fines de comercialización y avance rápido de nuestras mercadurías, no tiene servidumbre ninguna, y aun creo yo debiéremos adquirir alguna flotilla extra de motocicletas y similares que no encuentren en el enredo del tráfico capitalino impedimento serio para su percurso. Más aun si continúa usted, Señor, a desarrollar aquella estupenda idea del servicio y entrega a domicilio.

En partes de la gran metrópoli, en este primer recorrido de incursión para reconocimiento de las novedades y evoluciones, torné a me sorprender por el aumento inconmensurable del número de los autos, asimismo como por la novedad y extrañeza de algunos de ellos, los cuales yo no conocía anteriormente a mi salida desta ciudad, más que por televisión o películas del dicho tal llamado Mr. Bean. Proliferan actualmente los autos europeos, orientales y, en gran medida y generalmente, los llamados de importación; y especialmente debo le dar cuenta de los muy pequeños que ahora transitan por aquí y que poseen diferentes y muy distintas marcas y de grande novedad y extrañeza, como son Atos, Peugeot, y otros muchos que yo no conocía; y asimismo muchos otros ví de aquel que he venido a me topar con especial insistencia y que diviso por doquier, pues demasiados vecinos de por acá hánlo adquirido, y que es el mismo del cómico que os referí y a los que llamábamos en tiempos de nuestros años mozos, el minicooper.

Me partí hace años de aquí en dejando ya una ciudad muy castigada en sus economías y sangrada especialmente en sus pobladores de menores alcances monetarios, al grado de que ya en aquella mitad de 1997 vi por las calles una cantidad muy mayor de pedigüeños y vendedores ambulantes, pero vine hoy a dar en un crecimiento desmedido, no sólo del número de los dichos llamados limosneros y pedinches, sino del de los puestos de las muy diversas mercadurías y de los vendedores ambulantes en calles, tianguis, esquinas y plazas.

Nunca antes, y en ninguna ciudad de mis largos viajes, vi tal cantidad de niños, indígenas, marías, jóvenes, hombres,, mujeres y ancianos ejercitando entre los automóviles, con riesgo de su propia vida, aunque hay que admitir que con extrema destreza, al grado de que hay algunos que podrían torear y recibir la alternativa hasta en la monumental Plaza de las Ventas, en Madrid, el pedir limosna ó cooperaciones para asociaciones de dizque caridad, la venta ambulante y el comercio informal. Nunca antes, como ahora a mi vuelta obligada a esta ciudad, vi tal proliferación de prostitutas y centros de baile y otros llamados, como en nuestras tierras y provincias también, de table-dance, y bares y casas de apuestas en donde a más de practicarse las actividades dichas de costumbre, pero ahora muy más que nunca y en grandísimo mucho más volumen que hasta en otros países de otras latitudes, se desempeña así igualmente y ya de ninguna manera soterrada el oficio del alquiler del cuerpo.

Y nunca, Señor de la excelsa y pródiga ciudad de Tijuana, nunca endenantes, ni en villas y poblados de la Norte América, ni en otros de la Europa, ni en aquellos de la América del Sur, y hallando parangón quizás sólo y de manera pálida y muy lejana en ciertas zonas de algunas ciudades del norte de la África y del Medio y Lejano Oriente, divisé tal cuantía de tienditas, tendajones, tiendas y puestos de mercadurías y comidas improvisados, en todas, y a lo largo y ancho de ellas, las dichas calles y vías de la metrópoli Temixtitan. Toda la gran ciudad que vine a hallar a mi retorno, es un único y gran mercado, o tianguis, como gustan de llamarle aquí, de espectaculares proporciones. No es que la tal villa esté inundada de puestecillos, es que toda ella, en efeto, no es otra cosa distinta más que un gran puesto informal, ambulante en su interior, de comida y otros suplementos, dividido en millones de pequeños y muy variados compartimientos. Existen zonas en las que mis ojos no daban crédito a lo que divisaban, pues era imposible el transitar por medio dellas, ya con carro, ya a pie; como la del eje central, antiguamente llamado de San Juan de Letrán, en la cual, de las cuyas mercancías que allí se comercian, halla uno desde Ipods hasta gordas de frijol, y desde películas pornográficas reality show tomadas en diversos hoteles de nuestro fabuloso país de Jauja, estilo Big-Brother inconsciente desavisado, hasta reproductores de DVD´s, CD´s vírgenes y otras vírgenes en carne y hueso para comprar y consumir; y esotra zona, la de Tepito; y esotra de por la calle de Ayuntamiento; y la de por la Villa de Nuestra Señora de Guadalupe; y la de por la Ciudad llamada de Nezahualcóyotl; y infinitas muchas más. Toda la ciudad, os digo; hasta por el hecho de que todas sus grandes avenidas, a excepción únicamente de aquéllas que cruzan por las colonias de los ricos y millonarios, están atestadas, qué digo atestadas, completamente tomadas e invadidas ya de manera permanente, por puestos que no tienen de ambulantes más que el cuyo nombre que los clasifica, pues están allí ya de manera tan definitiva, emplazados y de tal manera y unos codo con codo y limítrofes de los otros, en forma extremadamente tan cerrada, que si usted se dignara venir y pasar con su limusina por, digamos, la Avenida de los Insurgentes, o la muy magnífica y ancestral Calzada de Tlalpan, no daría en ver nada en las fachadas ni de las casas y comercios establecidos, ni de la gente que caminare en ese momento por las banquetas, pues toda su ilustre visión, muy Señor Mío, estaría ocupada por los dichos puestos de fayuca, tacos, periódicos, revistas, cháchachas, muéganos, churrumais, tortas, tamales, zapatos, y demás y múltiples etcéteras, que es lo único que desde el arroyo se divisa.

Véndense aquí mercadurías, así de vituallas como de mantenimientos, y de todo tipo y de todas partes del globo, o por mejor decir, sus imitaciones piratas. Expéndense en los tales puestos ambulantes o directa, peatonalmente entre los automóviles. Véndense: limpiadores de parabrisas, gomas para las puertas de los carros, tapetes para los autos, protectores para sol de los mismos, sombrillas, pollitos muertos de plástico, burbujas de jabón, trastes de Tupperware, yo-yos, muñecas como Barbies de cabellos muy largos, para niñas; juegos de la Oca, Serpientes y Escaleras, Memoramas, rompecabezas de espuma de los estados y países de todo el ancho mundo, relojes Rolex originales, piratas y robados, Códigos Penales, reglamentos de tránsito, versiones para niños de El Quijote, café capuchino frío recién salido del refrigerador, televisores portátiles, culebritas portátiles de luz, gusanos fosforescentes, los dichos y tales omnipresentes Bon Ice y otros muchos helados, nieves y sorbetes, muchos dellos fabricados por los mismos vendedores con aguas del grifo contaminadas; calcetas, calzones y ropa íntima en general, brassieres de marca, libretas de importación, agendas europeas, flores chinas de látex, Batmans con chupón para pegar en las ventanas, máscaras del Zorro, Supermán, el Hombre Araña, la alargada de los gritos deformados que da pánico, terror, necesidad de auxilio; sillas de ebanistería rústica, ofertas de cobijas de indio corrientes pueblerinas con churritos en los extremos, superofertas de ollas y cazuelas de barro; teléfonos y celulares originales y clonados, inflables de hule, pelucas de los más disímbolos y escandalosos colores, calzones y tangas para hombres o gays con sus penes extras representados al frente, sus trompas fálicas de elefante, sus mangueras cachondas de bombero; ajedreces de los Simpson, sprays para el cabello, pastas Colgate, cacas de plástico, cagadores de agua de látex, CD´s y cassettes de Pedro Infante, Bono y Rocío Durcal, y otros de grupos que en todo el tiempo que estuve recluido jamás pensé que llegarían a ser grabados, ni, aún más, comercializados, por la ínfima calidad de sus interpretaciones y de cuyo nombre, ahora sí que, Vuestra Excelencia disculpe, no quiero ni acordarme, pero ya tendrá oportunidad de observar usted por acá, cuando por acá viniere: huipiles, colorantes para el cabello, extensores, ligas y aparatos para hacer los ejercicios como los que se divisan en los gimnasios que Vuesa Merced conoce; muñecos de peluche del Chavo del Ocho, gorditas de tripa y huitlacoche y quesadillas de lo mismo en carritos como los del súper, crepas, hamburguesas, huaraches de comida, que así se llaman aquí a ciertos panqueques de masa de maíz, con queso, frijol, tripa, chicharrón, lechuga y otros condimentos, preparados, aderezados y vendidos sobre la marcha en carros ambulantes que pasan entre los otros carros automóviles, y hasta aun llevan su propio y portátil tanque de gas para su confección: huaraches de los otros, de los de calzar, pero de múltiples y muy variados modelos, materias, manufacturas, artesanías y medidas; conejos vivos y coleando, cachorros de perro, cuyos, canarios, pericos, gatos, lirones, chimpancés y zarigüeyas; peces exóticos, o pintados para que parezcan de tales, en bolsitas de plástico, hasta cachorros de tigres y leones;

binoculares, telescopios, computadoras de todas las marcas y modelos que en el mundo civilizado se conocen y en otras ciudades de similares dimensiones expéndense, rosarios, subhats y masbahats musulmanes, virgencitas de San Juan de los Lagos con todo y sus imanes, medicamentos para pies, para uñas deformes enterradas, para estómagos sueltos contrahechos e indispuestos, plantillas para zapatos, laptops, cámaras fotográficas digitales, pósters de El Recodo, Rebelde, Shakira, de los así llamados desdendenantes Kiss, Marilyn Manson, y así también como otros demoníacos; artilugios y aparatos para la gratificación corporal por medio de las artes mecánicas sexuales traídos de China, Estocolmo, Dinamarca, o tal vez y quizá de alguna fábrica pirata en Naucalpan, que para el efecto de la adquisición de los otros pobres habitantes que creen poseer unos pesos reales de más, y van comprando el mundo desde la seguridad por más enclenque de sus autos, da lo mismo; esencias afrodisíacas para lo mismo, condones fluorescentes con la figura del Papa y Beyoncé, cremas para la mejor introducción de lo introducible y levantamiento de lo levantable de las masculinidades, y encendimiento,expansión y ebullición de lo femenino; reductivas de las adiposidades también; extractores de jugos, aspiradoras para el hogar y la vivienda y los autos mesmos; partes y divisas y logos de Rolls-Royces, Mercedes, Lamborghinis y Ferraris; platos de unicel con muchas y varias patas de pollo guisadas y aderezadas con salsa Búfalo, Tabasco, Valentina y de otras; diccionarios de Hebreo, manuales de Al-Qaeda, memorias de Sadam,de Bin Laden, de Salinas de Gortari, máscaras de hule de este último; estampas de sordomudos, discos de oro, anuarios de Catemaco, tarjetas de navidad de lisiados, mancos y cercenados, hechas con pinceles entre dientes y dedos de los pies, series luminosas chinas de árboles taiwaneses de Navidad, esferas de Hong Kong, cohetes y misiles de Tultepeque, antenas coreanas de recepción de satélite para T.V.; cebras africanas, reales y pintadas; viagra, gingseng, incienso oriental de Tlaxcala, mirra turca de Perote; trabajos varios de orfebrería, aretes, anillos y collares de fantasía, cosméticos

Mary Kay y Jaffra, bisutería árabe, fajos de billetes falsos de a quinientos, de a cien y de a mil; dólares iguales, actas de nacimiento falsas, con su sello y toda la cosa en el color correcto, de cualquier parte de la república, pasaportes visados ya para los United, copias fotostáticas sobre la marcha; playeras con te dije que no me vieras la espalda, güey, en el reverso; con masturbarse es hacer el amor con la persona que uno más quiere; con Sergio Andrade...por el frente, y... hazme estrella por atrás, tatuajes de chinos y mongoles, piercings instantáneos, para llevar y ahí sobre el auto, para la vulva, el clítoris, usted dispense, Magnífico Señor, pero así son, para eso son, para los ombligos y las ubres: Enciclopedias Británicas, poemas de Rabindranath Tagore y Whitman; ropas y vestimentas de escuadrones de asalto tipo AFI, SWAT y Policía, que si Vuestra Excelencia me lo permite, podríamos inclusive comprar al mayoreo y utilizar para vestir a nuestra infantería cuando el abordaje de esta sin par nave terrestre iniciáremos, yo mismo podría comprar y llevarme conmigo algunos, para las más sabias consideración y evaluación de usted: juegos, los últimos y más y mejormente novedosos juegos de video, hasta los que aun no comercializan por estos lares Nintendo y Microsoft; cucarachas empanizadas, grillos tostados con chicle, tamarindo y limón, y videos de Britney Spears, y tántas y tan variadas mercadurías y cientos de miles de provisionamientos más, de muy muchas especialidades y proveniencias, y productos ilimitados varios, como usted, con el perdón suyo y si usted me lo permite, no ha visto probablemente en ninguno de sus incontables viajes y excursiones, y que no encuentran su parangón en regiones distintas de las antípodas y diversas latitudes de nuestro planeta: pero lo más importante: droga, Señor de Tijuana, mucha, muchísima droga expendida en grande y muy mayor medida en glorietas, cruceros, altos de semáforos , salidas de escuelas, embotellamientos, pasos a desnivel, primeros y segundos pisos de las vialidades, y siempre entre los automóviles, peseras, camiones, trolebuses, minibuses y tranvías, que dellos todavía por acá algunos habrá de encontrarse: droga siempre presente, activa, enérgica y móvil, por lo que le reitero que la capacidad de absorción de la dicha nuestra mercaduría, que posee esta susodicha real y magnífica metrópoli, es ilimitada y nos garantiza el éxito absoluto de nuestros emprendimientos, si usted al iniciarlos, con base en mis Mails de Relación, así lo dispusiere.

Son tántos los vendedores ambulantes, y tal la variedad de los mismos que he venido a encontrarme en este viaje de reconocimiento a su servicio, y de reencuentro con la metrópoli de Temixtitan, la que habité por mucho tiempo, que haré objeto la dicha relación de los tales vendedores, tantos cuantos nunca ví antes ni tengo memoria de haber visto en ningún otro lado, y de las otras muy muchas maravillas que he venido a encontrarme en esta tan cambiada ciudad, otrora tenida en mucha mayor estima, de mi próximo Mail de Relación que para su mejor servicio y beneficio enviaré a usted el día de mañana a primera hora.

Y por eso os digo que, aunque en este primer Mail de Relación elija yo no cansaros con tánto detalle y pormenor que acrecentaré al respecto en los siguientes, amén de otros temas y conceptos que tocare, y de la máxima importancia para nuestros comercios, como el exceso de pandillas de delincuentes que hay ahora por aquí, la mejor manera de asesinarlos a todos ellos para nuestro particular provecho y fin, los caminos de la droga que ya están desarrollados y debiéremos respetar en un principio, los intereses políticos que habríamos de atender y comprar, los delegados en las villas aledañas y la forma de nos los agenciar, y el tan alto grado de corrupción de muchos de los miembros de su policía, que deberemos aprovechar, no puedo soslayar de por mientras, que éste no deja de ser el mercado potencial más atractivo que hubiéremos de irrumpir y entrarnos en él, en la muy agresiva y honrosa forma que usted ya sabe y domina, de los que por su mente e imaginación han transcurrido como propicios para la nuestra expansión en cualquier y posible otra parte del globo.

    Básteme, para acabar la presente, el referiros de manera más acuciosa y depurada, abusando de su real y nunca bien comprendida y apreciada paciencia, y no sin agradecerle de la manera más cumplidamente el haberme elegido para realizar la presente ruta y recorrido de reconocimiento, de todas aquellas diferentes maravillas, y que yo por no haberla visto antes he venido a tener por la más sorprendente de cuantas vengo hallando, la que es la tercera cosa muy mucho más importante que os avisé, que superficialmente os superseñalé, y que por su magnitud, novedad para mí y extrañeza al compararla con las de otras latitudes del globo de mucha mayor clase y elegancia, así como de desarrollo, respeto y consideraciones mayores por las necesidades ecológicas y de salud y higiene tanto física como mental y psicológica de sus habitantes, que los dirigentes y pobladores de ésta la gran Villa de Temixtitan no tienen, y por todo lo mismo, háme dejado materialmente boquiabierto al momento de mi ingreso y entrada ya a lo que puede decirse la ciudad, en llegando por la Villa de Valle Dorado, antaño distante algunas leguas de la tal dicha de Satélite, pero hoy materialmente, si ello sea posible, pegada a la otra y a la aun mayor de Temixtitan y que se refiere, la dichosa sorpresa, a la infinita variedad y crecimiento en número y dimensiones de los anuncios grandes publicitarios en las calles y edificios, que llaman de espectaculares. Los hay ahora de tamaño nunca antes apreciado por mí, de escuelas de inglés, de idiomas, de leches y yogurts, de jugos las cuyas marcas yo ni siquiera conocía, autos, bebidas alcohólicas, y de toda materia que Vuesa Alteza pudiere imaginar; tántos y tan grandes y en disposición tan cerrada en los lugares más inimaginables que se han ido volviendo blanco de las corporaciones, los funcionarios públicos y los publicistas, que ya no dejan margen para el aprecio de las fachadas de las casas y edificios ni de paisaje alguno, que por otra parte, hace mucho ya eran difíciles de apercibirse en esta ciudad enorme entre las nieblas del smog, pero que ahora su dicha contemplación se ha vuelto imposible, pues a la par de los millones de los tales anuncios de las muy variadas formas que os he referido, y de las que los hay algunos, y no pocos, hasta electrónicos y con miríadas de foquillos incandescentes a todas horas del día y de la noche, y , para asombro y distracción de los conductores, hasta en hora avanzada nocturna y hasta al parecer de la alba, han dado así también los comerciantes, en contubernio con los que expiden las cédulas reales de autorización de los tales anuncios monumentales, en permitir su colocación no sólo en donde ya antaño eran sujetados, sino ahora en nuevas y grandes estructuras metálicas y de variada índole, postes, columnas enormes y láminas, por lo que al espacio que ocupan los dichos anuncios, y que ahora le borran al transeúnte hasta la admiración del cielo, que aunque su azul, lástima grande, no sea verdad, así como su esencia, no deja de ser tánta su cuya elemental belleza, aun en el triste café-azul que en esta metrópoli era ya el único tono celestial que entre los profundos grises de otras épocas del año y de la tan grande temporada de lluvias que le ha venido asolando cada vez más y con los nuevos lustros, podía disfrutarse, súmase hoy el otro espacio grandemente estorboso de sus soportes ferrosos y fundamentos. Vamos, usted sorprenderíase, como yo al llegar a ésta nuevamente, de ver que algunos dellos háyanse colocado hasta en medio de los carriles de la calzada de supuesto rápido acceso a la metrópoli, conocida como Anillo Periférico, y que no es de dimensión pequeña, no, pues de extremo a extremo de su parte ancha, y en otros lugares trechos, cuenta la dicha calzada hasta con una anchura de unos sesenta de nuestros cuernos de chivo colocados en longitudinalmente, de través, el uno después del otro en pegada sucesión.

Y avísole, Señor, que tal cantidad de anuncios publicitarios espectaculares, y de tales tamaños, colores, importunidad, molestias, atractivos chafaldranos, baratos y mediocres, pero gigantescas características espeluznantes y número, yo nunca vi en la vida mía ni antes ni después de mi encarcelamiento, ni después de volver a la Tijuana, ni en mi periplo por tierras tapatías, ni en mi recorrido de vuelta hasta esta gran metrópoli, ni en las muy respetables y modernas otras ciudades del mundo conocido que tuve alguna vez ocasión de visitar, ya como turista, ya como enviado de usted para transacciones de las que nos ocupan y forman nuestra hacienda y exportamos con orgullo a otras latitudes, y que son todas ellas las ciudades muy grandes y formosas y en civilizadas, pero ninguna cuenta con tántos anuncios callejeros como ésta, la sempiterna, cornucopiense invertida, y lamentable y reiteradamente desentrañada capital de este país de Jauja, deste exótico y miserable país del Bon-Ice: que hasta parece que dichos anuncios publicitarios monumentales brotan y crecen como plantas nuevas en terreno abonado unos, y sorprendentemente, de la manera más rápida y en cuestión de segundos después de otros, para dar sensación de que llenarán por completo el ambiente en unos días cerrando la vegetación urbana más que aquella exuberante natural de la Grande Amazonia, y de que si uno se queda inmóvil de pie, o en un auto en uno de los embotellamientos del dicho periférico, llegarán los técnicos y publicistas a ponerle a uno encima de las orejas un anuncio más, y a dejarlo a uno enterrado de por vida bajo las dichas láminas y pantallas de los mismos dichos anuncios de la publicidad.

Y los hay que hasta hacen referencia muchos dellos a políticos y partidos de índole diversa, desde los que se dicen de izquierda hasta los que intentan no parecer tan de derecha, y de otros que pretenden disimular el fascismo intrínseco que los impregna, pero a decir verdad, que en ellos no he hallado hasta el momento mayores mudanzas ni diferencias con respecto a aquéllos otros que en mis tiempos de por aquí yo divisaba en algunas esquinas, aumentando ahora éstos sólo en número, pero conservando la caduquez, el provincialismo, la burdeza y la insulsez que caracteriza a muchos anuncios de los de las rancherías y provincias más alejadas del centro del país, y a los aquellos otros de esotra parte del continente integrada con países que según presumimos nosotros, y ostentamos, están por debajo de los nuestros niveles socio-culturales de desarrollo. Y hasta paréceme que debiéremos procurar de utilizar algunos dellos para la publicidad de la que llaman los psicólogos de subliminal, para ofrecer los nuestros productos, de otra forma tan estigmatizados por los sectores más hipócritas de la sociedad, a todos los niños, jóvenes, adultos y ancianos, que también cada día son más por estos rumbos, que transitan dentro de los automóviles y viajan en peseras, camiones, metro y similares, y que prácticamente pasan sus vidas dentro dellos.

Entre tanta cosa mala y reporte de asombros negativos que os he hecho y hánme dejado maravillado a mi vuelta a esta ciudad, debo reportar a Vuestra Gloria algo positivo y estético para beneficio de los autóctonos y visitantes de esta gran villa. Y es que sus diversos Jefes, Regentes, Regidores y Gobernantes hánselas ingeniado para convertirla, especialmente en la época de lluvias, que es muy prolongada, en un muestrario turístico prodigioso de fuentes, lagunas, charcos gigantescos y saltos de agua y juegos acuáticos como no he visto nunca en ninguna de las más modernas y civilizadas metrópolis que he tenido ya la ocasión de recorrer en mis expediciones de batimiento y reconocimiento por diversas partes del globo. Ni en la Sidney, ni en la Singapura, ni en la Venecia, bueno, ni en la Roma, la ciudad itálica, claro, no una de las colonias de esta villa, he tenido yo la oportunidad de admirar dispositivos hidráulicos de tan vistosa magnificencia estética como los que puédense admirar en esta ciudad, que ya aquí las autoridades de la villa han logrado lo que ni en Venecia, pues en la temporada de los espectáculos acuáticos puédense ver las aguas no solamente en canales por calles y callejones, sino vénse aquí hasta en el interior mismo de las casas, llevando al alma misma de los hogares la esencia del espíritu hídrico de Neptuno y permitiendo a los habitantes gozar de la frescura de su liquidez, acuática únicamente, eso sí , porque estos míseros habitantes no conocen liquideces de otro tipo, pero por lo menos ésa en vivo y a todo color en el mismísimo centro de la sala, el comedor, la cocina y los dormitorios de sus casas; y en cuanto a la ciudad misma, Ilustrísimo Jerarca, dichas maravillas pueden verse por todos lados también, por ejemplo: en los puentes y pasos a desnivel del Viaducto, otra de las vías dizque "rápidas" en las que los conductores pueden estacionar por horas sus autos, en el tramo que va del Periférico a la Calzada de Tlalpan; en las calles y callejones y subidas y bajadas de colonias como La Nopalera ,

Zapotitla, Del Mar y La Conchita: en los muros de algunos pasos a desnivel del Periférico y del mismo Viaducto, en los que el juego de los chorros enérgicos de las aguas que salen expelidos con la fuerza de las inundaciones, entre las grietas de las paredes y los bloques de construcción de los mismos, generan tal multiplicidad de efectos que asombran a propios y extraños; en las enormes fuentes de amplios y pródigos borbotones que surgen del piso mismo por doquier, a diestra y siniestra, naciendo de las alcantarillas de los pavimentos; en las riadas que se suman a otras riadas y devienen en magníficas cascadas cual aquéllas del Niágara, pero éstas, citadinas y de mayor gusto e impacto por la combinación con las luces del alumbrado público y aquéllas otras de los fanales de los autos dentro de las lagunas multiplicadas convertidos ya en vehículos submarinos; y tántas y tan prodigiosas maravillas más que uno no puede menos que reverenciar la capacidad tecnológica y logística de los dirigentes de esta urbe, que les ha permitido ofrecer tan digno espectáculo a sus habitantes y año tras año mejor y de mayor calidad, hallando el modo de acopiar las aguas y disponerlas y canalizarlas y menearlas tan diestramente para que generen los tales juegos acuáticos tan vistosos y originales.

E igualmente es de admirar que después de tánto prodigio y prodigalidad de aguas en estos los tales divertimentos hidráulicos, acueductos y fuentes que ni los de París, Ámsterdam o aquella como la Fontana di Trevi de la Italia, aun falte el agua en la ciudad después, unos cuantos días tras estos espectáculos ,e inclusive durante los mismos , en colonias de la dicha villa como la de la Santa María y muchas otras más; y es que, a decir de algunos, las autoridades prefieren ofrecer dichos espectáculos acuáticos, mes tras mes y año con año, a utilizar administradamente las aguas para servicio doméstico.

Dan los dichos tales juegos de agua, oportunidad de presenciar otros dentro de los mismos; y así, puédense observar actos como: " el salvamento de los policías"," las señoras achicantes de agua"," los perros, ratas y gatos nadadores","los niños buzos","el desfile de carros alegóricos acuáticos" y" las carreras, caminatas y maratones hidráulicos nocturnos sin zapatos", todos ellos de un alto nivel de entretenimiento circense, que hasta se asemejan a algunos de los del Cirque du Soleil, y éstos con transmisión diaria por televisión en horario continuo para diversión de los habitantes de la urbe toda.

Placerá a Vuesa Merced el leer del todo este Mail y aquellos que le seguirán en las próximas semanas, y providenciar en su caso lo que juzgue conveniente para la mejor expansión de nuestros dominios de Tijuana hasta ésta, la muy crecida y cambiada Ciudad de Temixtitan.

Plugo a Dios cubra con el buen entender de usted, Señor Excelente y Sabio, las deficiencias que mi humilde intelecto y la flaqueza de mis cansados sentidos, sobre todo después de tan larga reclusión y eternos embotellamientos, hayan dejado en este Segundo Mail de elación, y pueda usted imaginar la realidad de este potencial mercado, que, tal vez de manera tan impropia, he comenzado a describir para usted en los aspectos que la mayor importancia pudieren tener para nuestro negocio, y que he cotejado y van aquí señalados, más que con las palabras, con mi humildísima y servicial intención.

Hánme parecido de la mayor trascendencia los puntos que en ésta os he referido, pues si Vuesa Excelencia los sopesare, tal vez hallare motivo para empezar a considerar muy seriamente el envío de representantes, embajadores, proveedores, bandas, sicarios, armamentos pesados y tanques a esta gran ciudad de Temixtitan, para ampliar, como creo que el terreno fértil de las carencias, la confusión y la pobreza reinantes en esta metrópoli ingente de continuo y muy permanente crecimiento, tal que, a decires de algunos, roza ya los veintitrés millones de habitantes, lo permitirá sin duda, la fructífera y provechosa expansión de los dominios de nuestra organización.

Muy Sabio, Alto y Excelentísimo Señor de Tijuana: Dios, la Virgencita de Guadalupe, a quien espero pronto ir a visitar en su santuario original, ya que la oportunidad de la misión asignada por usted me lo permita, y todos los santos del cielo, protejan su vida y salud y las conserven a salvo de sus enemigos y detractores y aumenten los bienes de que lo han colmado, así como la riqueza creciente de que goza por la venta de las nuestras mercancías, de las que no sólo transportemos y vendamos cada día más, sino cada día más, también, mayores cantidades sembremos, procesemos y produzcamos, y aumenten los territorios que pretende conquistar, de los que espero forme parte éste, del que yo he venido a hacer humilde relación.

Desde el Café "Los Gates" de Internet, en las inmediaciones de la Ciudad Satélite, exvecina, ya parte interna de la Ciudad de Temixtitan ahora, a 20 de septiembre de los 2005 años de Nuestro Señor.

De usted, su muy respetuoso, humilde y admirador subalterno y seguidor, que hasta el fin de la conquista del mundo seguirá y su anillo de Gran Regidor de Tijuana con sumisión y atrevimiento besa, **Fernando Cortés**.

LOS SOÑADORES

Soñó por la primera vez el primer hombre cuando, sin la necesidad de obedecer perentoriamente a sus instintos de supervivencia, imaginó, con antelación considerable al acto: cómo horadar la tierra y en qué medida y de cuál árbol cortar las ramas para cubrir la trampa en que cayese, atraído y burlado, el mastodonte.
 Y de ahí en adelante tuvo sueños, el hombre, muy humanos; sueños de inconciencia, sueños de vigilia y hasta sueños inducidos. Y sueños de muy diversos tipos y de los que se clasifican, por su esencia, en: brumosos, diáfanos, nebulosos y muy reales; por su causa y efecto, en: alucinados y admonitorios; por su costo, en: caros y gratuitos; y por su calidad, en: sueños de grandeza, sueños de libertad, sueños premonitorios, sueños guajiros, sueños eróticos, sueños rotos y sueños más que malos: pesadillas.
 Y claro que el hombre aprendió a soñar siempre de acuerdo con sus recursos. Y tuvieron sueños los reyes y sueños los guerreros, sueños las prostitutas y sueños los esclavos. Y hasta aparecieron profetas que se adueñaron de los sueños de otros, y artistas que los pusieron en escena, y psicoanalistas que los interpretaron. Y el hombre se alejó de los follajes, los baobabs, las acacias, las sabanas, y abandonó hasta las estepas. Y se fue alejando cada día más de los otros animales y soñó cada vez más y con más fuerza.
 E hizo planes.
 Y el hombre se encontró en ocasiones a lo largo del tiempo con sus sueños realizados.
 Y ahí el hombre sonrió.

I had a real horrorshow night´s sleep, brothers,
with no dreams at all, (...)

    Soñaba Adán entretenido, iluso, con colorear aun más su mundo y aligerar sus sobrevaloradas penas,

sobrellevar mejor, pues, su íntimo infierno, cuando sintió cómo le aligeraban del pecho una costilla. Tuvo de ahí en adelante toda una eternidad para soñar cómo lidiar con el averno desencadenado por él; fuera de sí, y afuera.
    Soñó Caín con un padre más agradecido, y Abel murió soñando con amores menos pasionales, más sencillos, de parte de un hermano.
    Soñaron que el Libro de los Muertos les serviría de algo, los faraones; que el papiro significado sería como dau salvadora conseguidora de indulgencias ante los jueces de Osiris. Y con ello soñaron Amosis y Tutmosis, y con un poco más de suerte, Tutankhamen.
    Soño Kefrén con que acabaran rápido su túmulo; mientras sus súbditos y esclavos soñaban con esclavas, algunas faldas de algodón y un buen plato de cebada, disfrutando tendidos los efímeros descansos en las márgenes limosas sombreadas de palmeras del Nilo.
    Y muchos otros faraones soñaron sueños con consecuencias más terrestres; e inclusive tuvieron-ventajas de la capacidad adquisitiva y el poder divino detentado- magníficos soñadores que hasta les descifraron los sueños suyos, como José, hermano de Simeón, y de Benjamín, y de Isacar, Rubén, Leví, Gad, Zabulón, Dan, Aser, Neptalí y Judá; e hijo de fabulosos padres en aquella fantástica familia poligámica. Y hubo sueños de astrólogos, magos, brujos y adivinos en esos tiempos heroicos de semitas y caldeos, y hasta Nabuconodosor soñó despierto y aun dormido sueños de fuerza sin igual en tronos de oro, hierro, barro, pies y dedos quebradizos, que le aclaró Daniel, orador soñante y aguerrido.
    Podríase decir que fueron ellos, a lo largo del tiempo, pueblos de soñadores.

Mais il est peut–être d´autres mondes plus réels que celui de la veille.

    Soñaron los primeros pintores de Lascaux, Altamira y Pech–Merle; los calígrafos de Mohenjo–Daro, Lagash, Nippur y Nuzi; y los primeros guerreros tribales que golpearon en troncos, en pieles de hiparion, de reno, o en sus mismos escudos rústicos, para imitar el sonido de los truenos.

Y soñaron acadios, sumerios, persas, indostanos y pobladores de lejanos orientes.

Soñó Demócrito en Abdera, allá en Tracia, teorías compartidas con el pasado y el remoto futuro; y platicó en las islas eternas con Leucipo y Anaxágoras y Bohr y Millikan y Chadwick y Einstein. Soñaron todos ellos a lo largo del tiempo entre otros tantos.

Y aun entre ellos y con otros muchos.

Soñó Homero, con sueños continuados, las recitaciones helénicas de los sueños de otros enamorados, amigos más que leales, estrategas, traidores y héroes mitológicos; y las campiñas y los olivares, de Esmirna al mar Egeo; y sus labriegos, pudieron soñar con Paris, Helena, Aquiles, Héctor y Patroclo.

Eran también los tiempos de Hécuba y las primeras soñadoras; y tiempos de soñadores prácticos de oficio, agoreros y oráculos.

Soñaban todos, y tal vez por eso fueron pueblos tan grandes y magníficos, porque el soñar engrandece al hombre y le permite logros y riquezas de los que vale la pena heredar a los que vengan, para que también sueñen. Como soñaron Hesíodo, Solón, Arquílaco, Hecateo, Píndaro y, rogando que ninguno de sus animales zorros volviese para robarse cualquier copa en templo alguno de Delfos, Esopo.

Soñó con multitudes de jóvenes discípulos hermosos, Sócrates; y junto a otros soñadores soñó cavernas, sombras, paradojas, culpas y sueños de cicuta. Como soñó el estagirita mil errores y que podría silogizarse la forma de soñar del hombre.

, quiera mi suerte,
que nunca duerma yo, si estoy despierto,
y que si duermo, que jamás despierte."

Soñaron tántos por aquellos tiempos, que casi podría decirse que le enseñaron a soñar al hombre. Y era tánta su gana de soñar que, por ejemplo, Esquilo, Sófocles y Eurípides, entre otros, hasta soñaron tragedias; para que el

hombre algún día acabare riendo de ellas, como ha llorado a veces con los sueños de Plauto, Terencio, Menandro y Aristófanes,
    Ciro soñó con conquistar el mundo.
    Soñó Alejandro con la formación de un reino universal. Y otros soñaron, como él, campañas, batallas, victorias y derrotas; porque, pregúntenle a Escipión, a Aníbal, a Retógenes, a Asdrúbal y a otros muchos: *soñar es lo importante*. Sólo hay que evitar, dentro de lo posible, soñar con *lágrimas*.

(...)
Alivia, sus fatigas
el labrador cansado
cuando su yerta barba escarcha cubre,
pensando en las espigas
del agosto abrasado
y en los lagares ricos del octubre; (...)
Escóndesele el día,
y las holas hinchadas
suben a combatir el firmamento;
él quita el pensamiento
de la muerte vecina,
y en el oro pone y en la mina. (...)
el invierno entretiene
la opinión del verano,
y un tiempo sirve al otro de templanza. (...)
Si la esperanza quitas,
¿qué le dejas al mundo?

    César soñó con conquistar el mundo. Soñó con las Galias, con cruzar el Rubicón temprano, con no sufrir jamás las traiciones que infligió a otros. Y Brutus soñó –junto con él y al lado de él y después que él señalara los caminos profundos acusadores desde los encajes de su sangre– los mismos sueños de amor de su hombre asesinado.

Soñó Nerón sus propios espectáculos, y en eso de los sueños no se puede decir que haya maldad; cada quien sueña en la medida de sus traumas, complejos, prejuicios, vicios y posibilidades. Soñar no cuesta nada; hasta los gladiadores soñaron con matar los leones; no hay moral en los sueños, por el contrario, allí se puede ser feliz, se alteran el espacio, las enseñanzas y el tiempo, sin restricciones. Como Octavio, Tiberio, Caracalla soñando con bañarse mejor, Marco Antonio con hacer vida de altura de *jet–set* mediterráneo, con una diosa morena bajo el brazo.

Inconscientes, todos ellos, afortunados, de lo martirizante que es a veces, para los pobres, soñar.

The enormous tragedy of the dream in the peasant´s bent shoulders (...)

El que fue ungido y, antes y después, crucificado, soñó con un orden nuevo. Soñaron dulzuras sus discípulos y soñó, mientras lo amaba, Magdalena. Como soñaron los patriarcas bíblicos que se les abrirían los mares; y los zelotes de las aldeas ribereñas de las aguas de Judea y Galilea, con vinos de esas mismas aguas y multiplicaciones de panes y pescados.

Los sueños son múltiples, dispersos, encontrados: los cristianos soñaban con Atila; y Atila con Honoria, y con Hilda; y otras.

Y ha sido oficio de soñador el de los santos. Desde Gregorio, Benito el de Nursia y Francisco, hasta Domingo de Guzmán, Bernardo, el de Clairvaux, e Ignacio, el vasco.

Soñaron los mayas y quichés con levantar ciudades, nadaron ríos y cenotes y conversaron y planearon, antes y después, a la sombra de casas en Yaxchilán y Uaxactún. Y soñaron, entre eclipse y eclipse, con Hunab–Ku, aunque -la verdad- no podían ni imaginárselo.

Soñó Mahoma, entre retozos de amor con su Khadija, con dormir algún día en el monte Hira; y hay quien dice que ya allí, y a siglos de distancia, soñaba sudando en pesadillas donde un rey moro asesinaba herederos musulmanes, y él mismo, dormido mas despierto, veía a la distancia a un tal Abu Abdullah, el Chico, llorando la despedida de la Alambra.

Y soñaron muchísimos con proponerse retos para matar el tiempo y cobrarse afrentas adoptadas, y partir hacia otros mundos de envidiadas ilusiones (jardines siempre más verdes del vecino), para recuperar, así fuere menos sólidamente que Proust, todo el tiempo perdido desde que alguien había osado mancillar las paredes de la cueva y robarse la santidad de *el sepulcro*.

En esos términos soñó Chretién de Troyes, como soñó José de Arimatea, como soñaron Parsifal y Galahad con el *gradalis*. Soñaron Roger Bacon, Aquino, Paracelso –entre muchos alquimistas soñadores– con la piedra filosofal, la riqueza esencial y la salud de hierro.

(...)
> *Juntos amor y yo buscando vamos*
> *este mañana: ¡oh dulces desvaríos!,*
> *siempre mañana y nunca mañanamos;*

Y soñaron los ideadores, planeadores, constructores y capataces de la hechura de las catedrales de Amiens, Lincoln, Reims, Notre Dame, Estrasburgo y otras; y soñaron los transcriptores de manuscritos y los pintores de miniaturas, y todos los montones de oscuros monjes cistercienses, cluniacenses, benedictinos, y cartujos, y los montones y montones de todos los otros en sus correspondientes monasterios, que soñaron- con la fuerza mayor del sueño de su fe- que habrían de ser, décadas de siglos después, seguro, seguro, con la mejor seguridad, soñados y reivindicados torpe pero brillantemente por otros más soñadores aun que ellos, recibiendo y escuchando los Ecos literales y literarios distantes en sus capillas, bibliotecas y refectorios.

In dieser Nacht hatte er einen furchtbaren Traum,
–wenn man als Traum ein körperhaft–geistiges

Erlebnis bezeichnen kann, das ihm zwar im tiefs-
ten Schlaf und in völligster Unabhängigkeit und
sinnlicher Gegenwart widerfuhr, aber ohne daß
er sich außer den Geschehnissen im Raume wan-
delnd und anwesend sah; sondern ihr Schauplatz
war vielmehr seine Seele selbst, und sie brachen
von außen herein, seinen Widerstand – einen tiefen
und geistigen Widerstand – gewalttätig nieder-
werfend, gingen hindurch und ließen seine Existenz,
ließen die Kultur seines Lebens verheert, verni-
chtet zurück.

Kublai Khan soñó con conquistar el mundo. Marco Polo soñó con que Maximiliano Berlitz naciere en 1271 y existiere también ya, para aquel año: American Express.

Soñó Nezahualcóyotl, el poeta, desde que aún no hablaba y sólo oía las enseñanzas de Ixtlixóchitl, la ejecución artera de su padre; y vivió él para soñar, despierto siempre, la música de la existencia de las aguas y de un padre aun mayor que lo adoptara, como un Tloque Nahuaque, en los espacios de un universo más grande que Texcoco.

Bruneleschi soñó con cumplirle a su Dios de la mejor manera, y Buonarotti vivió soñando con los favores de sus intercesores, para poder entrar al paraíso por las puertas más que decentes de baptisterio toscano de ese otro gigante entre los soñadores: Ghiberti.

Pero ambos, como los otros italianos laboriosos, soñaban más que nada, en realidad,con que les dieran su paga siempre a tiempo.

Soñó César Borgia –dicen unos– con tener siete hermanas; y su hermana Lucrecia soñó con la fealdad y con quedarse soltera.

Maquiavelo soñó un mejor y más limpio emprendimiento de las administraciones, empezando por la de su casa.

Soñó Colón con ocho almirantazgos, pero como soñó algo destanteado, a él le corresponde, el mejor, aquella parte de lo dicho antes sobre los sueños guajiros. Magallanes soñó sueños truncados. Elcano los soñó, que aun los hay: heredados. Américo Vespucio los soñó siempre ajenos, y Don Hernán Cortés, desde la cuna, soñó con morir viejo, rico y gobernante de orientes, no en Castilleja de la Cuesta, sino junto a las buganvilias trepadoras de árboles quejumbrosos tropicales y consolándose la falta de tiempo para conquistar el mundo junto a varias chamaconas indias bamboleantes.

Todos ellos, junto a muchos otros navegantes de ensueño, soñaron leer su nombre en letras bien latinas sobre las más amplias zonas de los mapas y las cartas marinas y el *Atlas sive cosmographicae meditationes de fabrica mundi et fabricati figura* de Gerhard Kremer.

Como soñó Cuauhtémoc que era posible derrotar caballos, fuesen en última instancia lo que fuesen, y que acabaría custodiando caminantes y disparando sus dardos a praderas celestes, jardines índigos de luminosas flores de las consideradas por otros soñadores- como Tournefort, Ray y Linné- como *Chrysanthemum Laucanthemum,* pero áureas; o sea, que soñó que Nervo también lo soñaría.

Nostradamus soñó, como Juan Evangelista, copiosamente. Y los sueños de ambos, ricos en monstruos, ángeles, vaticinios y cataclismos, sobrecogen las ánimas de gente como nosotros, gente simple, que aún espera ver que ellos soñaron bien y todo ocupará su correcto lugar en la culminación de estas centurias.

perhaps all the wisdom, and all truth, and all sincerity, are just compressed into that ina– ppreciable moment of time in which we step over the threshold of the invisible. Perhaps!

Soñaron Hobbes y Descartes, y a veces hasta sin equivocarse.
Soñó Aristóteles, a veces correctamente.
Kant soñó con el aire acondicionado.

Soñó Kepler, un día, una trayectoria elíptica, como soñó después, en otra noche, la proporción de las barridas de área.

Un nouvel univers a été découvert par le philosophes du dernier siècle, et ce monde nouveau était d´autant plus difficile à connaître qu´on ne se doutait pas même qu´il existât. Il semblait aux plus sages que c´était une témérité d´oser seulement songer qu´on pût deviner par quelles lois les corps célestes se meuvent, et comment la lumière agit.

Soñaba Newton por largos periodos mientras permanecía en Cambridge y en el campo; y en especial soñaba manzanas. Como Guillermo el del cantón de Uri cuando tenía que presumir su tiro al blanco; como Stéphanie y Carolina Tatin cuando idearon su suculenta tarta de manzana.

... si yo te viere,
veré mil jardines;
flor de serafines,
Jesús Nazareno,
véante mis ojos,
muérame yo luego.

Soñaron casi siempre las mujeres con colaborar a las evoluciones del desorden con algo más que sus puñados de hijos. Como soñó Salomé con todo un hombre y en bandeja (o lo que de él se pudiera), mientras la cabeza de Juan soñaba ya en otro cuerpo; y soñaría la doncella de Orleáns, entre voces guiadoras silenciosas, que no pasaría nada cuando llegare a su vida el mercado de Rouen; que el fuego humano jamás la quemaría.

Como soñó Juana, la de Asbaje, con que aun sin la tolerancia de arzobispos, vendría un día la quema de brassieres; y la Curie soñó que antes de morir de anemia recibiría no dos, sino cuarenta premios Nobel; y Simona, en sus largos paseos por la Sorbona, con ver más bellamente a través de la angustia y la pobreza; y Margaretha Geertruida Zelle soñó con ser *ojo del día* para los hombres de todas las naciones; y con cobrar sus salarios en plata , que no en plomo.
Los sueños de las mujeres casi nunca siguen los sueños de los hombres-.

Mira que estoy de pie sobre los leños,
que a veces bastan unos pocos sueños
para encender la llama que me pierde.

Napoleón soñó con conquistar el mundo.
Niepce con fijar las imágenes de su universo provinciano sorprendente, en algo más que pupilas de asombro dilatadas; y soñó con tal ímpetu, que hizo soñar con los mismos paraísos abetunados y cobrizos al mismísimo Daguerre.
Goya soñó con los muros y paredes de los trenes subterráneos y metros de hoy.
Por supuesto que Goethe soñó con que lo fotografiase éste último, de pie y con el sombrero bien calado junto a Beethoven (y sin la presencia equívoca de Bettina) en la visita de unas de las damas amancebadas con algunos de los electores.
Bolívar también soñó con conquistar el mundo; y con que le hicieran algún día una buena biografía.
Juárez soñaba con una carroza aerodinámica y mejores carreteras al norte, por Chihuahua. Y con más amigos elocuentes. Maximiliano soñó sueños prestados, y, con vocación heredada de comediantes del arte, soñaba ya con André de Lorde, Métenier y el Grand Guignol; y con moverse algún día sin el maquillaje y los hilos de otros soñadores. Carlota soñó casi siempre con un mejor marido, y

con que el talento musical autóctono la hiciera heroína de mejores estribillos y rimas menos chabacanas.

> *Droll thing life is –that mysterious arrangement of merciless logic for a futile purpose. The most you can hope from it is some knowledge of your- self – that comes too late – a crop of unextin- guishable regrets. I have wrestled with death. It is the most unexciting contest you can imagine.*

Verdi soñó con festejar un día, con vino de Marsala y el acorde mayor en los metales al cierre de una obertura de ópera mediterránea, los alcances de unión de alguno de los Garibaldi.
    Baudelaire soñó con Delacroix, éste con Chopin; Debussy con Mallarmé.
    Sueñan todos.
    Sueñan hasta los pobres.
    Quizá ellos sueñen más.
    Como han soñado siempre los constructores de pirámides, iglesias, matrices, rascacielos; los remeros de las galeras romanas; los pizcadores de algodón de Mississippi, los niños de telares londinenses, los abonadores de caucho en la Amazonia; los indígenas agricultores del Bajío, las prostitutas niñas de la Habana, antes y después de la revolución; los sidosos de Somalia; en suma: los hijos de la nada, que sueñan sueños rotos, descompasados, sueños frágiles, en cada una de sus muertes diarias.

> *It´s a mistake to think that the Indians look upon the world as an illusion; they don´t; all they claim is that it´s not real in the same sense as the Absolute. Maya is only specula- tion devised by those ardent thinkers to ex- plain how the Infinite could produce the Fi- nite. Samkara, the wisest of them all, decided*

> *that it was an insoluble mystery. You see, the difficulty is to explain why Brahman, which is Being, Bliss, and Intelligence, which is unalterable, which ever is and forever maintains itself in rest, which lacks nothing and needs nothing and so knows neither change nor strife, which is perfect, should create the world.*

Stanley, Livingston, Peary, Amundsen, Byrd, Hillary y Norkay, y muchos otros, soñaban conquistar el mundo.

Hitler soñó con conquistar el mundo.

> *Soyons heureux pendant le petit nombre d jours de cette courte vie. Cachons notre existente, mon crime n´est que trop évident. (…)– Qui sait? peut–étre avons–nous encore des sensations après notre mort, (…)*

En otro orden de sueños, Dante soñó con su Beatriz, Anaïs con su Henry, Amado con su Ana Cecilia, Brahms con Clara Schumann, Darío con Margarita, Nabokov con Lolita; y así, cabe decir aquí que en cada enamorado despiertan los sueños de la vida toda, y de todos los tiempos y de todas las guerras y las paces y los cielos y los mares, y de todos los otros. Que cuanto más se ama, de eso sabía Ovidio bien, más se sueña.

> *Alma a quien todo un Dios prisión ha sido,*
> *venas que humor a tanto fuego han dado,*
> *médulas que han gloriosamente ardido,*
> *su cuerpo dejarán, no su cuidado;*
> *serán ceniza, mas tendrá sentido;*
> *polvo serán, mas polvo enamorado.*

Soñó Casanova, como Joseph Smith y Brigham Young, con desvirgar diez mil doncellas; como sultán otomano, como maharajá ratificado, quienes soñaron bonito cada noche que soñaron con ellas y con ellas retozaron. Soñó Oscar Wilde, en serio, con una moral alternativa, Como soñó Lorca con lo mismo; en Almería soñando en Nueva York y en Nueva York soñando en Almería. Como soñaron las George: Sand y Eliot.

Y con tamaño amor, soñó Miguel Hernández con regresar de la tierra, ya desamordazado, el cuerpo de Sijé; casi como soñó Meyrink dar vida con el Golem, y Mary Shelley con su Frankestein.

Y en cada aldea, en todas las reuniones y asambleas, desde en las sobremesas alrededor del fuego de la era cuaternaria, hasta en los cócteles de prensa en los edificios de Chrysler y torres de Trump en Manhattan, ha habido soñadores llevados en vilo por las otras *muletas* (soñadores de sueños inducidos, de paraísos artificiales): por peyotes mixtecos, por pulques y brebajes, por opios y otras mil substancias y moliendas. Por eso soñó De Quincey con dar sus confesiones; Baudelaire sus consideraciones; Castaneda y Don Juan, sus conferencias; Poe, sus miradas al cuervo de un solo ojo; Easton Ellis, sus divertimentos sobre las venas y las fosas de los chicos wasps y yuppies costatlánticos y angelinos.

Con inducción, sin inducción de drogas, han soñado los locos, y muchos otros y muy distintos locos entre los cuales ha llegado a haber especímenes que suelen ser el colmo en eso de los sueños. Inveterados soñadores: *los artistas*; y hasta sus muy gentiles protectores – léase Mecenas, Vanderbilt, Pedro el Grande, Médicis - que acaban tomándoles sus sueños prestados e incluso les sugieren y les encargan otros.   Soñaron magistralmente: Wells, Bradbury, Cheever, Shakespeare y Cervantes. Flaubert soñó la muerte de los sueños. Y otros soñaron música gramática para melodizar los sueños de otros: Allighieri, Wolf, Wolfe (T.), Wolfe (T.C.), Wolff, y todas las posibles combinaciones,...Woolf! (la hija de Sir Leslie), Mallarmé,

Góngora, de Zetina, Baudelaire, Whitman, Tagore, Kayam, Machado, Bécquer y Jiménez. Y otros fotografiaron sus sueños, que eran nuestros: los Lumière, Chaplin, Welles, Eisenstein, Antonioni, Godard, Visconti, Fellini, Lelouch, Fassbinder, Tarkovski, muchos otros. Todos los niños y jóvenes del mundo de antes de 1828, soñaron con que existiera Julio Verne. Como Charles Lutwidge Dogson con que existieran más niñas y jovencitas lectoras de sus fábulas para seducirlas con su mágica poesía y, por qué no?, hacer a unas de ellas *Lady Carroll*. Como Holmes soñó de niño algún Sir Arthur; y Watson, el doctor, un Conan Doyle. Borges soñó que lo soñásemos en otros laberintos; con joyas, memoriosos, cuchillos y gauchos, pero todos dobles, con su contraparte, los mismos y sus pares, unos y todos a la vez...; todos ellos: olvidos.

The tarnished, gaudy, wonderful old work;
idols and ambergris and rare inlays,
these are your riches, your great store; and yet
for all this sea–hoard of deciduous things,
strange woods half sodden, and new brighter stuff:
In the slow float of different light and deep,
no! there is nothing! In the whole and all,
nothing that´s quite your own.
Yet this is you.

Rabelais, de Bergerac, Orwell, Huxley, Wells, Asimov, Freud, Defoe, Swift y Stevenson, soñaron sus propios mundos. Los Leakey, los modos de ponerles ancestros. Margaret Mead, la forma de donarles hermanos pintorescos samoanos. Lorenz soñó la manera de poblarlos de animales. Gaugin los soñó ya en los lienzos y los cuadros -la forma de pintarnos todo eso.
Y muchos otros. Carpentier, Stendhal, Dostoievsky, Tolstoi nos regalaron héroes soñados dulcemente. Joyce soñó con hacerlos hablar; Stevenson, Bulgákov, Conrad, Melville, Stoker, con hacernos soñarlos.

Soñó Caravaggio retratos nuevos de viejas tradiciones, y comenzó mitologías nuevas; Dalí soñó relojes blandos; día en medio de la noche (o viceversa), Magritte; gritos desesperados sordos destemplados, Munch; señoritas decentes híbridas euroafricanas que embadurnó humedeciéndolas desde todos los ángulos, Picasso; nuestra madre –casi– paradigmática, Whistler; nuestras bañistas de pubertad, Sorolla; nuestra sopa dilecta, Warhol.

Como soñó otro *artista*, Einstein, con que el mismo violín que suena ahora, viene soñando desde siempre ya en los ecos de los ilimitados universos; como Cantor, que soñó con la simultaneidad de sus conjuntos infinitos, Benoit Mandelbrot con sus fractales, y otros tantos que han soñado con números, arterias, osamentas, maquinarias e hígados.

Aquel macho que huyó, bravo y zahareño,
a los rayos ardientes
del sol, en su cubil después dormía.
Entonces tuvo un sueño:
que enterraba las garras y los dientes
en vientres sonrosados
y pechos de mujer; y que engullía
por postres delicados
de comidas y cenas,
como tigre goloso entre golosos,
unas cuantas docenas
de niños tiernos, rubios y sabrosos.

Y fueron tántos los elementos y conflictos soñados por tan buenos soñadores, que en este mundo soñante sueñan también sus personajes, desde sus nichos, en uno y con cada uno de nosotros; nos sueñan a diario: Julieta, Kurz, Ofelia, Platero, Sancho, pére Goriot, Farragut, Julien, la cigarra, Gustav von Aschenbach, Crusoe, Otelo, Valjean, Gulliver, Emma, Humbert Humbert, Edward Hyde, Becky Sharp,

Funes, Orlando, Rolando, Gregorio Samsa, Cosette, Albertine, Connie Chatterley, Fuensanta...

Combien d'óbservations patientes, mais non point sereines, il faut recueillir sur les mouvements en apparence irréguliers de ces mondes inconnus avant de pouvoir être sûr qu´on ne s´est pas laissé abuser par des coïncidences, que nos prévisions ne seront pas trompées, avant de dégager les lois certaines, acquises au prix d´experiences cruelles, de cette astronomie passionnée!

Judas soñó, Manson soñó. Y a veces al soñar cristalizamos el soñar de otros y en ocasiones volvemos los sueños de otros, *pesadillas*. Pero esa es la regla de la diversidad del hombre y, en una gran medida, de su avance. La tierra avanza mientras algunos les rompen los sueños a los otros; como aquél al Mesías y ése a la Tate, a Polansky y a su hijo y, sin ponerlos en el mismo saco ni hacer comparaciones de valor ni similitudes de categorías –que esas queden para los que detenten papeles de jueces moralistas– como también rompieron sueños al por mayor, al soñar sus sueños propios e incluso lograr que otros soñasen sueños nuevos junto a ellos, entre otros muchos anatematizados siempre: Thomas Müntzer, Chauvin, Zuinglio, Lutero, Knox, Pío V y los consejeros que armaron el *Index Librorum Prohibitorum*, el marqués Donatien–Alphonse–François, Edouard Manet, Marx, Stravinsky, Nietzsche y Malcolm X. Entre muchos, muchos otros.

This was a daydream, but "daydreaming subverts the World".

Algunos inclusive, han querido imponerles sus sueños a los otros; decirles qué soñar, cómo y dónde, y hasta a qué horas (y lo han logrado por momentos): Calígula, Lucio Anneo Séneca, Nerón, Enrique VIII, Porfirio Díaz, Huerta, Obregón, Stalin, Chang Kai-Shek, Papa Doc, Balenciaga, Lagerfeld, W.R.Hearst, Park Chung Hee, Trujillo, Castro, Hussein..., entre muchos; *juntos pero no revueltos*, y por causas plurales y varias.

Y hubo también sueños de destrucción entre los pueblos:

D´ailleurs les hommes les plus forts sont naturellement les plus impressionnés, et conséquemment les plus superstitieux, si toutefois l´on peut appeler superstition le préjugé du premier mouvement, qui sans doute est l´apercu du résultat dans les causes cachées à d´autres yeux, mais perceptibles aux leurs.

de previsión:

"*I was thinking of the light. We´ll be stumbling about.*"
"*We were going to look for the beast.*"
"*There won´t be enough light.*"

de humildad:

If such is the form of ultimate wisdom, then Life is a greater riddle than some of us think It to be.

de inocencia:

"*But tomorrow we´ll hunt and when we´ve got meat we´ll have a feast–*"

de angustia:

¡Revoca, Amor, los silbos, o a su dueño el silencio del can siga y el sueño!

de enseñanza:

Vivez donc et soyez heureux, enfants chéris de mon coeur, et n´oubliez jamais que, jusqu´au jour où Dieu daignera devóiler l´avenir à l´homme, toute la sagesse humaine sera dans ces deux mots:
  Attendre et espérer!

de cura:

hazme sentir, ¡oh sueño piadoso!, antes durmiendo el bien que el mal despierto.

de esperanza:

الأمل هو محرك الحياة

Y hubo también sueños de paz entre los hombres:

I´m dreaming of a white Christmas...

Picture yourself in a boat on a river with tangerine trees and marmalade skies.

Tengo un sueño: que algún día todos los hombres sean iguales.

Fraude, schoener Götterfunken,
Tochter aus Elysium,
Wir betreten feuertunken,
Himmlische dein Heiligtum!

But since the affairs of men rests still uncertain, let´s reason with the worst that may befall.

Miscelánea.- Bush sueña con conquistar el mundo. Mao Tse Tung soñó con que Kung–Fu–Tseu y Lao Tse soñaran con educarlo a él.(Los megalómanos-obvio- sueñan en grande) Vishnú soñó con Krishna, no al revés, como dicen algunos.

Philippus Aureolus Theophrastus Bombastus von Hohenheim soñó con Jesús (el Cristo), con Barnard, con reducir su nombre,...y con Schubert.

Y Schubert soñó con que Paracelso, Fleming, Ehrlich, Kahn y Wassermann nacieran antes.

Rimbaud soñó siempre con que los hermanos Wright y Santos Dumont construyeran aviones antes de 1873.

Como soñó Plutarco Elías Calles que algún día algo pasaría.(Los sueños, según uno de los más grandes soñadores están hechos de deseos y *miedos*.)

El barón Münchhausen soñó con que los turcos le narraran más historias.

Maiakovski soñó con Castro y con Marinetti; y Maimónides con Tomás el de Aquino; y Arnold Böcklin con mejor dau, más brillante, llegando a su isla de los muertos.

Pavlova soñó con Saint–Saëns.

Velásquez soñó que Sofía Loren sería la Venus modelo ideal para la luna del espejo. Todos hemos soñado con la luna; hasta Armstrong se dio el lujo de pisarla. Lo que todos soñaron.

Cuando contemplo el cielo
de innumerables luces adornado,
y miro hacia el suelo,
de noche rodeado,
en sueño y en olvido sepultado
el amor y la pena
despiertan en mi pecho un ansia ardiente;
despiden larga vena
los ojos hechos fuente;
la lengua dice al fin con voz doliente
"Morada de grandeza,
templo de claridad y hermosura;
mi alma que a tu alteza
nació, ¿qué desventura la tiene en esta cárcel,
baja, oscura?"

Y es grandioso soñar.

Porque soñar es atributo exclusivo del humano. Como reírse de la suerte de uno, o al leer un libro,...o a carcajadas en medio de la noche. Como cocinar. Como representar una obra de teatro frente a la ladera de algún monte, o en los cubiles de Lascaux y Ajanta, o en los tugurios de Broadway

No sueñan, en su sentido mismo estricto, los perros, los pelícanos, los escarabajos, ni los gatos. Por hermosos que estén. Ellos habitan sólo nuestros sueños.

No sueñan ni los Dioses, ni los elfos, ni los duendes, ni los gnomos, ni los marcianos ni los magos. Ellos *son* solamente, en el mundo del sueño.

Nuestro más grande sueño.

Y hemos venido soñando, tántos y tántas, desde el principio de los tiempos, que se nos ha hecho costumbre soñar, hasta dormidos. Planeando proyectos. Proyectando planes. Previendo el futuro, temiéndolo, preparándolo. Entreviendo mundos. Concibiendo ideas; relacionándolas, explicándolas; tratando de concretarlas para generar nuevas, más fabulosas ideas. Vislumbrando universos. Anticipando logros. Imaginando que nos colgamos medallas en el pecho, de cuando en cuando, por la marcha irreversible, irrefragable, incontrovertible, de este mundo nuestro feliz de sueños.

Y seguimos soñando.

LA CORRECCIÓN POLÍTICA
I
(ó ¡ Quítate, pinche negro!)

I

Vivimos los tiempos de la *corrección política*. Actualmente si le decimos a un negro *¡Quítate, pinche negro!*, el negro se ofende más por lo de *negro* que por lo de *pinche*. Prácticamente tendríamos que decirle: *¡Quítate, pinche hermano de color!* o *¡Quítate, pinche hermano afroamericano!*

Eso de *hermano de color* me agradaría más sólo por aquello de hermano amarillo, hermano blanco, hermano piel roja, hermanas jirafas, hermano sol, hermana luna, hermanos camellos, hermanas palomas y hermanos gusanos...

De la misma forma, ahora es incorrecto decir: *Te odio, marica*, debemos decir: *Te odio, miembro de la sociedad con orientación sexual alternativa*.

Y así sucesivamente. Los babosos tarados y retrasados mentales, ahora deben ser llamados: *elementos unitarios de la población con ligeros problemas de aprendizaje* (o...*con detalles inciertos en el desarrollo normal de su intelecto*); a los lisiados hay que decirles: *ciudadanos con problemas motrices y de interacción física no-óptima con la realidad* (o hasta, quizá, de manera no muy rosa o incolora pero aún en cierto modo y alguna forma sofisticada y eufemística *quase*equivalente....... *minusválidos*, o aun más superrecontraeufemística y ambigua (manera muy socorrida ésta últimamente)...*personas con capacidades diferentes...o especiales*); a los locos, orates , chiflados y zafados: *personas con leves desajustes emocionales* (o...*con problemas de adaptación perceptiva psicoemocional*); a los tripones, gordinflones y marranos: *individuos cuya* *proporción peso –estatura no encuadra dentro de los promedios saludables establecidos por los criterios médicos en vigor*; a los judíos...*humanistas sionistas*; a los indios... *minorías étnicas autóctonas regionales de no muy acentuado perfil europeo* ; y así por el estilo.

En los días de mi infancia gritábamos a la mitad de uno de nuestros juegos callejeros: *Ahí viene el **cojo**!!*.(Hoy nos llevaría un poco más de tiempo y esfuerzo soltar la frase políticamente correcta*: Ahí viene el compañero de longitud comparada diferente en sus extremidades inferiores*!

Hoy, el individuo común y corriente puede pasarse horas buscando un lugar para dejar su carro en un estacionamiento repleto mientras pasa y pasa por donde los lugares para discapacitados(porque eso son, basta de sobarles el lomo cuando ellos mismos en su mayoría se sienten incómodos con esas nuevas designaciones chapuceras, lastimosas y engañosas con que se les pretende ahora llamar) permanecen *apartados* para ellos –por razones de corrección política y hasta de disposiciones legales- pero, casi siempre, *sin ocuparse*. Sobre la base de la supuesta democracia y de la separación Estado –Iglesia, (y otras paparruchadas pretendidamente justificantes por el estilo), la mayoría católica entre los niños de algunos lugares y escuelas debe prescindir de ver los crucifijos con el hijo de Dios martirizado y clavado en la pared, para evitar ofender o impresionar psicológicamente de manera antinatural a las minorías de niños condiscípulos creyentes en otras mitologías; los fumadores tienen que hundirse en el ostracismo urbano y social para ejercitar su vicio; y los políticos y diplomáticos deben practicar al máximo el uso de un cada vez más oscuro lenguaje sofisticado, rebuscado, sutil, tenue, incoloro, inodoro, insípido e inofensivo –lenguaje light, soft, de guantes de seda - para acariciar el ego y la susceptibilidad de los votantes, los adversarios y los representantes extranjeros de otros países. Lejos quedaron los tiempos en que en alguna sesión de la Asamblea de las Naciones Unidas las cosas se decían con claridad meridiana, autenticidad, honestidad, estilo y concreción, a gritos y zapatazos kruschevianos sobre las mesas y pupitres.

Para nuestras modernas sociedades "democráticas" primero están las minorías que detentan el poder político y económico y, ahora, las diversas minorías quejumbrosas vociferantes, todas ellas, unas y otras, siempre, antes que la inmensa mayoría de trabajadores y servidores desposeídos, que es por la cual -¡en primera y última instancia!- se mantiene en funcionamiento el aparato social.

En suma: hoy ya es prohibitivo decirle *viejo decrépito* a un anciano; hay que llamarle *individuo de la tercera edad*...o...*adulto mayor*...qué sé yo! Todo eso como si el acariciar verbalmente a alguien o el usar florituras y arabescos lingüísticos para referirse a él, le modificara su esencia o nos cambiara efectivamente a los otros la forma en que lo percibimos. Inclusive hay despistados que hablan de la *democratización* de la aldea global, o del peso inequívoco actual de las minorías en el curso del desarrollo de la humanidad!

En un reciente *reality show* transmitido por un canal británico alguien "osó" -dentro de las calenturas y exaltaciones de la competencia- referirse a una hindú con términos especialmente característicos que -a decir de los que luego se quejaron por los calificativos asignados a la muchacha- manifestaban un *racismo extremo, abominable y completamente inadmisible*. Desde algunos televidentes del show hasta grupos de hindúes en Inglaterra, otros en su país de origen, otros, habitantes de este planeta que conforman grupos étnicos de razas *no-blancas* (que se sumaron a las protestas y el rechazo -por los calificativos asignados a la hindú, no rechazo a ésta y simpático con la concursante que se los asignó-), y varios consulados y embajadas hindúes por todas partes de nuestro vecindario global, todos pusieron el grito en el cielo por algo que era así -más o menos- como expresarse de un ser humano diciendo que era *flojo, supersticioso, chaparro, cobrizo, cenizo y apestoso*.(!) La admiración nuestra no se refiere a los calificativos adjudicados a la muchacha hindú como partícipe y representante de una raza... ¿Es que no somos así los mexicanos, los guatemaltecos, hondureños, peruanos, colombianos, salvadoreños, bolivianos, haitianos, marroquíes, angoleños, africanos aborígenes en general, árabes, afganos, tibetanos, jíbaros y mil razas más, autóctonas de mil diferentes lugares de la tierra?

Dejando a un lado las consideraciones étnicas y culturales, y aquéllas sobre la importancia relativa comparada de las mayorías sociales con respecto a las minorías "menospreciadas" "discriminadas", y los planteamientos engañosos de los medios –ya comentadas ampliamente en otra parte de esta obra-, cabe decir que, a pesar de todo y de todos los signos de apariencia preferencial que ventilan a favor de las minorías, por más que los poderosos y los líderes de la sociedad aparenten preocuparse por los nombres, las designaciones y el trato que se les da a dichas minorías o *grupos de condiciones diferentes* – aparentemente en un afán de fingir la importancia que les conceden o lo interesados que están en su bienestar-, no están preocupados realmente más que por la forma de comportarse frente a dichos grupos para atraerse su apoyo, sus votos, su simpatía y su colaboración pacífica dentro de la sociedad, pero jamás por el fondo que representaría cambiar cualitativamente la *esencia* de la existencia de dichos grupos. En resumen, no están preocupados los farsantes que detentan el poder más que por *quedar bien*.

Como decía mi abuela: lo cortés no quita lo valiente.
    Los grupos de poder –precisamente en su sentido de *grupo-* han sido, en general, a lo largo de la historia, superficialmente bastante "educados". Ya sea con un trato decente, pulido, amable; o con una indiferencia candorosa y sutil respecto a la masa (estilo corte de Luís XV en la Francia polarizada)... los poderosos han sabido, casi en su totalidad, que la explotación y la represión más acusadas, no sólo no están reñidas con un trato decente y *respetuoso* y con un discurso gentil (de dientes para afuera) para con los pobres y descastados de la sociedad, sino que el más suave y fluido funcionamiento de la misma, depende precisamente de tener

la suficiente mano izquierda para acariciarles la joroba a los feos y menesterosos y hacer –claro– que los que estén presentes –o los medios de comunicación aliados al poder– se encarguen de transmitirlo y cantarlo a los cuatro vientos para beneplácito egoístico de los desposeídos y de los intérpretes de tan soberbia representación. Al señor feudal, al gran funcionario mano derecha de un faraón egipcio, de un emperador austriaco, al representante de alguna dinastía oriental, al Gobernador de una provincia, no les va ni les viene– ni les quita nada– tocar, abrir con precaución la puerta de la choza del más ínfimo y depauperado trabajador de la tierra, y decirle: *Buenas tardes, dignísimo señor, me permite usted pasar?* Aun sin la más mínima ironía, el acto no viene a ser más que un ejercicio de la buena educación; en última instancia, el poderoso es el dueño de la tierra, del trabajo y de la vida del pobre desgraciado común y corriente, y podría no sólo entrar y sin permiso a su choza en el momento en que así lo quisiere, sino hasta ejercer el derecho de pernada con todas y cada una de sus familiares, o tomar posesión de la vivienda y arrasarla y desaparecerla después, en un instante, junto con el campesino y su familia adentro, sin mayores consecuencias legales en ninguno de los casos.

Sólo los desempeños monárquicos, dictatoriales y/o totalitarios con influencia tribal o de clan –o con atavismos de los mismos a lo largo de la historia– han impuesto la práctica de no mirar de frente, no dirigir la mirada, postrarse, agachar la cabeza, o no hablar ni ver directamente al Rey, Emperador, Jefe, Dirigente, Etc....Los Presidentes, Primeros Ministros y grandes líderes de las democracias actuales, en general, tienen muy claro que el acoso de los medios masivos de comunicación –medios que ellos o sus socios (lo que ya no vendría a ser lo mismo ni tan cómodo si se les llegaren a "*voltear*") poseen– no solamente representa la posibilidad de una exposición peligrosa de sus verdaderas intenciones, vicios privados y mecánicas íntimas de la explotación y represión que ejercen sobre los desposeídos (exposición que hay que evitar a toda costa); sino que representa también la posibilidad –y la necesidad– de utilizarlos a su más plena conveniencia para transmitirles a aquellos que deben ser controlados –y mantenidos bajo control–, el discurso de que *sí importan*, y *sí son seres humanos*, y *sí merecen* –ellos *también-* ,por parte de los poderosos, *el máximo de los respetos.*

En casi todos los sentidos la masa en la base de nuestra sociedad es particularmente *femenina*. Histérica, voluble, emocional y calenturienta. Emotiva, sentimental, apasionada y traicionera. Leal mientras está caliente, leal a otro cuando se calienta con otro, y capaz hasta de matar a su preferido sin dejar de amarlo, ni de llorarle unas gruesas lágrimas, ni de rendirle sus buenos homenajes. Decidida y presta a la acción y a la condenación, a mudar de piel entre estaciones para seguir taimadamente el camino señalado por otras alimañas, a cambiar partido por un simple cambio de viento (o de niveles de estrógeno), a correr tras los hombres (hoy por amor, mañana con un puñal en mano), atender decisiones varias (hoy de algún Luis, mañana de Danton) y obedecer arengas encontradas (hoy de Hébert, mañana de Robespierre..., o Fouché). *A seguir la moda.*
    Pero ansiosa -eso sí (ah! masa, masa...con *a* de mujercit*a*)- de tener, de cuando en cuando, alguien que la controle y la dirija con mano firme.

Lo que más le importa es la forma, no el fondo. Sigue aquel concepto de los viejos que señala que –a diferencia del hombre, al que el amor le entra por los ojos- a la mujer le entra el amor por los oídos. Esta masa actual, junto con sus pequeñas minorías que también la integran, es especialmente susceptible a las adulaciones, piropos, pedidas de perdón, promesas –no importa que tan grave el error-, regalitos, dedicatorias, flores, ramitos de violetas y de rosas rojas, cartas de amor, detalles...y hasta lloriqueos públicos televisados de arrepentimiento por parte de políticos, gobernadores, candidatos a puestos de gobierno y presidentes.
    En épocas electorales, la masa femenina se deja cortejar, querer; le gusta que le cuenten cuentos, que le hablen bonito al oído, que la convenzan. No importa si son los mismos argumentos gastados y vacíos, o exactamente las mismas promesas incumplidas de siempre, lo que importa para la *masa mujer* es sentir que por lo menos en esos momentos y

aunque sea por breve tiempo, sus derechos quedan reivindicados (de forma verbal –por lo menos-) y se hace con el control (aparente) de las cosas.

Los verdaderos y grandes poderosos no necesitan realmente el apoyo de los resultados electorales; pero siempre es bueno contar con una especie de bendición o condonación para el cargo, *trabajar* con menos presión.

En nuestro país existe –para colmo- una gran tradición de ser felices con los parlamentos y discursos del que no dice nada. No es fortuito que históricamente nuestro cómico máximo siga siendo Cantinflas! La insubstancialidad del discurso- inofensivo prácticamente, aunque carismático por su burla a los riquillos y poderosos (en un principio)y que nos hacía gracia (también en un principio)– se revierte contra el pobre pelado descastado mal viviente y adquiere matices dramáticos, peligrosos y dañinos cuando es usado –como ahora- por los poderosos, para dirigirse a la masa y convencerla.

El discurso de la nueva *ultrademocracia* atiende más a la forma que al fondo. Otra vez, solamente,a *quedar bien*. EL discurso de la modernísima pseudodemocracia light –como en esencia todos los productos y conceptos *Light* cuya función primordial es acariciar el ego de los débiles, enfermos, necesitados y carentes- es un discurso *acariciante*.

Pan, circo y *caricias*.

Hoy, más que nunca, toma importancia la forma en la que se dicen las cosas; ante una evidente incapacidad de hacerlas. La parafernalia en la presentación y exposición de los argumentos pretende substituir a la credibilidad. No importa lo que hago, sino cómo digo y comunico lo que hago. No importa lo que deje de hacer, sino cómo lo planteo para que a la gente no le importe. No importa cómo te trato, sino como *te digo* que te trato. En última instancia, en el caso de políticos electos incumplidores de promesas; en el de esposos irrespetuosos, inconstantes, irresponsables e incumplidos: no importa lo que no hago, sino como transmito y comunico que no lo hice. La sociedad se vuelve una sociedad de apariencias, no de realidades; basada en la capacidad (de los que controlan) para inculcar (en los controlados) la idea de que todo se hizo, todo se está

139

haciendo, no se desesperen, Roma no se hizo en un día, todo está en orden, todo está muy bien, se avanza, hay progreso, estamos en paz; y de que –por supuesto- las opiniones y el *biensentir* de los controlados, pesan.
Biensentir –ese es el problema-, no *Bienestar*.

En Brasil, entre muchas otras anécdotas que reflejan la multicolorida folkloricidad de ese maravilloso país, durante los primeros años del siglo XXI (!) (y en Brasil!!)–:
a) un político de importancia estatal en la ciudad de Brasilia, le contesta a un negro que lo había increpado desde el anonimato de las filas de los ciudadanos asistentes a un mitin:" (no sé qué)...*negão!*"; y se arma una cacayaca generalizada ese día y los siguientes promovida principalmente por el consorcio multinacional de telecomunicación TV GLOBO; en el país con la segunda población más importante de negros en el mundo después de Senegal...tienen que ir y venir las explicaciones, las entrevistas, los amagos de juicios civiles y las justificaciones y disculpas por parte *del político*.
b) un *editor* de libros que contienen ideas y conceptos de clara simpatía nazi –entre muchísimos otros títulos que había publicado con anterioridad, pues fue un editor serio toda su vida-, en un país donde existen regiones y ciudades con profunda raigambre y herencia germánicas –Río Grande do Sul, Blumenau, etc...–; pierde un juicio promovido por judíos y descendientes de alemanes y se ve obligado a *suspender* la impresión subsecuente de dichos títulos.

Las *consideraciones* políticas, detalles amables –salvo cuando se pasan de la raya y afectan directamente los intereses económicos y/o morales de los poderosos, como en el caso del barco *Rainbow Warrior* de Greenpeace en Auckland, ubicado por los franceses en la justa dimensión que debía tener con respecto al asunto de las Mururoa–, frases de reflexión, preocupación por el biensentir de las minorías, y apapachos, llegan en nuestras modernas sociedades a extremos en que en un futuro próximo vamos a tener que decirles: *personas de modesto nivel estético...*a los feos.

La "corrección política" no sirve más que como otro instrumento de dominación y control por parte de los poderosos para mantener a la masa *a raya*, indicándole parámetros a los cuales tiene que referirse para mantener su conducta dentro de las normas sociales y morales que a esos poderosos conviene que circunscriban su comportamiento -y que no están escritas en las leyes y códigos oficiales-; para dar a ciertas minorias, y a grupos que no comparten las esferas más altas del poder, posibilidad de alzar la voz (sólo eso) para tratar de defender sus intereses particulares o intentar reivindicar ciertos derechos; y para hacer sentir -erróneamente- al pueblo, que posee, a su vez, un instrumento de control para limitar los excesos de la clase gobernante.

Es sorprendente el apasionamiento con que -impulsados por no se qué afán misionero de pretensiones más que místicas, o acicateados por los intereses comerciales de aquellas transnacionales que los utilizan como carne de cañón- ciertos grupos de gritones histéricos desbordados se lanzan contra el uso urgente y actual de las semillas híbridas genéticamente mejoradas y maravillas genéticas por el estilo que hacia el único lugar al que apuntan es al de la disminución de la hambruna en el mundo, y de paso al mejoramiento de las condiciones biofuncionales resultantes de la alimentación en la mayoría de los seres humanos.Esos grupos vociferan, amenazan y pretenden detener el avance de la aplicación de tan magníficos logros científicos, sobre la base de una supuesta posibilidad de efectos secundarios negativos de dichos alimentos, granos y hortalizas en la salud de los consumidores; y piden detener su utilización hasta que pase un buen número de años, décadas quizá,y se pueda establecer sin lugar a dudas que no existen daños posibles provenientes de su uso y consumo.Mientras, las multitudes continúan muriéndose de hambre.

Todo, en aras de la debida "corrección política" en la parte visible (y políticamente utilizable y *capitalizable*) de los procesos, procedimientos y aplicaciones.

Dios hizo al hombre para engendrar, a la mujer para concebir, y por ello cuando los tuvo juntos les dijo creced y multiplicaos, y los dotó de un lenguaje corporal y de otro verbal y de una inteligencia de comportamiento y de señales, y de la capacidad de armarse con signos y canciones y espadas, y de la agresividad para sustituirlos y comprenderlos y utilizarlos. Eso fue hasta que la primera corte americana decidió a favor de la primera señora a la que los estrógenos no le funcionaban correctamente todo el tiempo como es debido, y los piropos y llegues y arrumacos del macho, propios del cortejo más elemental y válido en cualquier especie, no sólo la dejaron fría inapta hembra para cópula ya entonces inoportuna, sino le despertaron, además, cierta sensación incómoda, y se dio el lujo de quejarse porque, según ella el contoneo de sus nalgas y la ropa ajustada con que se forraba en las mañanas, no justificaban la explosión elemental en el instinto pasional natural del hombre y se sentía, *francamente*, a raíz del arrimón y las frases melosas en el cuello y al oído y el manoseo y el caldeo romántico y hambruno, claramente necesitado de caricias y respuestas – como huérfano en mercado público- de su aquel fogoso pretendiente hombre, *ofendida y humillada*.

    Es tenuísima la línea entre la honesta pasión y el desfogue; y entre el recato y la payasada cobrante hipócrita y traicionera.

    El mundo femenino reclama para sí trato lleno de consideraciones y amabilidades emparejado con la concesión oficial de la autoridad y el poder (y la salvada prudente de las apariencias). Una muchacha latina respondía hace poco en un programa de televisión abierta al encuestador, que aunque la mujer podía y *debía* lanzarse a la conquista del hombre cuando sintiera vibrar dentro de sí las pasiones y el amor por él, lo "políticamente correcto"-no obstante- era que el hombre fuese el que propusiera el casamiento y la pidiera en matrimonio(!).

    Un mundo femenino donde el papel agresivo tradicional normal del macho en el cortejo, propio de los primates – como en la mayoría de los mamíferos superiores-, es reducido a la enclenquicidad más absoluta por la insubstancial y engañosa figura legal del *acoso sexual*, dejaría sin habla –si vivieran hoy y en nuestras sociedades anduvieran desarrollando sus oficios- al hombre de las cavernas mítico garroteador de consortes al arrastrarlas apasionadamente de la cabellera por el suelo hasta la cueva; a los raptores de las hijas de Leucipo; a los de las Sabinas; a las huestes de Alarico; a los seguidores y canchanchanes de los jefes hunos, y al mismísimo Atila. Dejaría castrados física y espiritualmente a Casanova, Don Juan y al mismísimo Marqués de Bradomín!; fofos, flojos, decaídos, sin argumentos.

Corren frecuentemente por las ondas hertzianas de CNN -y canales noticiosos similares- en estos albores del siglo XXI las noticias relativas a la acusación que pesa sobre un ex Primer Ministro de Israel, por algo así como cargos de violación, acoso sexual, abuso de su cargo, alevosía, ventaja, calentura laboral (no por gripa, precisamente), cachondeo y chuladas conexas -de ésas que ahora están tan de moda y despiertan tánto la imaginación y el encono de la gente. Parece ser que todo el argüende se le generó al Ministro por haber besado a una mujer soldado (a una *soldada,* concretamente) sin su consentimiento y sin su permiso. La cultura social actual le ha quitado hasta romanticismo a los pasillos del poder, romance a los interludios del trabajo, y espontaneidad a los comportamientos de la gente; se nos ha olvidado aquello que decía el poeta, de que a las mujeres se las despierta -ahora sí que en todos los sentidos- *a besos.*

Es curioso cómo los medios de comunicación que junto con sus dueños y directores cantan actualmente todos los días la fuerza del individuo de la calle para pronunciarse a través de ellos, y la importancia actual del respeto al sentir de las mayorías desposeídas y de las minorías marginadas como supuestos recursos para alcanzar niveles de sociedades más plenas y armónicas...lo que perpetran es todo lo contrario y de la manera más capciosa posible.

Las únicas minorías que han contado siempre-e *importado-* en cualquier sistema social a lo largo de la historia, son las de los poderosos, magnates y líderes económicos y gobernantes (plutocracias, aristocracias, politburós, nepotismos, chamanacias, jefaturas tribales, curias, clerecías, comités y direcciones de partidos de la revolución, monarquías y muchos etcéteras de por medio). Ellas son las que verdaderamente han importado. Y han sido siempre, en la superficie, por cierto –y ahora más-, bastante educadas.

Se engañan quienes piensan que es señal de falta de respeto, menosprecio, buen trato o ayuda substancial para mejora de sus condiciones de vida, decirle al negro...*negro*; al amarillo...*amarillo*; al rojo...*rojo*; al blanco...*blanco*. Incorrección Política –en su sentido amplio de *erróneo*, inconveniente, no apropiado, *sin sentido*- es **creer**...que la opinión de las minorías o mayorías desposeídas cuenta y es tomada realmente en consideración;...que el sentir de aquellas minorías –las que no gobiernan, controlan ni determinan las políticas de las sociedad- puede influir de manera significativa en las que sí lo hacen, para que éstas mismas se aboquen a procurar el bienestar de aquéllas; y que decirles a los pinches jodidos pobretones: *elementos de la sociedad en vías de amortización de sus deudas y de mejoramiento para la optimización de sus condiciones no ideales de vida,* va a hacer que esos pinches jodidos pobretones coman filete, huevos a la mexicana, albóndigas rellenas, pan de dulce y café con leche hoy en la noche, duerman sin preocupaciones de deberles hasta el alma a las sociedades de crédito nacionales e internacionales, y se despierten con una sonrisa abierta y confiada en los labios mañana en la mañana.

MUY TRUCHAS

Las truchas, como muchos otros peces de la familia de los salmónidos, pasan gran parte de su vida nadando contra la corriente. Sean de mar o de río, más grandes o más chicas, hayan estado un tiempo en las desembocaduras o en bahías muy cerca de la costa...cuando van a poner sus huevos remontan los ríos nadando contra la corriente...

Por encima de aquellos próceres, políticos, científicos, poetas y artistas en general, que desarrollan –y alcanzan – altos niveles de dominio técnico y de su oficio y acceden a los grados más señalados y a los lugares más privilegiados de reconocimiento social en el entorno donde ejercen su profesión, se encuentran aquellos para los que el ejercicio de su vocación y la práctica de su oficio sólo pueden ser entendidos –para alcanzar por medio de ellos la plena realización personal – como un acto de compromiso con aquello que su razón, sus pasiones, sus emociones, su mística, su intuición, su filosofía o su estética –siempre a través de una especie de *revelación-identificación* –, les señala como el camino a seguir o la meta a alcanzar; aun contra la intención, el sentido, o la corriente normal tradicional generalizada de las cosas.

Cuando Jacques Normand, hasta eso, escondido tras un simbólico y premonitorio pseudónimo *Madeleine,* dictamina para Fasquelle su rechazo a *Du côté de chez Swann;* y lo mismo hacen Alfred Humblot para la Maison Ollendorff y André Gide para Gallimard; y el mismo Bernard Grasset hace lo propio, aunque más inteligentemente a pesar de su juventud y sin comprometerse mucho ni para un lado ni para otro, aceptando publicar –pero hasta eso, tasajeado– a

expensas de Proust el primero de sus enormes (en todos los sentidos) manuscritos, no estaban representando todos ellos más que la esencia tradicional de lo establecido culturalmente para cada determinada época como: lo válido, razonable, admisible, rentable.
El sentido normal de la corriente de las cosas. Muchas de las veces ni siquiera existe dolo o mala fe – como hubo en el caso de Gide –, sino una absoluta incapacidad –como en el caso de Humblot – para entender los nuevos razonamientos, la nueva forma de de pensar, la nueva lógica; para vibrar con las nuevas representaciones y planteamientos estéticos; y, en general, para captar que las consecuencias de las nuevas trayectorias marcantes de rumbos que apuntan en sentido contrario a los establecido, muchas de las veces y contra toda inadvertida y obtusa previsión acaban por sembrar los gérmenes –en el mejor sentido, aunque no siempre por todos sus detractores así reconocido y utilizado – de formas de vida frescas, necesarias y –afortunadamente- a su vez fructíferas en beneficio de la feliz continuidad evolutiva.

El desovar intelectual, luego de una marcha dramática contra corriente (*contracorrientes*), no necesariamente representa generar frutos específicamente ligados a los procesos intrínsecos de esa marcha, sino más que nada un desovamiento que en última instancia da a luz primordial y principalmente un cambio o planteamiento conceptual de importancia actual o venidera. Manet desovó muchas veces – después de su *Déjeuner sur l´herbe*– nadando contra la corriente, y ni la gangrena ni su muerte posterior pudieron evitar que sus obras tan ardorosamente criticadas generasen nuevas vías de percepción y goce para nuestros más íntimos sentidos.

Algunos remontes fluviales se desarrollan al abrigo y con el impulso del refuerzo de admiradores, amigos y protectores; lo que no les quita, sin embargo, su carácter de heroica proeza *contra cultural*. Y de eso supieron bastante Nicolás Copérnico –entre uno y otro empujoncito en el trayecto, de parte de Schönberg, Joachim von Lauchen, y el por su propia protección anónimo (siempre protegiéndose estos editores, como aquel Grasset, de Proust) Andreas Osiander -; el pisano Galilei (con una que otra porra de príncipes, hijas y hasta papas de la estatura de Urbano VIII); y el mismo Einstein, tanto en sentido cosmológico, como en el bélico, y hasta en el moral, a pesar de sus propias contradicciones.

...y allá van, río arriba, hasta llegar al "santuario" particular donde –después del esfuerzo del viaje– desovarán...

De plantar células generadoras de beneficios futuros con mayor o menor relación con su actividad preponderante, huevos conceptuales que interactuarán e impactarán con su comportamiento ideológico y social en la estructura misma de nuevas generaciones...saben muy bien –en donde estén – los nadadores integradores de contracorrientes ya inclusive bendecidas –o malditas (de acuerdo a como les haya ido en la feria final)– por la sacralización de su institucionalización con el paso del tiempo, y muy bien: Karl Marx, Ludwig von Beethoven; Bedrich Smetana, Joseph Smith, Sócrates, Oscar Wilde, Baruch de Spinoza (en ocasiones hay que ir hasta en contracorriente de los de uno); Mateo Alemán, André Gide (él mismo también a pesar de sus inconsistencias) Michelángelo Merisi (a contracorriente en vida y obra, y hasta dándose el lujo de nadar en sentido contrario a clérigos y manieristas), Rosalía de Castro (nadándole de frente a la enfermedad, al dolor, a la soledad y a la muerte), Catalina de Médicis (nadando, si cabe la expresión fantástica en cuanto a ríos, entre tiburones), Aleksandr Issáievich Soljenitsin (a contracorriente por etapas), Juana Inés de Asbaje y Ramírez (probando que aunque las truchas naden contra la corriente sólo unas cuantas veces, pueden dejar embriones que deslumbren por siglos, con o sin permiso de obispos poblanos), Hernán Cortés (a contracorriente de envidias reales y reales burocracias, *millones* de arponazos y consortes menopáusicas perseguidoras en episodios tipo *Atracción Fatal*) , Abd al–Krim, William Tekumseh Sherman (ahora sí en sentido literal, aunque *al revés* , yendo hacia el mar, lo que no es, en casos como ése de truchas enfrentadas a filosofías economistas retrógradas, menor proeza); y así sucesivamente para delante y para atrás de la historia y en todas las culturas, sociedades, municipios, traspatios y vecindades.

Ah!, y, por supuesto, una *trucha* de dimensiones fuera de este mundo: avanzando en sentido inverso a los conceptos vigentes de su raza, rompiendo esquemas, proponiendo filosofías de amor, perdón y paz ahí donde el látigo, la venganza y la espada se enseñoreaban; y yendo contra todo y contra todos, fingidores de demencia y condenadores comprometidos con su propia suerte, para dejar en el terreno más fértil del alma huevos longevos de luz: Jesús de Nazaret, el Christo.

...las células provenientes de ellas mismas, que serán su más profundo legado para la perpetuación de la especie. Fario...Trutta...Trutta bulgaris...Trutta purpurata...Trutta ferox...

En el contexto de las (o *los)* truchas humanas hasta se da el caso de una mucho mayor variedad, y el hecho es que algunos aprenden de otros y saben reconocer y captar los mensajes y hasta acaban por resultar aun más truchas. Siddharta Gautama, el iluminado, nadó hasta en sentido contrario de sus colegas comerciantes y de prácticas valemadristas (aunque, como aquel Copérnico, también contó en su remontamiento de contrariedades con el aplauso y el apoyo de importantes partidarios *pro–truchas*)

Como los dos anteriores, otro trucha abandonó las comodidades del hogar para meterse en honduras: Giordano Bruno; y sólo Dios sabe si su terquedad de ir contra la corriente ha alumbrado a más de los que él quería iluminar, y sus huevos –que fueron grandes– lograron generar, a lo largo de la historia, unos cuantos mejores hombres que los anteriores, aclarando sus lecturas con algunos átomos de luz prolongados en los intersticios de las dimensiones del tiempo de su hoguera.

Es el caso de algunos *contracorrientes* insistentes que, además, compran pleitos con enemigos adversos a su precurso, con uno en particular, y hasta con varios: Pedro Abelardo, el Peripatéticus palatinus, vs.Guillermo de Champeaux; vs. los conceptos religiosos en boga (y hasta vapuleado por concilios en Soissons, y en Sens; vs. el canónigo Fulberto, que hasta le mandó a hacer una circuncisión exagerada; y, por supuesto, en la pelea estelar de la noche de sus penas, a dos de tres caídas!: Pedro Abelardo versus el recuerdo aniquilador de la infortunada Eloísa.

El dublinés Wilde (Elgee) que ya mencionamos –o si se prefiere: Sebastián Meloth, porque a las truchas recalcitrantes y obtinadas se les complica a veces tanto la existencia y se les viene abajo el techo encima con tanto estrépito, que hasta prefieren esconder la cabeza por ratos como los avestruces; o, si usted gusta ya de plano: C.3.3– vs. Alfred Douglas; vs. el hijo de éste, y sus pataletas; versus la moral pública victoriana (imagínese!) tanto en su vida íntima, como en su *Salomé*, como en sus desafíos irreverentes a las corrientes de conducta establecida; y, también en la pelea estelar: Oscar Wilde vs. su propio fantasma alimentado a golpes de nostalgia...de su amor jovenzuelo gay de toda la vida.

Siger de Bravante, trucha localizada en la Universidad de París, llevándole la contra a otros universitarios, a Tomás de Aquino, a (piénselo nada más, esto en el siglo XIII !) la Iglesia, al Santo Papa y, en la pelea estelar de su propia noche puñalesca –porque en muchas ocasiones resulta mucho peor y trae consecuencias más funestas enemistarse e ir en contra de las intenciones de los enanos y los criados, hermanos, achichincles, amantes y parientes...–, a su secretario.

Las truchas quedan comprendidas en dos grandes géneros: Fario y Trutta. Del género Fario podemos sin duda mencionar el Fario lemanus, el Fario argentus, por su nombre que atiende al bello brillo plateado en el vientre y los costados...

Para ninguna trucha resulta fácil, ni cómodo, desplazarse resistiendo y sobrellevando –compensando – la presión en contra. Ya por la crítica especializada, ya por las instituciones del Estado, ya por los "conocedores" entre el público, ya por la masa... o ya por todos juntos, la presión ejercida contra los animales heroicos que más enérgicamente avanzan contra la corriente, no sólo no hace suficiente mella en ellos, sino que los impulsa y motiva a acelerar sus movimientos de aproximación al punto máximo de generación creativa. Si no, que lo digan Edvard Munch, después del escándalo de su *exposecesión* berlinesa en 1892; Igor Stravinski, en el amanecer del 30 de mayo de 1913, luego de que tumultuaria y unánimemente le silbaron y abuchearon el estreno en París de su *La consagración de la primavera*; su paisano Dimitri Dimitrievich Shostakovich, tras el estreno en 1934 de su ópera *Lady Macbeth de Mtsensk;* el alemán Paul Hindemith, tachado hasta de blasfemo por su *Santa Susana;* el austriaco Arnold Schönberg, metiéndose a placer en camisa de once varas con el estreno en Berlín en 1912 de su *Pierrot Lunaire;* todos los que expusieron, con cajas destempladas pero con lienzos tensos y orgullo, en el Salón de los Rechazados; el Vincent pintor, de Groot Zundert, avanzando a contracorriente hasta en sus intentos de suicidio; Richard Strauss, pasándose de la raya –según los otros – con sus armonías y sus disposiciones tímbricas orquestales en sus *Salomé* y *Electra;* el mismo Debussy, después del estreno de su *Pelléas et Melisande;* Jean–Luc Godard, recibiendo las críticas *"sapientes"* a sus cortes abruptos, sus movimientos atrevidos de cámara, sus argumentos y diálogos tildados por los emisarios del retroceso, de vacuos...Y tántos más, entre los que, algunos, no sólo reciben abucheos e invectivas, sino hasta acusaciones formales y procesos legales instaurados en toda la línea (y hasta linchamientos culturales): Charles Baudelaire, August Strindberg; y viviendo su escritura contra toda moral establecida y aun consiguiendo generar elementos positivos al correr de los siglos: el Marqués de Sade; luchadores sociales, como el doctor Kevorkian...y muchos más que no tuvieron la suerte de ser aplaudidos –como lo fueron otros (los británicos Thomas De Quincey, Lewis Carroll y John

Lennon)– en sus contracorrientes y excentricidades, o que tal vez supieron disimular muy bien sus nados contrarios y contradictorios, como el mismo Jonathan Swift, y varios más que influyeron sobre muchos otros que, además, luego se metieron en problemas porque las truchas no remontan contra la corriente los ríos necesariamente aisladas ni solitarias en su viaje; y así, ocurre que en el mundo hay humanos que hasta se agrupan en movimientos, asociaciones y sociedades, para manifestar y plantear su postura, su posición y sus movimientos de contracorriente cultural. Y al hacerlo generan una finísima línea conectora que se prolonga entre los resquicios de la mampostería de los cimientos y de los muros sólidos de los diversos edificios culturales asentados, establecidos y oficializados por el transcurrir histórico...para aparecer después –característica, aparentemente *coincidental*, simbólica, pero real y efectivamente- en movimientos contraculturales (o *contracorrientes*), en espacios obscuros no manifestados demasiado pública ni demasiado abiertamente, en sociedades futuras. Así, podemos seguir una *historicidad* de *truchas* o de *bancos* de truchas que se prolongan conceptualmente como hilos de una telaraña sutil creando filamentos prolongados de dicha estructura, y conexiones, entre –por ejemplo, y por citar sólo un grupo de conceptos –: un Thomas Müntzer, un Jan Bockelson, un Hugo Ball, un Tristan Tzara, un Richard Huelsenbeck, un Guy–Ernest Debord y un Johnny Rotten (a.k.a. John Lydon); como quien dice, entre los conceptos de algunos reformistas, los de algunos anabaptistas radicales, situacionistas, dadaístas, punks por excelencia (*Sex Pistols* y Cía.), y, por qué no?, sin dejar de lado a compañeros de excesos e irreverencias como Louis–Antoine de Saint–Just, y al mismo mencionado Donatien–Alphonse–François...de Sade.

 Es lógico que si las sociedades construyen a lo largo de los siglos modelos similares establecidos y legalizados de costumbres, ritos y represión y control de las masas con menos recursos (modelos que –al resultar de los mismos propósitos y perseguir esencialmente los mismos fines– terminan pareciéndose entre sí –en el fondo y en la forma– más de lo que les es cómodo aceptar)...provoquen esas sociedades el surgimiento dentro de ellas de elementos contraculturales que –conscientes o no de su propia importancia, atentos a elementos contraculturales de sociedades anteriores, o no; y entrando, o no, en contacto personal y/o conceptual con individuos y/o grupos contemporáneos o pasados – acaben por parecerse a los otros anteriores y representar una extensión de los mismos; y – lógico- por oponérseles a esas "sociedades", cualesquiera que sean. Históricamente todos los *contracorrientes* están conectados de varias formas y en varios niveles, y unos son la continuación y la prolongación de otros.

Entre sus procesos de desovar y depositar la freza en ciertos "nidos" u "hoyos" que hace en la arena, la trucha por lo general nada contra la corriente y en ocasiones –como las carpas y los sollos– busca refugio en agujeros y recovecos de las márgenes de los ríos, en los cuales permanece quieta y, en esos momentos, resulta hasta relativamente fácil pescarla con la mano.

En la intención de ir contra la corriente o conformar una auténtica contracorriente cultural, algunos de los considerados truchas llegan a los extremos de la postura máxima en contra de la *normal* y *feliz* sociedad establecida, sus usos, sus costumbres (que no son otras que su moral aceptada e instituida), sus tradiciones (que no son otras que la repetición admitida, deliberada y programada de sus ritos), sus leyes (que no son otras que la codificación de los actos potenciales contra sus costumbres convenientes toleradas y/o ensalzadas, y el castigo por la disensión de –y el ataque a – las mismas). El *contracorriente* deja de avanzar en oposición al sistema y se afirma en la circunstancia de un círculo particular aislado dentro del mismo, para estabilizarse y asentarse sedentariamente con la pretensión de inventar una realidad dentro de la cual vivir encapsulado y con los suyos *tranquilamente*. A semejanza de sus símiles animales parientes genéticos cercanísimos, las *truchas* humanas no hallan en esos ámbitos de reposo, más que la circunscripción de los determinantes de su propia muerte. Jim Jones, Charles Manson; Lope de Aguirre, Pedro Albizu Campos, John of Leyden (aquel Jan Bockelson del pueblo alemán de

Münster), Abd el–Azziz ibn Musa, el mismo Thomas Müntzer, todos ellos con sueños de estructuración de universos paralelos –lamentablemente, para su salud y la de sus seguidores, armados dentro de un mundo constringente y poco permisivo en demasía –, en sus utopías alucinantes particulares de Tierra Firme en Perú y Chile, un paraíso independiente en mi Borinquen querida, en la nueva Jerusalem, en el centro de al–Andalus, y en Turingia. Y, a su modo –y con su particular sentido del suicidio truchístico posterior a la avanzada contracorriente fluvial y descansada ribereña, y una muerte dilatada en espacio y tiempo –, por ejemplos: Fidel Castro y Leónidas Trujillo en sus islas de fantasía tropical, y Brigham Young en su desierto calentísimo -en todos los aspectos- junto al Lago Salado.

Mención especial a otro de ellos: Tatanka Yotanka, el toro sentado soñador viviendo calmado y elucubrando estrategias en su reserva; esperando –ya sólo en espíritu – la matanza de Wounded Knee.

Las truchas se muestran especialmente aptas para la cría en cautiverio...

Hacer una lista, en forma, de aquellos seres *contracorrientes* , de aquellos humanos que encarcelados han encontrado paciencia, motivos e iluminación para colocar las simientes –estemos de acuerdo o no en los principios e intenciones que las generen – de elementos y conceptos, metáforas y disciplinas, razonamientos y reglas, fantasías y juicios, vicios y misticismos, para conducir y alegrar la vida de otros – estén esos *otros* conscientes o no de las bondades y vicios de las tesis y conceptos de sus inspiradores...sería tedioso y, quizá, improductivo. Baste recordar a Cervantes, Quevedo, Fray Luis de Léon, Vallejo, Hitler, Dostoievski, Miguel Hernández, etc...; sin que el colocarlos juntos –en casos como éste – signifique equiparar categorías literarias, justificar ideologías, emparentar propósitos, alabar intenciones ni igualar moralidades.

Los truchas son truchas no en función de la santidad, conveniencia o bondad de sus propuestas; ni de la aceptación –que casi nunca llega en vida – de las mismas. Es en función de ese rechazo a sus proposiciones, de esos obstáculos que encuentran en su camino (y que en muchos momentos – aunque los inspiren a seguir – detienen temporalmente su avance), de esa obstinación en seguir hacia delante *no matter what* , de esa convicción propia reafirmada en sus principios, en sus razonamientos, en sus sentimientos, en su persona; de esa rebeldía contra lo establecido que los impulsa a soñar en posibilidades nuevas y diferentes que satisfarán las inquietudes que, como ellos, otros tienen – aunque estos últimos sin decirlo abiertamente pero soñándolo despiertos y dormidos y muchas veces hasta con pasión y deseando secretamente en lo más profundo de su subconsciente que llegue alguien a reventarles los diques y les abra las compuertas y les muestre los caminos –, y a darles a esos otros, motivos de soñar y de luchar, y de considerar y de reflexionar – en ocasiones aun de criticar y atacar, por solaz y esparcimiento, a ellos y hasta incluso a *con lo que ellos sueñan* –, y de buscar nuevos caminos y horizontes diferentes y construir sueños distintos (independientemente a la caída, el desmoronamiento y el fracaso de esos sueños *realizados* –o más propiamente dicho *semi-realizados* , y que como todos los sueños del hombre, más tarde o más temprano, lo que no les quita su utilidad y validez, acaban en fracaso –); es en función de todo eso, y nada más, y nada menos, que esos seres humanos homenajeados tímida, parcial, insubstancial, deficiente y provisionalmente en este ensayo, son truchas.

Y *muy truchas.*

LA CORRECCIÓN POLÍTICA II

("¡La maestra nos GRITÓ!!")

No hay mayor respeto ni consideración más evidente por la dignidad, el bienestar y la tranquilidad de una persona que decirle sus cosas con absoluta honestidad, como son, y con la más transparente sinceridad. No existe mejor forma de tratar a las personas de las minorías, que aquélla en la que uno es capaz de decirles, como a cualquiera, las cosas simples y complicadas relativas a ellas, a sus limitaciones y a su entorno, y de actuar en consecuencia con lo que se les dice. Cualquier otra forma de tratamiento (disimulación locuaz, consideraciones acomodaticias, discursos maquillados, allanamiento de retos, simpatía *sobalomesca*) no puede llamarse respeto, ni trato digno, ni consideración.
Las cosas como son.
Y más, cuando se trata de aquéllas que se refieren a la vida de personas que, por sus limitaciones numéricas, geográficas, biológicas, económicas, físicas, emocionales y existenciales, no tienen el más mínimo tiempo que perder.

Transitamos por los caminos alucinantes de una era alucinante.

Dice la niña de cuarto año de primaria (en un reportaje gastatiempo engañabobos apelaestúpidos en el noticiero nocturno estelar en cadena nacional:
"*...y entonces, como somos muy desordenadas, fíjese usted nomás* (ahí la tipeja comienza a lloriquear ante el

azorado escandalizado entrevistador apoyafarsas)... *la maestra nos gritó y NOS INSULTO!* (más lloriqueos buuuuáticos, moqueo, tallada de ojo derecho con dedo índice doblado), *la maestra nos dijo... nos dijo* (sniff, sniff)...*nos dijo que éramos unas...unas MANZANAS PODRIDAS!, y luego...*".

En seguida frases del reportero, entrevistas a la directora del colegio, que, entre otras cosas, justifica a la maestra (que para evitar ser entrevistada se retiró temprano) , planteamiento de posibilidad de quejas de la Asociación de Padres de Familia, amenazas, más y más escandalizaciones del "reportero", conato de drama escolar y muchos etcéteras..... Lejos quedaron aquellos tiempos en los que el maestro, con la plena autorización moral de su cargo, el apoyo de su Dirección, la condonación de sus colegas y la aprobación de nuestros padres, hacia volar por los aires un borrador de los duros de fieltro madera de pino por los aires sin cuidarse del destino(más bien procurándolo) cabezoidal del mismo; días en que el metro de madera subdividido en centímetros y milímetros para la explicación pedagógica de esas medidas de longitud, recargado hasta unos segundos antes en el pizarrón, nos maquillaba sonoro y rítmico los traseros; en que la regla de 30 centímetros nos adoloría en las manos las uniones de carpos y metacarpos iniciándonos la génesis de futuras artritis reumatoides, días en que el maestro se sentía a sus anchas y pleno de poder, vigor y autoridad para gritarnos escuincle imbécil, chamaco desgraciado, patán de feria, papanatas idiota estúpido bueno para nada, retrasado mental, mugroso infame, flojo, huevón mal nacido...(sin que los idiotas y estúpidos pusilánimes minimizados mediocres fuera de contexto -o más bien, muy dentro del contexto desfasado actual- iniciasen algunas marchas , manifestaciones o hasta movimiento social en forma para protestar por la forma "denigrante", "discriminatoria","ofensiva" e "irrespetuosa" en que se aludía a ellos o a sus hijos, o se les ocurriera demandar a alguien por lo mismo).

Y días, por supuesto, en que los alumnos niños eran más ordenados, respetuosos, y andaban más ubicados y derechitos en general; en que se le podía decir a una niña excedida de peso, o sea, gorda:"¡Gorda pochigona tripona botijona cara de papa...!"; a algún compañero con discapacidad, capacidad diferente, o especial, simplemente:"¡Chueco, torpe lisiado !"; a un adulto mayor que se pasaba de la raya con una joven paseante por el parque: "¡Viejo rabo verde...!" (todo ello sin miedo de ser acusado de nada por decírselo, ni exhibido como nada, ni demandado por alguna cosa). Épocas magníficas, simples y concretas, deslumbrantes en su inocencia, donde un gordo era un gordo, un cojo era un cojo, un prieto era un prieto, un negro un negro y un viejo un viejo. Hoy, si dijéramos "viejo rabo verde", no sólo tendríamos por qué preocuparnos por posibles reclamaciones de los viejos, sino tal vez también de los perros, bueyes, toros, sifilíticos, anémicos, desnutridos y demás. Al rato no podremos decirles a los niños -a nadie- ni tontos, ni flojos y, si nos descuidamos, ni siquiera feos; no está lejos el día en que empiecen los feos a dispararnos demandas porque en un despliegue de sinceridad los calificamos de tales y se nos olvidó decirles amable y finamente:" personas de no muy elevadas calidad y proyección estéticas". Vivimos la época de los disfraces, los disimulos y las sutilezas pseudorrespetuosas que parecerían hasta irónicas y capciosas si no pretendiesen ser -irreflexiva e infructuosamente- acariciadoras.

La era de los *tapujos*.

Hace muy pocos años la Universidad Brigham Young prohibió la exhibición y vista de algunas estatuas de Augusto Rodin por considerarlas demasiado "eróticas". La distancia entre esta hipócrita corrección moralista y aquélla que movía hace siglos a los Papas a solicitar a los artistas el desperdicio de su tiempo para sobrecolocar hojitas de parra y velos a los genitales de Adanes, Evas y miembros de otras mitologías, héroes, heroínas, diosas, dioses, vírgenes y pecadores desnudos condenados en infiernos y purgatorios, es mínima, y parecería conectar sucesos acaecidos en un mismo siglo. Dicen que el que con leche se quema, hasta a la vaca le sopla; seguramente los herederos of Joseph Smith desean permanecer -por lo menos públicamente y ante los ojos siempre vigilantes de una sociedad americana que no ha olvidado sus excesos, y de un vecindario global que está al tanto de todo, como lavandera de azotea- muy lejos, conceptualmente y aunque sea de dientes para afuera y fuera de las paredes de sus casas, de situaciones que resulten, inclusivamente, para ellos, puntillosas. A estas alturas del partido histórico mundial hay que ser, en principio, *correctos*. Cuando menos, parecerlo.

La moderna "corrección política" de sociedades como la nuestra se va infiltrando en todos los espacios vacíos como el cemento colado al irlo aplicando a las armazones de las columnas y las trabes. Es una arma más del Estado para encauzar apropiadamente de acuerdo con sus intereses las inquietudes y los actos contestatarios y de inconformidad de los desposeídos para asegurarse que éstos se expresen, se comporten y actúen de la manera más "propia" y sin exabruptos incómodos atentatorios, y siempre acorde con el estado de esa misión social colectiva oficial que pretende perpetuar, inculcándoles a los individuos desde temprana edad, los conceptos de "educación", "civismo", "civilidad", "cortesía", "etiqueta", "respeto" a los gobernantes, a los patrones, a los ricos y poderosos, a los mayores; "buenas maneras", etcétera. Sólo hasta lo más profundo de la base social se conserva cierta impermeabilidad y los elementos actuantes de los estratos más inferiores, los peatones más jodidos, aquellos que hasta en sus manifestaciones (que eso son y muy precisamente en ese caso: *manifestaciones*) de arte popular(coplas, corridos, graffitti, rap, hip-hop) permanecen actuando socialmente en sus expresiones e intercambios de información y relaciones personales y sociales, con mayor libertad, sin cortapisas, con márgenes y límites más amplios y tolerantes de expresión hablada y gestual en sus lenguajes verbal y no-verbal (con una tolerancia entre ellos que tiene más de inconciencia y de ingenuidad irreflexiva que de contestación civil planificada, pero que no deja de ser una especie de protesta) , siempre con una cierta mayor espontaneidad que aquellos individuos de las clases media y superior, e incluso ya dentro de un franco descontento, una franca disensión, o un valemadrismo extremo (e ignorancia inconsciente quizá autoprotectora) respecto a los convencionalismos y "valores" de la clase gobernante.

La "*corrección política* atenúa, pospone, sutiliza, desvía distorsiona, deforma y agrava, en última instancia, situaciones de antagonismo y de conflicto. La falta de decisión, la omisión y la no-acción permisiva, tolerante e indefinida agravan más, en muchas ocasiones, de lo que mejoran las situaciones extremas y de conflicto, acabando por generar crisis insospechadas de violencia y consecuencias catárticas que –además- a diferencia de las crisis provocadas por fenómenos naturales meteorológicos (en que por descuido, indolencia o incapacidad mental, de recursos humanos y/o económicos, dejan de tomarse decisiones, de implementarse soluciones efectivas y de seguirse cursos de acción ante lo desconocido, incomprendido o inevitable para acabar viendo cómo el desbordamiento del río previamente creciente inunda ahora toda la región borrando parcelas, casas, calles y sembradíos; o el huracán pronosticado desvía su curso algunos metros o incrementa inercialmente su fuerza calculada para destrozar ventanales, descuajar árboles y derrumbar edificios) no acaban por unir a los diferentes miembros de la sociedad en el recuento y la reparación de los daños, sino por separar, complicar, extremar, agravar y tensar-aun más- los órdenes de dominio y sumisión, sean cuales fueren los nuevos "equilibrios" encontrados al final del estallamiento de la crisis. En ese sentido los abuelos y abuelas tenían razón al enseñarnos que "vale más un rato colorado que muchos descoloridos", y hay más "corrección política" en un grito estentóreo, un insulto o un golpe dados a tiempo –y acarrean a fin de cuentas más oportunas y mejores consecuencias- que en la manutención de situaciones improductivas, tensas y más potencialmente trágicas.

Un "estatenpaz", un "estatequieto" estilo zarpazo de tigre a suricato, garrazo de oso a zorro rojo, de esposo a esposa –o viceversa, lógico-, de padre a hijo, entre familiares, amigos, partidos políticos, de gobierno a gobernado –y viceversa cuando lo amerite y se imponga-, en otras palabras: un despliegue de "incorrección" política o social, en lo hablado, en lo dicho, en lo actuado, en un aplique de fuerza o violencia física –aunque en teoría nos acerquen a estadios inferiores de civilización o de evolución biológica, y se muestren contrarios a todo lo absurdamente "propio" que puedan sugerir y argüir los defensores de la "corrección política", de la "humanización" de los "derechos humanos" y de un montón de etcéteras paparruchadas-solucionan más y acaban causando menos dolor a futuro (hasta de manera involuntaria y al desembocar en lugares y situaciones distintos a los previstos), y mostrándose a fin de cuentas como de resultados positivos a largo plazo, que la compostura y la propiedad "civilizadas".

En los tiempos de nuestras abuelas no existía aquello de que tal vez el niño, *pobrecit*o, padece síndrome de déficit de atención e hiperactividad (!)…mangos!, sopapo directo al occipucio y venga usted acá muchacho distraído o se pone usted la pilas y atiende y no se me desconcentra y se fija bien en lo que se le está diciendo, o voy ahorita mismo por el cinturón y le meto otros santos cuerazos como los de ayer!!!! (Ahora dicen los médicos y las modernas mamás que *eso* -lo de los niños con esas actitudes- es una enfermedad bien definida y se cura con mucho amor y paciencia, hay que recetar ciertos medicamentos, apapachos y sesiones vespertinas de arrumacos al niño entre acordes en el sonido ambiental de algunas de las *Escenas Infantiles* de Schumann. En aquellos otros tiempos nos "recetaban" otras cosas y eran otras muy diferentes las "escenas"!).

No puedo dejar de apreciar –en estos tiempos- imaginación, creatividad, expresividad artística, fuerza de carácter y unas muy grandes visión de solución de conflictos y *educación*, en la señora que nalguea siete veces al niño en medio del centro comercial para que éste acepte levantarse del piso en el que se regodea haciendo escandalosa y chapuceramente su capricho y deje de chilletear y de hacer sus berrinches y pataletas, con una buena bofetada al estilo glennfordritahaywardiano…; en uno de los célebres asesinatos de viejitos españoles a golpes por parte de sus ancianas consortes a finales de los 90's en varios lugares de las provincias de la península ibérica…; en el vocerío incontenido, los insultos, empujones, bofetadas, sopapos, patadas, coscorrones, mordidas, pellizcos , escupidas, codazos cabezazos, jaloneos y trancazos de una sesión parlamentaria de representantes políticos en Tokyo, de una asamblea en Seul, de una sesión de Cámara en Manila...

Eso, *todo eso*, es verdadera *corrección política*. Dar una solución concreta, definida y efectiva- y a tiempo- a una situación insostenible y costosa, *es* corrección política. Gritarle a alguien sus verdades oportunamente en un lenguaje claro y preciso, también es corrección política en su esencia arraigada más pura. La tolerancia sin sentido y los buenos modos fuera de lugar acaban por revertir el orden de las cosas haciendo, de todo, un cuadro surrealista donde los ofensores pasan a ser los ofendidos, y los agredidos, los agresores.

El otro día en un interesante museo de Plaza Loreto (que podría ser cualquier museo de cualquier plaza de cualquier megalópolis del mundo) leí entre los avisos de la entrada: *Las personas con capacidades especiales tienen acceso libre e inmediato...;* y ahí me dije yo qué buena onda y muy orondo me encaminé hacia el interior, feliz de la vida, silbando, la frente en alto el pecho inflado las manos en los bolsillos del pantalón..., y que me van deteniendo y que me reclaman que por qué me había metido sin pagar (hasta eso, prepotente el tipo y muy molesto), y ahí yo le digo lo que vi que estaba escrito en la entrada y que yo *sí* tengo una *capacidad especial* y él me dice pues no lo creo yo no le veo a usted que tenga ninguna capacidad especial y yo le retobo le parece a usted poca capacidad especial que mi pene mida veintisiete centímetros de largo, se mantenga enhiesto y firme durante cuatro horas y media sin viagra ni subterfugios por el estilo y aún (con acento y sin acento) después de haber eyaculado OCHO veces durante DICHO LAPSO?; y no sé que disposiciones y códigos secretos de la *corrección política* habré violado ni con cuál de mis palabras ni si fue porque desesperado al final alcé mucho la voz por el sentimiento de frustración que me daba el engaño implícito en el rótulo de la entrada nada más ilusionándonos sin cumplirnos con dejarnos entrar franca, llana, expedita y simplemente al edificio a los que tenemos *capacidades especiales*, pero el tipo llamó a los de seguridad y entre los cuatro me sacaron y me amenazaron con llamar también a la policía y hacerme detener por inmoral, por escándalo en lugar público, por obsceno y por querer estafar al museo al pretender engañarlos metiéndome sin pagar. En el calor de la discusión y casi como un ruego para que no me expulsaran definitivamente pues yo tenía verdaderas ganas de ver la exposición , traté de hacerles entender entrecortadamente mientras esquivaba sus manotazos jaloneos y frases de recriminación, que yo tenía otras *capacidades especiales*, no sólo ésa que les había dicho, que también podía comerme hasta 49 tacos al pastor de los grandes en una sola sentada, o parada, pues, pero luego me dije que mejor no iba yo a repetir esa palabra no fueran a asociarla con mi *otra* "capacidad especial" , la que les había dicho primero y se fueran a ofender, ah!, y que también puedo silbar con la nariz y echarme pedos en escala musical interpretando los tonos de la primera estrofa del Himno Nacional... que ni Monsieur Pujol...

    Ni qué decir. No aceptaron ya dejarme entrar ni pagándoles.

    Parece como si las palabras *ciertas* tuvieran en esta época una capacidad de insulto y de ofensa mucho mayor que la que en ninguna otra y nunca antes. Inimaginable, pero así es.

Santa An(n)a Freeway

in memoriam/1876
Ciudad de México

Acccording to George López, bato, *you know*? qué chingadera..., qué chingón!, hay un latino viviendo o trabajando en cada hogar de los Estados Unidos de Norteamérica; órale! bato. Independientemente de que la gente en el teatro de El Paso;Texas -donde se presenta George junto a Paul Rodríguez y otros comediantes ante un público esencialmente chicano, si no de extracción, sí de sangre- ría a más o menos carcajadas con las ocurrencias del simpático e inteligente cómico sudoroso de ojos saltones y gestos y ademanes expresivísimos, hay una verdad indiscutible implícita en su aseveración -terrible para los arios y anglosajones puritanos de sangre genéticamente pura, pero agradabilísima e irónica para nosotros los hijos de Porfirio Díaz y de Juárez, los nietos de Guerrero, Morelos e Iturbide y tátaratátaratátaranietos de Cuauhtemótzin y Acamapichtli-: los *aztecoides* estamos poco a poco tomando posesión y control de los *Iunaited Esteits of Amérrica*.
    El maravilloso y visionario político tantas veces defenestrado y otras tantas -incluida ésta- reivindicado que previó con artes premonitorias dignas de los profetas más insignes que el mundo haya conocido la conveniencia estratégica de disfrazar de concesión política, rescate libertario o amortización inmobiliaria de una deuda lo que en realidad era, seguramente, que ni qué, *you know*, bato, no cabe duda, todo un plan preconcebido por él, superdotado estadista, para, con el paso del tiempo, revertirles la cuchara, agarrar después nosotros la sartén por el mango y hacernos de manera sutil e irreversible del territorio más rico de la tierra, la nación más poderosa y avanzada, y sus bienes y

bellezas naturales y humanas que son muchas, amén de sus sistemas ya perfeccionados de extracción, producción, transformación, fabricación, marketing, comunicación, dominio y represión diseñados con esmero y llevados a la máxima sofisticación de liderazgo absoluto mundial en este siglo XXI -de manera coincidente con el mismo siglo en que habremos de tomar posesión y gobierno del país de los gringos nosotros, los muchas veces menospreciados por ellos humildes mexicanos- , fue un político trascendental en nuestra historia y fuera de serie, inspirado, dotado, carismático, locuaz, habilísimo, excéntrico, previsor, caprichoso, dominante, consentidor, consentido y liderante (como todo buen político que deja una marca de su paso por la historia), que respondió al nombre de Antonio López de Santa Anna, nacido en (en dónde creen?, para tener esos tamaños de político?) el estado de Veracruz, precisión Jalapa, a finales del siglo XVIII, y que bien merece por sus dotes, talentos y previsiones no solamente las autopistas que ya tiene para honrar involuntariamente su memoria en California y otras regiones de los Estados Unidos, sino los gigantescos monumentos que seguramente se le erigirán cuando la ocupación del territorio americano por parte de los aztecoides -que él soñó, previó, camuflajeó, diseñó, inició y puso en práctica en sus orígenes- alcance su culminación y se complete.

 De qué y a qué vienen tantos sorprendimientos actuales por los cambios de rumbo, de lealtades, de convicciones, de afiliación partidista y de tendencia de nuestros modernos políticos de los partidos de la revolución instituida, de la revolución democrática, de las acciones redentoras conservadoras o de las alianzas de ensalada como alternativa verde a las inquietudes ecológicas chapuceras buenos todos sólo para el marketing, si la esencia misma del grueso de los políticos de cepa a lo largo de la historia ha sido...... saber capotear las tempestades, acomodarse a los rápidos, sortear las rocas y peñascos, contornear los escollos y sumarse a la corriente para seguir avanzando y no darse de frente contra los obstáculos perdiendo navío, vida y esperanza?;....ser rápido en el ajuste, acomodaticio en el cambio, desleal en la oportunidad, pronto en las intrigas, traicionero en la sombra, volátil en los actos, voluble en las ideas, presto en el cabeceo y el giro para venir de atrás y asestar el golpe contundente de la puñalada trapera?;.... capaz de cambiar de carril, de dar giros y volantazos, de tomar atajos y caminos vecinales, de entrar en sentido contrario? Y al decir de la del político y por su carácter de aglutinamiento de polis y de comunidad estamos también hablando de la esencia del hombre en general y como especie: los dos Brutus, Marcus Antonius, Catilina, Catalina II, la dizque grande, la prusa bato, el duque de Marlborough, Rodrigo Borgia, Meyer Amschel Rothschild, Jósiv Vissariónovich Dzhugachvili, Victoriano Huerta, John Edgar Hoover, Richard Nixon, Erich Honecker, Sese Seko y similares.

A qué tanto asombro cuando ya desde los vericuetos del siglo antepasado nos sonríe la figura del acomodaticio por antonomasia, el oportunista por naturaleza, el traidor por anatema?. Santa Anna. Maestro y precursor; discípulo y seguidor, heredero y patriarca. Ejemplo para las modernas generaciones de políticos mexicanos; él, político hasta el alma; él, mexicano hasta las cachas. Oh! sí, *oh! yeah...* convencedor, manipulador y vendedor de ideas, sueños, territorios y ambiciones por excelencia; realista contra los insurgentes, insurgente contra los relistas; republicano y antijuntista frente a los engatusadores con pretensiones imperiales; antiguerrerista después de ser proyorkino; demócrata mientras las elecciones, dictador tras éstas; "liberal" contra los conservadores, "conservador" contra los liberales; centralista contra los federalistas, y viceversa; antiamericano cuando le convino y proestadounidense cuando lo necesitó; antiindependentista de territorios allende el Bravo, y proindependentista de los mismos cuando se trató de volver libre e ileso a su tierra natal; golpista cuando necesario y antigolpista cuando golpeado; exiliado con placer ante el botín y con amargura ante la oposición depositora; proyanqui contra Maximiliano y proMaximiliano contra los yanquis triunfalistas. *Prorrojo entre los bolcheviques, anticomunista entre los macarthyanos.*

Sobreviviente de batallas, de guerras y de la vida misma. Termómetro de los cambios y barómetro de los potenciales beneficios de las oportunidades. Ciego únicamente en su vejez decrépita y mortuoria; por encima de todo y- para los efectos de nuestro humilde homenaje al que seguramente se sumarán en los próximos años cada vez más políticos y gobernantes de las nuevas generaciones de nietos de la revolución, graduados de la globalización académica yaleiana y harvardiana, neojuaristas tropicales engañabobos y yuppies delicados *in shape* herederos de las encíclicas perpetuadores del avance en retroceso enfundados en sus Armanis, de este lado del Río Grande, y otros a su muy particular modo y manera chicanesco wetbackiana beneficiados directamente por los actos precursores del ilustre jarocho- durante toda su vida: un *visionario*.

Dio Santa Anna -y sin necesidad de ver las actuales intromisiones presidenciales ilegales en los procesos electorales; y sin necesidad de apreciar los desplantes presuntuosos de los nuevos "ganadores" que en esta nuestra "nueva democracia" pretenden, como aquellos otros anteriores de la mal llamada *dictadura de partido*, ganar con el carro completo toda nueva próxima elección *(y quién no?)* y perpetuarse *mal que no quiere* en el poder; y sin necesidad de deslumbrarse deprimido con los catorrazos boxísticos y luchescos arrastrones que nuestros desparpajados diputados cantores artistas frustrados serenatescos rompefilas cobrantes malhabientes de sus salarios fruto de nuestros impuestos manutentorios que inocentemente les concedimos, ponen ahora ya casi como costumbre en práctica durante los tiempos postelectorales-, oh! sí, sí que dio Santa Anna en el clavo de una idea preclara y genial, pues ese bato, carnal, estaba más que adelantado a su tiempo y leía el futuro en su presente y el presente en el futuro proyectado en la idiosincrasia patente en la sangre de sus seguidores y de sus antagonistas y en la naturaleza misma de la esencia irremediable de su pueblo: *México no está preparado para la democracia,* pensó y -mal que bien, como otro visionario categórico que heredaría de él(como en un acto de transmigración de alma por artilugios de metempsicosis en el mismo año simbólico de muerte de aquél y ascensión al poder de éste) las intenciones de control eterno y manejos

führerianos adelantados a su tiempo al llegar a su vez, después de mil intentos deslucidos, por fin, a la presidencia de la república, si no por amor y voto, por la juerza, en 1876- actuó en consecuencia.
Que ni qué: un *visionario*.

Y un planificador adelantado de nuestro futuro como nación y como raza de indigentes biológicos, económicos, emocionales y culturales, que seguramente previó patético, deprimente, superpoblado, necesitado de territorio y paupérrimo de oportunidades. Santa Anna -aciertos más, aciertos menos, y por encima de todos ellos, siendo ése su mayor logro- tuvo los alcances para ver lo que esa patria a la que él tanto quería (siempre y cuando en *ese* momento le conviniera quererla) estaría en trances de necesitar urgidamente cuando las desgracias de su administración y de las de todos sus sucesores hasta llegar a los albores del siglo XXI, la dejaran vacía, incolora, pobre y desolada. Y en ese sentido trabajó e inició la máxima de sus obras para beneficio de los herederos transeculares del pueblo que en aquel entonces gobernaba, y que él sabía habrían de nacer mancos, ciegos, sordos, cojos, desnutridos, enfermos, enfermizos, sin imaginación y derrotados de antemano más de ciento veinte años después de su propia muerte. Y así, diseñó la estrategia, instrumentó el plan y se los deslizó por donde te comenté a nuestros primos los americanos que ya en ese entonces soñaban con gobernar el mundo pero que no contaban con la astucia de nosotros y se habían equivocado desde medio siglo antes creyendo que América sería para los "americanos", sin prever que en virtud de las medidas tomadas por Santa Anna y por la misma inercia de la misma y sus propias y definitivas consecuencias a largo plazo, América acabaría siendo *para los mejicanos*. (Bueno, para los mexicanos; más actual, pues, *you know*, fue sólo para estar a tono, bato, estudia historia, si tú quieres, *Ai teech you...*).

Sí, efectivamente, el plan fue maestro: cederles a los americanos la posesión, la propiedad y el control de territorios de la Alta California, Arizona, Santa Fe, Nuevo

México, Texas y aledaños, para que ellos los fueran poblando cada vez más, mejorándonoslos, embelleciéndonoslos, industrializándonoslos, intercomunicándonoslos desde con vías férreas hasta con postes telegráficos, telefónicos y redes de computación, hemoseándolos y dejándonoslos listos ya como una franja integrada desde los cayos de la Florida hasta el Golden Gate y Silicon Valley en un solo territorio -más grande incluso que el del Marqués de Aguayo hace ya un rato- que funcionaría y ha funcionado -Gracias a Dios y a Santa María de Guadalupe y a Santa An(n)a, que más que *freeways* y autopistas (como ésta superchingona sobre la que voy, oh! yeah, ése, bato, que ni la *Ventura Highway* del Dewey Bunnell del grupo América, porque yo vengo entonando mi propio himno laudatorio a esta chingonsísima super estructura de ingeniería, bato, apenas si digna de ese nuestro héroe, ése, bato, super chingón al que le vengo dedicando este himno *pop song* al que modestamente, carnal, he intitulado Santa Anna Freeway, lá lá lá...la la lá, Santa Anna Freeeeewayyyy...!) merecería y merece ese *big* bato *great* bato histórico nacional nuestro, en efecto: *little towns*, ciudades, bibliotecas, *saloons*, parques, complejos cinematográficos, estadios y *city halls* que lo honren aunque sea a destiempo, como los mismos comunes ancestros que en colaboración con el propio Dios y su creación de las fuerzas de la naturaleza bautizaron con su nombre incluso a unos fenomenales vientos: *the Santa Anna winds*-, y funciona y *seguirá funcionando* ese vastísimo territorio como un bastión de avanzada desde el cual los mexicanos de todos los lustros posteriores a las continuas presidencias del *pata de palo* Don Antonio irían, han ido, van e irán posicionándose y colonizando de manera subrepticia, taimada, sutil y como no queriendo-pasando de ser cosechadores de legumbres a trabajadores domésticos a empleados fabriles a líderes sindicales a representantes populares a Senadores a Procuradores a Secretarios de Gobierno a Cónsules a Embajadores a Gobernadores a......(órale!,bato)-, ése y todos los territorios de los Estados Unidos de América hacia el norte de ése, incluido Alaska, y si se puede, que también se podrá, otros que están por debajo de aquél, como Canadá, y todos los otros que se hallan por encima de ése que originalmente Santa Anna negoció, cedió, vendió, regaló, qué más da!, *what a hell*, bato, si él sabía que no era más que una artimaña y sólo el pretexto para dejárselas ir con el paso de los años y tener ahora millones y millones de aztecoides en esa tierra pródiga y prodigiosa de los soberanos e ínclitos Estados Unidos de Norteamérica, y dominar desde vecindarios hasta barrios hasta restaurantes y hoteles y hasta escuelas y bailongos y conciertos y romerías y tenerles impuestos ya el taco y el chile y la salsa y los *beans* y las tortillas y los tamales a los güeritos que hasta ahora se los tragan más y con más gusto y haberles impuesto primero como medida de sólo la puntita y despacito para que no te duela el *spanglish* y *now already* el español prácticamente como segunda lengua oficial en ese país y estar a punto, casi a punto, *brother* , (ya ni ustedes, bato, ya ni la chingan), de hacernos con el control total de él. En pocas palabras, Santa Anna lo entregó para que los gringuitos nos lo pusieran de lujo y nos lo dejaran a punto para llegar nosotros ya con la mesa puesta y sin trabajar (más que haciéndole al cuento para poder irnos metiendo)-que ésa es nuestra especialidad-, y muros más muros menos, *fuck them!*, carnal, a enseñorearnos de ese bello y embellecido país. De ese mero, bato. *Éssse*.

LOS PEATONES

(Extraído de la *Enciclopedia No–ilustrada de Términos y Nombres del México del Siglo XXI*, E.C.P. –Espesa Clave Curcurúa -del Fondo de Contracultura Epifánica).- ***PEATONES***.- En la sociedad mexicana de finales del siglo XX y principios del XXI adquieren especial relevancia, si no por su capacidad económica e impacto social sí por su número: los *peatones*. Individuos de muy limitados recursos económicos, lamentables niveles nutritivos e higiénicos en su alimentación (la mayor parte del tiempo llevada a cabo en la calle en puestos ambulantes), y expectativas prácticamente nulas de mejoría.

Su característica más esencial y la que mayormente los define es que, aunque forman parte ya de las ciudades- inclusive grandes metrópolis y megalópolis- conservan en su forma y estilo de vida, en sus modos de subsistencia y en los patrones más señalados de su conducta, elementos propios de las épocas más atrasadas-fisiológica, económica y culturalmente- de la evolución humana y de los más diferentes y distantes territorios del mundo, por lo que su personalidad es una auténtica *ensalada rusa*.

Trabajan como burros, se amancebar como conejos, comen como iguanas, se divierten como cavernícolas de los *hooligans,* se entregan al ocio como cerdos y mueren como si nada.

Suelen irse a dormir no muy tarde, pero sí usualmente después ver el infalible e inefable noticiero de la noche –pues quieren estar *bien* "informados" –, o incluso se quedan dormidos viéndolo, para poder levantarse muy temprano a la mañana siguiente, ducharse, arreglarse con la propiedad que su trabajo les exige -y siempre de acuerdo a su limitada capacidad económica pero dentro de los límites de las reglas sociales, las leyes y la corrección política-, e irse -como en todos los días de su eternamente efímera y efímeramente eterna vida- a conseguir un poco de dinero para *subsistir*. Su único deseo -y lo que le piden a Dios y a la Virgencita de Guadalupe con fervor todos los días- es aguantar, sobrevivir y capear los temporales hasta que les llegue un ascenso, les venga un aumento de sueldo, los inviten a un programa de concurso en la televisión o se saquen la lotería.

Su motivación principal para levantarse todos los días entre cinco y seis de la mañana y acudir a un trabajo que la mayor parte del tiempo les resulta aburrido, fastidioso y opresivo, no es otra que esperar recibir cada semana o cada quince días-ya carcomidos al momento de la entrega por las retenciones impositivas-: un sobre con algunos billetes y monedas o un cheque pagadero por la misma cantidad que les permita intentar pagar sus alimentos y los de su esposa e hijos, el papel del baño(perfumado) con que se limpian, el importe de las declaraciones de sus impuestos, el agua, la luz y el gas que consumen, la renta de su departamento o las mensualidades para la pretendida adquisición (sacrificada) de su casa, más impuestos, la ropa y escuela de sus hijos (incluidos trabajos especiales que les dejan a los mismos, visitas y excursiones continuas de muy dudoso valor pedagógico a lagunas y acueductos, casas de la cultura y museos, cooperaciones para fiestas y reuniones *escolares*, etc.),más impuestos, otros permisos y trámites, los camiones, taxis o metro en que se desplazan(fundamentalmente hacia el trabajo y la escuela) ellos y sus familias o, en el *mejor* y más ilusionado de los casos, los pagarés del auto que piensan que están adquiriendo con los infinitos impuestos, permisos, autorizaciones, trámites y tenencias (más engomados), placas y verificaciones correspondientes, y, en mucho menor medida, para intentar el peatón pagar sus parcas, condicionadas y muy escuetas(en su intención y realización, no en sus preparativos) diversiones y entretenimientos.

Motivaciones menores para sufrir ese calvario diario que representa cruzar la ciudad en pesera, trabajar casi siempre mucho más de ocho horas y recibir regaños, presiones e invectivas, son la esperanza de contar con seguro médico para ellos y sus familias; una caja funcional y honesta de ahorros; vacaciones pagadas; acumulación de beneficios por antigüedad y una decente jubilación cuando la empresa o el patrón hayan terminado de chupar su sangre joven, fértil y productiva, como buenos vampiros, hasta la última gota.

Cada uno de estos peatones es un individuo o célula que forma junto con los otros un tejido especializado –el de *los peatones* –, alejado del cual le resulta muy difícil sobrevivir y existir (o sentir que existe) aunque sea por unas horas , pues de los otros individuos del tejido obtiene una interalimentación biológica y emocional indispensable .. Necesita estar con ellos-sus amigos y/o amigas- y sentirse integrado a la porra del América (equipo de fútbol), o a la del Guadalajara (otro equipo de fútbol),o al grupo de individuos que ven *Cantando por un sueño, Bailando por un sueño, Cocinando por un sueño, Defecando por un sueño, Big Brother,* etc…, o al de los que ven *Betty* la fea, La fea más bella, Sir Culo de Pasiones y las otras brillantes telenovelas, para sentirse ubicado y seguro en el mundo.

Con referencia a las motivaciones mencionadas anteriormente, que impulsan al peatón a desempeñar su trabajo, por supuesto que si trabaja por su cuenta, él está motivado por esas mismas cosas, aunque concebidas dentro de una estructura donde él mismo es su propio jefe, y entonces marcha muy temprano rumbo a la Central de Abastos para descargar sus propias frutas y verduras que venderá más tarde, hacia las grandes panaderías para adquirir las teleras con las que hará las tortas de queso de puerco que venderá en su puesto de lámina de alguna esquina de la colonia de los Doctores, o rumbo al centro, para abrir temprano su changarrito *Las llantas del Gordo* , vulcanizadora que está heredando de su papá(*en un par de meses si Dios quiere, ya el alsaimer no deja al viejo*) a unas cuadras de la avenida Chapultepec.

El esquema general de ese individuo es el mismo: vive sufriendo y preocupado por pagar sus deudas, sus impuestos, sus mensualidades, sus tarjetas de crédito, y en general, pensando cómo pagarles a los demás, los que lo esquilman y le escamotean las cosas; siempre más pendiente de cumplirles a los otros, los que se llevan y disfrutan todo su dinero, que por disfrutar él mismo su vida con los suyos; y siempre sintiendo que la soga que lleva todos los días alrededor del cuello –muchas veces y como una reminiscencia de los grilletes de los tiempos de la esclavitud histórica, en forma ahora de corbata –, acabará por ahorcarlo en cualquier momento.

Su esposa también trabaja, o si no, se encarga del hogar y del cuidado de los hijos, pero se las agencia para vender por su cuenta -en el mejor estilo de los aboneros véntemañana pasalrato lapróximasemanatelotengo tedoyunaparteahorita-, siempre desencajado pero entusiasta para colocarlos en sus ratos de *ocio*: joyería de fantasía, pañales, productos Jafra, Mary Kay, Tupperwares o zapatos Andrea o Idaly.

Este individuo generalmente obedece las reglas, hace tranquilo las filas en los bancos y las tortillerías, paga – aunque a regañadientes – sus multas, se preocupa por los resultados de los partidos de los Pumas, Tigres o Cruz Azul, comenta con los cuates los comentarios de los comentaristas deportivos de la víspera ,con las cuatas la escena del beso y lo bien parecido del actor importado de Venezuela, intenta pagar dentro del plazo sus impuestos y acepta sin mucha averiguación y análisis los estados de cuenta que le envían las tarjetas de crédito y los bancos,y obedece, en general, las señales de tránsito para peatones(en su sentido original diferente al del grupo de *los peatones*), tanto las restrictivas como las de pase y dirección, y las de desplazamiento, dosificación, agrupamientos y abordaje en transportes colectivos como camiones, trenes, Metro, etc...., lo que lo convierte en esencia, física y espiritualmente al momento de su transportación y de la realización de todas sus otras actividades y conexas, en elemento de dócil manada de borregos, chivos, vacas o bueyes; en vil: *ganado*.

Él y su familia pueden hasta contar con auto propio; auto económico, prácticamente *nunca* de lujo, y en poquísimos de los casos, del año. Esta situación no importa con respecto a su clasificación dentro del grupo de *peatones*: si no cuentan en casa con por lo menos 2 (dos) autos, lo que hace que en ocasiones su esposa, al acudir a su propio trabajo en casos especiales, deba tomar el coche único que tiene la familia, para ir a cumplir con ciertos compromisos, dejando al señor de casa a pie –o viceversa, él a ella – o complicando la llevada y traída de los hijos a la escuela...ese individuo se denominará en estricto sentido y para los fines de nuestras consideraciones – y en igual medida cada uno de los miembros de su familia: *el peatón*.

En cuanto a sus diversiones el peatón aún gusta de oir la radio en AM-ya con canciones y hits actuales o del recuerdo, ya con programas "informativos", de comentarios y supuestos análisis -,pero encuentra difícil llevar a la peatona y a sus cuatro peatoncitos a ver *Misión Imposible 3*, por lo que compra el DVD pirata por unos cuantos pesos en el tianguis de la esquina de su edificio o en cualquiera del millón de puestos ambulantes que lo venden junto a los CD´s piratas de Luis Miguel, Alejandro Sanz y los conjuntos gruperos que son cosa de diario también para el peatón, o prende la televisión y se emociona con entrevistas a artistas o a candidatos políticos(ahora más artistas que aquéllos), o con competiciones reality show-concurso de talento histriónico-debate estilo lucha libre entre los mismos; todo, como un recurso para conseguir entretenerse y divertirse, el único paliativo que tiene para sobrellevar su tragedia. Al peatón le fascina ver televisión y aunque, en muchos casos, haciendo un esfuerzo por integrarse a la corriente, cuenta ya con cable, todavía prefiere en muchas ocasiones ver a través de él-como si no lo tuviera- los programas que produce y transmite también la televisión abierta, los producidos en Miami en español, las películas de TNT dobladas y, si de videos: el Bandamax, los de reggaeton, y lindezas por el estilo. Asiste con cierta frecuencia al cine, y aun se emociona cuando estrenan en ellos o en alguno de los cinecanales de cable, algunos de los recientes trabajos mexicanos como *Y tu mamá también, El crímen del Padre Amaro, Amores Perros,* aah! y, por supuesto, alguna de las noches, la primera, la segunda o la tercera.

Poseen por lo menos –entre él y su familia–, un teléfono celular y, en algunos casos, hasta una computadora y conexión a la red, que utiliza-sólo por obligación, sin ningún objetivo, profundidad o contenido real, únicamente por la sensación y con la simple, sencilla e integradora finalidad de (*él* también) usarla- cuando no le cortan el teléfono por falta de pago.

El peatón consume comics, revistas, cualquier cosa que realmente no le represente el esfuerzo de leer más de ocho a nueve palabras seguidas y siempre y cuando vayan

acompañadas(o se encuentren colocadas en los globos de los diálogos) de caricaturas, fotografías, reproducciones de imágenes o grabados. No es sorprendente el éxito de revistas fundamentalmente gráficas como *TV Novelas* y *TV Notas;* el éxito eterno de *Vaquero,* el *Memín, Batman, Archie, La Pequeña Lulú,* etc...
El peatón no lee, ojea. *Hojea.*

El país México es el típico país de peatones boleristas y mariacheros por excelencia donde las ediciones de discos como los de Luis Miguel –con arreglos melosos decadentes a versiones deformadoras de los mismos boleros que emocionaron a nuestras abuelas y bisabuelas – son las que tienen ventas de millones de unidades aseguradas; de ahí que hasta en los países de extremo oriente su mayor fama haya sido conseguida alguna vez por tríos como Los Panchos y su imagen internacional musical más reconocida siga siendo la agrupación de peatones panzones bigotes sombrerudos – con sus variantes: mariachi de muchachas, mariachi de jóvenes no tan panzones y atractivos, mariachi de gays, mariachi de teiboleras,etc.–, cuya característica sonora principal son las dos trompetas y los violines desafinados hasta la exasperación, al grado de que para imitar el sonido del mismo y de la música mexicana interpretada por ellos, los músicos profesionales de otras latitudes –y en serio – comienzan por desafinar sus instrumentos.

El peatón sueña con que sus hijos –por lo menos uno – se titule en una carrera universitaria de las que presuponen para el peatón –en una proyección anacrónica de estadios anteriores del capitalismo no necesariamente válidos ya en las sociedades actuales – símbolos de mejor *status* económico y social (médico, abogado, ingeniero, arquitecto); y que consiga el hijo peatón llegar no sólo a un nivel educativo por encima de aquél al que llegó el padre peatón, sino también a ganar más dinero que el padre (para ayudarlo a mejorar la situación económica general de toda la familia), poseer más y mejores bienes que los que el padre pudo adquirir, y lograr cruzar los límites de clase para ingresar y pertenecer a algún nivel social superior, llevando de la mano a toda la gran familia –ése es *el sueño* – a niveles a los que no pudo llegar (lógicamente!, de eso se trata toda la estructuración del edificio capitalista actual), con su familia original, el pobre peatón avejentado,

El peatón sueña con que su hija realice la misma proeza, pero de preferencia, por medio de casarse, bien casada, virgen-si se puede(lógicamente)- con iglesia, vestido blanco, recepción fotografiada para sociales y toda la cosa...con un acomodado joven de buena familia, perteneciente a un *status* superior –mientras más arriba mejor – de la sociedad.

Los peatones son seres característicos: todo elemento que, caminando o no, desarrolla una actividad laboral, por su cuenta o bajo las órdenes de otros, para obtener un beneficio directo inmediato –aunque se desplace en auto, dentro de los límites ya mencionados de posesión y propiedad automotriz –, es un *peatón*; aunque cante, componga, diga poesía, la escriba, pique piedra, maneje un taxi o un camión o un avión, dance, haga malabares en un circo, sirva mesas en un restaurante, lave platos, maneje un teodolito,maquile ropa, reflexione sobre el diseño del edificio que arquitectará, sobre las causas primeras de la existencia, observe las estrellas, haga los cálculos sobre la cimentación de una casa, instruya o eduque a otros para hacerlo, asalte bancos, joyerías, estafe transeúntes, trafique droga, o estudie cualquiera de las disciplinas anteriores y se prepare para desempeñar las mismas pero siendo parte integrante de una familia de peatones.......no hay ni le queda de otra: *es peatón*. Igualmente los agentes de tránsito y los policías de esa gran calle real y simbólica del desarrollo de las actividades humanas por donde el peatón camina; y los que van en patrulla, y los veladores de comercios y edificios. Y el y la que vende lo que sea a media calle, o en un puesto ambulante o en uno de lámina sobre la banqueta o por teléfono o correo o tras el mostrador de alguna tienda; basta y sobra que no tenga automóvil propio, o que lo tenga viejo o de modelo económico, o solamente uno para servicio de toda la familia.

El vagabundeo nihilista, anarquista o filosófico en alguien no dedicado por lo general a una actividad económica constante, y que vive de la caridad y de un limosneo sistemático, representa también a un tipo de peatón, aunque con características diferentes en ciertos aspectos de su comportamiento.

Los administradores, jefes, catedráticos, patrones, agentes, jueces, políticos de bajo perfil y alcance, y similares; así como pequeños y medianos empresarios, y dirigentes y burócratas dentro de regímenes socialistoides inclusive (por muy "señores" de las máquinas que hayan sido considerados -dentro de las clasificaciones de la era industrial hechas en los albores de la era informática- por gente como François Perroux), sólo saldrán de la categoría de peatón si son *propietarios* (ni siquiera *usuarios* de automóviles que les proporcione la empresa para la que trabajan -por lujosos que aquéllos sean, y por agradable, ostentoso y equívocamente gratificante que les resulte andar subidos en ellos-), y lo poseen en su totalidad, cada uno de ellos -*sin necesidad de estarlo pagando en cómodas mensualidades, sino ya completamente comprado y adquirido y sin problemas económicos causados por su adquisición*-: un auto lujoso de modelo del año, o dos de modelo económico (pero siendo uno de ellos, por lo menos, *del año*). En ese momento dejarán el sustrato de peatón (quien nunca es propietario de los medios ni posee verdadera y desahogadamente los recursos económicos para agenciarse y disfrutar de satisfactores importantes de *status* significativo en la sociedad) en la calle imaginaria paradigmática, para convertirse en miembros de otro grupo, por encima socialmente del anterior, e igualmente característico de la sociedad mexicana de finales de siglo XX y principios del XXI: el de los *paseantes automovilistas*.

PAN Y CIRCO

al niño Nacho
5/agosto/06

Pan y Circo
necesidades ancestrales del animal bello
atavismos de otros espacios y otros tiempos
inmemoriales de universos paralelos
astros de brillo aturdidor
en noches ceremoniosas
de danzar desnudos alrededor del fuego
después de los fragmentos del mamut
pretextos
para reír en el espanto de la noche
y abrazarse las manos
soñando con futuros que se esconden
esperando que el padre que nos trae los colores
vuelva de su agonía
y nunca muera
para irnos dando con el tiempo
Homeros, Esquilos, Aristófanes y Xenofontes
y gladiadores de lunas
y cristianos
y leones
y búfalos y cebúes y bisontes
y también llamas, vicuñas
y cóndores

Pan y Circo
luminoso par categorías bastantes
para cubrir todo lo que ha movido
a navegantes
amorosos de estrellas
faraones necrofílicos
calculadores de órbitas de astros
y arquitectos de jardines colgantes
todo

todo lo que el espíritu de los animales bellos
sueña, vomita y considera

encuentra su lugar
en esas
palabra pan
palabra circo
todo lo que le alimenta el alma
y le rellena el cuerpo
exalta la carne alumbra los nervios
prende el sexo

Pan y Circo
desde que un animal despierto
se convirtió en el primer jefe
de los primeros subalternos
para probar del mejor pan
y escuchar las mejores rapsodias
en la cuna arrullante de las mejores liras

los sutiles címbalos
los clavicordios evolucionando
hacia los *piano fortes*
los gigantescos órganos catedralicios

y danzar con la mejor danzante
y acostarse con ella
con ellas...
desde que los abuelos del poder
comprendieron que no habría otra forma
de detener
las aguas revoltosas de los diques sociales
las callosidades en las manos de los niños ingleses
las envidias hacia las estolas
en los musgos jardinescos
de los hombros de la reina madre...
desde que un dedo pulgar repetido hasta el
cansancio
como sombra litográfica en las gradas del circo
-sobre los puños cerrados ávidos de sangre-
nos determinaba

a *nosotros*

como gladiadores de ruinas
vida ruina o ruina muerte
donde en ésta, a decir de Ileón el macedonio,
ya no habrá más pan ni habrá más circo
y a decir de Julius Petrarquinus
hallaremos la luz del paraíso

los que aquí la perdimos
y será como sambar en la Mesopotámia
bajo vides de amor
cantando a la mujer, bebiendo el vino
 y a decir de Halil ibn al –Mohammed
dormiremos en las alfombras tersas
de las pieles ventriculares mocasines
de las ocho, nueve mil, once mil vírgenes

Pan y Circo
tenemos...
por encima de cáliga
toga, túnica y polaina
habemos...
panem et circenses
eternamente
para el pobre
que es como decir:
para el hombre
alimentos que se vuelven uno
uno, del cuerpo, aquél,
éste de los espíritus
y en el colmo del hambre primigenia
de vísceras, latidos y sinapsis
las neuronas se ríen con un poco de pan
y el cardias se solaza con momentos de circo
allí
en la necesidad de la penumbra
para la que no existen los orientes
el pan se vuelve circo

el circo se transforma en pan
en peces en ayunas
en agua el vino
en vino
se convierte
la sangre en circo
en oración en agua
y el pan es circo
el circo es pan
y el alma come y el cuerpo se recrea
aun con el espectáculo de los delitos
con la ejecución malparida de algún crimen.
No es, carísimo Enzensberger,
nada más nada menos
que una noche de luna sobre un yate
en la riviera francesa
allá tras una vuelta de esquina náutica en Saint
Moritz
y nosotros chupándonos las falanges descarnadas
a falta de residuos de algún pollo al *vin blanc*
arrastremos la miseria carnal
de nuestros huecos
por alguna de las esquinas santapáulicas
de la Rúa de la Consolaçao
por el rumbo de los cementerios;
es
que en los grados más miserables de miseria
el delito se nos vuelve pan
y se nos vuelve gusto
y nos palia el hambre
y nos relaja y tranquiliza y refresca y distrae

y nos divierte y entretiene
y se nos vuelve un espectáculo y una especie de
fiesta
y una razón para reír para abrazarnos
como los perros satisfechos
llenos de alguna forma
ya
en los estómagos y almas.
Te parece bien, procurador
buscador de la llama del faro, de la gente
una razón banal
tal vez no suficiente
pero en esencia humildemente categórica
y de peso
para contribuir –nosotros los paupérrimos–
a los desmadres y al desorden?
Te parece bien, Diógenes
pesquisador de hombres
razón transecular para el cinismo?
Nos parece a todos aquí
hermanos de asamblea de la inutilidades
razón poco importante
motivo intrascendente
para salir y asesinar a un pollo
atropellar un viejo
quemar los almacenes
saquear los intestinos de las víctimas?

Pan y Circo
cuando no hay que comer y la panza grita

y las únicas aguas para nos potables
surgen de los surtidores oculares
y la pomada una
para los raspones de alma
y las desgarraduras de tendones
sigue siendo la sangre
-la nuestra, la tibia, la templada-
parte de las maravillas prodigiosas de este mundo
sigue siendo el colmo del ocio de los vientres
vacíos de cereal
con desplantes de sexo
artificios de violencia consumición de códigos
celebración de muertes
violaciones de lujos ejecución de pánico.
Cuando todo es vacío cualquier brizna rellena.
Cuando ya no hay opciones
el dedo se alza a la primera sugerencia.
Cuando se mira lejos lo que se tiene cerca
la mala fe no es mala y se vuelve muy buena
y el delito es festejo
y el festejo alimenta.

Hambre y Tedio.
Huecos claros, negros.
Aunque a veces el cuerpo se llena con los ojos
y el alma se satisface con algún rito ocasional
que incluye gusanos de maíz
pulque y calaveras...
aunque a veces nos regodeamos en el lodo
y nos colman las estrellas

hay, hasta en los piojos
muertes inanicionales de cultura
no es posible olvidar lo no aprendido
vivir de glorias ya pasadas
devolverle el esplendor en su totalidad
a templos que alguna vez
fueron completamente hundidos
por haber sido más bien
nunca celosamente completados

la inconsistencia de los ánimos
la falta escrupular de los vencidos
no permiten siquiera
estabilizar sobre tan enclenques cimientos
la arquitectura pretenciosa
de otros dizque gloriosos edificios

en una crisis de hambre
si no hubo previsión para comprarlos antes
-aunque sea sin leerlos-
no podemos comernos ni siquiera
las hojas de los libros;
(qué dijiste? qué cosa fue la última palabra?
-dijo la transcriptora;
para ella las letras sólo existen
en las pantallas de computadora-)
para animales así, como somos nosotros,
en el alma, sus alrededores
sus afueras
el hambre es pan de cada día
y el tedio ha de volverse circo

motivo de alegría de cualquier forma
cuando no hay nada mejor que hacer
lo mejor es sacarse de la manga cualquier cosa
y comerse las uñas
y reventar de risa.

Vuelta a la piedra
a la hoguera desnuda
a las noches de sangre en cálices de huesos
a las numeraciones de bisontes en cavernas.
Nubes de color pardo
aguas subterráneas de tejidos muertos
como una tela que nos arropa el cuerpo,
lagunas petroquímicas que nos arrastran tristes
como fetos crecidos en amniosis
y aromas de animales yertos
yacentes ya en espíritu
en incienso letal
como si todo nuestro mundo fuera
una catedral gigantesca de fracasos
-es ahí cuando el delito se nos vuelve
una responsabilidad social-,
como Carlitos Marx que es decir Charlie Brown
que es decir Linus Marcus Fabius
(cualquier creador de mitos)
al realizar su show
sudando hambre cerrada
hijos inánicos que chillan gritos
tumores ya colgantes que caen a un lado
absorto ausente

frente a su ordenador:
la pobreza en sí misma trae su torta bajo el brazo
sus cosas buenas
sus motivos de espectáculo
y actos y diversiones diferentes alternativos
diligentes optativos
para sus melancólicos protohijos.
En Reforma cerrada –cualquier calle del mundo-
para congratulación de egoísmos
y pretensiones equívocas descabelladas
(a decir de los nobles, los que parten el queso)
un niño juega
fútbol
bajo las tiendas de los protestantes.
Preguntado en su risa
emocionado al límite
dueño por fin de una avenida
que en sus calles y sus luces y sus joyas
se les ha negado
a él y a sus míseros linajes
desde seis siglos antes
de que Carlota
le cubriera de miel los miembros a Maximiliano,
abre la boca el niño futbolista sin par
campeón del mundo
de los perdedores hoy reivindicados
y cómo no estar feliz
nos dice
si en este magnífico plantón
hay comida a raudales, violín de la Huasteca
Bamba a la hora del té

ferias aeróbics gimnasia
marionetas
un Shakespeare accesible
para que lo entendamos todos
castellano tercermundista
a la mitad de un happening
un verdadero *happening*
(eso lo digo yo, el niño no lo ha dicho)
éste en el que está en juego más
de lo que se asume
y podemos rabiosos
felices emotivos descarnados
eufóricos
a todo lo que da
jugar fútbol los cuates
hasta las diez u once
sin temor a que nos asalten por la noche
porque aquí sí hay faroles policías que rondan
y lunas muy grandotas
y árboles gigantes
perdón, no son las lunas
son los ventanales toda la noche iluminados
de las corporaciones...
no como allá en mi barrio
allá estamos jodidos
aquí en este plantón aunque no llegue a nada
nos sonríe la vida
se entretienen las hambres
se divierte uno
hay magia.

Pan y Circo
por lo menos que de esta chunga
de incertidumbre inquebrantable
nos quede un matrimonio firme
de alimento y desmadre
al pan pan
y al circo circo
a las víboras víboras
de la mar en calma
los que estén pasados
ya saben ya saben,
hoy me desperté con ganas
de hacer un carnaval diario
con reinas de la batería y plátanos bailando
y samba en los dedos saltariteando en el pandero
y todo una escuela de ochenta carros alegóricos
con mujeres desnudas sudorosas
calientes bamboleantes
y tríos eléctricos y orquestas
en un desfile por la arteria más ancha
hacia mi corazón.
Hoy amanecí de un excelente humor,
no hay pan en mi alacena
y mi sobrino de nueve años
ha empeñado la pantalla del televisor
-porque es un hecho que, es más,
pueden hasta quitarnos el pan
y dejarnos sólo con el circo,
que aquí no pasa nada
pues ya lo dijo aquél que dijo

que no sólo de pan vive el hombre
sino de aquellas cosas
que le llenan el alma
y lo confortan,
es más,
mientras no nos quiten el circo
las conmemoraciones los desfiles
podremos seguir valientes
y salir candentes a las avenidas
esperando que llueva,
un desfile es motivo de orgullo
y satisface el alma
pueden marchar
nuestros abuelos deportistas
nuestros hijos anémicos
nuestra dignidad en las ilusiones olvidadas
malnacidas, menospreciadas,
es el único acto
donde sabemos bien a donde vamos
aunque estemos por otros rumbos
bien perdidos-;
no hay por qué llorar arrepentido
ni agachar la cabeza
si me quitan la vida
pero me quedan
el eterno pan y el circo de las calles,
las medidas extremas
la ilusión en ayunas
voy a sacar alguna fuerza de flaqueza
y a reírle a la vida
anímico

radiante
hay circo por doquiera
hay Presidente electo
Presidente saliente
Presidente entrante
Presidente legítimo
Presidente en las rocas
(el país entero
es una flamante constelación de Presidentes)
y yo voy a nombrarme
el Presidente Artístico
-¿cómo podrán las cosas
dejar de irnos bien de ahora en adelante
con tánto celoso can
autoproclamado guardián de los intereses patrios?-;
pueden estar de plácemes
poetas
trovadores
interpretes de Liszt
cantantes de Puccini
oboistas de concierto
quintetos de metales
artesanos
cuentistas
impresores ensayistas
danzarinas
pintores escultoras
bailarinas
desnudistas muralistas
teiboleras
obreros

jaiboleras
oficinistas
burócratas
espías
informadores
escritores cronistas
mendigos
prostitutas
todos los que hagan arte,
llegó su Presidente!
Hoy entre el pan y el circo
y las exaltaciones del festejo
las brumas del alcohol
las coronaciones del relajo
los disparos al aire al pecho de los nobles
el jelengue supremo
en los ritos heredados superados
de lo único bien desarrollado que tenemos:
el caos del actual peligro extremo
canto a grito pelado
y bailo haciendo equilibrio
con dos pistolas de ruleta rusa
apuntadas a mis sienes
listas para etiquetarme
sobre la cuerda floja desafiante
del más escarpado de los precipicios
me siento más alegre
prácticamente ya
sin hambre.
Gracias a quien nos deja
motivo encantador para soñar de noche

ilusión de banquetes
gracias a quien dibuja el paisaje feliz
el circo de las artes
la novela encantada
la gloria inmanente
al rayo cenital del desarrollo
al que nos palmea el lomo
y nos unta el atole en los labios con el dedo
nos inspira confianza
mientras guiña un ojo a las alturas
nos mata con cariño
al que nos da discursos
con prodigalidad de parábolas de montes
al que con su circo itinerante
nos restituye la sonrisa de los niños
y nos arranca ciénagas de ilusiones
aun con sus actos fallidos
elementales yerros
que mueven a risa y compasión
al que nos mueve a los delitos
reivindicándonos el derecho al crimen
al que
con sus errores y deslices
sus payasadas magnas
desaciertos auténticos
huérfanos de luz, involuntarios
sagrados, inocentes
nos da el pan
diariamente
consagrado y feliz
en bandeja de plata!

LOS MAILS DE RELACIÓN DE FERNANDO CORTÉS

> Septiembre / 2005.- El Cártel de Tijuana envía un batidor a la Ciudad de México para evaluar la apertura de novísimas rutas y mercados y establecer una Supergerencia Regional para la América Central y del Sur; Fernando Cortés –el elegido para la misión– vuelve al D.F. después de encarcelado y 8 años de ausencia, para enviar sus informes de reconocimiento en mails hasta cierto punto codificados.

III Mail de Relación (fragmentos)

Muy Alto, Poderosísimo, Impunísimo, Catolicísimo, Millonarísimo y Chingón... sísimo Jefe de Nuestra Sagrada e Ínclita Organización y Comandancia de los procesos y transportación de productos y substancias óptimos para la tranquilidad anímica y espiritual de la población. Por el presente hago llegar a usted la relación que os ofrecí en mi mail anterior y que el presente tiene que ver y hace referencia a las muchas y muy diversas y asombradoras maravillas y extrañezas que presencié a continuación de aquellas que aparecieron en mi II Mail, y que por intención de no os agotar en la lectura de las mismas, decidí de posponer para os las contar en el presente, que por orden es tercero desde que yo me vine a esta ciudad fabulosa de Temixtitan.

Como acontece que las cosas que os relacionaré en el presente no son menores en significación ni en mérito ni en la importancia que para nuestra empresa transnacional y el asentamiento de sus nuevas oficinas de dirección continental pudieran tener, plúgole a nuestro Señor Dios le dé a Vuestra Excelencia la paciencia y serenidad para leerlas y entrar en su conocimiento de la manera más completa pues no son en modo alguno pocas, ni de dimensión diminuta ni fáciles de ser referidas en contados términos.

Atrévome a pensar, con humildísima pretensión de mi pobre saber, que no he dado en encontrar respuesta ni comentario alguno en mi correo electrónico, de parte vuestra,

Sabio Jefe, a mis susodichas relaciones previas, por efecto de que Vuestra Eminentísima Excelencia, creo esa la causa haya sido, tal vez pos sus innumerables y múltiples, y dignas de la mayor admiración, ocupaciones, no ha dado en ordenar que revisen el buzón electrónico de su propio E-mail, o la negligencia de algunos de sus subalternos, o la envidia a mi muy noble y sacrificada pero trascendente misión, ha causado que se interpongan obstáculos para la mejor comunicación a usted, Dignísimo Director, de los frutos de mis reconocimientos.

 Después de haberos enviado mi Mail anterior, me llegué a otras partes y regiones del valle en que se halla asentada esta ingente villa, y ya desde aquellos momentos sentí la intención y tuve el propósito de os escribir y de no dejar se transcurrieran más lunas, que por cierto, aquí casi nunca se da para apercibirlas, por los nubarrones enormes y densos de smog que infestan la atmósfera, antes de contaros a la mayor de las brevedades los sucesos que yo mismo di en testimoniar. He de deciros que es tal la multiplicidad de acontecimientos que se suceden en esta ciudad, que cada cuadra que uno recorre en camión, pesera, metro, metrobús, o aquellos de los que todavía da para ser apercibidos sobre una especie de delgados caminos metálicos y que aquí los aborígenes y visitantes de muchas otras tribus y regiones circunvecinas nombran por tranvías, daría para os mandar, por lo menos, una relación completa, similar en forma y extensión a aquellas otras las dos que he tenido la honra de os poner en conocimiento.

Cierto día, a una semana de haberme entrado en esta ciudad, tuve grandísimo placer en encontrarme con un vegetal de los que en nuestra tierra, la ínclita y poderosísima Nuestra Señora de la Tijuana, se dicen de árboles, y fue grande cosa toparme por aquí con un dellos, pues cosa cierta y bien sabida es que escasean notoriamente por estos lares, porque para una villa como la tal dicha Villa de Temixtitan –Ciudad de México–, y de tal envergadura, habría de existir una mucha muy más grande cantidad de árboles por kilómetro cuadrado, como ocurre en otras grandes civilizadas metrópolis del mundo moderno, para garantizar la más mínima calidad del aire a sus intoxicados respirantes aborígenes y algún motivo estético de solaz para la vista entre los muros de líquidos cristales de la agricultura urbana. Y es tal el caso que lleguéme a avanzar hasta doce y trece cuadras por algunas de las zonas de esta Ciudad sin me topar ni con un triste arbolito, ya raquítico, enclenque y joven... ya caduco y cayente. Paséme incluso una de estas mañanas por la calzada que va para el pueblo de Tacuba y admiréme de muy grande manera de ver que aún conserva el árbol en que cuéntase llorara mi tataratatara tataratataratatarabuelo Hernán la supuesta derrota que hubiéranle infligido los aztecas; y es de notar que resulta claro que los tales aztecas no ganaron, y mucho más extraño aun que los descendientes de aquellos indígenas mantengan tan protegido y apuntalado y con tanto culto el dicho tal árbol llamado de la Noche Triste, y no hállanlo quitado ya para poner en su lugar algún ciprés flamante, algún roble nuevo, algún sauce retoñante con los que ayudar a mejorar la envenenante y carbónica atmósfera citadina. Pero héme de declarar aquí ,para informe de Su Excelencia, más sorprendido aun por lo que vide en aquella ocasión en la que después de andarme numerosas cuadras sin avistar ni en lontananza un árbol encontréme con el primero, pues, tal vez por la novedad y la emoción del hallazgo, reparé desta vez en su color, y en que su color, igual que el de todos los otros árboles que vide antes en la dicha tal Ciudad de México, y el de aquellos otros pocos que he venido divisando desde entonces, no puede llamarse de **verde** de modo alguno. En efeto, Dignísimo Dirigente, los follajes de los árboles de esta Ciudad, contra todo pronóstico basado en la Botánica tradicional que conocemos, no son verdes!, son de un color como yo no lo he visto en árboles en ninguna otra parte del mundo civilizado y por civilizar que conocemos, y es el tal dicho color de los tales árboles de la dicha Ciudad, de un tono entre grisáceo opaco y marronáceo sucio de turbia agua de alcantarilla, que no da para ser definido más que en un triste y deprimente vocablo cuando adjudicado a las hojas, copas y follajes de los árboles de nuestra madre naturaleza: ***pardo!*** Los árboles de ésta la gran Ciudad de México son...***pardos!***

Os propongo humildísimamente y motivado por el aprendizaje que del idioma y los giros locales vengo efetuando, que entremos con una iniciativa al Congreso, que es sabido usted sabe llevar a sus integrantes dóciles y mansitos de su mano, para que la dicha tal villa se denomine de ahora en delante y por consecuencia de la color de sus árboles: **Cuauhnexticticlan:** o, más justo, que yo en esto de los hablares y decires de estos rumbos de la capital he ídome avezando, no crea usted, y ya hasta palabras del náhuatl y el caló de los peladitos y pachucos y pachecos domino, que no es poca cosa, pues en esta grandísima urbe no ocurre como en nuestra provincia, en la que las personas en la calle humanamente responden y socorren a las que a ellas se dirigen, o les dan el paso si fueren peatones o se importan de sus necesidades y carencias, no, aquí cada quien su rollo, cada chango en su mecate, disculpe usted, Alteza Serenísima, aquí así dicen, pues cada quien va con sus asuntos y yo a ti ni te conozco, hazte

a un lado no me quites el tiempo, quítate que
'ái te voy, órale pinche güey, y chuladas por el
estilo, volviendo a lo del nombre:
Cuauhmehnexticticlan: o, mejor aun, quizá,
otra variante que hallo inclusive más precisa:
Cuauhnexticaltepetepantlahtocan. Aunque
sé y reconozco que ambas son de mayor
dificultad para expresarlas que el nombre que
la dicha ciudad posee hasta el momento, y
como sus habitantes padecen de flojera
crónica y retardo físico e intelectual, será muy
difícil entusiasmarlos con denominaciones
más complejas, por bellas y acertadas que
fueren.

Con el propósito de enviaros una más de
mis relaciones, mismo que desde que os envié
la última no me ha dejado descansar a
plenitud por mi obediente intención de
cumplir vuestras instrucciones, me llegué en
primero, a la zona sur de la ciudad, por la
región lacustre que llaman Xochimilco, donde
fui muy bien recibido por los lugareños, y
aunque yo a decir verdad lo que andaba era en
la búsqueda de alguna papelería con Internet,
o algún café ídem, o ya en última y postrera
instancia alguna cantina o pulquería con

Internet, para os transmitir de manera expedita aunque en forma meticulosa y detallada los pormenores de mis avances, optéme por me aposentar en una de las dichas que aquí llaman chalupas e hícelo así por un breve lapso de tiempo para encontentar los requerimientos de compañía y satisfacciones que me demandaban los pobladores de este lugar, que cabe aquí decir son muy alegres y de amplísima y muy buena disposición hospitalaria; después subíme a otra de las dichas embarcaciones que aquí las llaman trajineras y que muestran ornamentos en gran medida y de una muy grande y especial belleza, que no los he visto tales en otras latitudes por mí conocidas en mis extendidos viajes de reconocimiento por el mundo en servicio y atención de vuestros intereses económicos, Dignísimo Jefe, y por obra y gracia de Dios Nuestro Señor. Son los dichos ornamentos que llevan las tales trajineras: guirnaldas, arcos y muy muchas otras y muy más interesantes construcciones geométricas, hechas todas las dichas figuras con flores de muy variadas especies y colores y de formas las más interesantes, que aquí las hay en demasía y que hacen parecer al lugar, jardín del Edén, patio morisco u obra de encantamiento de algún mago, como las que se describen en libros de caballería, como los del tal Amadís, o como a las que se refieren imágenes de las historias de colegas míos de otras épocas, como el dicho llamado Bernal Díaz. Y es en verdad tánta la belleza del jardín acuático de Xochimilco al que os hago referencia, que, con la salvedad de los colores apagados de los árboles y plantas que ya os conferí y puesto que en general dicho vicio de la coloratura se apresenta en todo lugar del Valle, yo la verdad no he visto igual en otros jardines, como los de tanta fama y tradición que alguna vez admiré en la España , que ubícanse a un costado de la Alhambra y que allí los nombran, los del Generalife. Cuentan las dichas trajineras y chalupas, con personas del lugar que súbense a ellas y se pasean junto con uno por los múltiples canales del lago reconfortándole a uno el cuerpo y el espíritu con gotas de alegría y dándole a la vez momentos de compañía y esparcimiento. Y las hay inclusive otras, como aquélla en que por suerte y obra de Nuestro Señor me correspondió subir, en que ofrecen alimentos de una muy rica variedad y grande número de calorías, y que hasta cuentan con grupo musical a bordo, que, aunque diferente a los que en nuestros rumbos se estilan, y a decir verdad con todos sus integrantes muy bastante desafinados, descuadrados y con visos de hallarse a punto de trastabillar y de se derrumbar por efecto de una congestión alcohólica, es el tal grupo muy folklórico e interesante y muy alegres todos los dichos músicos beodos que lo forman , aquí nombrados de **mariachis**, y logran que la gente pase un momento agradabilísimo entonando junto con ellos canciones de compositores como el tal José Alfredo y el tal Hugo Sánchez.

Admiréme en gran medida de la buena disposición de los lugareños, que hasta presenteáronme con artesanías, prendas, piecezuelas de cobre y, cuando quedaron en conocimiento que yo provenía de La Tijuana y en representación de una organización tan importante, eficaz, pujante y potencialmente creciente y poderosa como la que usted, Honradísimo y Honrosísimo Director, sabiamente dirige, diéronme además como obsequio unas putas, que yo debidamente relaciono en Mail aparte para su conocimiento y posterior disfrute, si Vuestra Excelencia así lo deseare, y que me reconfortaron de las fatigadas peripecias del batimiento que realizo, y me hicieron feliz de tal manera que, confiésole, díme unas horas de reposo antes de continuar mi búsqueda de la tal ya dicha Internet. Y eran las tales mozas, aunque de menor estatura que aquellas con que Vuestra Excelencia y yo nos amancebamos una Semana Santa, aquélla en que nos reventamos después de abrir la ruta Andalucía-Cataluña, en Badajoz, éstas, las dichas hetairas locales, sin pedirles nada a las otras, de muy magnífico buen ver y especialmente en sus redondeces lumbares, púbicas y glúteas, y de tan maravillosa efectividad los movimientos horizontales, circulares, elípticos, diagonales y verticales con los que las menean, que no encuentro en mi memoria su parangón en ningunas otras en las que yo haya tenido la ocasión y muy feliz dicha de introducir la mía propia y muy particular y enhiesta protuberancia.

Después de haber estado allí una noche sin curar de salir porque a fin de cuentas mi misión es conocer a fondo las particularidades de esta región, y especialmente aquellas que puedan tener utilidad para la expansión de nuestros negocios y el recreo de nuestros sentidos, y que en ello debo decir que efectué muy grandes y profundos avances pues me llegué a conocerlas mucho y muy bien hasta el fondo, me llegué hasta la parroquia de San Bernardino para así como había dado conforto al cuerpo dárselo ahora al alma, y confesarme y lavar mis pecados de lujuria y bebedez, y asistí el oficiar de la misa por uno de los descendientes de los franciscanos que por aquí prestan los servicios religiosos.

Al dejar la parroquia fui bien unas ocho leguas en dirección nor-oriente hasta me llegar por los rumbos de un poblado que ellos nombran de San Salvador Atenco y que sitúase cerca ya de las extremidades de la gran villa de Temixtitan, siendo el tal dicho poblado cuna de aborígenes recios, tenaces y broncudos. Y he de os confesar que en ninguna parte de mi trayecto desde Xochimilco hasta el tal pueblo de San

Salvador Atenco, pude hallar un servicio razonable de Internet que no fuera uno de los dos únicos changarritos con los que me topé en el camino y que a pesar de contar en sus encalados exteriores con leyendas pintadas vistosas que anunciaban prestar el dicho tal servicio de la Internet, no era en modo alguno en ninguno de los dos casos de dicha manera. Y ello se debe quizá, eminente dirigente, a que las dichas zonas del valle de Temixtitan comprendidas del aeropuerto, Tlalpan y la tal del lago de Xochimilco, hacia el oriente, en llamándose algunas de ellas Ayotla, Chimalhuacan, Ixtapaluca, San Marcos, Hixtoco y Chalco entre otras, son de muy particular y exagerada pobreza y de condiciones de vida infrahumanas, produciéndome una mixtura de tristeza y esperanza el testimoniar sus dichas tales miserables condiciones, pues he aquí que a la par de contemplar sus calles de arena y lodo resecas como desierto de Atacama en verano, e inundadas que parecen lago de Pátzcuaro o laguna de Venecia aunque sin sus hermosas construcciones, catedrales y edificios, en temporada de lluvias, todo ello a decir de los habitantes mismos del lugar, sus esquinas sin rótulos de nombramiento, sus áreas oscurísimas de noche o con pobrísimas luces clandestinas, sus basurales generalizados, su carencia brutal de parques y jardines para solaz de la población, sus ejércitos de ratas y sus galgos esqueléticos deprimidos y a punto de suicidarse, que si los dueños y habitantes humanos de dicha región no cuentan los dichos ellos mismos con los medios de abastecerse de mantenimientos y vituallas apropiados para hacer llevadera una existencia mediocremente humana, qué puédese esperar de los dichos sabuesos quintomundistas que en número de millones recorren las dichas calles y deambulan por los tales callejones de la dicha zona, accedióseme a la mente, a la par de la tristeza, como ya supra os dije, la idea emprendedora de no solamente intentar distribuir nuestros productos estimulantes, calmantes y alucinógenos, en redes de distribución al menudeo por estos lares, lo que tal vez no sería del todo fácil pues ya existe una muy grande cantidad de minoristas vendedores de similares substancias y productos en estas esquinas, calles, plazas y a la salida de las escuelas primarias y secundarias, sino que debemos también traer para acá e implementar a toda costa y sin delación, nuestro negocio, ya bien desarrollado en nuestros rumbos, de maquinitas y juegos de video, nuestras modernas máquinas tragamonedas de apuestas, nuestro sistema de juegos y casinos clandestinos, nuestros lottos, bingos y apuestas deportivas por satélite, nuestras peleas de perros, de escorpiones, de ciegos, de gallos salvajes, de koalas en celo, de mongoloides heridos acicateados por punzones, de niñas colegialas thailandesas versus mexicanas, de mujeres desnudas, de embarazadas, de boas constrictor, de tarántulas amazónicas versus tlacoaches, y de ancianos con Alzheimer, pero todas ya en forma, como las tenemos y presentamos por allá, y en general traernos para estos lares toda nuestra extensísima gama de luchas y peleas con apuestas, como las tan gustadas últimamente de los dichos tales kickboxers sin piernas, y las de los siameses aceitados con el tal de dicho líquido de secreción **vaginalis menstruansis**; traer también para los arraigar aquí nuestros establecimientos prósperos, en su modalidad subterránea, de venta clandestina de revistas, libros, fotografías, productos, películas, juegos, CD´s, DVD´s, hologramas y artículos de pornografía en general y espectáculos en vivo de lo mismo con hombres, mujeres, gays y mascotas y animales de granja, bosque y selva, y, por supuesto, nuestro novedoso sistema de las sociedades mutualistas de prostitución anónima y temporal escalonada por días, horas, manzanas y colonias, que es tánta la miseria y necesidad por estas zonas que, como yas os comenté en mi Mail próximo anterior, los habitantes desahuciados socialmente de las dichas tales partes como éstas, son materia óptima para nuestro tipo de negocio múltiple especializado y harán que éste tenga aquí, en todas sus muy variadas e interesantes modalidades y diversificaciones, un éxito sin precedentes y mayor aun que el que hemos conseguido con él en todos los antros, cantinas, bares ,centros comerciales, parques, escuelas, universidades y establecimientos en general en Tijuana, San Diego, El Rosarito, La

Mexicali, La Ensenada, Calexico, San Luis Río Colorado, El Potrero, La Mesa, Tecate, Los Algodones, San Quintín, San Vicente, La Bocana y en general en todas las ciudades, villas y provincias que por obra y gracia de Nuestro Señor Jesucristo controlamos el norte y oeste de nuestro país.

Otro día, amaneciendo, como hube bebídome en uno de los millares de puestos ambulantes de jugos y licuados que por aquí se asientan, un jugo de naranja, zanahoria y remolacha adicionado convenientemente con dos yemas de huevo crudas y dos medidas de Jerez como del que nos hemos bebido Su Oficialidad y su humilde servidor tan buenos y saludables vasos en nuestras incursiones por la península ibérica, pócima el dicho jugo de naranja que por estas regiones es mucho y muy frecuentemente utilizado por los trabajadores de la región que de sus chozas de cartón y tiendas provisionales de vivienda salen a una casi nocturna y muy temprana hora rumbo a sus trabajos, que en mayoría ubícanse a demasiadas leguas de distancia de aqueste lugar, y que yo bebíme el dicho tal brebaje para aminorar siquiera un poco los efectos de la resaca por mi francachela dos días hacía en el lago Xochimilco, luego me metí de lleno en los rumbos de la ya dicha villa de San Salvador Atenco en primero término para reconocerla y en segundo y sobre la marcha para intentar localizar algún funcional servicio de la Internet.

Halléme a los pobladores de este lugar, además de con los destellos de carácter y naturaleza que os he referido ha algunas líneas, con muy mucha especial tendencia a la superstición y muy dedicados a la práctica de prestidigitaciones, hechicerías, encantos y encantamientos, y a las adivinaciones premonitorias por medio de muy variados recursos y artes, que aquí los hay de manera en gran medida prodigiosa. Dijéronme, por citar un ejemplo, que tienen ellos la creencia aquí de que cuando una ambulancia pasa haciendo sonar estentóreamente su sirena por causa de dirigirse a llevar a algún accidentado, lo que por esta región no es frecuente pues en verdad que se encuentran carentes completamente de servicios médicos, doctores certificados, ambulancias y hospitales, acontece que los galgos y sabuesos famélicos que por aquí pululan, ladran y aúllan a la par que las tales sirenas, pero sólo lo han hecho cuando queda demostrado posteriormente que alguna desgracia grande acabó por acontecer, y nunca cuando después del paso de la ambulancia se llegó a conocer que la necesidad de ella no obedeció a causa y accidentes dramáticos o graves, con lo que queda demostrado, no sólo el hecho de la capacidad premonitoria de todos los dichos canes sino, atrévome a sugerirlo, Honorable Jerarca, el que las dichas tales capacidades y talentos de predicción de los canes son provocados por la falta de alimentos inclusive medianamente saludables y en cantidades aunque fuere lindantes con los mínimos niveles razonables de subsistencia, que ya en ello se semejan en gran medida a los habitantes humanos de estas tierras y a los de los pueblos y tribus que yo divisé en mis viajes y expediciones por las regiones centrales de la África.

Oso poner al alcance de su dignísimo saber, pues podría ser de mucha utilidad para nuestra organización en el futuro, el conocimiento de que por esos días pusiéronme en contacto, por recomendación, con una hechicera vieja de la localidad, con la que introdújeme para saber de sus artes y escuchar sus anuncios sobre los tiempos por venir. Y he aquí que ella anticipóme que en lo que respecta a esta región donde ella mora, vendrán tiempos difíciles en que fuerzas venidas de lejos y en carros de fuego irrumpirán por las calles de la villa y sus ocupantes de los dichos carros y otros en calidad de infantería vendrán, apalearán y engarrotarán y patearán y en general masacrarán a grupos de hombres y mujeres, aun toqueteando sin muy malas intenciones en veces y en otras ofendiendo en gran medida y hasta violando a éstas últimas, y que será cosa en gran medida pesarosa y abrumadora porque aunque los dichos tales hombres y mujeres serán muchos dellos en efeto alborotadores acendrados, ello no justificará de manera alguna el ejercicio de tan desproporcionada fuerza y violencia por parte de los ejércitos y comisarios externos que vendrán, pues ha quedado sabido que desde hace muchísimos lustros y varias centurias, desde cuando los tiempos de mi ilustrísimo, sin demérito de Vuestra Persona Regia, antecesor don Hernán Cortés, a quien Dios Nuestro Señor le proporcione descanso y gloria eterna, la humanidad ha venido dejando atrás prácticas tan sanguinarias contra las mayorías, olvidando crueldades, haciendo a un lado los excesos en el castigo y respetando, aunque sea muy poco y de cuando en cuando un poco más, las dichas abstracciones de los tales derechos humanos que ahora tánto se cacarean; y díjome la vieja que en su trance y por los intersticios de la cortina de plástico con cisnes y flores verdes y rojas de su cocina a leña, vió que los alborotadores serán mezcla de honestos comerciantes y locatarios de mercados, junto con otros que sólo se dedican tradicionalmente al liderazgo de los mismos y a la defensa de causas disturbiantes como modo de vida, y que algunos estarán abastecidos de unos los muy lucidores machetes que por acá se estilan y que aunque de material diferente, cuentan con una muy mejor manufactura y resistencia que aquellas espadas de acero de Toledo que tenemos algunos de los miembros de vuestra agresivísima organización penduradas en los muros de las estancias de nuestras fazendas; y entrevió también la susodicha anciana, que los tales comerciantes lidereados se manifestarán con los tales machetes y palos y pancartas y hasta cerrarán calles, callejones, avenidas, calzadas y vías terrestres de comunicación que habrá en ese entonces muy mayormente amplias y fermosas, y ocasionarán los dichos manifestantes con sus decires y protestas y obstrucciones viales tal desorden, que en eso sabemos que son duchos pues ya lo demostraron cuando las autoridades federales pretendieron desalojarlos de estas áreas de terreno con la intención de arquitectar y construir aquí un nuevo aeropuerto, que el anterior como usted podrá comprobar cuando viniere, por su tan mal diseño y aglomeraciones vale madre, propósito de las autoridades que ellos los dichos habitantes se mostraron capaces de impedir, que provocarán en el futuro predicho por la vieja, con sus exaltaciones, desórdenes y demandas protestantes, tal algarabía y tan desmedida alharaca, que como yo os he referido, los grupos de choque del gobierno vendrán a descuajaringarlos y desalojarlos con lujo y refinamiento de violencia; en pocas palabras, a decir de la vieja, a partirles su madre.

Víneme a comer, luego de la consulta con la vieja, a otro de los ubicuos y conspícuos puestos ambulantes de comida y aprovisionéme y deleitéme con unos entremeses de los que aquí llaman tacos y que están confeccionados con tortillas como las nuestras pero las éstas hechas con harinas de grano de maíz, y que estaban hechos los que me he comido y en buen número, de lo que por estos rumbos llaman carnitas y que según los lugareños habían de estar cocinadas con carne de marrano, pero que yo apercibíme ser éstos hechos con músculos y vísceras de los tales mencionados perros, que yo ya allí en un momento dí por ver que entre las portezuelas de lámina de la parte inferior del tal puesto ambulante se notaban cabezas, restos de huesos y pieles de varios cuerpos de los tales cánidos de diversas razas. Y en demás de los razonamientos sobre las peligrosas condiciones culinarias de mi comida, reflexioné que debía yo os enviar en seguimiento de ella mi esta relación con prontitud extrema, pues es menester que usted tome las medidas que hallare razonables con referencia a los hechos y anuncios que por medio de ésta os cuento, pues es en general de nuestro saber que quien con más anticipada y mejor información cuenta, más de en su provecho puede actuar para obtener beneficios para su negocio, y ha de saber usted que no sólo la vieja anticipóme la fecha exacta de esos venideros acontecimientos, sino que además mostróseme en muy gran medida convencida con absoluta certeza sobre los mismos, que aquí la tienen como la más digna y de muy mucho mayor mérito, por lo que yo pido permiso a Su Excelencia para sugerirle que tomemos provisiones desde ahora al respecto, pues no sólo podemos sacar ventaja de las condiciones paupérrimas de esta región, como ya os platiqué, sino que además podríamos nos aliar y conseguir el concurso y participación colaborativa de los tales líderes de grupos y comerciantes que lo son y muy tozudos, y de sus seguidores, que son mansos, crédulos, ingenuos y obedientes en demasía al grado cual los tales borregos de La Mesta que secularmente han hecho sus recorridos trashumantes por antiguas vertientes de ríos, cañadas y actuales avenidas rumbo a las regiones meridionales en el sur de la España para pastar, para nos servir de todos ellos, manipuladores y manipulados, a nuestra vez, usando a los unos como capos menores o directorcillos regionales para las células de la nuestra distribución de los vuestros productos que acá emprendamos, y que no es menor mérito, cabe decir, que algunos de ellos tengan ya experiencia en el control de grupos operativos de ventas de estupefacientes al menudeo, y a los otros, como promotores y vendedores efectivos sobre el terreno mismo, amén de consumidores, claro, de nuestras propias las dichas tales excelentes mercadurías.

En eso de la venta por menudeo en calles, parques, plazas y colonias interiores de aquesta dicha gran villa de Temixtitan, debémosnos apressar, pues de deciros he que ya el mercado de la dicha distribución y venta minorista encuéntrase sumamente saturado, pues hasta las hay colonias y barrios que cuentan inclusive con tres y más vendedores reconocidos de las dichas nuestras substancias y no sólo por aquestas zonas que ya os conferí, sino generalmente en toda el área grande y extendida de la dicha villa. La venta se realiza de manera tan abierta y descarada que es evidente el contubernio y la participación de policías y autoridades corruptas en todo el tal dicho proceso, que efectúase aquí aun con mayor facilidad y prodigalidad que en nuestras benditas tierras de La Tijuana, y que yo pregúntome cómo es que hemos podido dejar transcurrir tántos años sin tirar muy grande provecho de la misma, cosa en la que ya pudimos ser pioneros, y que ahora, de no hacerlo con presteza y venir mucho muy próximamente para acá, sólo podremos incursionar e introducirnos y asentar nuestras nuevas oficinas regionales, si nos aliáremos con los muy muchos y muy estructurados grupos operativos que aquí se eseñorean del mercado.

  Muéstranse los habitantes de estos rumbos tan dignos herederos de aquellos sus padres ancestrales que asombraran, al comerse la masa de semillas y legumbres amasada con sangre de corazón de cuerpos humanos abiertos en carne viva, y con tejidos de pechos y hígados vivos, y con los retazos palpitantes del mismo corazón de los sacrificados allí revueltos en la general mixtura , espantándolo a pesar de sus muchas leguas de aventuras recorridas, a mi modestamente reconocido como ilustre ascendiente don Hernán Cortés, cuando se enfrentó por la primera vez a los insólitos dichos actos de los tales rituales carniceros en los tiempos de Mutezuma, que ahora estos dignos herederos, como sus padres simbólicos de aquellas lejanas épocas, organizan sacrificios colectivos con lujos de violencia y queman vivos y públicamente a congéneres y ciudadanos, como en el caso de los tres policías de San Juan Ixcateopan, una de las villas populosas de la gran ciudad, que fueron secuestrados, linchados, golpeados, masacrados, encendidos vivos cual vistosas antorchas y quemados por la masa, sacrificados a no se cuál de sus Dioses actuales del desorden, la destrucción, la confusión y el caos.

Cesárea Majestad, Invictísimo Rey, Potentado y Potentísimo Señor, guardaba yo que por distracción y desconocimiento no fuese a entrarme por calles y senderos aun más turbios y peligrosos de esta zona, cuando vine a caer en la cuenta de una muy particular disposición de esta Ciudad y de otra muy mucho más notable característica de sus calles, avenidas y calzadas; cosas, ambas, de las que os haré relación en estas frases que os envío a continuación. Plugo a Dios que os dé la fuerza de intelecto y claridad meridiana de juicio con que siempre os ha honrado, para que en vuestra muy cabal sabiduría halléis la forma de superar estas dos situaciones que aquí os relato y que requerirán de vuestra parte ser superadas, si queremos en efeto convertirnos en los regidores del comercio de nuestra especialidad en estas tierras, y anexar a nuestro ya vasto imperio, que es el vuestro, estos territorios. Me iba yo de calle en calle batiendo la zona para enderezar mi rumbo cuando, en esta sazón, parecióme que no había forma de seguir derecho y de frente hacia una de las avenidas; y es que parecéme que los constructores y urbanistas de esta gran villa de Temixtitan y aledañas, no conocen ni han conocido la línea ni el ángulo **rectus**. Y es que, a pesar de la hermosura de algunas de sus colonias, ninguna de las calles continua a dirigirse en línea recta por más de unos cuantos metros y cuadras, y sus esquinas, cruces, doblajes y recovecos tampoco conocen los noventa grados, dando en formar, por lo consiguiente, una aglomeración de callejones, rutas y calzadas siempre curvos, siempre en diagonales, algunos en elipses, como la famosa calle de la Ámsterdam, que si uno se aventura y adelanta por ella no consigue uno de metro a metro dar en la cuenta de hacia donde está uno yendo, y otros hasta en hipérbolas, parábolas e inclusive en espirales, que ciudad así con la sus calles dispuestas de ese tal dicho modo tan torcido, no he hallado nunca jamás en latitud alguna.

Y es así, que la tal dicha villa vése desde el aire, si aproxímase uno a ella por avión, no como una multiplicidad de cuadriláteros con construcciones en ellos comprendidas, como es el caso de otras grandes y notables metrópolis en el mundo, sino que la tal esta dicha ciudad vése desde lo alto con una disposición como de colonia de larvas de gusanos en nidos y estructuras de configuraciones completamente informes e irregulares. Un mazacote informe de pústulas y podredumbres con vida propia. Pretender en una ciudad como ésta hallar rápidamente o salir con presteza a una dirección y domicilio determinados es tarea que excede por el momento las capacidades de un humilde batedor como yo, y ha de tomarse en cuenta esta circunstancia si es que queremos venir, ver y vencer, para que adiestremos a los choferes que habrán de transportar nuestros productos y los enviemos a cursos de reconocimiento de pasadizos y callejuelas en los cascos de ciudades antiguas originales de Europa, en los getthos de Jamaica, entre las pocilgas de la Vieja Panamá o en algunas de las calles centrales de los mercados y suburbios de El Cairo, Jerusalem y Salvador da Baia.

Pero más aun que lo anterior, Supremo Capo, impresionóme otra característica de las calles que, ésa sí, supera en incomodidad, fastidio y molestia a las de cuantas calles y avenidas de otras villas grandes he conocido: todos y cada uno de los milímetros que forman las pulgadas que integran los codos y los pies y las medidas y las áreas de las arterias viales de esta ciudad, están llenas de hoyos, agujeros, baches, desniveles, irregularidades, perforaciones, roturas y picaduras en el asfalto. No hay forma, Dignísima Majestad, de que avance usted sentado cómodamente tomándose un whisky en una de sus flamantes limusinas, porque de continuo hallaráse dando tumbos y saltos dentro del automóvil. Es de tal magnitud la serie de imperfecciones y daños que caracterizan a los pavimentos de esta ciudad, que después de haber manejado en muchas ciudades, hasta un conductor pobremente inteligente y medianamente avezado podría ser transportado con los ojos vendados dentro de algún vehículo y saber a ciencia cierta inmediatamente durante el recorrido cuáles de esas ciudades *no* eran y cuál de ellas *sí* la que se dice de México, el Distrito Federal, Temixtitan, la Ciudad de los Palacios, la Ciudad del Bon-ice, la Ciudad Pirata...... Si manejare usted por cualquiera de sus calles resultaría irado y sobrevendríase enajenado fúrico en muy breve tiempo, tales los brincos y entradas de las llantas en fosas y baches que semejan juegos de ésos de canicotas coloridas de feria que arrójanse hacia arriba y adelante por las tablas inclinadas para que caigan de manera natural en los innumerables hoyos de las mismas. La suspensiones de los amortiguadores y carros dáñanse a los cinco metros de haber salido la unidad de la fábrica o del concesionario automotriz; los extranjeros que visitan esta dicha tal ciudad no cesan de quejarse y lamentarse por el deprimente estado de las calles; en ocasiones la diferencia de altura entre dos tramos contiguos de concreto de una vía rápida, o de un puente, supera los noventa centímetros; los pasos a desnivel son especialmente peligrosos pues ahora cáese uno en un bache, un segundo después debe dar uno un volantazo para salvar otro, una décima de segundo más allá da uno un banquetazo contra la misma calle que de repente y pronto apareció en su siguiente tramo treinta pulgadas más arriba, y dos segundos después, cuando uno supone que ya acabó la tortura, la llanta delantera derecha se afunda en el circular agujero de una alcantarilla abierta, que tal parece que las administraciones y los regidores de esta la dicha ciudad que por sus tales características en el asfalto y enlosado deberíase decir de Ciudad de los Baches, han tenido ha muchos años negocio y tránsito, si no es que han sido ellos mismos sus **propios dueños** o socios de los tales dueños, con los fabricantes de llantas, los de amortiguadores, y las vulcanizadoras y talleres de los mismos, generándose entre ellos y por efeto de las nunca concertadas calles, pingües y muy magníficas ganancias.

Allegado donde las colonias de los más menesterosos se aglutinan, que son por muchas y muy diversamente dispuestas regiones de ésta gran ciudad, pero todas en gran medida similares por su inusual pobreza, que no la he hallado así ni en los bairros más pobres de Sao Paulo, ni en los morros y favelas más deprimentes y deprimidos de la Cidade Maravilhosa de Rio de Janeiro, me partí por entre ellas para el rumbo que buscaba y hallé en una tras otra, y en todas iguales en dimensiones y características, y en una larga secuencia sin fin que parecíanme todas ellas reproducciones clonadas de las anteriores, miles y miles de minúsculas tiendas de abarrotes, montadas pobre e improvisadamente, pero eso sí, con sus mostradores y escaparates y refrigeradores y charolas y displays y anuncios llamativos proporcionados por las fábricas distribuidoras de bebida chatarra, comida chatarra, cigarrillos chatarra y bebidas alcohólicas chatarra, que claro y bien que les interesa a las dichas fábricas seguir vendiendo cada día más y en muy mucha mayor medida en la mayor cantidad posible de tendajos, pues matan dos pájaros con la misma piedra: por un lado se enriquecen aun más de lo ya muy ricos que están, por medio de la venta de más y más productos a los pobladores de estas tierras, y por el otro, continúan a vender de sus productos chatarra a los mismos dichos habitantes reforzándoles la costumbre de no comer nutritivamente ni a sus horas, sino a cada rato a guisa de antojo, y alimentos que en nada ayudarán a su buen desarrollo físico y mental, ofreciéndoles además, vicios como el tal de los cigarros y el aprovisionamiento de bebidas alcohólicas para estos los dichos indígenas y sus descendientes menores de edad, y hallé todas las dichas tiendas proveídas de los dizque eufemísticamente llamados de **alimentos** vendiendo regularmente en franca competencia unas con otras, pero dándoles el tal ejercicio de comercio a los dichos habitantes, y allí estriba la razón de que en tal medida se haya expandido la costumbre entre esos indígenas de instalarlas e implementarlas, el medio de vivir mal y a medias, pero, al fin y aun dentro de las infames condiciones de pobreza en que se encuentran, subsistiendo a través de las ventas, mediocres en la grande mayoría de los casos pero salvadoras conseguidoras del pan diario aunque sea por autoconsumo, de un negocito como éstos, y por su cuenta. Pero, a decir verdad, Ilustrísimo Dirigente, aunque estos mal nacidos hallen una forma de sobrevivir con las dichas ventas, los que más ganan son los otros, los fabricantes y distribuidores, quizá en muchos sentidos mucho más mal nacidos que los primeros, pues éstos empresarios sólo impórtanse de aumentar más y más las suyas publicidades y las sus ventas, aunque aumenten con ello más y más el número de los desnutridos. Y es tal la dicha cantidad de tendajones y tiendas de abarrotes que existen ahora por aquí, que compiten en número y ventas con aquella otra multitud de puestos ambulantes a que os hice referencia en mi Segundo Mail de Relación, haciendo entre todos los dichos puestos y tiendas y vendedores ambulantes, que esta Ciudad no sea ya más Ciudad, sino, en efeto y de fato: **un Gran Mercado**. Avizóranse así, cuando va uno deambulando por alguna de las calles internas de estas colonias, los siguientes elementos: tienda de abarrotes a la izquierda, tienda de abarrotes a la derecha cruzando la calle, tienda de abarrotes tres pasos más allá, tienda de abarrotes ahí en frente en el garage de la vecina, tienda de abarrotes en la esquina. Y así sucesivamente. Conservan, Dignísimo Mandatario de Nuestra Egregia Organización, un estilo natural característico y compartido, pues todas han dado en poner una especie de barrotes férreos en la entrada, para expender a través de los dichos barrotes y por entre medio de los mínimos espacios que dejan en claro para que pasen entre ellos apenas una mano, un gansito, un popote, todas sus dichas pobres y raquíticas mercadurías, y todo ello con el fin de impedir a los múltiples y variados asaltantes que continúen a robarlas y asaltarlas como han venido haciendo desde siempre pero mucho más y prácticamente a cada momento en estas últimas épocas de tanta y sin igual carestía que provoca en los ladrones y rateros una singular exaltación y una necesidad incontrolable de saqueo. Es quizá por eso, héme apercibido yo, que las dichas tales tiendas se dicen: Tiendas de **a barrotes**?

Como gran metrópoli cosmopolita ésta la tal villa de Temixtitan, alberga grupos de inmigrantes, y es por ello que he venido a notar aquí la presencia de los tales grupos de diversas nacionalidades realizando a placer tan variadas actividades delictivas que quasi nos adelantan en imaginación y efectividad. Facciones criminales organizadas de hondureños, salvadoreños, guatemaltecos y centroamericanos en general, de brasileños y colombianos, bolivianos, paraguayos y peruanos, de cubanos que hasta por su talento natural ancestral para la música y la danza y su armónica belleza algunos dellos dedícanse más a la interpretación musical, al baile y a la prostitución de altura, que a delitos callejeros; y hasta de irlandeses delincuentes, y de españoles e ingleses y americanos descastados y autoexpulsados de su país, que siendo en él lastre social vienen hasta la dicha villa a por sus encantos y riquezas, y por las bondades del tipo de cambio monetario viven entre sus pobladores autóctonos con cierta dignidad y gran pretensión durante los espacios de tiempo que les dejan libres sus actos delictivos; y hasta de grupos armados de terroristas y activistas, incluyendo por supuesto los delincuentes mexicanos venidos a se llegar aquí de todas las latitudes y longitudes de nuestro país; y chinos, y árabes y vascos, y prostitutas y damas galantes y adolescentes cortesanas y celestinas de diversas partes del orbe, que las hay españolas, de la Formosa isla La Dominicana, francesas, brasileñas, holandesas, húngaras, checas, servias y muy formosas y agraciadas allegadas desde la república de Rusia, y en infinita variedad y formosura, de todos colores, texturas de piel, mofletes y gluticidades y densidades de masa muscular en canillas, muslos, caderas y pectorales, que asombran a la vista y mueven a agradecimiento a la Gracia Divina por la concesión de tántas maravillas; y hasta facciones, bandas y grupos de otros tipos de delincuentes hay, de esos de los que han dado en los llamar "de cuello blanco", y de otros de muy muchos grandes recursos económicos que llegan aquí como inversores, ejecutivos, directores y gerenciadores de compañías de Indias, y empresas y grandes conglomerados de ultrafrontera y trasatlánticos, y que no son otra cosa que también vulgares y muy peligrosos delincuentes que al abrigo de las dichas tales compañías a las que pertenecen, y dentro del amparo y la protección de nuestras leyes que por su vez son desatendidas, manipuladas, acomodadas, controladas y deformadas por ellos, se llegan a este país a delinquir y robar a discreción, a manos llenas y en absoluta libertad y de un modo asaz más dañino quizás que el que causan las bandas comunes y corrientes, pues los delitos de estos ricos y poderosos, sus estafas, saqueos y desfalques lo son por montos de miles de millones de dólares y se asocian con magnates sin escrúpulos de nuestra nación para vaciar las arcas del país y cometer crímenes de lesa patria; y os afirmo que por tánta y tan variada cantidad de delincuentes locales e internacionales esta villa de Temixtitan podría ser considerada sin duda alguna el más grande de los paraísos de la delincuencia y los crímenes en el universo conocido, y nosotros gozar y nos regocijar en el disfrute de dicho paraíso, si no fuera porque falta un elemento, y éste de no mínima importancia: **nuestra propia presencia** en esta villa, y la de nuestra Sagrada Organización, para convertirla en un muy mejor paraíso y que por ello la hagamos ascender a las muy superiores alturas de las más nobles, modernas, tecnologizadas y desarrolladas prácticas delictivas de nuestro siglo.

En tanto que reflexionaba cómo os referir tanto suceso, testimonié la presencia en las calles de la dicha villa de algo aun más peculiar. Cuando hube abordado uno de los vehículos para transporte de personas que aquí nombran de taxis, dediquéme a observar algunas otras particularidades de la gran ciudad. Y yendo de nueva cuenta rumbo al centro, que aquí llaman de Zócalo, en ésta sazón contemplé que no solamente son los habitantes de aquesta villa expertos en la piratería de aparatos, discos, películas y artículos ornamentales en general, sino también en los ramos y especialidades de alimentos y bebidas, de brebajes alcohólicos, de cigarros y cigarrillos de tabaco y otras plantas que acá fuman en demasía, y de muchas las todas y más posibles e inimaginables cosas, pues así mismo vide algo que yo jamás en mi existencia hubiera imaginado que pudiera se realizar: la piratería de taxis. Sí, Vuestra Eminentísima Persona: abundan circulando por las avenidas taxis denominados **piratas**, pues son como los otros y hacen la misma función pero sin cumplimiento de los requisitos legales y en evidente complicidad con las autoridades corruptas. Y es tan increíble la extensión y poderío de la piratería en general en este valle, que yo, de ser gobernador del mismo, hasta propondría cambiarle el nombre por el de *Piratitan,* o *Piratitlán,* que ya ve usted que les encanta acentuar como agudas las palabras graves del náhuatl, pues que así más abiertamente y con mayor publicidad internacional y con esa nueva forma de llamarla más acorde con los principios del marketing actual, podríamosnos atraer otras organizaciones líderes en esa especialidad de la piratería y nos allegar muy muchos mayores recursos y dólares frescos, que a final de cuentas, al no ser ésta una verdadera ciudad en toda la línea, como por sus servicios, seguridad y condiciones de vida son acreditadas muchas las otras de las que hay en el mundo para ser llamadas con justicia de tal manera, ésta viene a ser sólo ya, nada más y de manera muy consecuente y consistente, una ***ciudad pirata.***

Cuanto más de maravillas he visto, más he quedado convencido de que esta villa reúne los requisitos para asentar la sede de nuestras nuevas oficinas en nuestro esfuerzo por continuar nuestro crecimiento y desarrollo para incrementar las ventas y llegar a liderear los mercados extranjeros, pues aúna la aquesta dicha villa a sus bondades provenientes del lamentable, no sub, sino infradesarrollo en que se encuentra, bondades y lujos que lo son de ciudades mucho más desarrolladas del globo como Los Ángeles, Chicago, Nueva York, Londres y París; y es que la dicha Tenixtitan ya tiene ahora, como aquéllas, hasta asesinos en serie, como es el caso del que ha dado en exterminar una por una, y a veces hasta de a dos, viejitas, ancianas, las ahora así dichas de damitas de la tercera edad, ejecutándolas de manera sorratera e inclemente a lo largo y ancho de toda la gran capital. Y ocúrreseme que esto no es menor motivo de orgullo, el haber alcanzado estagios importantes de vida delictiva como los de otras sociedades, y que deberíamos quizás mejor optar, dadas las circunstancias, por convertir de plano a esta ciudad, y a nuestro país, en una franca, declarada y abierta potencia mundial del ejercicio de la delincuencia, que ya lo somos aunque de manera hipócrita, para convertirnos de esa manera en una verdadera nación dentro de las poderosas de la tierra y con recursos y reservas de dólares a granel y con mejores condiciones de vida para todos los habitantes della, pues nos atraeríamos aun mas grandes capitales y lavaríamos aun mas grandes cantidades de dinero de las que ya lavamos, quise decir *que* las que ya lavamos, usted disculpe Señor, sucede que se me están pegando los modos cantaditos e incorrectos de hablar de los habitantes de esta capital, y procesaríamos y traficaríamos, ya abiertamente y sin limitaciones, mayores cantidades de todas las posibles drogas que las que ya procesamos y traficamos, y exportaríamos ya sin subterfugios y sin restricciones, y en mucha mayor medida, nuestras prostitutas y prostitutos adolescentes, y participaríamos en un mucho más corto lapso de tiempo del concierto general de las naciones y países decentes, pues todos han empezado así, con matanzas y crímenes y delitos y tráficos múltiples y varios, y sin tener que esperarnos la eternidad que esperamos al tratar de insistir e insistir reiteradamente en fantasías alegóricas impulsoras de nuestras mediocridades, como pretender ascender a esas alturas de decencia, reconocimiento y participación mundial por las vías más o menos legales y los procedimientos honestos, o contar con generaciones de capacitados científicos, o con un lugar entre los directivos de las Naciones Unidas, o salir del hoyo, o ganar el campeonato mundial del fútbol o varias medallas de oro en los juegos olímpicos. Intentos y elucubraciones estériles que nos hacen no ser ni chicha ni limonada y que, por lo contrario, al efectuar lo que os sugiero, allegarnos de golpe y porrazo, materialmente, por la fuerza o con lujo de violencia o engaños, que en esto último nos pintamos solos, todas esas cosas y muchas otras más por medio del uso hacia y en el exterior de nuestro país de las prácticas que con tanto talento, efectividad, prodigalidad y magníficos resultados llevamos a cabo dentro del mismo: robos, asaltos, asesinatos, sobornos, secuestros, peculados, chantajes, amenazas, estafas, engaños, fraudes, falsificaciones, extorsiones y nuestra infalible y habitual piratería, acortaríamos señaladamente el tiempo de nuestro acceso a la decencia y a los dignos niveles sociales mundiales de subsistencia y convivencia ; con la ventaja de que en ese caso os podríamos proponer, Ilustrísimo Jefe, cosa que yo apoyo desde ahora, como candidato a la Presidencia de la República, pues alguien como usted, con su experiencia, talento empresarial, sentido de los negocios y la administración económica, fuerza de carácter, carisma irresistible, don de mando, capacidad de liderazgo e imaginación creativa para la generación de nuevas y muy otras diversidades de recursos provenientes del desarrollo de actividades, técnicas y estrategias novedosas, y sensatez y buen juicio en el uso justo de la violencia justa para proteger justamente y en cuanto a derecho las nuestras actividades económicas y desarrollarlas, es lo que está haciendo falta para que este país tome por fin su curso definitivamente.

Básteme, para no cansaros, os referir tres situaciones que hallo de un muy particular interés para su aprovechamiento y explotación en el desarrollo de nuestras actividades. Primeramente os relato que ésta la tal villa de Temixtitan y sus poblados aledaños, vive sumida cotidianamente en un caos gigantesco y en la mayor confusión posible. Como ya os he comentado no pienso yo que sea obra exclusiva de sus gobernantes recientes y actuales, sino del sistema general en que se halla inmerso nuestro país y por lo dicho cual la tal gigantesca villa no viene a ser más que un espejo en el que llegan a verse e inmiscuirse los pobladores de toda la nación, por lo tanto, sólo un reflejo de la situación general que impera en nuestro país. Por lo que cabe decir también que no es mérito de algunos, sino de todos, el haber llevado a esta ciudad a convertirse en uno de los mejores terrenos fértiles, para el desarrollo del tipo de nuestras actividades, que pueda hallarse en todo nuestro ancho mundo. A la confusión generalizada en transportes, comercios, trabajos y actividades recreativas, todos a su vez caóticos, a que he hecho referencia, contribuyen en gran manera las innumerables manifestaciones públicas "organizadas" de personas, sociedades, grupos civiles, grupos sindicales, indios macuaches y macuarros, otros escaladores, otros arribistas, ingenieros, maestros, asociados, montoneros líderes, trabajadores, asociaciones, unidades, ligas, clubes, cooperativas, etc..., que se sirven aquí con la cuchara grande durante las expresiones de sus demandas y se dan el lujo de bloquear las calzadas más importantes, cerrar avenidas, causar alborotos, entorpecer el tráfico y desquiciar a la población, en grado y frecuencia que yo no he las he visto iguales en ninguna otra ciudad importante de las que he conocido en el mundo.

Como tercera y última consideración de las por mí antes mencionadas, y que escribo vez que hube por fin y gracias a Dios y Nuestra Santísima Virgen Morena, podido hallar la tan procurada y deseada Internet para transcribir y os enviar la presente relación, os comento que ha llamado poderosamente mi atención el que en ésta gran villa abunden como en ninguna otra del orbe los puestos de periódicos callejeros en esquinas de calles y avenidas y plazas públicas; y no es asombradora únicamente la cantidad de ellos sino en muy mucha mayor medida la cantidad de revistas, cuentos de comics, magazines, novelillas de amor, publicaciones pornográficas, álbumes, calendarios, almanaques, pósters e impresos gráficos en general, de la índole más rica y variada, que en ellos se venden. Hasta paréceme que también en ésta área de las publicaciones chatarra podríamos incursionar, pues es prodigiosa maravilla y muy de admirarse el cómo la población de este lugar compra, hojea y consume, y en tal cantidad, la dicha infinita variedad de publicaciones, que hay algunos que se detienen a media calle, a media compra en el súper o a la mitad de su jornada de trabajo para ver con detenimiento los chismes, las fotos y las porquerías que en ellas se muestran, inclusive pudiéndonos aprovechar nosotros de la extraordinaria ubicación de la mayoría de los dichos tales puestos para expender junto con esas publicaciones anodinas, de manera cómoda, económica y, aprovechando la ya establecida dicha tal superior red de distribución de los voceadores, nuestros magníficos enervantes y estupefacientes. Todo lo cual si no fuese porque, así como en las otras áreas, estámosnos viendo lentos, con perdón de usted, Excelentísimo Jefe, y ya está sumamente ordeñado el mercado, yéndonos a costar esfuerzos ingentes y obligándonos a efectuar alianzas tal vez innecesarias, desgastantes y peligrosas, el abordarlo. Úrjolo humildemente a que lo hagamos ya.

Catolicísimo y Creyente Señor: finalizo aquí mi Tercero Mail de Relación prometiéndoos que no ha de transcurrir mucho tiempo sin que tengáis la oportunidad de recibirme el próximo. Aprovecho para comentar que he quedado sabiendo por terceros e informantes, de la presencia en esta villa de otro batidor que podría haber sido enviado por Vuestra Excelencia para llevar a cabo el desempeño de labores como las que a mí me fueron asignadas, o quizá para la inspección, supervisión y control de mi muy particular desempeño de las mismas. Os suplico, Benévolo Director, que si ése fuere el caso, os ahorréis el esfuerzo y dinero en la implementación de actividades superfluas y estériles tendientes a conferir mis funciones: soy su servilísimo y respetuosísimo empleado y no me mueve ni en ésta ni en ninguna otra de las misiones que me encomiende, más ni otra fuerza motriz e impulsora que la de obedeceros con eficacia, cumpliros lo prometido con eficiencia, satisfacer vuestras expectativas con prontitud, y auxiliaros en la medida de mis muy limitadas pero honestas capacidades a llevar a cabo vuestros planes de expansión para el imperio comercial que poseéis y que por obra y gracia de Nuestro Santísimo Benefactor hubo vuestra merced fundado. La Divinidad Celestial vigile, cuide, mantenga y promueva el acrecentamiento de muy mayores y pródigos territorios y señoríos para el cada día mejor ejercicio de su muy Noble Regencia, tal como su corazón lo anhela y sus cualidades intelectuales lo prometen. Desde la ciudad y Gran Villa de Temixtitan, en el barrio de Tacuba, a los 30 días de septiembre del año 2005 de Nuestro Señor. De Vuestra Emperadora Majestad su muy laborioso y humildísimo siervo y vasallo, que con amor respetuoso y devoción lo sigue, y sus magníficamente calzados pies besa, **Fernando Cortés**.

MINI–CRÓNICAS DE LA ACTUALIDAD

I

No sabemos por qué tánta alharaca por el continuar de sus actividades musicales a pesar de su sordera, en casos como el de Beethoven y el de Smetana...si actualmente una muy buena cantidad de cantantes de grupos de rock, pop, música tropical-por no mencionar a los infames desproporcionadamente fuera de tono, de la música grupera, de banda y norteña- nos muestran que el sentido del oído es irrelevante para la moderna ejecución musical y nos patentizan de manera inequívoca su sordera por medio de sus espantosas, constantes y continuas desafinaciones. Ellos también-aunque en otro muy distinto sentido-deberían pasar a la Historia.

II

Bajo la misma perspectiva resulta poco admirable la existencia histórica de personas como Helen Adams Keller, cuando en nuestra sociedad actual la inmensa mayoría de la gente prácticamente no ve (pues sólo ve lo que le permiten ver); prácticamente no oye (pues sólo oye lo que le dejan oír); y definitivamente y en la práctica no habla (pues sus sentimientos, inquietudes y necesidades más profundas no son expresados, y si lo son, ni a quien le importe dentro de los "conductores" de la sociedad que podrían hacer algo al respecto; y aunque a alguno de ellos le importe, ni quien lo tome en cuenta; y si alguien lo toma en cuenta, ni quien haga nada-a fin de cuentas- respecto a todo ello). Si Helen Keller merece homenajes y admiración, los mismos los merecen los miles de millones de humanos encapsulados en su existencia inexpresiva, inadvertida e inatendida.

III

Nunca a lo largo del devenir histórico había sido tan importante- y se le había dado tanto realce a- *la personalización*. Justo cuando el "individuo" en nuestra sociedad actual posee un grado máximo de despersonalización y vive convertido en menos aun que el número o el nombre prácticamente cifrado en que convierten al hombre los sistemas penales penitenciarios y las cárceles...aparece, lógica y consecuentemente, la necesidad imperiosa de compensar esa pérdida de identidad del individuo, por medio de acciones y procedimientos que la palien y le hagan contrapeso, otorgándole algo de substancia que la forme, de peso que la fije y ancle, y de color que le quite lo transparente.

Poco importa si entendemos el significado de la palabra *persona* en su sentido actual, o si le damos la significación y el sentido original de romanos y griegos; menos aun importa si el individuo pudiera llegar a querer manifestarse a través de sus rasgos distintivos propios, o colocarse para ello cotidianamente una máscara. Lo importante es que la máscara sólo puede ser usada como tal-y apreciada en su sentido-, cuando el individuo reconoce sus rasgos propios y los diferencia de aquellos otros que pretende utilizar para cubrirlos y disimularlos. El hombre y la mujer actuales *ni siquiera* están conscientes del uso de las máscaras que la estructura "cultural" de la moderna sociedad les impone, pues *ni idea tienen siquiera de ese uso inconsciente que hacen de las mismas, ni en qué medida tales máscaras difieren de sus rasgos originales y habilidades potenciales de carácter*. La imposición temprana de esas estructuras que cubren los signos genéticos y primarios de la personalidad, provoca en los ciudadanos comunes actuales el desconocimiento total de que llevan una máscara, y de que podría haber algo diferente debajo de ella.

En algunas "existencias" de personajes kafkianos importa, más que la esencia del personaje, las circunstancias problemática y agresiva que definen los límites de su "personalidad", que son los que finalmente y de forma definitiva acaban dándole forma y sentido, moldeándolo. Al individuo actual común y corriente, *normal*, no le queda ni el recurso de la identificación con alguno de esos personajes literarios checos de antes (y de ahora) con apellido y/o nombres siglados reducidos a su mínima expresión; o con héroes representativos de conflictos alienantes simbólicos-estilo el desesperado que no era *Stiller* de Max Frisch -, ya que, a pesar de la exaltación que hacen los medios masivos de comunicación enajenantes-estilo Hollywood, TV GLOBO, Venevisión, Televisa, y otras de menor envergadura-de los anti-héroes tipo: Wayne (el de El mundo según *él*), los de Johnny Depp, algunos de Jim Carrey, el mismo Chavo del 8, Bety la fea, La fea más bella, Homero Simpson...no realizan en ninguno de sus casos un planteamiento sólido analítico de los mismos ni de las condiciones previas determinantes de su personalidad ni-obvio- de sus consecuencias. Cero causas. Cero efectos.

La circunscripción ideológica de esos personajes sin pasado ni futuro consistentes viene a ser el espejo ideal en que se reconocen nuestros hombres y mujeres promedio, y al adquirir, por medio de esa identificación- de manera consciente o inconsciente –un poquito del poquísimo peso, concreción y colorido de los mismos, acaban ellos durante el proceso y al final del mismo, igual de livianos, insubstanciales y descoloridos. *Absolutamente transparentes.*

Para evitar que el ser "humano" de nuestra época comience verdaderamente a serlo desahogando las tensiones lógicas que su falta de personalidad le acarrea, las estructuras dirigentes, dominantes y empresariales de nuestra "post-democracia" inventan día tras día nuevos espejos deformantes para que en ellos nos veamos como lo que-está prohibido que nos demos cuenta- *no somos*: fondo de pantalla de celulares y computadoras *personalizados* (con flores de predilección personal, muñequitos preferidos, paisajes, puente de Londres, catedral de Milán, canal veneciano preferido, etc.- a gusto de cada "persona"-); plantillas de carátulas de celulares de diversos estilos y colores (al gusto de cada quien y para que combinen con la ropa, los zapatos, el color de las uñas, etc. de cada cual); estructuras intercambiables en las carrocerías de los autos (una para cada día de la semana, si se quiere, o para que vayan bien con el diferente estado de ánimo de la "persona", con el color predominante en las construcciones de su barrio, en la fachada de su casa, o con el color del cielo y de las nubes de preferencia de cada quien en un día particular cualquiera. El proceso completo genera una situación absolutamente inversa a la del cuento infantil del vestido del rey; aquí, lo que no existe –precisamente- es *el rey*, y sólo se estructura su presencia-del todo inexistente- en la mente y la imaginación de los observadores, en función de que se supone que *está* bajo-y producida por- las innumerables piezas, de naturaleza múltiple, que lo cubren.

Hay que hacer sentir a cada uno de los integrantes de la chusma de esta *generación transparente*, que importa, que se le toma en cuenta y que-aunque no exista-.. *"existe"*.

IV

Obertura.-Dejemos a un lado el hecho de que hay una proporcionalidad de agentes y acciones con respecto al crecimiento demográfico de la humanidad- independientemente a que las profesiones, tendencias, estilos y actitudes participen de una evolución de "principio, esplendor y caída "-.

Dejamos de lado el que un avance en los métodos científicos de investigación (y estadísticos) inciden en un aparente aumento en los agentes y/o acciones de determinados fenómenos.

Hagamos a un lado, así mismo- el hecho de que los modernos medios de comunicación masiva provocan tanto un conocimiento generalizado de ciertas situaciones, como una promoción e incentivación de las mismas.

Yo no sé si hay en nuestras sociedades actuales, proporcionalmente al número total de pobladores, más gays que antes, más lesbianas que antes, más locos que antes, más asesinos maniáticos degenerados que antes, más asesinos en serie que antes, más mataviejitas que antes. De lo que sí

estoy completamente seguro, es de que hay-y eso sí de manera independiente a la proporcionalidad- más músicos, cantantes y compositores que antes. Y, *lo* que es mucho peor, *más músicos, cantantes y compositores malos que antes.*
La razón es muy sencilla: la gente reproduce e imita, lo que se le facilita. Tararear *unas cuantas notas* de *algunos lieder* de Schubert, *algunos compases* de "El Mesías" de Händel, *algunas melodías* de *ciertas* óperas de Rossini, Verdi, Mascagni, Donizetti, de sinfonías de Beethoven, de Tchaikovski, de marchas de Elgar o Sousa, de piezas orquestales de Moncayo, de Rimski-Korsakov, de Rodrigo, *algunas* melodías de Erik Satie, de Ravel, de- obvio-Johann Strauss *algunas* canciones de Lara, Curiel, Carrillo(Álvaro, no Julián-por supuesto!-), Aznavour, Legrand, Bacharach, O'Sullivan (Gilbert, el de los 70's, por supuesto), Lennon y McCartney, Becaud (Gilbert, también *por supuesto*), etc., ó silbarlas…puede resultar relativamente fácil para el individuo promedio. Ni se diga de los sonsonetes de la mayoría de las canciones de moda producidas y radiotransmitidas para consumo y desecho (*desechables*). Esas son pan comido.

Ahora, tratar de tararear o silbar trozos del "Pierrot lunaire", o de la "Suite para piano" Op. 25, de Schönberg; de "Tres lieder populares religiosos" de Anton von Webern; los "Altenberg-Lieder" o "Lulu", de Alban Berg; o inclusive muchos fragmentos de "Las bodas" de Stravinski…ah!, verdad?,ahí ya la cosa se complica.

La posibilidad y potencialidad de éxito comercial de una canción en el ámbito musical del hombre callejero contemporáneo están directa y proporcionalmente ligadas a la facilidad que éste tenga de reproducirla e imitarla. Mientras más rápido y fácil sea retener en la memoria una canción, un paso de baile, una serie de movimientos coreográficos; mientras más accesible a la poca técnica musical de los individuos que lo intenten sea aprenderse y montar una canción(como solistas o grupos musicales que las ensayan para tocarlas o cantarlas en sus shows, presentaciones y fiestas), una obra musical cualquiera, una coreografía, una pieza; mientras más fácilmente puedan tenerse a la mano los recursos técnicos sonoros para tocarlas y/o cantarlas, y mientras menos esfuerzo se requiera para todo lo anterior…la música o "baile" que más se ajuste a esas características y reúna esos requisitos de "comercialidad", más estará sonando en la radio, en las reuniones familiares, en las fiestas entre cuates, en las discoteques, bailes, cafés-cantantes, bares con espectáculo, antros, restaurantes con tríos, mariachis, pianistas en vivo, elevadores, bailongos, jaranas y similares.

La facilidad de reproducción e imitación, aunada a la accesibilidad de los medios y soportes para reproducir dicha música, la poquísima técnica requerida para operar los aparatos (samplers, sequencers, procesadores, teclados polifónicos secuenciados, tornamesas, consolas, etc.) y para ejecutar en los mismos patrones rítmicos, melódicos y/o armónicos sencillísimos (muchas piezas son ahora estructuradas reproduciendo o copiando simple y materialmente fragmentos mayores o menores de piezas originales anteriores –esas mismas ya grabadas años antes -, otras sobre frases rítmicas estandarizadas repetidas "ad aeternum" por medio de loops, otras utilizando "orquestaciones" con sonidos de instrumentos antiguamente especializados en sus técnicas de lectura y ejecución, y que ahora aparecen "por arte de magia" en cualquier aparato sintetizador de sonidos a una simple presión de dedo), y la proliferación de otras corrientes musicales y otros tipos de música donde ni siquiera se necesita saber, ni pretender, ni querer cantar, sino sólo hablar más o menos rítmicamente, y más o menos junto con la "música", y sumando todo lo anterior a la exposición reiterada en programas de televisión, cine y videos, de las nuevas generaciones de "artistas" haciendo y "tocando" esa música sencillísima de crear, hacer, reproducir y desechar, demostrando patentemente con todo ello a los ansiosos pobretones adolescentes minusválidos que los observan desde las salas y dormitorios de sus casas cómo se hacen montones de dinero, se consigue fama instantánea y se disfruta del éxito existencial haciendo ese tipo de "música"(agregándole por supuesto el ingrediente fabuloso y engañífero de los programas "The making of…","Detrás de las cámaras", "Qué hubo tras la realización de – tal o cual programa, película o concierto-", en los que todo parece fácil, económico, inesforzado e instantáneo, y nunca se dejan ver los largos antecedentes reales de preparación profesional, experiencia y producción de la obra o espectáculo en cuestión- incluidos: influencias, capacitaciones, años de estudio, formación, etc.- y de algunas estrellas)…es lo que hace que el sentido general de muchas de las corrientes musicales actuales vaya en plena decadencia y deslizándose lamentablemente cada vez más (en dónde están, por cierto, Gardel, Santos Discépolo, Razzano?) *cuesta abajo*.

***Intermezzo*.-** Los japoneses, con su muy particular estilo de la copia y la imitación nos han obsequiado (y se lo han cobrado a precio de oro con todos los vendidos), una copia-imitación-falsificación más- a la que las bondades de la diversión que provoca y el entretenimiento que ofrece no le quitan su terrible carácter dañino de generalización "democrática" de sueños vacuos y vanos infundados de ineptos artísticos llevada a extremos de *espectáculo*! sobre escenarios, con concursos y todo-,ésta, para la difusión, esparcimiento y reafirmación de la falta más absoluta y deprimente de talento musical en la masa: el *karaoke*.

***Finale*.-**No nos sorprenda –si las cosas siguen así, y su esplendor se prolonga y su caída se retrasa (a veces me da miedo que estas *corrientes*- en su sentido más literal- "musicales" no vayan a obedecer las leyes inmutables de los fenómenos sociológicos), y las tendencias musicales actuales del gran mercado siguen su curso, aunque difícil sea entender cómo puede en un universo einsteiniano seguir alguna cosa una trayectoria *hacia abajo* indefinidamente-, que haya que ver todavía mucho más rap, hip-hop, onda grupera, norteñazo, bandazo, corridazo, "pop" mexicano estilo OV7, RBD, Kabah y *anexas*……ah!,y Reggaeton!

***Post-finale!*.-**La sociedad actual a través de sus múltiples medios-como en el anterior comentado ampliamente- exalta no sólo la mediocridad, sino franca y plenamente: la estupidez. Figuras admiradas por las juventudes recientes y actuales son: los increíbles Myers y Dana de *El mundo según Wayne* con sus compinches y amigos babeantes todos ellos saliendo adelante en la vida no a pesar de su imbecilidad sino con base en la misma (Mike, incluso, se ha dado el lujo de hacer de la copia repetida, simplona e idiota, toda una forma de ganarse el pan prolongando quién sabe hasta cuándo su carrera cómica por medio de las estupideces de su *Austin Powers*); Beavis y Butthead, Homero Simpson, etc., que consiguen "triunfar" en la vida no sólo a pesar de sus evidentes taras, sino que venden la idea de que su éxito *proviene precisamente de las mismas*. Ah!, y por supuesto, la excelsa cumbre del babeo idiota llevado al más rotundo triunfo de la imbecilidad *filosófica-bondadosa-sentimental* a nivel mundial: *Forrest Gump*.

LA CORRECCIÓN POLÍTICA III

(*El sonrojado*)

La mujer moderó su crítica al ver la cara sonrojada del hombre. Pensó que de ser la resentida había pasado, con una simple frase de reclamo, a ser la agresora. Pasó de un frenado súbito en el ritmo de sus planteamientos, a la tartamudez y el desconcierto.

El sonrojado sugirió una sonrisa de pena, tan suya como el sonrojo adrede cada que lo necesitaba, y tomó con sus dos manos los muñones en ambos antebrazos de la muchacha (ahí donde en un tiempo habían arrancado –en ambos sentidos- las manos):

-No se preocupe, el que a mí me afecte no es por culpa suya. Debí haber sido más cuidadoso. Nunca imaginé...

-.....que habría una *manca* entre el público asistente a su conferencia?, o..... que yo me enojaría? Esas cosas duelen, sabe usted? –la mujer iba recuperando la compostura y hasta un poco de la agresividad, pero, en lo esencial, el sonrojado, con su sonrojo a tiempo y acentuado, la había ya desarmado.

-No es eso- tomó con más fuerza los muñones de la muchacha y sonrojó a propósito(ahora *especialmente*) su frente y sus sienes-, es que por concentrarme tánto en la línea conductual de mi exposición, en el fondo teórico de mi plática, en la línea conceptual de mi conferencia, en este caso, usted sabe, los problemas implícitos en el fenómeno creciente de las migraciones internacionales –la mujer lo miraba convencida, prácticamente arrobada-, me olvidé de los buenos modales que deben imperar en la actualidad, usted disculpe, al hacer referencias a personas *como usted*- hizo que su sonrojo se prolongara hasta el área de los orejas, la mujer sintió deseo de acariciarle la mejilla, el cuello, de decirle no se preocupe discúlpeme a mí-, personas...- buscó rápidamente en su repertorio los términos que sabía serían los adecuados- con *capacidades especiales*.

Acabó por aceptar las disculpas que ella terminó ofreciéndole, anotar en su agenda el número telefónico de la manca, escribir el suyo propio en la agenda de la muchacha, que le deslizó en el bolso de mano (pensó irreverente y contumaz que para ser precisos en el caso de ella habría que decirle a ese bolso: "bolso de muñón", pero eliminó rápido el pensamiento para evitar una sonrisa inoportuna, y ahí sí, en ese momento, el aumento de su sonrojo fue completamente involuntario),se lo recolocó bajo el brazo ante la imposibilidad de que ella misma lo hiciera y la despidió con una serie de palmaditas en el omóplato izquierdo.

El conferencista caminó satisfecho hacia la salida del auditorio. Mientras recogía sus papeles, folders, libros y diapositivas de la mesa de conferencias, no percibió la aproximación del joven negro que bajaba por el pasillo central desde el segundo nivel de la enorme sala. Aunque ahora estaba a punto de salirle al paso, el conferencista seguía sin notarlo, endiosado por la satisfacción de la posibilidad del uso irrestricto de su don particular, del absoluto dominio que había conseguido con los años obtener sobre el mismo. Caminó ensimismado todavía unos pasos más, balanceando rítmicamente acompasado a sus pasos el lujoso portafolios de piel de becerro, orgulloso por su salida triunfante del mal paso, casi alegre, recordando- antes de toparse con el negro que lo esperaba ya en el quicio de la puerta de acceso- que desde mucho antes de ingresar a a la licenciatura de Ciencias Políticas y Sociales en la Universidad del Valle de Coyotes de Puebla, cuando cursaba el primer año de secundaria en Cholula, había descubierto la capacidad innata que tenía de colorear su cara de rojo en cualquier momento por medio de la simple voluntad de sonrojarse. Perfeccionar su don y conseguir particularizar las zonas de su rostro que quería que se le sonrojasen, y el grado en que quería lograrlo (desde una tenue rosa nalguita de lactante hasta un rojo carmesí casi violeta de secuela de moquetazo boxístico), fue sólo cosa de unos cuantos años,y dedicó a ello más tiempo y esfuerzo que a malpasar las materias de la secundaria y la preparatoria. Al final de su periodo autodidacta –como al quinto semestre de carrera universitaria- el sonrojado podía fingir a voluntad un sutil tono malva de vergüenza tímida ante la cercanía del busto de una muchacha, manifestar las consecuencias de una fuerte calentura para justificar una falta, inasistencia o salida de clases, insinuar con un tono anaranjado subido cierta excitación sexual o mostrar por medio de un rojo obscuro el virtual resultado de una supuesta golpiza por parte de integrantes de alguna banda.

Se espantó cuando el negro le salió al encuentro. Sintió que la mano se le enfriaba más que por el efecto del contacto con las planchas metálicas a la altura del manillar de las puertas abatibles. Quedó con medio cuerpo afuera y medio adentro, temiendo la explosión de la cara abotagada y atemorizante del negro. Éste empezó aun más agresivo que la mujer de capacidades especiales:

-Para usted, entonces, el mundo es *negro* y blanco, verdad?- el sonrojado se escurrió achicándose y logró salir al pasillo sonriendo como bobo; la puerta golpeó varias veces el aire en su vaivén pendular sin freno.

-Có...có...mo dijo?- el sonrojado se frotaba el antebrazo y seguía sonriendo, pero aún no decidía si era tiempo de sonrojarse ni en qué grado.

-Usted es blanco, no?, seguramente sus antepasados latiguearon a los míos en alguna mina, en alguna plantación, en alguna hacienda, no?. Por eso, *clásicamente*, para usted es fácil hablar de *negro*- el sonrojado no daba crédito, cambió de mano sus herramientas de la conferencia, se apoyó en el otro pie y decidió que esta vez el sonrojo debía ser casi bermellón y con un descendimiento del extremo exterior de las cejas para calmar la ira del orangután; hizo efecto de inmediato-: Entiéndame -continuó el negro más moderadamente, hasta extendió el brazo y tocó el hombro del conferencista en un típico gesto tranquilizador, casi sumiso-, lo que quiero decir es que una eminencia de su fama y dimensiones debería ser más...cauto...y... propio para referirse al ser humano en términos raciales *humanísticos y nobles*, y no: *racistas*.

-Nunca...-comenzó el sonrojado haciendo cambiar el tono de su sonrojo hacia un violeta intenso con algunos detalles de palidez intermitente para aumentar el fingido efecto del embarazo y llevarlo hasta la pena-... he sido racista, válgame

Dios!- ahí el sonrojado temió haber dicho de manera inconveniente una alusión impropia a la divinidad, cometiendo otra *incorrección política*, pero presionado por la necesidad de la prisa en su afán tranquilizante continuó -ni siquiera cuando decidí no casarme con aquella *neg*...perdón, digo....aquélla...-el negro comenzó a alterarse de nuevo pensando que el conferencista se estaba pitorreando de él- aquella.... bueno, no era mi hermana, quiero decir.. -tomó aire para calmarse y ordenar sus pensamientos, tornarlos en amables, nobles, propios y convenientes- aquella... muchacha de piel moderadamente matizada y con tendencia hacia una parte del espectro cromático que se encuentra alejada del rojo y más hacia el violeta... es decir, piel... *no tan alba*, bueno, más bien... no tan clara sino con un cierto dejo de mínimas sombras de carácter café clarito, *clarito* dije, eh?, en sus partes..., perdón, usted disculpe -ahora fue él el que le dio palmaditas en el hombro al negro-, cuando dije "partes" no quise decir "sus partes", *ésas..*".partes", las que usted ya sabe, bueno, perdón, se imagina; esas "partes" claro que no!, ésas sí eran ligeramente más oscuritas, por fuerza, usted comprende, no?...y lo que quiero decir es que ella era de cabellos...no muy lacios...ligeramente alejados de la línea recta, más bien...- aproximó a la cara del negro su mano con el índice y el pulgar a un milímetro de distancia -así, mire, un poquitito como más bien ligeramente ensortijados, ella era de raza...

El negro no aguantó más, le dio un fuerte empujón al sonrojado y le soltó a los pies un escupitajo enorme con el amargor de toda su bilis, adrenalina y jugos gástricos e intestinales concentrados en la saliva por su furia. Dio media vuelta y se alejó.

El conferencista, sostenido por la pared y ya sin la necesidad de mantener el tono violáceo en su tez fracasadamente tranquilizadora, normalizó sus cejas y las comisuras de su boca a la que acudieron de golpe en ese momento las palabras que ahora gritó y que había estado buscando con desesperación infructuosa momentos antes-: -Espere!,...afroamericano!,...espere!.Discúlpeme, hermano de ascendencia transoceánica..., ya me acordé! La palabra que estaba buscando era *ésa*!... aquella muchacha era también *afroamericana*, como usted...

Casi al salir por la puerta que daba al estacionamiento el conferencista avistó, parada junto a la puerta, mal sosteniéndose en su bastón cuadrúpedo, piernas y manos tembiequeantes, cabeza blancuzca amarillenta casi calva de cabellos ralos, a la anciana que había escuchado su conferencia desde la primera fila, en uno de los lugares apartados especialmente para los discapacitados. Esta vez el sonrojado buscó rápidamente en su cerebro entre los recuerdos recientes, supuso atinadamente lo que vendría y se adelantó oportunamente a los hechos, abrió la sonrisa y engoló la voz desde tres pasos antes de llegar –parte para seducir, parte para lograr ser escuchado por la vieja-:
-Mi muy querida dama, hermosura preciosa- acabó de llegar hasta ella, la abrazó con ternura obligada para no deshacerla y la besó con un poco de asco en la frente-, sí, sí, ya sé, discúlpeme, torpeza y mala educación la mía, estúpido, soy un estúpido reinita linda- aumentó un poco la presión de su abrazo, la vieja parecía muerta, disecada por un mal taxidermista-, ya sé que por estar tan metido en los conceptos de mi conferencia, erré... y me equivoqué- ahí el conferencista separó su cabeza de la de la anciana para dejarla ver el sonrojo rosado, coqueto y sutil que estaba estrenando en su faz-, me equivoqué de plano y de lleno, pero fue por olvido, por omisión, no por mala fe, respetable abuelita, sé, claro que sé que en vez de haber usado esa horrenda palabra, que ya ni quiero repetir, cuando hice referencia a los habitantes del mundo mayores de setenta años, debí haber dicho *adultos mayores*, eso era, verdad, princesita? adultos mayores es lo que son los seres dignos venerables de la edad de usted...

Cuando llegó el conferencista a su auto, ya más tranquilo, el color de su cara normalizado, vio al introducir la llave para abrir la puerta, como en una misma escena de acciones simultáneas transparentes superpuestas en un mismo telón de plasma líquido poliinformativo :las llaves que a unos cuantos metros de él cayeron con ruido tintineante al piso por la torpeza de la manca que no logró abrir con habilidad y destreza su propio auto, el auto con chofer que avanzaba por la caseta de cobro del estacionamiento llevando una vieja decrépita muy sonriente y tranquila sentada en la parte de atrás, y el traje claro y la camisa blanca que caminaban como sostenidos en el aire por arte de magia – obra insánica de algún torcido titiritero cósmico-, con los árboles y arbustos de los jardines de la universidad haciéndole fondo al vestimental espectro y en su obscuridad profunda de noche entrada confundiéndose disolviéndose entremezclándose para no permitir verla con claridad, con la piel morado subido del negro horroroso imaginadamente inmerso en el traje caminante...

-Negro sobre negro igual a negro, pinche negro, negrísimo! Y no tiene nada que ver que tenga algo contra ellos –pensó el conferencista deteniéndose un momento antes de entrar a su auto-, pinche vieja anciana decrépita y decadente inservible ya casi para todo...., puta manca lisiada deforme y antiestética.

En ese momento el sonrojado se sonrojó -por primera vez en su vida- por él mismo, consigo y -fundamental e íntimamente - para sí.

APpOLOGÍA DE LA CARNE

La verdadera evolución intelectual del hombre comenzó aquella noche de los tiempos en que sentado el grupo cenando alrededor del fuego un pedazo de carne cruda cayó sobre las brasas y los hombres lo recogieron, se lo repartieron, se lo llevaron a la boca y sintieron mezclarse a su saliva los jugos calentados de la carne y el tejido y la grasa frita en sus propios aceites naturales del trozo del felino; ahí, después de masticar un rato, se vieron entre sí fijamente y cada uno de ellos tuvo una intuición de pensamiento que al no tener palabras aún era solamente pedazos de intención, sugerencias de una idea, y cada uno a su modo se imaginó a sí mismo volviendo a comer a la noche siguiente cuando el nuevo encuentro del descanso cotidiano se repitiera después de la caza, o tal vez a la plena claridad de la luz que ese cuerpo en las alturas de lo que aún tardarían en llamar "cielo" les dejaba sentir en el cuerpo durante algunas horas de lo que también hasta muchos siglos después vendrían a llamar "día", el gustoso sabor de la suculencia reconocida comida recién inaugurada. Y así, seguramente, empezó la revolución fundamental del intelecto, cuando sin pensar palabra sobre el gusto del sabor adquirido, comprendieron, y sin hablarse ni decirse nada, sólo viéndose a los ojos felices del feliz encuentro del descubrimiento sabroso, se comunicaron; y uno de ellos soñó cómo hacer que sin auxilio del rayo la hoguera pudiera ser prendida a la noche siguiente para hacerle a la carne lo mismo que esa noche el accidente de la gravedad le había hecho; y otro recostó su cabeza en una roca para disponerse a dormir ensoñando cómo cortar en forma de rueda un bloque grande de piedra para transportar más carne a los espacios de la cueva; y otro orinó esa noche pensando cómo poner la carne sobre algún artefacto sobre el fuego, que impidiera que se carbonizara tan de pronto; y otro pensó en agregarle sal y en sembrar organizadamente semillas de mostaza y de especias para sazonarlo, y uno más pensó que tal vez habría manera de cortar más adecuadamente los ligamentos de la carne y de seccionarla mejor en una forma transversal que conservase en el mismo trozo grasa y carne maciza, usando una hoja de metal afilada; y otra, una de las mujeres del grupo hasta se imaginó amamantando con su propia leche a alguna futura ternera cría de la res para transmitirle la esencia y la grasa de la suavidad, el amor y la ternura; y hasta hubo uno de los hombres que imaginó, ya en esa noche, muy tarde en madrugada y sin poder dormir por el regusto a savia animal curtiéndole los dientes, que habría que inventar, y pronto, los cerillos, las toallas desechables de cocina, la extracción del carbón vegetal, la máquina de vapor, el tenedor y los cuchillos y las mesas de madera y de plástico, el asador de carne de acero inoxidable, los contenedores de los buques, la ejecución silenciosa y rápida de las reses, la salsa Perrins, el congelador de carnes, la papa asada, el pimentero, el vino tinto, las copas de cristal de Bohemia, el termómetro de cocción de carnes, la música restaurantil, las papas fritas, el cocedor de gas, el corrector de olor y el Alka-Seltzer.

Me confieso carnívoro acendrado y recalcitrante, y no solamente de las suculentas carnes humanas femeninas –las que, salvedades étnicas, sociológicas y morales aparte, me ha faltado únicamente *comérmelas* a la parilla-, sino principalmente y a la hora de las refecciones, de toda carne animal con plumas y sin plumas, con escamas o sin ellas, de todo animal viviente bajo estos reinos de Dios, que corra, vuele, camine, repte o se arrastre por el piso. Desde los bueyes hasta las vicuñas, de los ostiones a las ballenas, de los erizos a los caracoles, de los búhos a las gallinas y los pollos, de los chivos a los borregos, de los quelonios a los marsupiales, de los jumiles a los escamoles y a los chinicuiles.

Bueno, predilección sea dicha: *la carne de res* –en nuestro sentido de ganado vacuno-, prácticamente en todas sus partes y modalidades; y la carne del cerdo... ídem.

Quise una tarde de otoño hace ya años (la tengo fresca en la memoria, ¿cómo no la tendría después de lo que me pasó?) aceptar la insistente invitación de mi amigo Carlock a probar las famosas supuestas delicias gastronómicas del restaurante zonarrosero vegetariano por excelencia. Y algo tiene mi cuerpo, alguna especie de anticuerpo sensible a ciertas proteínas, que lo que iba a ser una tarde tranquila producto de comida ligera, limpia, *verde*, saludable... se convirtió en dolores de estómago, de cabeza, vómitos hasta en el auto ya en la noche y agruras durante los tres días siguientes.

Mi amigo se cansó de decirme que estaba yo loco, que cómo era posible que comida tan sana me afectara de ese modo, que a él no le había hecho daño, que ese restaurante era el *non plus ultra*, que debió haber sido otra cosa lo que me había puesto en ese estado. Yo replicaba entre movimientos negativos de cabeza, ojos en blanco y contracciones de asco en el abdomen que no, que fue la soya, te digo, ese montón de cosas verdes sin un gramo de carne por ningún lado, fue lo vegetariano del asunto, Carlock, fueron esas malditas yerbas, te digo, hazme caso, aarrrgghhh!, fue la falta de *CARNE*!!.

Y sí, efectivamente, o fue una herencia genética o una reacción adquirida por los accidentes y la costumbre (mi madre solía forzarme cinturón en mano a tragarme todas la verduras cocidas del mundo ya en cocidos acuosos sin carne, ya en sopas Julianas, ya en ensaladas vinagrescas), pero mi cuerpo necesita de la carne mañana, tarde y noche para sobrevivir en paz y funcionar correcta y adecuadamente; (ácidos úricos, colesteroles e infartos aparte).

Mientras coma carne mi salud marcha de maravilla. Si la suspendo para iniciar una dieta reductora purificadora salvadora pretendidamente saludable a base de zanahorias, ejotes, verdolagas, acelgas, chayotes, calabazas, romeritos y huauhzontles......ahí se chingó la cosa; qué dieta ni qué ocho cuartos!, mi cuerpo la rechaza, se desmejora, se tensa, se convulsiona y acaba arrastrándose por el piso, frotándose de frío, restregándose contra los muebles, pegándose contra las paredes, caminando por los techos y colgándose de las lámparas como cualquier alcohólico o heroinómano en la malilla. Soy un adicto. Simple. Un *carnómano*.

Santo que no es visto no es adorado; por ello, los ángeles, dioses, mesías, santos, demonios, sus subalternos y representantes, deciden realizar sus visitaciones a nuestro planeta de cuando en cuando, transfigurándose, haciéndose materia, fuerza de luz palpable, concreta, física y espiritualmente acariciable, en una cueva, en un desierto, en un agujero negro, en el órgano abismal de algún acto sexual, en un plato de sopa, de jocoque, a la mitad de un 21, en algún compartimiento rojo de ruleta nevadiana, en una danza de vientre, escaparate de zona de burdeles amsterdiana, en la cima de un monte, corona de montaña, en medio de alguna zarza ardiente, sobre algún carro de luz o alegórico...o enviando en su representación a algún embajador celeste o secretario cósmico. Y es la experiencia del contacto, de nuestro enfrentamiento con ellos, de la visión divina y celestial de sus esencias, lo que nos hace a nuestra vez -conocedores humildes de nuestras limitaciones- divina, orgullosamente *humanos*.

Las Epifanías, para mí, han sido muy simples. El Espíritu Divino se me ha manifestado hecho realmente carne, se me ha vuelto palpable, evidente y notorio, y aparecido y presentado en contadas pero precisas y sublimes ocasiones a lo largo de mi vida. El éxtasis experimentado ante la presencia de Dios encarnado en la tierra cuando, a través de mis papilas gustativas y de mi olfato las moléculas de la esencia de la carne siendo devorada por mí en ese momento invaden mi alma, mi corazón y mi cerebro simultáneamente, me ha dejado sin habla y en un estado de rapto y arrobamiento místico apenas definible y prácticamente inenarrable. Trataré, sin embargo –y humildemente-, de recontarlas resumiéndolas:

Primera Epifanía.- Yo de seis años, mi mamá de cuarenta y uno al lado mío, los dos formados en una larguísima fila de personas un domingo a las ocho de la noche frente a la acera oriente del parque Municipal de Coatzacoalcos, Veracruz, esperando ansiosos –yo aún en ese momento no sabía por qué- que nos atendiera el taquero del famoso lugar llamado Antojitos Arjona.

Ahí, llega nuestro turno, mi mamá se vuelve hacia mí y me pregunta cuántos vas a querer (despliegue de condescendencia inimaginable en ella disparado quizá en ese momento por su propia exaltación espiritual previsora certera del milagro gastronómico que ocurriría), yo digo y titubeo no sé...mmmmm...,la fila de personas, hacia atrás de nosotros, se mueve ya ansiosa como culebra hambrienta ágil, como cola de papalote, todos esperan que pase algo con nosotros sin saber exactamente qué , los de adelante saben que el niño está a punto de decidirse.   ...mmmmm...tres?. Si hubiese sabido lo que me iba yo a comer, habría pedido treinta y cinco de esos tacos. El taquero toma otro plato de plástico, lo coloca en la barra, con una mano ágil agarra una tortilla de maíz y con la misma tortilla recoge un poco de carne desmenuzada color caoba de la charola grasosa burbujeante (parecían ríos de carne obscura con aceites del petróleo de la refinería de Pajaritos – nunca imaginé qué tan deliciosos-), ayudándose con la otra mano le agrega a cada uno de los tres que he pedido un poco de cebollas morada, blanca y de lo que después aprenderé a identificar yo como trozos de chile habanero, y va colocando los tacos ya enrollados en lo que sé que será mi plato. Caminamos mi madre y yo hacia un rincón –no hay un sólo lugar ni una sola mesa disponibles- y parados comemos cada quien lo suyo: ella sus dieciocho (era gorda, gorda!), yo mis tres tacos, y voy sintiendo la salsita y el jugo que resbalan por las paredes de mi boca, disfrutando al percibirlos la suavidad de la carne y los jugos de la grasa de las gorduras del cerdo diluyéndoseme entre los dientes, trago en ese momento, poco a poco, entendiendo por primera vez en la vida lo que sabré a futuro que suele denominarse con el término *degustar*, la comida más maravillosa que hasta ese momento había comido y se me olvida que mi abuela está enferma y que la chinita de las piernas de oro y la sonrisa de fantasía no se dignó mirarme ni una sola vez en la escuela esta semana y que mi papá nos abandonó prácticamente pues hace un año que no escribe y que no he hecho la tarea de Lengua Nacional para mañana lunes y sonrío y me excito y casi lloro y me transporto y me transformo en un mejor niño en el mejor niño del mundo cuando percibo frente a mí ahora ya después de tragar este otro pedazo dentro de mí, ya reconocida como tal y *dentro de mí*, la substancialidad maravillosa del Divino Verbo hecho carne en lo que a mis seis años y ya para todos los demás que vengan por delante para toda la eternidad comeré con el gusto y el regusto y la pasión anunciados por este primer contacto con lo más glorioso que ahora ya sé que hay sobre la tierra: la *cochinita pibil*.

Segunda Epifanía.-Yo no lo descubriría hasta nueve años después de salir de mi pueblo. Y no lo habría descubierto si una tehuana del mercado no me lo hubiera nombrado, porque, desgraciadamente para el hombre, en la mayoría de los casos, las cosas apenas empiezan a existir plenamente sólo a partir del momento en que se las nombra. Si no, quedan meramente en una simple intuición; y una intuición sin palabras que la bauticen es muy difícil de ser comunicada. El hombre, cuando inventó el lenguaje, inventó la agricultura y el comercio y las matemáticas y la astronomía y hasta la nave espacial- en cuatro palabras, para ser consistentes con la idea :*inventó su propia vida* (y la de los Dioses)-, pero también es cierto que acabó por privilegiar tánto y de tal manera los nombres de las cosas, las palabras, que fue adormeciendo él mismo sus talentos, capacidades y confianza en la amplia gama de percepciones que lo adornan, y , al minimizar sus percepciones, presentimientos y captaciones no-verbales de la realidad, embotó sus otras formas de comunicarse con el mundo, con las estrellas, con los otros hombres y mujeres, con las plantas...Olvidó con el tiempo que las mejores cosas que en la vida es posible hacer con otra persona, son precisamente las que se hacen mejor en el silencio, las que no sólo no requieren de palabras para ser puestas en práctica, sino que son aquéllas precisamente a las que las palabras entorpecen. Aunque en términos generales ha mantenido para sí más o menos clara la idea de la profunda diferencia entre las disciplinas que eligen usar las palabras como *instrumento*, o como *instrumento* y *fin*, frecuentemente pasa por alto la terrible condena que le representará la descuidada comodidad defectuosa de querer usar las palabras como instrumento para todo.

Pero el caso es que la tehuana dijo: *chicharrón de barriga,* y una realidad se apareció en mi cerebro y el recuerdo la identificó como aquel manjar de jugos espejeantes que yo desde muy niño había comido en tortillas, con pan, o metido en los frijoles negros, en caldillo de tomates verdes, y hasta con bolas de masa. Ahora existía ya enteramente para mí después de conocer su nombre y de saber cómo llamarlo para que se acercase a mí y me lo colocaran en la mano, en la punta de la lengua, en el alma. Era todos esos grandes trozos de la piel del marrano que *la teca* señalaba alternadamente frente a mí, mostrando sus diferentes y distinguidas cualidades, para que yo me decidiera por alguno. Era esas planchas doradas fragmentarias del pellejo animal ya raspado que, después del corte de los especialistas tablajeros y por obra y gracia de las habilidades de éstos y de la cocción ofrecida a sus gorduras, conserva pegadas, a él, en una intimidad casi obscena, una capa de grasa pura blanca casi transparente, y a ella, unas franjas de carne maciza en hebras que se desprenden fácilmente a la primera intención de morderlas. Y es así el famoso *chicharrón de barriga* que se enfrita y se expende en el sur del estado de mi Vera Cruz: por dentro -la carne bien cocida pero suave-consistente, en el medio, blandísimo y húmedo de grasa tierna y poderosa, y al final del encanto de la suprema celestialidad materializada -o al principio, visto desde afuera- crujiente, *bien crujiente.*

    Me inspiró, en aquellos años de mocedad setentera (pecados juveniles disculpables apenas por la inmadurez) y contra toda moda disco, esta coplita para ser cantada a ritmo de Balajú:

Es mi chicharrón jarocho
razón de felicidad
mi dinero en él derrocho
comprándome hasta un quintal
me como sesenta y ocho
y hasta ando pidiendo más!
Es chicharrón de barriga
bueno para hincarle el diente
lo prefiero a las amigas
su grasita es diferente

por dentro parece miga
por afuera está crujiente !

    Unos años después trataría yo de acomodar la idea a una canción con rasgos folklóricos con la que participé en un festival de canciones infantiles, pero, por razones de métrica y de unificación de la idea, tuve que quedarme apenas en los tamalitos, los frijolitos, el cafecito, la leche y el pan,…y-por supuesto-*la agüita de coco, que está bien buena…agüita de coco…y nada más!*

Tercera y Cuarta Epifanías.-04:00 a.m. /16 de Febrero de 1983/San Fernando Valley; CA(USA).Estudio de Grabación Profesional de Sonido *Dawnbreaker* .-Bryan –el ingeniero- está que se duerme pero yo insisto en que debemos aprovechar al máximo el horario nocturno que contraté hasta las 08:00 a.m. Él me dice OK. , pero entonces, comamos algo, que ha sido larga la noche y hemos trabajado mucho, hostias! (él ha aprendido el español en Madrid y lo habla con expresiones- mal utilizadas muchas veces-pretenciosamente castellanas. Yo le digo que sí, pero que estoy hasta el copete de la comida insípida del *Fin and Feathers* que está frente al estudio, y que a esa hora dónde vamos a encontrar algo decente; él sonríe ya más despierto y animado y me dice que hay en *Downtown* un restaurante excelente de carnes sabrosísimas que permanece abierto las 24 horas de los 365 días del año. Yo le reclamo por qué nunca antes me lo había dicho y el sólo alza los hombros tomando con una mano su chamarra de la espalda de la silla y con la otra la inolvidable cajetilla de Marlboros. Caminamos por los pasillos silenciosos del estudio que para mí es *mágico;* lleno de la magia más especial y exaltada de los recuerdos de la adolescencia, cuando las melodías de las introducciones y puentes de las canciones en las dobles cuerdas de la mandolina de Dash Crofts que abrillantaba el sonido de los discos del dueto *pop* por excelencia me ponía a soñar en mi cuarto y en pocos segundos consecutivos sacaba de mi alma y ponía en mi corazón alegrías, lágrimas y nostalgias que aunque me iluminaban la vida en ese entonces, yo no podía entenderlas y lo vengo a hacer hasta ahora en que, como en una misma habitación multifórmica y multitemporal veo mi pequeña recámara de cuando tenía quince años, en 1970, y la cama desarreglada en que dormía y los libros y la pequeña luna gris abollada de metal con todos los nombres de los cráteres y los mares, hasta el de la Tranquilidad, en su superficie brillante sobre el estante adosado a la pared y el tocadiscos portátil con sus dos bocinas abatibles sobre la cómoda pelada y los discos de 45 r.p.m. y los LP'S de 33 1/3 r.p.m. de los Beatles, Simon & Garfunkel, Janis Joplin, Rolling Stones, Bob Dylan and The Band, Creedence Clearwater Revival , Jethro Tull y Led Zeppelin entre los pliegues de las sábanas y la colcha arrugadas sobre la cama, y el rostro de mi novia Lupita de catorce años, que en aquél entonces veía yo casi nada más en mi imaginación, y la lluvia golpeando por fuera los cristales de la ventana de mi recámara y del departamento de los vecinos de enfrente en el edificio minúsculo y apretujado, como igualmente siento los olores del mundo mojado del exterior y del cartón y el plástico de las fundas de los discos, tan penetrantes como el de los muebles de este estudio de grabación, y escucho en el silencio de estos pasillos, como en aquella tarde la melodía en las dos voces diciendo que la *summer breeze makes me feel fine blowing through the jazmines in my mind* y los acordes modales de algunas de las partes de la canción y toco al mismo tiempo mi pantalón de mezclilla de esta madrugada sintiendo como sentían mis dedos sobre mis rodillas aquel día de ensoñación vespertina la textura rasposa de la tela y escucho y siento y veo en el mismísimo momento todo aquello con la misma claridad que vengo percibiendo al ir saliendo, entre el sonido del silencio del no haber nadie ya ni recepcionistas cuidando la entrada del edificio y la máquina de *pinball* y el de las fotografías y cuadros conmemorativos y discos de oro y platino y doble platino colgados majestuosa e históricamente en las paredes del estudio de grabación - mágico para mí, primordialmente *mágico*, al que vine a grabar por primera vez como a un santuario previsto y soñado durante más de trece años de preparación musical en Conservatorios, tocadas y conciertos propios y ajenos- de *Seals and Crofts*.

Hablar de una epifanía de Dios que se me hizo carne treinta minutos después de haber vivido esta experiencia mística a la salida del estudio y lueguito de manejar con Bryan a mi lado por freeways casi vacíos hasta Alvarado Street, ahí pegado, al pie de los rascacielos, en contra esquina de un estacionamiento atascado de autos de los mismos comensales que hallamos comiendo vorazmente con masticadas frenéticas y jugos de sangre carnal escurriendo de sus bocas al cruzar la puerta del restaurante, sería *de más*. Baste decir que si no me hinqué al probar el *rib-eye*, el *New York cut*, o después de meterme a la boca unos pedazos del *sirloin* de Bryan fue porque había tanta gente en el restaurante que iba yo a incomodar a los vecinos al levantarme del gabinete para hacerme espacio. Con esos espléndidos pedazos de res cocinada, unas tajadas gruesas del pan blanco que desde que entramos nos sonrió desde todas las mesas, y las *hashbrown potatoes* que más que nada nos sirvieron para acolchonar las grasas de las carnes, volvimos felices hasta el Valle de San Fernando a eso de las siete de la mañana con un rapto existencial tal, y un agradecimiento al orden cósmico por haber podido experimentar la maravillosa divinidad de la vida en carne propia, nuestra particular Eucaristía, que nos sentamos en los sillones tras la consola con nuestro mayor entusiasmo y el mayor propósito de ofrendar a cambio de tan magnífica dádiva lo más creativo, cumplido y enérgico de nuestro trabajo artístico en la mezcla final de la producción musical que en ese momento sentíamos materialmente como la música de una sincera alabanza al Altísimo. Pero a los cinco minutos nos quedamos dormidos.

03:30 a.m. /23 de Agosto de 1984/Glendale; CA(USA)Estudio de Grabación Profesional de Sonido *Milagro Sound Recorders*.-El ingeniero inglés de grabación, Bryan, duerme echado sobre la consola Neve de cuarenta y ocho canales, bebió ya su segundo litro de vodka con jugo de naranja. Yo terminé de escuchar dos de los arreglos que escribí y pienso en la conveniencia de mejor no ir a dormir al Best Western que está a diez pasos del estudio; el cansancio es brutal y mañana –que es *hoy*-llegarán a las diez de la mañana violines, violas y cellos para los doblajes de la sección de cuerdas. Puedo dormir una vez más bajo el piano de cola que está en una de las cabinas aisladas de grabación del estudio. Quien no ha dormido bajo un piano de cola o adentro de los grandes estuches de los instrumentos de los percusionistas, tras las puertas cerradas de una cabina sellada acústicamente en el interior de un estudio de grabación...no sabe lo que es descanso, aislarse del mundo, dormir *en serio*.

Pero el hambre es canija, como dice la canción, y aunque yo también hice mi parte-a mi modo- y me comí dos cajas de a docena de Dunkin Donuts por ahí de las diez de la noche, estoy que casi preferiría no dormir pero cenar algo a estas alturas. Me decido a despertar al ingeniero y le pregunto qué habrá, abierto, a estas horas, vomita un poco sobre los *faders* de los canales de la batería, se limpia con la manga del swéter, se levanta, camina tambaleándose por toda la cabina, se recarga un rato en la pared de los ecualizadores, sale unos minutos y regresa con un café humeante a decirme, acostado yo ya en el gran sofá de cuero negro que está delante de la consola, no dormido sólo por el escándalo que hacen mis vísceras azuzadas por la inanición, que nunca me había dicho y ni sabe bien por qué,,,, pero que a sólo unas cuadras del estudio, rumbo a Los Feliz Boulevard, por una calle paralela a la del mall de Glendale, venden unos tacos deliciosos, los más deliciosos que él haya probado, y mirrra-me dice en su acento inglés champurrado de erres españolas arrastradas-que yo llevo rrrato prrrobando y comiendo tacos aquí en Los Ángeles pues a mi esposa le gusta musho la comida mexicana...Él no ha acabado de hablar y yo ya me levanté. me metí en la chamarra y voy cerrando la puerta del Estudio. Subimos a su auto viejo y cruzamos las calles solitarias; únicamente los eternos súpers de abarrotes, bebidas y alimentos abiertos las 24 horas nos despabilan un poco el sueño. Pienso, por inercia fílmica colonizante hollywoodense, que hasta podríamos asaltar rápidamente uno de ellos, tomar el dinero del dependiente y salir chorreados rumbo a los tacos...

Para mi sorpresa no llegamos a ningún restaurante "en forma", nada tipo el Acapulco, El Torito, Los Burritos, sólo un simple camión frente a una cantina escandalosa en la esquina de una calle oscura y solitaria. Todo ese día, después, mientras grababa yo ya los violines con mi segundo ingeniero, Brian dormía su mona y sobrellevaba su cruda en un gran sillón reclinable al lado de los baños, me pregunté si el episodio había sido real y había ocurrido efectivamente. El camión de mis sueños posibles era blanco, con una gran abertura en uno de los costados y una barra de acero inoxidable acondicionada en ella para dar servicio al público. De la cantina frente a él salían con frecuencia borrachos para comprar algo de droga, platicar con alguna de sus novias prostitutas, tomar un poco el aire, guacarear o comprar varias órdenes de tacos en el mostrador del camión. Al final de éste: tanques de gas, al fondo en sentido transversal: un fregadero y dos ollas de aluminio muy grandes de donde sacan la carne asada y la de lengua. Ahí están también en mi recuerdo, como probablemente y en realidad sí estuvieron, los que se revelarán como los tacos de lengua más exquisita y extraordinariamente deliciosos que hubiera yo comido en cualquier posible magnífica taquería del mundo; de hecho, tuvimos que esperar muchos minutos haciendo fila bajo el toldo de plástico adosado al camión para que, por fin, nos atiendan. Una vez que pruebo la carne de lengua suavísima, el sabor indescriptible ahí y aquí de esa noche, las tortillitas sencillas bajo los trozos de carne deshebrada de lengua de res coronados con cebolla picada, pedacitos de cilantro y salsa verde, decido formarme una y otra vez al final de la fila para comer una y otra vez más y más tacos. En una de ésas, debo haber perdido la conciencia por la experiencia sublime del contacto con la divinidad del *dios-buey*: una especie de transubstanciación digna de unos herederos del maíz, donde el cuerpo del Dios no se hizo pan, ni hostia, sino *tortilla*. Mi siguiente recuerdo aparece con mis manos en alto marcándoles un compás de 4/4 a los segundos violines para que aborden la letra "B" de un arreglo. Todo lo demás permanece en cierta medida nebuloso.

 El ingeniero Bryan murió de una congestión alcohólica y ahogado en su propio vómito sanguinolento biliar etílico cerca del medio día. En el piso de la salida del baño del estudio encontraron varios trozos semidigeridos de los dieciocho tacos de carne asada que no alcanzó a procesar: a él no le gustaba la lengua. Es esta última, tal vez, la única señal de que todo el episodio sí tuvo lugar efectivamente.

Acicateado por la pasión y el deseo de vivir otra vez la experiencia paranormal de la lengua de res más rica del universo, sin ningún cargo de conciencia ni tristeza busqué el camión fantasmal que a cada vuelta estéril de esquinas glendalescas se me iba figurando más y más etéreo, insubstancial, absurda pero definitivamente irreal, sólo producto, quizá, de mis alucinaciones gastronómicas. Busqué sin encontrarlo durante quince meses; hallé en las calles de Glendale, de Down Town, de East LA, otros camiones similares, probé sus tacos...*nada*. Nada que se le pareciera siquiera. Por temor a nunca jamás volver a encontrarlo, o por lo menos *volver a hallar un sabor así*, o quizá por el temor de encontrarlo para volverlo a perder, dejé de buscar. Hoy sólo como tacos de bistec, de costilla, de carnitas, de chuleta, de cabeza, de pierna, de buche, de nana, de oreja, de nenepil, al pastor, al carbón, a la plancha, de machitos y hasta de rabo, hígado y bofe; pero de lengua-*in memoriam*-, nunca.

Quinta Epifanía.- Por el ensayo retrasado de un concierto pierdo la oportunidad de comer dentro del horario del buffet del hotel. Es necesario buscar sobre las cinco y media de la tarde algún lugar para comer decentemente. No hay intención en ninguno de nosotros de perder en los servicios lentísimos de algún restaurante de polentas el poco tiempo que nos queda antes de la presentación, y la zona de restaurantes elegantes queda hasta el otro lado de la Ciudad.

Avanzamos en dos camionetas músicos, técnicos, ingenieros, vendedores de fechas, coristas y cantante por el paseo costero. A lo lejos, al final de una curva ligerísima y prolongada: los hoteles y edificios altos; al lado de nosotros, a mano izquierda, entre aquellos edificios y nuestros vehículos, perfectamente visible y atractivo en su líquido azul tranquilo y majestuoso recortado a saltos únicamente por las palmeras mitológicas: el mar caribe en el punto en que continúa desgastando las arenas de las playas de Santo Domingo.

Sol aún abrasador, cielo azul nuboso sólo a la distancia, calles costeras desiertas, como si esta calentura ambiental pudiera dejar de hacer inevitable el gozo de parranda y baile aun en día de fiesta. Los del vehículo de atrás se fastidian de la búsqueda infructuosa, nos pitan el claxon, nos alcanzan y nos comunican que irán hacia otro lado para seguir buscando; yo, director de todos, les recuerdo que ni una cerveza antes del concierto, y allá van músicos, técnicos, ingeniero e intermediarios...

Nosotros continuamos buscando por barrios cada vez más desolados, alejándonos de la costa. Pretexto ideal para conocer un poco de la verdadera Ciudad: Santo Domingo es Santo Domingo es Santo Domingo es Santo Domingo...ya el hambre nos apremia más que las ganas de comer algo sabroso. Alguien en el asiento de atrás –voz femenina, seguramente una de las coristas o el muchacho jefe de seguridad que es ga- con voz delgada asustadiza y delicada dice: "Hay que andar con cuidado...esto está muy sólo...no nos vayamos a meter a la boca del lobo...". Yo brinco por la expresión inusual, forzada, payasa, y volviéndome le pregunto (ahora ya sé que quien habló fue una de las coristas): "¿Qué payasada es ésa de '*a la boca del lobo*'"? – aunque yo ya me lo imagino le insisto- ¿Qué quieres decir c o n *eso*?". Ella me explica que a lugares peligrosos, a colonias donde alguien nos pueda hacer algo, a sitios feos, pues, así como nos pasó un día, te acuerdas?, allá por Tepito en la Ciudad de México...

El jefe de seguridad, tan femenino como ella, especialmente en los momentos en que nadie del grupo ni del público está viendo sus intimidades, la abraza con cariño casi de hermano, me mira sugerente, se le recuesta en el hombro, le hace un arrumaco (todo al mismo tiempo) y le dice: "y para qué estoy yo aquí, entonces?".

Veinte minutos después de encontrar nada más lugares cerrados llegamos a una especie de bodega muy grande en una esquina, con una rustica entrada amplia del tipo para camiones y cortina metálica vieja enrollada hasta arriba en uno de sus lados. Muy amplia sin duda; todo un galerón de altas paredes de ladrillo pintadas alguna vez de un blanco del que ya solamente quedan las manchas que cubrió, en unos cuantos lugares pocos restos de la primera mano, y la antigua intención. Allá lejos, cerca del techo, un par de ventanitas sin mucho oficio de luz ni de ventilación. Abajo, al fondo, unos cazos enormes sobre hornillos de tabique iluminados ígneamente desde adentro. A mano izquierda de la entrada del estacionamiento un mostrador sucio de madera colocado como en contra de las disposiciones elementales de la mercadotecnia, y, claro, nadie atendiendo nada. En el ambiente sólo el ruido de las mantecas hirviendo en los cazos y el delicioso olor penetrantísimo impregnando piso de tablones de madera, paredes cochambrosas, mostrador raído, periódicos para limpiar y para envolver amontonados sobre éste, pedazos de papel de estraza, el aire todo, el espacio mismo sobre la acera, el barrio completo hasta acallar por completo el olor de la sal del mar allá lejos abajo entre las casas, y todo el camino que nos fue trayendo desde lejos como perros husmeantes cazadores siguerrastros olorosos por callejones, esquinas, cuestas y dobleces urbanos hasta venir a dar aquí, el núcleo de la aroma inconcebible de la que queremos saber de qué se trata porque ni alcanzamos a ver lo que hay ahí en los cazos ni tiene la fachada aviso, rótulo, letrero, ni resto de pintura ni de aerosol alguno ni de lápiz que nos diga qué se cocina, se vende, se merca, se canjea, se negocia o se regala aquí, en esta maravilla productora fábrica de la esencia carnal más saborosa que hemos hallado en nuestras vidas.

    Gritos de buenas tardes, quién atiende, no hay nadie? Uno que otro pachanguero, típico del grupillo de mexicanos que andamos ya casi con los intestinos al revés clamando por que aparezca un milagro, lo que sea, en esta melancólica y mohína soledad gastronómica de nuestro *break pre-show* en Santo Domingo: "¡qué onda! ¡jijos del máiz! quién chingaos nos va a pelar las papas, pues?".

    Cuando salen tres dominicanos a atendernos el servicio es efectivo, expedito, honesto. Nos dicen que es cochino, lechón, cerdo, marrano, puerquito, pues, como queramos llamarlo; pedimos probar, nos dan un pedazo a cada uno de los cinco que entramos. No tiene nada que ver el hambre en la posible magnificación de los sabores que empezamos a sentir; yo pruebo el mío y al percibir la textura y el aroma del animal en una forma tan magnífica, original y diferente, con un perfume tan lleno, rico, tan elegante y tan sutil a la vez, cocinado seguramente con tantos artilugios llenos de condimentos de nuestra tierra hispanoamericafricana, comprendo por qué Álvarez Cabral torció hacia la derecha en vez de irse a probar los currys de la India, por qué Grijalva le hizo al ensarapado y al ya se nos descompuso y al no me di cuenta y se dejó seguir hasta Tabasco y Veracruz, por qué Rodríguez Cabrillo pasó entusiasmado junto al lago de Pátzcuaro y antes de seguir para las Californias comió comió y comió en pueblitos purépechas, por qué José de Gálvez pasó tánto tiempo a sus anchas, tranquilo, feliz y gastronómicamente satisfecho redactando sus informes reales junto al Mar de Cortés, por qué un jesuita austriaco prefirió ser expedicionario en Sonora, Sinaloa y Arizona, por qué Cortés empezó a engordar en Cuernavaca, y mil fragmentos de vidas pasadas me estallan en el vientre y me emociono y veo la luz y le doy gracias a Dios porque inventó el marrano y a los hombres de Santo Domingo porque idearon el arte de cocinarlo de este modo y disfruto las carnitas del cerdo que resbalan por mi esófago y me chupo yo mismo por dentro la saliva impregnada del chicharroncito mágico y es mi boca agua pura a estas alturas, vino de comunión de cerdo y alcanzo un orgasmo primal esencial unigénico cuando después de pedir como entre sueños que me pongan treinta kilos de ese marranito frito hermoso cocinado con amor, para llevar en periódico, en plástico, en papel de estraza, en lo que sea, porque tanto yo como mis compañeros planeamos seguir comiendo más y más toda la tarde y hasta suspender el show para seguir comiendo y hasta llevárnoslo de regreso a México con la intención de comer de él lo que resta del año y volver a la República Dominicana a este enclave que ni cuál Maxims ni cuál Four Seasons ni cuál Tony Romas ni cuál la fregada, para comer más y más cuando ya no haya más que comer de él allá en Chapala, abro la boca otra vez después de haber hecho el pedido y pido más y más y que me den otro poco más así como de probada, de cale, de pilón, de muestra o lo que se pueda mientras nos surten la orden, y cuando el hombre tras el mostrador acaba de gritarle a los otros allá en el fondo que se apuren a cocinar y traigan más carne de la que está allá en el patio pues estos caballeros traen prisa y se tienen que ir a trabajar, qué no es usted la cantante que salió en la tele y va a dar un concierto hoy en la noche?, estira la mano para darme un pedazo de carne maciza casi blanca forrado por tres de sus lados con grasa semitransparente coronada por una costra dorada, doradita, doradita, yo en vez de tomarlo con la mano, entro en trance religioso, me paso del otro lado del mostrador, me hinco a los pies del hombre como seguramente se hincaban Colón y todos los demás al llegar a la Española, (ahora yo ya sé bien por qué), junto mis manos en el pecho, miro hacia arriba primero, luego cierro mis ojos y abro la boca para recibir de la propia mano de este apóstol sacerdote culinario la ostia sagrada de la carne del marrano en una comunión con Dios en que recibo su cuerpo a través de una de sus más maravillosas creaciones y de la que más orgulloso quedó después de la creación, dicho con todo respeto y sea de paso, ascendiendo yo mismo a las alturas en este acto espiritual en el que comer y beber son uno y yo el más fiel de sus súbditos que lo recibo a *él* que está en los Cielos y ahora aquí ya dentro de mí y yo en la Gloria y en el Reino de los espacios temporales infinitos y en el poder eterno. Amén.

Sexta y Séptima Epifanías.-He perdido la cuenta de las salidas de Madrid. Visité treinta y cinco de los pueblos circunvecinos de la ciudad durante las últimas cinco semanas y hoy, no sé si por desvelo o por distracción, avanzo sin recordar si salí por la Nacional I, por la Nacional III, por la VI o por la V de esas telarácnidas autovías que parten de la ciudad del oso y el madroño y la conectan con el colmenar de los millones de pueblecitos de nombres maravillosamente poéticos que la circundan (incluido el de *ése*). El asunto es que voy para Segovia, al menos, con la intención de llegar allá en el transcurso del día soleado que se me recarga con todo el peso de la luz del verano y el hambre de las tres de la tarde que empieza a incomodarme. Tomo la lateral de la autovía; curioso: a estas alturas la amplitud y modernidad de los caminos asemejan la zona-aunque les pese a los autóctonos- no a una provincia de España sino a alguna de Norteamérica. Bajo la pendiente, llego al cruce de dos caminos muy anchos y decido torcer a la izquierda y pasar por debajo del gran puente para dirigirme hacia la zona de casas -tejados marrones- que divisé segundos antes. Dejo la amplitud de las autopistas y en el primer cruce de calles normales tomo hacia donde un letrero me indica que a la izquierda hay un pueblo; el nombre: San Rafael. No sé si por el verano pero al llegar a la parte donde aparece el centro del pueblo el ambiente se me hace de verbena. Puestos callejeros, jóvenes amezclillados y muchachas en shorts, restaurantes hasta el tope con sillas y mesas en el exterior sobre las banquetas. Voy y vengo en el auto, voy y vengo; el hambre amerita una búsqueda minuciosa.

Acabo por parar frente a un restaurante que ofrece *lechón al horno de leña*. A pesar de ello, al ver el menú me decido por algo que he venido viendo desde que me paré a comer en un lugar cercano al aeropuerto y lo distinguí entre los platillos que su carta ofrecía. He pensado en pedirlo en varias ocasiones pero siempre acabo por posponer la degustación. Hoy he decidido.

Disfruto como nunca la jugosa carne, sorprendente ejemplar suave, tierno y suculento de casi pulgada y media de grosor. No doy crédito, entre sueños me pregunto si es que por error entré en la ciudad amurallada; trato de hacer memoria y casi me convenzo de que eso fue la semana anterior. Sin embargo, estoy consciente de que he perdido por completo la noción de dónde exactamente estoy. El rapto gastronómico hace que pierda la conciencia de todos los puntos de referencia y ni siquiera le atine a la región, estoy ya a esas alturas completamente despistado ; puede inclusive ser la Provence, la Champagne, no lo sé, tal vez estoy en la Toscana ...en.... algún lugar de La Mancha?

Sólo el aglutinamiento de viejos en algunos puntos de la acera de enfrente que veo desde mi mesa, las boinas negras en las cabezas de la mayoría de ellos y una ligera impresión de haber leído el nombre del platillo en idioma español, me retraen a la realidad más inmediata y concreta de que sí estoy en España, en las cercanías de Madrid, y este pedazo de ángel que me estoy comiendo y que me hace dar gracias a Dios por los romanos haber tenido la prudencia de decaer al cabo de los siglos para dar paso a los bárbaros del norte, a los del sur y a los de todos lados que acabaron por sangrar el imperio para sembrarlo con ignotas maravillas de regiones remotas, y que mastico y mastico casi con un orgasmo culinario de Válgame la Virgen y Bendita Sea la Reunificación Católica y las Carmelitas Descalzas Gloria al Dios PADRE, es, nada más y nada menos, claro que sí, ahora lo recuerdo bien, lo he venido leyendo en cartas varias pero ubicuamente desde que bajé en Barajas, pues aunque es de los mismos rumbos amurallados que la genial Santa Teresa, lo hallas casi por cualquier rumbo de la España, y éste es, claro que sí, claro que sí, *éste* es, ay! Dios, mmmmhhh, Dios! sí, síííí! Dios! ay! sí-simple, grandiosa, brillante, flamante, diamante, clara, dorada y suculentamente-: el *Chuletón de Ávila!*

Quince días después abordo Andalucía. Preparación especial pues en mi mente y aunque no les guste y aunque les pese a los del norte-que sí trabajan-, ella es la esencia de la España. Al menos, de la España que me gusta soñar, imaginar y seguir inventando cada día.

Pensar en una España sin vestigios, sin reductos, sin aún muy vivientes y saludables estructuras árabes, sería como tratar de pensar en un México sin indios- o sin españoles- ,sin lo que nos han dejado, sin lo que nos dan y dejan cada día y nos heredan para siempre; inclusive, hasta sin las palabras que masticamos aun en sueños. La mezquita de Córdoba, aunque parcial, se ve imponente desde el Puente Romano. Las eternas reparaciones y remozamientos de los sitios turísticos españoles, hoy aplicadas a este templo inconcebible, impiden entrar a él por dos de los lados, hay que dar mucha vuelta y buscar el cómo. Aun así vale la pena, y esa es la gran diferencia con respecto a nuestra cultura turística del mantenimiento de los sitios: allá, cualquier pedazo de piedra caída de un castillo tiene seis reflectores que lo alumbran, lo magnifican, luces de colores para prestarle magia, para que llame nuestra atención desde la lejanía de la autopista, barnices que lo protegen y exaltan, una placa perfectamente conservada con datos en cinco o seis idiomas diciéndonos por qué ese pedazo de piedra descascarado es importante hoy para la cultura ibérica, nuestra cultura, nuestras almas, nuestro viaje; aquí en nuestro país, las más bellas y enormes catedrales, esotéricas pirámides, astronómicas arquitecturas, ingentes, milenarios asentamientos urbanos, templos mayores…siguen como sin haberse ganado la gloria, inexistentes aunque no hayan sido desintegrados, huérfanos, sin una lágrima en bautizo, sin pena ni gloria, sin títulos ni satisfacciones, sin biografías ni historia. A pesar de la diurna luz, en tinieblas perennes.

Por fin encuentro una puerta -medio escondida pero, gracias a Dios, sin andamios ni fierros ni trabajadores obstaculizándola- para ingresar a la mezquita. Entramos mis amigas y yo y vamos asombrándonos a cada paso cada vez más al ver las geniales columnas y perder la cuenta que ilusamente pretendimos llevar de ellas. Fotografías aquí, fotografías allá, una muy bella con mi amiga, la más preciosa, al lado del *mihrab*, y otras dos (fotografías) por lo menos rescatables en cuanto a iluminación, encuadre y sonrisa espontánea de las modelos, en el templo católico (la catedral) anclado al interior del otro, el musulmán. Unión prodigiosa de culturas y religiones. Frescura en el ambiente a pesar del calor externo abrasador del verano andaluz. Salimos hambrientos y buscando un restaurante nos dirigimos a la zona con más influencia arábiga y musulmán de la ciudad, tanto en su gente, como en sus vestimentas, su alimentación, sus costumbres y la arquitectura de sus calles y casas. Vías empedradas, blanquísimas, floridas. Estrechas en sus arroyos para nuestra moderna usanza, pero muy amplias, bien dispuestas, alcantarilladas y bien iluminadas de noche para la época en que en otras partes de Europa ni con calles reales se contaba; cuando Córdoba, ésta aún hermosísima Córdoba, era ombligo y luz del mundo.

Luego de algunas callejuelas retorcidas, percibiendo alharacas y zalamerías cercanas y a lo lejos por donde pasamos, encontramos tras un patio muy mozárabe las mesas y comensales de- según algunos de los recomendantes consultados en calles previas- el mejor restaurante de comida tradicional del rumbo. Las clásicas miradas curiosas cuando entramos yo y mis acompañantes (lo digo así porque yo entré primero), uno que otro comentario en las mesas del fondo, sonrisas comprensivas entre nosotros a la hora de tomar una mesa para siete a un lado del barandal de un hermoso balcón con vista al exterior. Algunas de mis amigas preguntan al mesero qué les sugiere y él, con frases golpeadas a la más fiel tradición española, y risibles de tan simplonas, obvias y evidentes, les recomienda algún plato cordobés, poco antes de que yo les insista que pidan el chuletón de Ávila y lo prueben, pues yo me he convertido ya desde hace unas semanas a ese santo de la religión gastronómica española. Pero, curiosamente, yo decido probar otro platillo que salta a mi vista desde la parte baja de la segunda página del menú y yo os debo confesar, Don Juan, primero, que el sabor y la humedad y el olor y la textura y suavidad que siento en mi cuerpo y en mi espíritu cuando pruebo-por primera vez en mi vida, porque he de confesaros esto también en seguida, que nunca me había yo atrevido a comerlo pues cuando niños nos dejamos llevar demasiado por las asociaciones que nos generan los nombres de los platillos y alimentos-y voy comiendo y tragándome con excelso placer el *rabo de toro* (cola de res, pues) que he pedido y me deslumbra orgánicamente más ahora que estoy a punto de consumirlo, son las cosas más preciosas que he sentido alguna vez en mi vida al llevarme a la boca y acapararlas con ella secciones de un cuerpo tan cercanas a sus partes nobles. Entre comer otras cosas que he comido de cuerpos otros, por esos mismos rumbos anatómicos, y comerme como me estoy comiendo estos fragmentos ensalsados en caldos de jitomate aderezados de la grasa del mismo animal y de infusiones de especias, yo prefiero éstas de este toro saludabilísimo que seguramente fue indultado por acá cerca en alguna plaza de toros de Córdoba, o viene incluso de- no tan lejos- la Maestranza de Sevilla. Esto para mí es el cielo, y al mezclarse con mi saliva los jugos de la res, repito en mi interior *biism Alah al-rahman ua al-rajíim*…, y motivado más por el entorno, me levanto y - puesto que aquí sí hay espacio suficiente- me hinco, levanto mis brazos y me postro, frente en el suelo, ante la grandeza del Altísimo en el mismo momento en que (oh! Señor de los Señores, el más grande, magnánimo y misericordioso) -en virtud de la revelación que me inunda al tragar el nonagésimo noveno pedazo de la carne robada con tanto ahínco a los huesos del apéndice vacuno- intuyo y pronuncio el centésimo, maravilloso y definitivo nombre de Aláh: *al áakil luhúm*!

Octava Epifanía.- Un domingo de pretensiones turísticas poblanas me detengo, por material accidente, en el Mercado de San Martín Texmelucan. La carne de borrego que allí como, en un insignificante -pero a partir de *allí*, para mí, el más significativo de todos- puesto del área de comidas, guisada dentro de los cánones más tradicionales de cocción y sazón de la a pesar de los siglos de las diferentes conquistas prolongada en su prodigiosa sobrevivencia cocina prehispánica mexicana, casi hace que subvierta dentro de mí el orden templario de las construcciones espirituales por tanto tiempo imbuido en mi ser por la realidad externa de las pirámides sepultadas por las parroquias, iglesias y catedrales católicas coloniales, y erija un gigantesco, profano altar a la memoria no sólo de los sacrificios indígenas del nuevo mundo, sino de aquellos otros inmemoriales de los tiempos de Sión.

Novena Experiencia Epifánica.- No sé si por las características mágicas y esotéricas de la región, o porque en realidad lo que iba en el mole negro oaxaqueño, obra de algún travieso, no era un pedazo de pollo o de la res prometida sino alguna carnosidad de hongos de San Pedro Mixtepec , o porque llegué al estado de Oaxaca en tiempos violentos, casi surrealistas, y perdí junto a tanta experiencia atrabancada la noción real del orden y la esencia de las cosas, pero lo cierto es que ésta se ha quedado en mi espíritu como la epifanía más vibrante y enérgica por sus cualidades de estar en mí como la más presente, la más reciente, la novena y última exaltación hasta el momento, la más vívida (a pesar de su confusa insubstancialidad) y la más profunda en términos de experiencia mística, si no por lo que se refiere a la participación de mi cuerpo y mi alma en las interioridades de una particular esencia divina, sí por aquello que tiene que ver con el engrandecimiento y la sublevación más potentes del espíritu y la comunión de la propia persona con el cosmos. Sea de la manera que sea.

Y he aquí que estoy en un restaurante de la ciudad de Oaxaca(capital del estado), corto el pedazo de carne subyacente en las oscuridades de la salsa negra del mole, glorioso mole negro de Oaxaca, donde jamás se ve qué hay en el fondo, me lo llevo a la boca, lo degluto, y ahí es donde ya no sé si fue carne porcina, ovina, bovina o caballar, o qué carajos me comí, habrán sido hongos alucinógenos, pollo, tejón, iguana, rana, culebra, guajolote descompuesto, porque empiezo como a sentir asco, a flotar en el aire, a desprenderme del cuerpo y a ver las cosas desde arriba y desde lejos, y a la vez que veo todo, veo nada; pasan por delante de mis ojos espirituales los fenómenos que me reafirman en la comprensión del Dharma y a la vez alcanzo la más egregia de las cumbres resultantes de las disciplinas budistas sintiendo que me coloco en la nirvana, la experiencia de aventura y bienaventuranza paradigmáticas, de conexión y desconexión por antonomasia, de integración y desintegración por excelencia, de extinción y pérdida en el todo y en la nada, y, ausente casi de dolor, prácticamente libre de la náusea, curado ya antes del vómito final y de la muerte, sigo ascendiendo en una especie de nebulosidad etérea ingrávida y veo niños en sus casas, maestros en la calle, líderes en las salas de los estudios de los programas de televisión, súper líderes en sus súper mansiones orinándose de la risa, políticos otrora prepotentes cagándose de miedo, asambleístas de la Asamblea (que gramáticos dicen *redundante* pues no comprenden que se puede ser "de los pueblos" y a la vez ser completamente *impopular* –para algunos-, pues un término no presupone necesariamente el otro) *Popular* de los Pueblos...*poblados* (ya ve usté, hasta esa palabra podríamos incluir en el nombre de identificación y no caeríamos tampoco en el error pues ocurre que hay pueblos *despoblados*) de Oaxaca, indios muriéndose de hambre, manifestantes en las escuelas, revolucionarios en las oficinas de gobierno, grupos de choque en la universidad, campesinos en las estaciones de radio, políticos estatales en la capital de la república, gobernador en el limbo, hambre carnal, espiritual y cultural por doquier, barricadas en los cruces de avenidas, policías robocopianos un minuto sí y otro no en las mismas plazas, calles y esquinas, manifestaciones ahora sí, dos segundos después ya no sobre las mismas rutas, automóviles y camiones ardiendo, automóviles y camiones quemados, automóviles y camiones quemados trasladados a otro sitio, automóviles y camiones quemados, otra vez (¿los mismos?) en los mismos lugares, erario público despilfarrándose y yéndose por el pinche caño en todos los sentidos, promesas a diestra y siniestra, griteríos, correrías, expiaciones de culpas, yo no fui no la chinguen yo siempre he sido buena gente nosotros no somos los que estamos en defecto ellos son los culpables tú eres el que no entiende él fue el que comenzó, noticias en los televisores que dicen que hoy ya hay clases, que mañana hay clases, que siempre ha habido clases, que aquí no pasa nada, que todo está en orden, percibo en las ondas hertzianas pinches voces de pinches Secretarios de Estado, de autoridades pinches, de voceros pinchérrimos que dicen que el problema no es serio, que el estado está en paz que el país está en paz que el mundo y el universo están en paz que esto es baba de perico, que aquí no hay muertos ¿cuáles muertos?, voces de un gobernador que dice que todo está bajo control que el conflicto ya se terminó, ¿cuál conflicto?, digo yo, si al mismo momento en que veo todo eso, veo toda esa calma chicha en los programas, hasta ya ni veo a veces esta ciudad de Oaxaca en los programas, ya ni existe Oaxaca, y los edificios quemados, al mismo tiempo se me presentan íntegros, y las bardas y muros graffittiados son y no son pues al mismo tiempo están y no están pintados de textos multicolores eléctricos principalmente rojo sangre y de un blanquísimo válgame Dios!, qué puro!, y mi cuerpo mi espíritu qué se yo siguen integrándose a un espacio donde todo es y no es al mismo tiempo, como ese santo de la devoción de los sufridos que parece el terrorista japonés de la secta Aum Shinri-kyo que atentó contra personas, animales, el metro y lo que se le pusiera enfrente en Tokio en 1995 y a la vez es igualito al Emilio "El Indio" Fernández de *El rincón de las vírgenes*, y a este mismísimo autor cuando lo recogieron los de la Interpol en Río de Janeiro después de una buena temporada de meterle al *pao de queijo, la farofa y la feijoada*, y le veo al tal Flavio Sosa su panza prominente que no desmerece en nada ante las de aquellos, y sus barba y bigote hirsutos pegosteados y sus andares pausados y sus lágrimas gaseosas, *pasu mecha!, pinche gas lacrimógeno, está grueso, este pañuelo pa' cubrir la nariz no sirvió de nada*, y sus modos ladinos y sufrientes de mártir y sus hablares calmos de profeta, pero ha de ser eso, un santo, un anuncio (anunciación?), una aparición celestial o mágica de algún tipo pues a pesar de tanta carne en sus tejidos hace rato lo vi cruzar por fuera de la puerta del restaurante y en todas las esquinas y marchas y barricadas y programas de tele y hasta lo escuché hablar en los mismos por teléfono y ahorita desde aquí en el arriba que me subí por efectos del mole ya no lo veo, y lo busco y lo busco y no lo encuentro y se me ha perdido como si fuera imagen hebrea en una zarza ardiente o luz de bengala o raudo cohetón o molotov fulgurante o forajido intermitente entra y sale ya vine ya me voy ya entré ya me salí ya se chingaron del oeste. Y yo sigo subiendo y diluyéndome y cada vez es más desde la altura lo que puedo ver pero, a la vez, cada vez es menos y ha de haber sido esa carne de pobres en este mole de Oaxaca la que me hizo el milagro de tener esta visión tan amplia y poder ser todo el universo entero y a la vez irme volviendo nada y poder ver el futuro y el presente y el pasado y todo lo que veo ahora, a la vez que dicho sea de paso -como con respecto a todo lo demás de este país-: **no veo nada**.

"A video camera is not a gun"

(ó La aparente diferencia del valor humano)

I

En la práctica...

... pueden morir diez, doce, quince, veinte mexicanos, y el discurso de la democracia seguirá siendo que hay que actuar con prudencia, no acelerarse, dar el tiempo justo para que los problemas tomen su curso para que las cosas se clarifiquen para que todo tome su lugar dentro del contexto de la reubicación de los problemas sociales, bla, bla, bla... que hay cosas que deben ser resueltas por las autoridades locales, que las máximas autoridades no tienen por qué intervenir, que el conflicto en cuestión tiene muchas aristas y hay que atender y respetar los intereses de los diferentes grupos y facciones y no tomar decisiones precipitadas que pudieran lesar intereses, afectar dignidades, desequilibrar posiciones y poner en juego la estabilidad de la zona conturbada y de la nación bla, bla, bla, bla, bla, bla...

Pero basta (y sobra) con que el que muera en algún momento sea un miembro, empleado o partícipe de las estructuras de los medios de comunicación, para que-entonces sí-*todo mundo* se preocupe, se alcen las voces estentóreas pidiendo resolución inmediata del conflicto que está acabando con la vida de gente inocente, y se pida públicamente a voz en cuello y desde todos los niveles previa y cuidadosamente preparados para las convenientes y oportunas entrevistas en los reportajes de protesta contra la violencia generalizada, que se ponga un alto al conflicto, se dé solución al problema, fin a la tragedia, se detenga el desorden e intervenga el Estado para parar con el *genocidio*. Como si de repente la vida de un reportero valiera más que quince de las vidas de personas que no se dedican a trabajar con cámaras y micrófonos en mano para los diferentes medios de comunicación, y su muerte ameritara-por sí misma- tomar las decisiones que nunca se tomaron y llevar a cabo las acciones determinantes que hasta poco antes no se habían efectuado para resolver el conflicto por la paz o por la fuerza y a como diera lugar; cosas que no se realizaron en ningún momento mientras los que iban cayendo masacrados por las balas, envenenados por los gases y molidos a golpes entre empujones y bastonazos eran "simples mortales" sin conexión alguna con los periódicos, revistas, radiodifusoras y televisoras de los medios de comunicación del mundo.

Ah! pero hay otro elemento substancial y determinante en este sistema métrico particular de las nuevas democracias para el pesaje del valor intrínseco de las almas: si, por casualidad, el elemento caído en medio de una batalla en Medio Oriente, de una manifestación en España, de un disturbio en Oaxaca, de un atentado terrorista en Wisconsin, de una sublevación en Botswana o de una revuelta en Buenos Aires resultare ser camarógrafo, reportero, periodista o comentarista de algún medio informativo y de comunicación, pero-además-él mismo ciudadano de Alemania, Inglaterra, Francia o de alguna de las poquísimas naciones súper poderosas que comparten el pandero y lo zarandean para que bailen al compás de sus caprichos y necesidades los demás países mucho menos afortunados del orbe y los habitantes más depauperados del planeta-o ciudadano, en su caso más crítico, ay! Dios, de los Estados Unidos de Norteamérica-, entonces sí, la diferencia proporcional entre los valores asignados a las vidas humanas de las diferentes que se van perdiendo a lo largo de las guerras y conflictos sociales en el mundo, se amplía al máximo y se mueve hasta extremos en los que la muerte de ese reportero o camarógrafo americano "*importa*" de tal manera a las diversas estructuras del poder que se genera una movilización general en los medios y en los círculos políticos de peso para crear conciencia pública de lo dramático de la situación y lo insostenible de las condiciones presentes y pedir la captura de los culpables por la muerte del sujeto, el castigo de los responsables por dicho fallecimiento, dicho deceso injusto, innecesario y cruel, y hasta el uso de fuerzas internacionales de seguridad y control para devolver la estabilidad al país, región o zona problemáticos y acabar de una buena vez, y por todas, con el conflicto.

    Esta movilización de medios, círculos políticos de niveles varios en la esfera superior, y de la "opinión pública" azuzada y arreada por aquéllos, se genera aun en el caso en que el individuo (o individua) fallecido en el ejercicio de su profesión informadora sea un ciudadano que no nació en el país súper poderoso en cuestión, pero que adquirió la nacionalidad del mismo en algún punto de su vida por las vías formales y legales. Esto es, el tipo no necesita ni ser hijo de los hijos de nuestros ancestros, hombres que poblaron las tierras de este país para construir nuestra nación; basta con que se haya afiliado a nuestra estructura mayor, el Estado, y haya cumplido con los ritos de iniciación para ingresar a la tribu.

    Y ello, porque -muy aparte de los valores diferentes que en el inconsciente colectivo las tradiciones e ideologías han introducido para que se les asigne a las almas blancas y buenas de las razas blancas y puras una importancia mayor y mayores peso y valor que a las almas negras, achocolatadas, pardas, impuras y pobretonas -los hermanos mayores (aquellos que tienen más poder en virtud de su tamaño, riqueza y el uso que ésta les permite de la fuerza: el lenguaje más internacionalmente conocido y respetado, *universal* por excelencia) siempre saltarán con más exaltación y determinación, hasta en la escuela, cuando se trate de defender a sus hermanitos y protegidos amenazados, atacados por terceros, accidentados o caídos en desgracia. Es la ley de la jungla, la ley de la escuela, la ley del barrio, la ley de la vida, la ley del mundo. Pero en el caso de los países y la defensa que hacen de sus "ciudadanos" con tanto afán cuando alguno de ellos muere en algún conflicto internacional mientras reporteaba los aconteceres cotidianos de alguna guerra, revuelta o revolución-y de los medios de comunicación cuando alguno de sus empleados cae herido o muerto de forma similar y por similares razones-, no cuenta nada más la simpatía nacional, étnica, humana, ética o profesional y de oficio, para provocar tal algarada de tropas como la que se desata cuando los fenómenos de la revuelta de manera directa o indirecta, proposital o sin intención alcanzan y derriban a uno de sus "hijos"; lo que también cuenta, y cuenta más, son los intereses que la muerte de un sujeto parte integrante de sus estructuras les permite mover en beneficio propio y de sus objetivos particulares (políticos, territoriales, de posicionamiento, de prestigio, de imagen, de liderazgo, de audiencia... en suma: *económicos*), en el desarrollo de una estrategia donde a fin de cuentas lo menos importante acaba siendo el hecho de que un congénere o colega murió, sino la mejor forma en que se puede explotar ese hecho para sacarle provecho e inclinar cada vez más la balanza del poder a favor de esas estructuras de la industria de la comunicación, de las políticas nacionales y del comercio internacional a escala global.

En la práctica- y por las razones que más les convengan y haciendo a un lado el concepto religioso de la igualdad entre los hombres-: el cuerpo y el alma de un güerito con cámara al hombro y micrófono en mano valen más-y pesan más en el concierto social-que los cuerpos y las almas de diez, doce o quince-o más-morenitos que no tienen grabadora de algún Diario en el bolso, cámara fotográfica o de video en las manos ni petate en qué caerse muertos.

En la práctica- a un lado y por encima de simpatías, noblezas, filosofías, fes y humanidades- lo que importa para los gobiernos y los medios-ya sean los del país de origen del reportero o los de aquél en que éste cayó muerto (que éstos últimos también tienen mucho partido que sacarle si saben cómo *usarla* de manera conveniente)-más que la muerte en sí-y las condiciones que la envolvieron-de ese sujeto (aunque él esté clasificado en la categoría más superior dentro del pesaje relativista de cuerpos y almas que ejercitan las estructuras del poder a diario: *corresponsal americano de guerra o de cobertura de noticias en algún lejano país*), es: cómo transmitir la noticia de su muerte por los mismos medios de comunicación, cómo dosificarla, y cómo manejarla y utilizarla para capitalizarla de la mejor manera dentro de sus propios planes y causas; en dos palabras: *cómo venderla*; en palabras simples: *cómo usar la muerte del niño para llevar agua a su molino.*

II

En esencia...

...la figura del corresponsal de guerra y cobertor de conflictos en zonas, regiones y latitudes diversas se asocia, por su misma función, a la del entrometido, el informador, el informante. Heredero de aquellos elementos *non gratos* "sin vela en el entierro" que desde los Dardanelos, el Helesponto, las crónicas de Jenofonte, los primeros cristianos, las cruzadas, la guerra de los bóxers (aquí con mayor razón pues los Corresponsales aparecían ya), eran- para todos los efectos-: el "mensajero", el faraute, el correveydile, el metiche, una potencial -o segura- parte del enemigo, el traidor, el espía, *el agente que interfiere con el experimento*, el elemento extraño al grupo que no cumple una función específica dentro de las actividades de éste -aunque en algún momento pueda ser útil para transmitir o exponer cierta información conveniente para el grupo, o manifestada por una parte (o por parte) del grupo-, pero que sí, por el contrario, las más de las veces representa indiscreción, fuga de información, peligro potencial de revelación de intimidades inconvenientes de ser sabidas por el enemigo del grupo en cuestión y el público en general y, hasta físicamente, un estorbo.

No se justifica de ninguna forma la muerte de reporteros, periodistas e informadores cuando simplemente se encuentran cumpliendo con su trabajo y tratando de ganarse la vida honestamente y entre los peligros y vicisitudes de una exposición máxima a posibles daños a su persona. No obstante- dejando a un lado los casos en que son ejecutados de manera *absolutamente intencional* en actos de venganza, castigo, o de manifestación de principios, posiciones, posicionamientos o actitudes, por parte de grupos de la delincuencia organizada, enemigos personales o hasta de alguno de los grupos en conflicto dentro de la misma situación que los reporteros están cubriendo para sus medios de comunicación, con el fin de favorecer, por alguna razón, los intereses de esos mismos grupos, o, inclusive, para atraerse(con fines convenientes para sus particulares intereses) la atención general y definitiva de otros medios y de todos los elementos y grupos de la sociedad-,hay que saber entender las posibles razones por las que no solamente la muerte verdaderamente accidental de uno de ellos puede ser utilizada a favor de una o de todas las partes en conflicto, sino también aquellas razones que, si no justifican de ninguna manera la muerte del reportero, por lo menos explican por qué no es difícil que ésta se dé aun sin existir una voluntad expresa de asesinato por alguna de las partes:

a) Contra lo que plantea la frase que titula la presente crónica -*A video camera is not a gun*, aparecida en los noticieros de todo el mundo pues escrita en letras gruesas en un cartel levantado en vilo (en todos los sentidos) y esgrimido con furor por uno de los (viejos y jóvenes y amas de casa y, cómo no!, estudiantes de todo sexo y color) manifestantes comprapleitos abrazacausas ignorantes del fondo de una olla sólo vista desde lejos y cuya imagen ha sido filtrada y deformada seguramente por los medios masivos impresos y electrónicos, que frente a uno de los consulados y embajadas mexicanos en diversas ciudades del mundo se apostaron y marcharon para protestar contra el conflicto de Oaxaca en el año 2006 donde -entre otros-perdió la vida el reportero estadounidense Brad Will, podemos decir que *"A video camera is a gun, indeed"*. La pluma, el pincel, el cincel, la lengua y la boca (el habla), el cuerpo y todo aquello que transmita conceptos e imágenes a través de las diversas modalidades de los diversos lenguajes o del retrato fotográfico, cinematográfico, videográfico u holográfico de aspectos, momentos, acontecimientos, situaciones y circunstancias de la realidad, pueden ser -y de hecho muchas veces lo son- armas más peligrosas que aquellas implicadas en el *"gun"* de la frase de protesta. Díganlo si no, entre muchísimos ejemplos, los blancos de las punterías de los gravados y caricaturas de Daumier, las antiguas canciones de protesta de Serrat, los discursos de Cicerón, el celebérrimo *"J'Accuse...!"* de Émile Zola.

b) En su afán de hacer su trabajo de la mejor forma posible y presentar antes que nadie la exclusiva más fresca, verídica y aproximada a la realidad, en su intento de estar cada vez más cerca, más dentro de la acción, el camarógrafo-reportero pisa minas, descubre cloacas pestilentes que matan por la sustancia inhalada o por la reacción de aquellos que no querían que dicha cloaca (en su sentido más metafórico o literal) se levantara, cruza barreras, rebasa límites (físicos y conceptuales), se inmiscuye, se mezcla, se aproxima y se integra a uno o a otro de los grupos o elementos del conflicto generando, además de un estorbo inconveniente que puede tener resultados dramáticos por el favorecimiento de alguna reacción impensada, accidental, de violencia (veo por el rabillo del ojo un movimiento extraño, una aproximación, una sombra, un temblor, una presencia "peligrosa", volteo, disparo mi fusil, ooops!, era el reportero...), la posibilidad de recibir los bombazos, los disparos, los ataques y la violencia dirigidos, en principio, no a él sino al grupo en el que se hallaba inmerso al momento de la agresión.

c) En un lenguaje no-verbal de actitudes, gestos, poses y movimientos corporales, el manejo de micrófonos, boooms y cámaras (fotográficas, cinematográficas y de video) puede ser asociado-baste ver las imágenes de los puntos álgidos de los enfrentamientos en las que aparecen reporteros o corresponsales captando o comentando la acción - en el momento de más fragor de la lucha entre los grupos en conflicto, con el de *lanzas, palos, garrotes y armas de fuego de corto y largo alcance*. La forma misma de las cámaras, el cómo se mueve el sujeto que las empuña o carga cuando busca ubicarse en un buen sitio, entrar "con su ojo" a la acción u obtener la mejor toma desde el mejor ángulo (aunado todo esto a los movimientos muchas veces sigilosos de aproximación o defensivos de autoprotección ante petardos, fuego cruzado, etc.), el hecho de que a veces parezca el reportero -en visiones rápidas nerviosas de los que lo rodean, típicas de los momentos climáticos de los choques, enfrentamientos y batallas- cargar sobre los hombros una "bazooka", llevar en los brazos un "rifle", en las manos una "pistola", a la vez que en efecto y en realidad aplique sus ojos a una mirilla para localizar un blanco y a él apuntar la dirección de su objetivo, y hasta el hecho mismo de que lo que haga sea "disparar" (término usual -*shot*- para el momento en que se hace "click" en una fotografía o se echa a correr la cinta de celuloide en una cámara o se activa la video grabación) luego de haber buscado un conveniente "ángulo de *tiro*" para realizar su toma, actos -todos ellos- ligados conceptualmente a actividades de cacería, tiros, reacciones a movimientos o actos de agresión, envíos de proyectiles con rapidez, violencia y cierta irreflexividad (y a otras no sólo de carácter cinegético sino también derivadas de éste en cuanto a la consideración, el uso y la conceptualización de blancos, presas, territorios, preseas y recompensas, como en los asaltos bélicos; y a algunas ligadas a la exhibición de prepotencia y actitudes imponentes a la hora de aproximarse a los elementos del conflicto, diciendo "*soy de la Prensa*", y reclamando verbal y no-verbalmente un trato preferencial, casi reverencial, y en el que se dan por sentados los privilegios de una inmunidad mayor que la concedida a Diplomáticos), hacen que pueda comprenderse el suceder de esos accidentes donde el reportero acaba haciendo las veces, involuntariamente y sin haber podido preverlo, de chivo expiatorio, ofrenda a esos dioses de la guerra y los enfrentamientos entre los hombres, mismos que acaban reaccionando a su muerte, en la mayoría de las ocasiones, con muchas alharaca y algarabía pero sin mostrar efectos significativos permanentes para la mejoría o el finiquito del problema del eterno acontecer histórico de la violencia repetida entre los individuos, las familias, los grupos sociales, las sectas religiosas y las naciones. Patética situación la de ese tipo de corresponsal, de reportero. Su equipo de trabajo, su vestimenta y sus acciones son todos una aproximación al peligro; estas últimas, mientras más delicadas y subrepticias, son potencialmente más peligrosas para él pues el poder de las intenciones, los miedos, las reacciones y las armas en los modernos conflictos armados es tal que el reportero puede morir-como muchas veces lo hace- con la facilidad con la que muere aquel insecto que en su volar inconsciente estorba al ocupado en otros menesteres de peligro extremo para sí mismo. Éste, se quitará al reportero, al estorbo, de encima-hasta de manera definitiva, o aparentemente definitiva pues sucede que muchas veces la muerte del reportero lo convierte en alguien más visible y mucho más molesto-así, inocente y simplemente con el equivalente de un palmotazo, como quien se quita una mosca.

Basta observar con detenimiento pietaje de batallas cubiertas por periodistas, reporteros y camarógrafos, ver sus movimientos y actitudes y su manera de involucrarse, aun tratando de no involucrarse ni ideológicamente en el conflicto, para entender cómo pudo ser- o haber sido-considerado, por cualquiera de los dos-o más-grupos en pugna y en un momento específico de tensión máxima y de lucha crítica, un elemento hostil, atacante; tomado por *el enemigo*.

Y aquí es conveniente subrayar el aspecto ideológico. El de los participantes en el conflicto físico concreto que el reportero se encuentra cubriendo..., y el que impera como una lucha de fuerzas fantasmales que estiran y jalan por fuera de dicho conflicto determinado y circunscrito al área de la lucha, entre las entidades más amplias y superiores que participan desde lejos apoyando de múltiples maneras a aquellos elementos del conflicto con los que simpatizan, o a los que los unen intereses económicos, de raza o existenciales, y que incluso siguen adelante con sus condenas, ataques y reivindicaciones hasta mucho después de la disminución o terminación del conflicto(los intereses económicos no tienen época)(*).Y -por supuesto- el de los elementos que se presentan como imparciales y simples observadores para la transmisión de la noticia, pero que no siempre lo son, y prácticamente nunca son vistos como tales.

(*)**Nota** -y no al calce ni al pie de página, sino en la merita médula de la cuestión-, y nótese!-:Un juez de España, de los que disfrutan llamando la atención con sus procuraciones de justicia montadas principalmente para hacerse fama en los medios, *dictó orden de aprehensión para tres soldados de un tanque que disparó y mató a un periodista en la Guerra de Irak*(!).

Como seres humanos que son -aun pretendiendo conservar la imparcialidad objetiva del documentador, el informador, el reportero, el cronista- los elementos que cubren las noticias para los diferentes medios de

293

comunicación conservan siempre dentro de sí, muchas veces expresándolos concretamente cuando no de manera sutil e inconciente en las tomas, los encuadres, los tiempos de exposición, etc., un sentimiento de simpatía a favor de una u otra de las partes y una actitud que lejos de ser *imparcial* está teñida emotiva, personal y/o profesionalmente-en la gran mayoría de los casos-por su educación, aprendizaje, inclinaciones, conveniencias y preferencias ideológicas. Y no obstante hallarse en toda esa gran selva de periodistas y reporteros muchos que conserven una absoluta objetividad al momento de desempeñar su trabajo, acaban esos "comunicadores" siendo en todo momento la parte visible (y cercana al conflicto sobre el cual están "reporteando"), de esas grandes, mayores o menores, y en ocasiones grandísimas cadenas y empresas de comunicación que sin duda alguna sí poseen intereses ideológicos, políticos y económicos claramente *definidos en cualquier situación de conflicto entre naciones, grupos sociales y/o individuos*. El reportero es la parte visible, el representante de esas grandes empresas impersonales, difusas, inasibles a pesar de omnipresentes, ubicuas aunque fantasmales, de información, ante los grupos en conflicto y, como tal, potencialmente sujeto a los actos de violencia, más o menos intencional, que uno o la totalidad de dichos grupos lleve bajo el brazo y en lo más profundo de sus intenciones, se haya reservado y haga estallar en su momento con todo el odio acumulado por años contra las empresas de comunicación *en sí*. Aquéllas que han puesto en el terreno de juego al "inocente" reportero que las obedece, las sirve y *las representa*.

Y hasta, en ese contexto-dejando a un lado el de ejecuciones obvias por razones concretas-e independientemente de juicios morales y de valor, es posible hallar en muchos casos otros estopines de la tragedia bajo la forma del deseo de las partes en pugna (y que se enfrentan ya en lucha armada o se trenzan en actos de violencia física) o de algunos-o alguno-de sus elementos, de provocar y atraer atención, causar desequilibrio y generar confusión, o aun como productos de antipatías personales hacia el "periodista", o hacia los medios de comunicación en general, o hacia el oficio de "reportero" en particular.

III

En teoría...

...en una teoría más esencial y minuciosa de la información, la comunicación, la percepción, y sus interimplicaciones, todo elemento externo a un organismo es un mensaje.

En el contexto de las transmisiones de información más pura, todo elemento transmisor es a su vez, en sí, un mensaje. El agente es a su vez contenedor y contenido; transmisor y parte del mensaje; informador e informe; informante e información; mensajero y mensaje.

Al ser ajeno al organismo-biológico o social-y ser percibido como elemento externo y - *per se* - mensaje y a la vez agente transmisor de información independiente aunque relacionada y conjunta al mensaje (voluntaria o involuntariamente en el caso de remitentes y mensajeros inteligentes conscientes poseedores practicantes de un lenguaje), todo cuerpo o fenómeno que funcione potencialmente como estímulo respecto a ese organismo, es- y será en todo momento-*mensaje y mensajero*.

No obstante, en la práctica dialéctica más eventual y fenomenológica de la realidad física (si es que a estas alturas, y a futuro, sea posible deslindar cualquier posible realidad molecular y atómica de sus complementos- temporales, energéticos, esotéricos y de "vacío" "no-existencial" -existenciales), y a semejanza de aquél que después de compartir filas con Esquilo bajo las órdenes de Milcíades corrió la primera carrera de Maratón a Atenas para morir, después de informar sobre la fabulosa victoria, justo ahí, a su llegada, el mensajero muere-*como tal*, y aunque subsista en otros órdenes de realidad con sus antiguas características esenciales-, siempre, al entregar en mensaje.

Si esto es verdad hasta en los casos más ambiguos, imparciales y ajenos a cualquier tendencia biológica o ideológica dañina para el organismo en cuestión, (ya individuo viviente, ya conjunto o grupo social- *operantes*), con mucha mayor razón en el caso de agentes que, de manera involuntaria o propositral, implican y traen daño al organismo; ahí, el mensajero-aunque sea en un orden semántico y por encima de las circunstancias biológicas o existenciales-muere, inclusive(en múltiples ocasiones)-y aunque sólo sea- en la medida en que desaparece como tal para convertirse en *el enemigo*.

Dentro de los análisis de las teorías del caos, del azar y de la probabilidades, de la moderna física quántica (que en realidad debería dejar de llamarse ya física para ser denominada simplemente realidad quántica), y de los fenómenos conceptuados como parapsicológicos, existe una tendencia estadística hacia la media en cuanto al beneficio o daño que-sin acercarse siquiera a consideraciones de tipo paranoico en su valorización-los elementos-objetos-fenómenos-estímulos-sujetos-agentes-informadores-información-medios-mensajeros-mensajes pueden causar y/o causan al organismo recipiente en contacto.

Dentro de una conceptualización mística, los mensajeros mensajes pueden ser demonios o-en su sentido más transparente, puro y bondadoso-ángeles.

Y -aquí sí- carcomidos por las sinrazones de las enfermedades psíquicas de nuestra época, estresados a más no poder, paranoicos cotidianos donde los temores y exageraciones panicales frutos de nuestras existencias desmoronantes sin asidero alguno se magnifican a más no poder en las situaciones de conflicto, disturbios, batallas y guerras en que nos vemos envueltos (ahí donde los seres queridos nos traicionan, el enemigo nos pisa los talones, el ángel guardián nos da la espalda y hay que matar de un manotazo como sea ya a la mosca porque o nos hace llorar sólo el que vuele, o es portadora de infecciones enviadas en la guerra biológica, o un artefacto minúsculo cibernético de espionaje de nuestras actividades guerrilleras emocionales), vemos en cada rostro- asaltante o no-un atacante, y cada mensajero mensaje nos agrede, es un demonio, nos lastima, es la maldad, el enemigo.

Dejemos de lado, en el renglón de las dolencias, aquella esquizofrenia que nos permite intercambiar papeles, funciones y posiciones con los que son, en secuencia casi simultánea, ya benefactores, ya malditos, ya conquistadores, ya malvados, ya santos, ya ángeles, ya dioses, ya demonios, ya misericordia, ya crueldad, ya vida, ya muerte para nuestras propias vidas.

Concentrémonos en nuestra realidad actual, en nuestra actualidad real: las condiciones de vida de los organismos-ya como individuos, ya como grupos de individuos con presencia y "personalidad" social-en la moderna sociedad capitalista neoliberal postdemocrática son de tal manera degradantes, opresivas, destructoras, enajenantes, mutiladoras y aniquilantes, que convierten al individuo (aun sin él saberlo) en un ser minusválido, oprimido, destruido, enajenado, mutilado, inexistente, inseguro, incapaz de construir y habitar su verdadera felicidad y temeroso y resentido (aun sin él saber por qué) con el prójimo; y a los grupos sociales que agrupan a las diferentes categorías de dichos individuos: en contenedores y aglutinadores de los propios vicios, temores, defectos, resentimientos, complejos, deficiencias y carencias de los elementos que los integran.

Los únicos que se salvan en el muy particular infierno mundo por el que transita cada día y en el que vive y hace vivir dentro de sí el individuo promedio-léase el que está verdaderamente jodido-son aquellos a los que él ve hacia arriba y con la subordinación y la confianza que le da el tenerlos como líderes de opinión, de vida: los artistas convertidos en los nuevos oráculos, los conductores convertidos en los nuevos sacerdotes, los medios convertidos en los nuevos dioses. (Y aun así, recordemos que en muchos momentos el ser humano se las ha ingeniado para matar oráculos, sacerdotes y hasta dioses).

Para los grupos sociales, cada grupo externo y diferente al de ellos es -mínimo- motivo de sospecha, y objeto -tarde o temprano- de control, subordinación y/o eliminación; sólo se salvan, en su caso, los grupos (con las mismas características que las del suyo) existentes-y hasta eso, sólo ahí-en sociedades de mayor nivel económico y/o cultural que el de aquella en la que su grupo se halla inmerso. Dentro del contexto enloquecido de nuestra realidad-al que nos han traído con alegría los artífices del liderazgo de nuestra sociedad-, hoy, para los organismos nacionales los elementos externos son: *los socios*; para los organismos sociales los elementos externos son: *los otros*; para los organismos individuales los elementos externos son: *el enemigo*. Si ya de por sí es terrible la incomodidad-provocada por las insoportables tensiones sociales y psicológicas-con la que viven, y sobreviven, los organismos ubicados en los diferentes medios de coexistencia individual y grupal, ¿qué puede esperarse cuando la paranoia encontró su mejor caldo de cultivo para crecer hasta sus más amplios límites y cada temblor de labios guiño nervioso sonrisa tímida del vecino es para el hombre acorralador acorralado un ataque, una invasión, un motivo de muerte? ¿Qué otro mensaje puede llevar en sí, cargándolo con todo y su alma, implícito en sus herramientas y actitudes, el mensajero mensaje, que no sea-para las victimas de la desinformación y la locura, artífices ellas mismas de la destrucción y la anarquía-el de *peligro, deslealtad, traición, mal augurio y daño*? ¿Qué puede esperarse de acciones y reacciones dramáticas en entornos parciales y totales dentro de una realidad social alterada por circunstancias que la llevan a extremos de violencia recibida o infligida-como son: catástrofes naturales, epidemias, guerras, revoluciones, etc.-y en donde los actos dañinos son-las más de las veces-productos de una voluntad consciente e intencionada de lastimar y destruir y-muchas de ellas-actos propositalmente disfrazados o encubiertos para hacerlos pasar por "accidentes"? Concretamente (y después de todo lo anterior): ¿había alguna forma de que el reportero Brad Will (a.k.a. William Bradley Roland) saliera con vida el 27 de Octubre del 2006 de las calles de Oaxaca?

IV

En suma...

...y por encima de lo absurdo e injustificable de las muertes de los reporteros, corresponsales, comentaristas y periodistas como consecuencia de actos de violencia que los alcanzan durante el cumplimiento de su trabajo, en el ejercicio de su profesión, en la lucha de ellos mismos por ganarse el pan para ellos y los suyos, por sobrevivir y sobresalir...¿cómo puede pretenderse la inmunidad total, y protestar contra la falta de ésta, para elementos que se colocan en la línea de fuego, alteran –queriendo o no-la realidad pura del conflicto entre los grupos que se enfrentan, y representan de una forma u otra, casi siempre y con conocimiento o no, intereses contrarios, cuando no a todas, por lo menos a *alguna* de las partes?

Entremés virtual para el hambriento peatón

El principio psicológico de la *mayor* atención concedida a l *movimiento* (la superior percepción del movimiento por encima de los elementos estáticos, soslayando en cierta forma el que todo fenómeno acontece en el tiempo–espacio, o el tiempo-espacio acontece en él dándole la característica de *movilidad*, o sea, no hay elementos estáticos) –aunado a muchos otros factores, entre los cuales: el colorido abundante, acentuado, escogido y muchas veces provocado, la voz dogmática en *off* que narra y presenta con autoridad, las voces engoladas, los aspavientos payasescos y, en algunos casos, la belleza física de los conductores, animadores, presentadores, comentaristas, lectores de noticias, actrices, cantantes, etcétera (todos parte de un *show*), lo llamativo de los atuendos (o la falta de los mismos), el aumento irracional de los volúmenes en los comerciales (y en la voz de reporteros pretenciosos gritones), la presentación formal y estructural misma de las noticias, entrevistas, chismes etc., para volverlos escandalosos, atractivos y más comercializables, la mediocridad magnificada con artilugios de bufón sigloveintiunesco, en contadísimas excepciones una personalidad naturalmente avasalladora o un individuo con cultura enciclopédica y amplios criterios de análisis económicos, sociológicos y morales, y muchos etcétera, etcétera, etcétera más...- hace que la pequeña ventana en la casa del peatón (que en su caso nunca llega a tener las dimensiones de las enormes ventanas televisivas actuales planas de las residencias de los acomodados) sea mucho más atractiva de ver que su en la mayoría de las veces *incoloro-monótono-inmóvil-sin sobresaltos-ni voces guías* entorno inmediato (su casa, su colonia su trabajo, su camino al trabajo etc.); sin contar con que esa otra ventana móvil, sonora, coloreada, atractiva y engañosa a más no poder, le da la posibilidad mágica valiosísima de distraerse, divertirse de sus problemas y tragedias personales, y soñar...

Alguna vez los libros estuvieron lejos de las posibilidades adquisitivas y comprensivas del individuo de la calle. La aparición de nuevos medios de comunicación y transmisión de la cultura, la necesidad de instruir y capacitar (no necesariamente educar) a las clases trabajadoras, y un desarrollo generalizado evolutivo de ciertas capacidades aun en los más pobres -que a la manera de los remolques jalados por los automotores, aunque siempre atrás, de cualquier forma avanzan (y aunque aquí debería ser otro el símil, pues en el caso de las sociedades son precisamente esos elementos rezagados los que por otra parte proporcionan el combustible imprescindible para que el vehículo avance), permitieron -en el sentido más estricto- que esos pobres pudieran ir accediendo a medios anteriormente prohibitivos para ellos.Pero siempre con los condicionantes de que ese acceso: **a)**sirviera fundamentalmente para el mejor desempeño de sus labores al servicio del mayor enriquecimiento de las clases abastadas y de su manutención en el poder, y **b)**se diera *siempre posteriormente* al descubrimiento y utilización -por parte de los poderosos- de nuevos medios que convirtieran, si no en obsoletos, por lo menos en estratégicamente menos importantes a los anteriores; permaneciendo los más novedosos siempre, en su origen: selectivos, sectarios y elitistas.

Así que los libros -*pas de problem*- llegaron a la masa, y la masa ha venido adquiriéndolos, consumiéndolos ya y haciendo uso de ellos, como le ha sido permitido venir posesionándose de otros medios y recursos -para beneficio de aquel sector de la sociedad al que la masa sirve- conforme se han ido abaratando y poniéndose a su alcance.Siempre -*siempre*- bajo la permisividad y complacencia de los ricos, los empresarios, los dueños de los medios, los que manejan el tinglado.Es conveniente que los productos, inventos y descubrimientos nuevos entren a la curva económica de su desarrollo y se abaraten para permitirle al pobre que los compre y los consuma, e, igualmente, para hacer que compre y consuma lo que vio o conoció a través de ellos (los que compró, alquiló o adquirió previamente).Mientras el pobre esté pensando en la nueva telenovela de las ocho, en los nuevos senos de Niurka o Giselle Bündchen, o en el entrenador que llevará a su equipo favorito a ganar el campeonato de futbol o a su selección nacional a llevarse la copa del mundo, no pensará en la realidad social que lo circunda y dentro de la cual vive dramáticamente, ni en qué cosas debería hacer para cambiarla. En tres palabras: *no dará lata*.

    En un mundo de sociedades como la nuestra, lleno de carencias, falto de empleos, agobiante, con trabajos enajenantes y pobremente remunerados y una total falta de expectativas, inclusive a corto plazo, la casa del peatón –de por sí pobre en ventanas y paupérrima en el tamaño de las mismas- cuenta con una " ventana" que le abre la visión del mundo y le presenta dicha visión no sólo como la más atractiva de su triste entorno (y la que le permite el escape del mismo), sino como la "realidad" substituta, alternativa maravillosa de esa otra deprimente de la que el peatón no sólo quiere ausentarse, sino de la que acaba psicológica física y materialmente por retirarse substituyéndola por ésta.
    Los políticos y gobernantes (y aquellos en puestos públicos de poder) de una sociedad así, entienden perfectamente que ya que a través de los sistemas de opresión y control, y de las ideologías vendidas en las súper estructuras, lograron construirle a ese peatón su otra "realidad" –de la que vive más pendiente, de la que más comenta, con la que más se apasiona carcajeándose con las estúpidas pretensiones grotescas dizque cómicas del más supuesto y fallido sentido humorístico del mexicano en la Hora Pico y en las Betys y las feas más bellas, gritando desaforado el goooooooooooooool?? del América o del Pachuca en la histórica victoria digna de aparecer ya en los anales de nuestras conquistas patrias sobre el Colo-colo por primera vez dueños de una copa futbolística sudamericana, disfrutando las insulsas e inofensivas "críticas" imbéciles al Presidente en las parodias semanales para disminuidos mentales, votando por el menos mediocre y más común y simplorio "cantante" alumno de una "academia" en la que los antiguos griegos compañeros de Platón vomitarían, babeando con las piernas de las edecanes y soñando

guajiramente que sí fueron con el Boletazo, ya "viéndose" hasta dueños de su isla privada en el Mediterráneo, imitando en la sala de su casa los pasos de los maromeros en las vegas nupciales danzísticas dominicales, esperando, con ilusión de estar bien enterado, el noticiero de la noche... -, es tiempo entonces de dedicarse ahora a construirle a dicho peatón *esa* su nueva "realidad" de la forma más atractiva, ilusoria, tranquilizadora y espejeante posible, simple y sencillamente para que el peatón no atienda ya a las deplorables condiciones de la única realidad que realmente debería importarle: la suya concreta y física de todos los días. El mundo que la televisión deja ver o le muestra al peatón no es-en ningún sentido y aunque de hecho acabe por convertírsele- , el mundo real que lo rodea. Y ello es así de conveniente para los gobernantes, ricos y poderosos pues si el peatón atendiese con absoluta conciencia crítica a sus condiciones, percibiría entonces en toda su plenitud y con todo el dramatismo que poseen las profundas, irracionales, innecesarias y terribles injusticias a que es sometido por dichos poderosos y, seguramente, hasta empezaría a pensar de una manera sistemática, objetiva, concreta y lógica cómo acabar con ellas.

Pero el peatón (a quién le dan "pan" que llore; o, mejor: a quién le dan circo que llore) vive más "consciente" de ése su circo adoptado como su "realidad",que de los fenómenos y procesos que se le presentan, incluso, en un trayecto tan simple y corto como el de su casa a su trabajo.Cada día más las imágenes omnipresentes y ubicuas de la televisión, de los programas y series de la misma en videos,de las películas en DVD´s y de la red mundial de computadoras le sorben el seso, le aniquilan el juicio,lo moldean- o hacen que quiera moldearse- *a imagen y semejanza* de ellas; imágenes que lo persiguen-o a las que, acicateado por la publicidad absorvente, él persigue para que lo acompañen en todo momento y situación,como si con ese vestido virtual tecnológico de hardwares y softwares el peatón consiguiera, por fin, existir y hacerse de una personalidad propia y apropiada para deambular por el mundo y entre sus congéneres-y se le adhieren física y psicológicamente ya hasta en los autos, camionetas y camiones con pantallas para video, televisión y computadora en los tableros, tapasoles y respaldos de los asientos; en los aparatos manuales tipo Blackberry, en los teléfonos celulares y relojes de pulsera con acceso a Internet y recepción televisiva satelital o abierta, y en las gigantescas pantallas electrónicas "informativas" de alta definición en los cruceros y en medio de las calles y avenidas,o en lo alto de los edificios.

La televisión es el espejo del siglo XXI, la moderna fuente de Narciso; la superficie brillante que devuelve la imagen siempre distorsionada, mejorada, suavizada, divertida, acariciante, masturbadora, enajenante, caricaturizada y distractora, y encuentra su más perfeccionada modalidad, en las telenovelas. En el sentido de alcance por su acercamiento con la masa, las telenovelas han llegado mucho más allá que los culebrones literarios gigantescos de las novelas del siglo XIX (y principios del XX), pues éstas no alcanzaban a la masa analfabeta o iletrada, y -por el contrario- es a ella a las que las actuales telenovelas van dirigidas precisamente e impactan con todo su poder y contundencia.

Por si lo anterior fuera poco, o hubiese dudas al respecto, consideremos que la omnipresencia conseguida por tal medio de comunicación ha llegado al pináculo de sus posibilidades -por el momento- con el lanzamiento, por parte de la Phillips, de un *televisor-espejo*; una proyección soportada por la superficie reflejante donde el señor de la casa podrá, mientras se afeita, ver los goles de los partidos de futbol, las cotizaciones de la bolsa y cuántos muertos hubo el día anterior en las guerras eternas de Irak y Medio Oriente (que son la misma), y su consorte -o su amasia- podrá sacarse los puntos negros o rizarse los rulos mientras ve la entrevista de Johnny Depp en *E! Entertainment*, o los chismes de la industria del espectáculo autóctono y la nobleza europea en los programas matutinos para señoras desocupadas, o viperinos para criadas que terminaron de lavar los trastes de la comida, de las tardes.

Los gobernantes y políticos en el poder, por consiguiente dedican más tiempo, dinero y esfuerzo al embellecimiento y presentación de la "realidad" que le venden al peatón a través de los medios en general y de la televisión en particular, que a las transformaciones y a las mejorías que deberían estructurar e implementar en el mundo real (el de las calles inseguras y criminales, el de las vecindades de damnificados económicos, el de los migrantes acosados, el de los desempleados, el de los presos políticos, el de los millones y millones de drogadictos, el de los sembradíos estériles y abandonados, los campos y la agricultura en ruinas, etcétera, etcétera, etcétera...). El discurso se vuelve mediático y gráfico y abandona el mundo de los hechos. Hay que presentar y decir bonito las cosas bonitas que decimos que hacemos. Hay que decirles que la situación de la educación en el país mejoró, hay que presentarles el bonito video de la inauguración de la nueva hidroeléctrica en la Conchinchina para que tengan motivos generales de alegrarse hoy por la noche los depauperados sin luz de Chalco y La Conchita.

Un país ideal de representantes reales y honestos de los intereses populares, de políticos rectos y gobernantes honestos y comprometidos con la función que les fue encomendada, debería ser capaz de prescindir sistemáticamente de spots televisivos gubernamentales, campañas costosísimas electorales, difusión noticieril de obras del gobierno y hasta de los mismísimos informes periódicos gubernamentales.

Un país donde cada funcionario, cada delegado, cada presidenta municipal, gobernador, jefe de gobierno, directora de institución pública social, secretario de estado, embajador y presidente, hace competente y honestamente lo suyo, no requiere de anuncios, ni promociones, ni siquiera informes de gobierno transmitidos en cadena nacional para mostrar lo mucho que éste supuestamente hace o para tratar de ocultar o justificar cosas negativas, hechos inconvenientes, situaciones incómodas o planes no cumplidos; ni de publicidades para obtener votos en la siguiente campaña electoral, pues los ciudadanos estarían felices y conformes con las muestras físicas diarias, reales y concretas de lo realizado por sus gobernantes - y lo obtenido por sus representantes- en *su entorno más próximo e inmediato*. Los representantes de elección popular, Gobernadores y Presidentes no necesitarían ni hacer campaña si sus gestiones de dirigencia y gobierno fueran una diaria, sólida y constante "campaña" llevadora a cabo de los avances y promesas prometidos, fructífera y segura generadora, *per se*, de los votos futuros a su favor en las siguientes elecciones, sin necesidad de spots ni entrevistas ni tantos pleitos, debates y cacayacas de por medio. Cada ciudadano en cada punto de las regiones del país se levantaría diariamente por la mañana viendo objetivamente en frente, al lado de su casa, en la calle, en la de su vecino, en la plaza pública: cosas que le mejoran la vida, sistemas nuevos convenientes ya implementados, obras públicas para beneficio de la población en general terminadas, políticas acertadas de desarrollo y administración de los bienes y productos, impartición seria, pronta e imparcial de la justicia;en suma -claros, patentes,objetivos y al alcance de su mano, satisfactores de las necesidades de su cuerpo y su alma ya parcialmente satisfechos y en proceso gradual de una satisfacción completa que se anunciaría próxima-: los *resultados del Buen Gobierno*,y estaría consciente y satisfecho de ese Buen Gobierno, en una especie de conciencia social generalizada aglutinante de los intereses comunes por perpetuar, *fundada en los hechos*, y sin necesidad de las antenas y estaciones repetidoras de los mensajes publicitarios televisivos en cada rincón del territorio nacional.

Los calificativos para la despectivamente llamada en alguna época *caja idiota* (que de idiota no tiene nada pues por el contrario ha sido el invento creciente cuyo uso se ha visto más inteligentemente desarrollado y explotado – *explotante y explotador*, más bien- por el Estado) han sido muchos, millares de epítetos más o menos detractores, y su condición de *ventana* se ha matizado con variantes que pasan por: universo, país, púlpito, escuela, etc. Más que todo eso, y con la fusión informática inminente con las redes mundiales de información y las computadoras, la televisión es un abismo infinito donde el individuo, en especial el peatón, se sumerge para no salir jamás y, si saliere, nunca salir de la misma forma ni con las mismas características ni con la igual y propia personalidad con la que se sumergió. Y ello, porque la televisión -en su sentido más general de transmisión y recepción de información por medio de imágenes, sonidos y signos (video, audio y códigos) a través de pantallas- es actualmente la máxima escuela de la sociedad, el intrumento educativo más poderoso con que cuenta el Estado para formar, unificar, contener, conducir, oprimir y reprimir a los peatones y a la cada vez mayor masa de la que participan, y, además, distrae, divierte, entretiene, ofrece comentarios y puntos de referencia que garantizan la pertenencia a un grupo ("Pfulano dijo ayer en tal programa...", "¡Cómo! ¿No viste ayer en la tarde a Bzutana en el programa de Berengano?","Traía un vestido chévere!", "Pues te digo una cosa, eh?, que las encuestas están favoreciendo a Palangano..."), llena espacios vacíos sonoros, visuales, olfativos, gustativos, tácticos, "llena" vidas vacías, palia soledades, satisface líbidos, curiosidades, sustituye Afectos y Relaciones, con proyecciones; Cultura y Educación, con datos y anécdotas; Críticas estructurales y a fondo, con mesas superficiales de invitados engreídos pachangueros pseudoespecialistas en la materia; Análisis formales, con encuestas; crea hábitos, vicios y dependencias psicológicas y emocionales inmodificables, *irreparables*.

    La televisión *forma*, en el sentido de *conformar*, *dar forma*; y en el de *colocar en formación*, en fila. La opinión del público no es ya más un asunto de que éste analice, se informe, cuestione, reflexione, busque las bases o los fundamentos del problema en cuestión.Se ha vuelto un asunto de seguimiento obediente e irreflexivo, por parte de los televidentes, de las opiniones y conceptos escupidos por los animadores, entrevistadores y conductores; supuestos "líderes de opinión". En un programa transmitido en vivo desde un teatro español el animador catalán Buenafuente levanta gritos estentóreos y zapatazos al piso de desaprobación y abucheos de la platea contra el recientemente fallecido dictador argentino Augusto Pinochet, sólo con hacer una simple mueca de disgusto y asco al pronunciar su nombre y disponerse a iniciar un comentario sobre el mismo. La mayoría de los integrantes del auditorio ni conoce a fondo los desmanes y gestiones de

Pinochet durante su mandato, ni los pormenores de su ascenso al poder, ni las razones del mismo, que podrán incluso ser reprobables, pero únicamente en función de un conocimiento y análisis previo e individual de ellos y no como torpe resultado de un seguimiento ciego e inconsciente de los comentarios, intenciones y liderazgos de otros; que, a su vez, carecen del conocimiento, el criterio y la profundidad para realizarlos de manera verdaderamente racional y que sólo los efectúan a sus anchas coronados -ante la plebe ignorante y obediente- por la autoridad que les adjudica la entronizadora mayor de las modernas monarquías de deficientes cerebrales (*nothing personal*): la televisión pública (y su correspondiente en los sistemas de satélites y cable). El peatón internacional, en las innumerables ya regiones televisivas del globo terráqueo sigue dócilmente las opiniones de los oráculos modernos y se siente feliz de pertenecer a esa masa informe y gigantesce de otros que, como él, caminan ciegos tras el tuerto y comparten las mismas "opiniones" desde la butaca de al lado en el teatro, desde los sofás de las salas de sus casas, los sillones de las estancias, las camas de los dormitorios de una vivienda que ahora es múltiple, contemporánea, ubicua y global; pero a la vez una sola, común... y *única*.

El problema es que aunque pretenda hacernos creer que sus productos, anuncios y planteamientos son *the real thing*, lo que nos ofrece la televisión en la mayoría de los casos son paupérrimos substitutos de lo que verdaderamente necesitamos. Tristes barnices para los cánceres internos y externos. Curaciones engañosas pseudomilagrosas para nuestras hemorroides, várices y artritis. Soluciones de espejismo. Decoraciones de papel maché. Deficientes imitaciones de cultura, excursiones, banquetes, viajes y amores; presentaciones incompletas de estudios, investigaciones, hallazgos, civilizaciones, exploraciones y conceptos; asociaciones burdas, conexiones falaces, argumentaciones viciosas, planteamientos simplistas y conclusiones falsas...

Patéticas imitaciones de las cosas reales las que en su mayoría nos presentan los medios masivos actuales en nuestra sociedad (impresos, radiofónicos, la televisión y su prima hermana casi hermana siamesa ya lo mismo: la computadora conectada a la red). La televisión nos distraerá por algunos momentos del hecho de que no tenemos ni para comer, nos entretendrá, llenará espacios vacíos de nuestro ánimo y hasta nos ofrecerá junto a las telenovelas y series extranjeras: programas de recetas con chefs de reconocido prestigio mundial, banquetes opíparos servidos exquisitamente y dentro de las normas de etiqueta y corrección política más "burguesas",estiradas y "propias" en cuanto a disposición de las mesas dentro del *feng-shui*, vajillas, cubertería, vinos y música ambiental *global-ultra new wave*, y millares y millares de productos maravillosos para salir, comprar y degustar... *pero no logrará quitarle el hambre real al peatón en ningún momento.*

Responde con una simpleza maravillosa y una lógica aplastante el *funkero* negro, feo y pobretón -en un programa transmitido desde el escenario de un concierto popular en el corazón mismo de una de las favelas más depauperadas de Rio de Janeiro- a la pregunta de la entrevistadora de la Rede Globo sobre si las personas se muestran tranquilas en esa zona durante las interpretaciones musicales de los diversos artistas del concierto: *fica tranqüilo quando a gente tem para o almoço, e nao fica tranqüilo quando a gente nao sabe o que é que vai jantar no dia seguinte.* Ni hablar, respuesta de transparencia y realidad absolutas; y contundente. Al final, ni las más sofisticadas, modernas y omnipresentes formas de circo podrán sustituir al pan.

Más claro, ni el agua.

En su papel de ofrecer sustitutos creíbles y viables para la satisfacción de las diferentes necesidades espirituales, intelectuales, emocionales y físicas del peatón, la televisión potencializa al máximo a los intelectos más grises –siempre y cuando posean algún elemento atractivo capaz de ser explotado para atraer a las masas- los talentos más escuetos, las personalidades más equívocas para convertirlos -en sus *tarea-misión* y afán de sustitución- en estrellas comentaristas artistas actores reporteros analistas actrices presentadores animadores comediantes voluntarios e involuntarios presentadores cronistas narradores todos ellos actuando en el espectáculo general televisivo (show total, todo es entretenimiento) de manera interactiva en todas esas áreas y compartiéndolas y aglutinándolas en la persona de cada uno de ellos y en cada una de las categorías superficialmente seccionadas y divididas solamente –quizá- para efectos sindicales, de asociaciones y gremios; uno en todas, todas en uno; herederos sustitutos -salvadas las distancias- de esos científicos, astrónomos, historiadores, sociólogos, economistas, espiritistas, filósofos, modernistas, impresionistas, románticos, poetas, navegantes y exploradores.......y de aquellos astrólogos, sacerdotes, trovadores, conquistadores, teólogos, místicos y juglares....... herederos sustitutos a su vez de acuyaquellos oráculos, hechiceros, arúspices, curanderos y profetas...y de otros ya hasta perdidos y olvidados en las tinieblas de los tiempos.

En sociedades como la nuestra –y sin que tenga nada que ver con su esencia o con su posible nobilísimo y enorme potencial conector, informador y creativo- la televisión (y todo medio que comparta y exceda su *masividad*)- maquilla hasta sin maquillar...descomunica hasta comunicando, deforma lo indeformable, desinforma al informar y enturbia hasta en su más aparentemente clara transparencia. Y ha pasado ya tánto tiempo perfeccionando sus capacidades engatusadoras que se le han vuelto naturales; las realiza así, como si nada, y hasta-a veces- de manera absolutamente consciente. El poder del engaño en la sustitución, y de la distorsión en la presentación, que generan hábito, adicción, vicios y dependencia en el peatón –aunque éste cuente real y potencialmente con menos tiempo para ver televisión y sus anexas y conexas (cine, al que no tiene,además,dinero para ir, videos, DVD´s y productos asociados piratas) que con el que cuentan los *no–peatones*, automovilistas adinerados, acomodados, gobernantes, etc., el peatón asiste a los fenómenos mediáticos desde un estrato psicológicamente inferior, intelectualmente más desprotegido, existencialmente más necesitado y anímicamente emocionalmente potencialmente más dependiente –hace que más que un tapanco, tarima, estrado, mesa de conferencias, atril senatorial, pulpito pueblerino, y más que una ventana abismal infinita caótica en su apariencia aunque perfectamente estructurada para el tranquilizamiento de la masa peatonal y la distracción de sus prioridades para una perpetuación del estado de las cosas basado en la prolongación y mantenimiento de su participación en los procesos de producción y servicios para bienestar de El Estado, la televisión sea, por su papel preponderante de presencia física y emocional en la vida del peatón, un elemento clave –y *vivo*- en su propia existencia, que lo acompaña, lo entiende, le ofrece cosas buenas, le habla al oído, lo guía, y ahora -en su fase pseudodemocrática – hasta le permite expresar y manifestar su opinión con la intención de provocar un cambio y hacer la diferencia; que sea, en pocas palabras, el pariente rico con autoridad, con más posibilidades, al que vale la pena imitar, el que debe ser escuchado porque tiene poder de comunicación y además une y aglutina y puede. si se empeña, hasta reducir los roces y fricciones y acabar con las diferencias entre las clases y sectores de la sociedad para vivir en paz y armonía creativas bajo los designios divinos,¡Así Sea, Aleluya!; que sea- para el peatón actual en este mundo de personalidades transparentes-: el Padre, mejor aun- para el peatón mexicano-, la Madre, y, atendiendo a su omnipresencia ubicua en todos los rumbos y confines de nuestro planeta y proximidades (próximamente a ser convertidas en *vecindario interplanetario*), a su omnisciencia (AH! cómo saben los que hablan ahí...), y a su omnipoderío (capaz de derrotar candidatos, ensuciar "santos" y derrocar gobiernos), que sea, para el peatón,en lo más íntimo de las inseguridades,miedos y carencias de su inexistente *existencia*(Salgo en la tele...,luego existo) y de su irreal *realidad* :el mismo *DIOS*.

CORRECCIONES POLITICAS MÁS, CORROSIONES POLITICAS MENOS

Desde el inicio de la existencia del ser humano en el principio de los tiempos -no así dentro de la continuidad ilimitada de espacio y tiempo- hay en el hombre -y habrá en él mientras permanezca en su esencia como tal- dos realidades omnipotentes que lo impulsan, lo moldean y lo conforman: las fuerzas de la naturaleza y sus propias fuerzas interiores. Las explosiones del cosmos y sus propias explosiones, los estallidos estelares y aquellos que lo mueven por dentro y le revierten y son revertidos por sus glándulas y sus intestinos y sus órganos y vísceras. Las pasiones de los montes, bosques, mares, nubes y lluvia que lo rodean, y las pasiones de sus instintos y de su sexo.

No hay nada más. Y la lucha del hombre no ha sido más que una forma de conocer a fondo las razones de la fuerza del cosmos y las de su propia fuerza, la forma de enfrentarlas, sobrellevarlas y utilizarlas para sobrevivir y para mejorar sus condiciones de vida a la vez dominando, aplastando, conduciendo o aprovechando las energías de la naturaleza y las de los otros seres humanos.

Una lucha hasta por combinar y hacer corresponder los elementos y partes del macrocosmos con aquéllos del microcosmos (el organismo humano), a la manera de Paracelso; pero ésa es arena de otro costal.

A diferencia de aquellas cosas y fenómenos que participan del sentido esencial químico de la corrosión, que altera la composición misma de un cuerpo manteniendo su forma -lo que permitiría, por ejemplo, si entendida en sentido inverso y sólo para mejora del cuerpo en cuestión, dejar de cacarear sobre el Día Internacional del Niño para corregir de raíz la pobreza extrema en que viven cotidianamente más de cien millones de infantes en el mundo-, la corrección política no corroe nada (ni para mejora) y no es más que un agente de erosión que desgasta y pule algunas aristas incómodas de la imagen pública del individuo, familia, grupo social, sociedad o cultura, a efecto de que esa imagen les resulte a sí mismos más tolerable, y mucho mejor presentable ante otros individuos o grupos sociales, pero conservando la esencia de su composición más íntima (únicamente alterando o maquillando las formas externas). Las tareas cotidianas del hombre y la mujer en que se esfuerzan para tirar los pelos de su cuerpo, cubrir sus partes pudendas dejando a la muestra zonas con la conveniente carga erótica, acallar los olores naturales desodorizándolos o colocándoles encima los perfumes más sofisticados, recibir la liquidez sanguinolenta de sus flujos en toallas o prendas absorbentes de la mayor absorción, limpiar sus culos con los papeles higiénicos más resistentes y odorizados, son sólo algunas de las labores en que se empeñan en su diaria y milenaria intención de controlar de la mejor manera su animalidad en un intento de dejar de ser lo que son, si no en el fondo, por lo menos en la forma. Es la combinación de esas intenciones con los parámetros que establecen los grupos dominantes para comportamiento de cada uno de los otros grupos de una sociedad en particular, y con aquéllos que las grandes potencias establecen para el relacionamiento de ésta con otras en el mundo, lo que conforma el planteamiento y desempeño de la llamada "corrección política".

Pasarán todavía varios siglos antes de que los desarrollos en la ingeniería genética, en la manipulación molecular y atómica, y en el desarrollo de la cibernética nos permitan generar una nueva clase de seres humanos, una perfecta generación de robots y una convenientísima producción de androides en la que, junto a un perfeccionamiento de las relaciones entre los tres mismos tipos de seres, aparecerá una raza nueva que no usará el sexo para procrear, ni el cuerpo para gestar ni la alimentación para introducir nutrientes y energías en su organismo, entre otras cosas. Los cambios anatómicos como consecuencia de la desaparición de varias de las funciones actuales "humanas" modificarán también notoriamente la imagen de nuestro cuerpo. Para esas alturas estaremos también mucho más avanzados en la domesticación, dominio y control de los fenómenos meteorológicos y astronómicos. Mientras, no nos queda más que continuar queriendo meter al aro lo que de hecho es inintroducible; seguir queriendo aprisionar la esencia de nuestros instintos, impulsos, vicios y debilidades, en los estuches más lindos y aceptables y de apariencia más encantadora, correcta e inofensiva; en otras palabras (y si es que queremos hallar un nicho *nice* y cómodo dentro del cual acomodarnos en el mundo): seguir intentando conformarnos en todo momento, lugar y circunstancia, de acuerdo a lo que los que determinan las reglas de la moderna sociedad capitalista neoliberal postdemocrática identifican como *corrección política*.

Nunca, en el devenir histórico, han sido las sociedades como la nuestra más hipócritas ni más atentas al respeto de esa llamada "corrección política". Aunque en todas las culturas pueda hacerse una revisión estudiosa de los usos y costumbres y asociar el concepto de lo que se entiende actualmente como la moderna "corrección política", con las buenas maneras, el comportamiento socialmente bien visto y "la educación", es en ésta -nuestra gran sociedad cultural aglutinante que comprende los vecinos ricos acompañados de los vecinos pobres salpicados y entintados por los conceptos apabullantes colonizadores de aquéllos- donde el concepto de "la corrección" tiene que ver, más que con lo que se admite (pues se da por sentado que *eso* está bien *así* y es apropiado y conveniente para el "buen" funcionamiento engrasado del engranaje social), con los miedos y fantasmas de la misma.

Un ser hipócrita es fundamentalmente un ser temeroso, un ser que vive cuidando que el barniz que cubre sus bochornosos interiores no se desprenda y los deje al descubierto; es a la vez un ser reprimido que vive con miedo pánico de que sus pasiones minuciosa y trabajosamente acalladas, disimuladas, comprimidas, ocultas, le hagan explosión en cualquier momento en pleno día, le descompasen la marcha y le descompensen el equilibrio tan precariamente mantenido.

La estructura de nuestra sociedad actual conforma seres que pretenden actuar bien, "políticamente", mesuradamente, con corrección política en los niveles públicos, familiares y hasta íntimos y sexuales, y provoca a la vez que esos ciudadanos actúen así -más que por decencia, recato y gentileza-...por simple miedo.

Las sociedades tercermundistas actuales -como la nuestra- adolecen de dos defectos más, uno competitivamente peor que el otro de manera constante, y terribles los dos en términos de comportamiento nacional: **1)**el querer parecerse en sus propósitos, comportamientos y manifestaciones a los países más ricos y evolucionados social y culturalmente; y **2)**el querer actuar a manera de "quedar bien" con esos mismos países y dentro del contexto general de las naciones "civilizadas".

Para quedar bien con los países líderes de la economía mundial –y parecerse a ellos- los *países peatones* socios y seguidores de los mismos(partícipes de sus sistemas y modelos económicos, y aliados incondicionales de sus acciones y estrategias) acaban hasta copiándoles su léxico y su sintaxis no sólo en la construcción de los discursos públicos en actos sociales y gubernamentales de carácter nacional y en aquellos de índole internacional en actos y eventos dentro o fuera de las estructuras "organizadoras" de países a nivel mundial, sino, lo que es peor, hasta en la construcción de las acciones políticas que llevan a cabo interior y exteriormente y que constituyen por sí mismas un lenguaje propio, a su manera muy concreta. Asistimos así a un auténtico concierto de aullidos y jadeos de perros ladradores que desencadenan sus inquietudes y ladridos tras el primero del que primero los deja oír, ladrando sobre la inconveniencia de no invadir mañana mismo a las 05:00 horas el territorio y comenzar la guerra en Irak, la inconveniencia de la fabricación de armas nucleares por parte de Irán y Corea del Norte, la inconveniencia de no asesinar mañana a las 03:00 a Sadam Hussein, la inconveniencia de no aislar y torturar a los supuestos terroristas en Guantánamo, o la inconveniencia de la nacionalización de las industrias del petróleo y el gas en

Bolivia y Venezuela...o *sobre la inconveniencia de todo lo contrario* -si es que los ladradores forman parte del grupo antagónico de perros en el vecindario global-. La "corrección política" acaba siendo siempre un asunto bastante subjetivo y absolutamente relativo a los intereses del grupo social o de naciones al que se pertenece.

Si nos circunscribimos a analizar aspectos más domésticos, nos encontramos cada día con sorpresas cada vez mayores en cualquier corte segmental que hagamos de cualquiera de los estratos y/o elementos de nuestra sociedad. En nuestras escuelas secundarias es políticamente incorrecto, está mal visto y de hecho, *prohibido*: llevar la falda por encima de la rodilla, llevar los labios con bilé, piercings introducidos -y hasta sugeridos- en el cuerpo, cabellos pintados con colores estrambóticos y peinados punkientos, tatuajes..., pero las jovencitas nada más cruzan la puerta al salir de la escuela y se aplican inmediatamente por toneladas rebasando las líneas demarcantes naturales en los labios para agrandarlos al máximo seis capas del último bilé pastoso recargado brillante luminoso de Beyoncé, Revlon y compañías, se doblan la falda, se la levantan hasta que queda tres centímetros debajo de la cintura o de plano se la quitan, se cambian de calzón para sustituir el tipo abuelita por la tanga hilo dental refundida golosamente entre los glúteos y se bajan la cintura del pantalón hasta media nalga para que éstas luzcan cual deben entre los resortitos y cadenitas del taparrabo y los jeans dejando ya al descubierto el pequeño tatuaje rojo sangre del corazoncito con iniciales, flecha, gotitas de sangre y cola de diablito hecho a las carreras desde el año pasado sin conocimiento ni permiso del padre intolerante sobre la piel de sus núbiles cóccix púberes a escondidas en el trasfondo del último localito del mercado, se bajan las tobilleras, se las quitan, sacan el piercing de su bolsa, se lo reinstalan en el párpado en la lengua en el labio en el lado izquierdo de la nariz en el ombligo en el clítoris apúrate que ya casi llegan mis papás por nosotras hazte para acá que no nos vean, se sueltan se alborotan el cabello se lo detienen y ponen de lado se lo despeinan para quedar peinadas a la moda, y se dejan caer a la vuelta de la esquina de la institución educativa con el novio que las recibe besuqueándolas manoseándolas dejándose caer él también pleno feliz erecto(*homo erectus*, que ni qué) entre sus piernas adolescentes perfectamente depiladas ávidas jugosas abiertas muy abiertas...

En las revistas la corrección política ha proliferado de manera que puedan ser leídas de manera general, modular y por quien sea en la oficina, en el consultorio, en la casa, en el trabajo; y los desnudos se han vuelto asépticos, "propios", anodinos. Por un lado los niños, los jóvenes y la sociedad en general están más en contacto que nunca con los cuerpos sin ropa, hasta en los anuncios monumentales espectaculares y en los de televisión (inimaginables para los adolescentes *baby boom*), pero, por otro, esos desnudos -en su mayoría- son hipócritas, fríos, rebuscadamente "estéticos", acomodados, aparente y pretendidamente inofensivos. Hasta las revistas para caballeros han ampliado su margen de cobertura en cuanto a los segmentos del mercado distanciándose un poco de la exposición franca del vello púbico (que, por otra parte, hasta en las transmisiones y videos pornográficos ha dado paso a las rayitas capilares púbicas y al afeitado *nenita-bebita* total).

Aunque históricamente en términos de publicaciones para hombres de venta masiva han ido estableciéndose niveles de "propiedad" y "gusto", conformándose gradualmente desde la aparición del vello en las fotografías (*Playboy*) hasta la exhibición de los genitales (*Penthouse*), y hasta la presentación profunda casi ginecológica de los mismos y en posiciones coitales sugerentes (*Hustler*) -dejando de lado, por supuesto, las revistas masivamente consumidas pero reducidas a las tiendas sexopornográficas o a la exhibición furtiva-, acudimos actualmente a una masificación del sexo *políticamente correcto*.

Entre muchos otros elementos, esto tiene que ver con el hecho de que en una sociedad feminizada, lo políticamente correcto está íntimamente asociado con lo que le gusta *o no* a la mujer, lo que puede alterar *o no* a la mujer, lo que puede ponerla *o no* de malas, lo que le puede parecer pernicioso o incómodo, o lo que le puede parecer correcto, adecuado, permisible, agradable y excitante...*o no*...**a la mujer** .

Las reacciones sociales masivas, culturales y públicas, son femeninas: escandaliza, lo que escandaliza a la mujer; ofende, lo que ofende a la mujer; agrada, lo que a la mujer agrada.

La resistencia y rechazo público -a pesar de que en su interior más íntimo no hay cosa que cada mujer desee más-a ser, o ser considerada (o seguir siéndolo) objeto sexual, hace que aun en las situaciones más planeadamente definidas para tal efecto por parte del hombre -y de otras mujeres- (situaciones reales, económicas, de intercambio, de presentación, *publicitarias*, etc.), la mujer actual- como elemento aislado, durante sus relaciones con el hombre y especialmente en su interacción con otras mujeres-no sólo sea tratada, presentada y representada con el máximo cuidado y la dignidad otorgada a quien precisamente se le quiere demostrar que no solamente no es tomada en cuenta *sólo* como objeto sexual, sino a quien se le concede -*motu proprio*- el derecho de definir libre, consciente y de manera particular sus intereses y comportamientos sexuales y, aun más, el de pasar a ser ella quien tome, use, utilice, eduque y manipule como objeto sexual al hombre.

No obstante -de la misma manera chapucera en que el hombre, en sentido inverso, utiliza esos conceptos, y a pesar de todos los gritos femeninos de queja, posicionamiento y acceso- las mujeres continúan soñando con las joyas por parte del hombre, el casamiento, los zapatos que las acerquen al cielo, el cielo, la luna y las estrellas bajados para ellas por el hombre, una piel más tersa y suave y sin arrugas ni imperfecciones, y las nalgas firmes y paradas por aparatos gimnásticos o por *jeans* de cortes y costuras novedosos.

En una de nuestras visitas al gran centro comercial Plaza Galerías de la ciudad de Cuernavaca, mis dos hijas (7 y 15 años) que para llegar a tiempo a la taquilla del cine con el fin de comprar boletos para la función recién comenzada corrían presurosas por el pasillo central, fueron detenidas por un guardia de seguridad de la plaza para indicarles de manera tosca que "*está prohibido correr dentro de la Plaza*". Contra toda suposición fue la pequeña quien espontáneamente respondió: "*¿Y dónde dice eso?*". El guardia titubeó, la mayor, azuzada más que nada por la actitud autoritaria y ofensiva del guardia, y en la necesidad de defender a la hermana, puntualizó: "*A ver, muéstreme el reglamento donde supuestamente dice que está prohibido que corramos..., de hecho, vivimos en un país libre y tenemos derecho al libre tránsito y a correr por los lugares públicos que se nos antojen...*". Ahí, el guardia pretende insistir con sus modos gubernamentales e inicia un aleccionamiento regañón y engañoso. Mis dos hijas, por la prisa y el fastidio ante la absurda injusticia (¿Dónde habráse visto que en un lugar público de diversión e intercambios comerciales se limite la velocidad de desplazamiento de la gente?) echan a correr, lo dejan hablando solo, llegan a la taquilla, compran sus boletos y se meten a ver su película.

La sociedad "correcta" políticamente, llena de individuos miedosos reprimidos atentos a la corrección política o con proclividad a respetar sus lineamientos, es una sociedad fundamentalmente temerosa; *paranoica*. La "corrección política" se quiere autojustificar hasta anclándose en otro tipo de necesidades, disimulando miedos reales frente a riesgos y males siempre inminentes a los que no le gusta ver en sus causas verdaderas ni en su justa dimensión, y pretende teñir, minimizar y controlar hasta la espontaneidad y las necesidades de alcance y diversión más primitivas, especiales y auténticas de la gente.

En un contexto de mayor experiencia y mundanidad -y a pesar de que de cualquier forma se salieron con la suya- las jovencitas habrían llevado definitivamente las de ganar en cualquier situación como ésa. Si todo lo demás fallaba -que no habría sido el caso- podían aun empezar a esgrimir aquello de la discriminación a la mujer, al menor, o inclusive lo del acoso sexual por parte del guardia. Independientemente de los triunfos cotidianos familiares hogareños de la mujer como hija, hermana, esposa, cuñada, madre, suegra, abuela, tía, nana, sirvienta, *baby-sitter*, etc.

están aquellos que ha ido consiguiendo en las últimas décadas y en los que socialmente lleva en la actualidad y con absoluta certeza: *todas las de ganar*. No hay nada que le gane a una mujer llorando, gritando quejándose de maltrato, de discriminación, reclamando sus derechos; y si es menor de edad, peor; y si se queja de abuso sexual...infinitamente peor. El acabóse. Mano ganadora. Póker!

Tiene tantos recursos la moderna sociedad capitalista democrática para acomodarse de acuerdo a los requerimientos de sus componentes y acomodar a éstos dentro de sus propias necesidades y expectativas, que maneja las injusticias, los excesos, las discriminaciones, las explotaciones, los desplantes, los vicios y los destrampes de manera que le permitan tanto a las clases poderosas como a las sojuzgadas seguir viviendo de manera "funcional" dentro del mismo estado de cosas y la misma situación, y perpetuar ésta -por lo menos- hasta que temporalmente les convenga en función de su propia generación y de la de sus descendientes. El sistema está tan fina, precisa y minuciosamente organizado que esta sociedad democrática encuentra la forma hasta de permitir la subversión del orden y las explosiones y estallidos de inconformidad latente dentro del esquema general de su propia organización. Sin inmutarse.

La mezcla de estratos sociales, razas y naciones en la moderna sociedad permite que la fantasía de la participación del pobre -y de las minorías- en los actos elitistas y trascendentales tenga un viso de realización y de realidad, y que igualmente tanto los de más arriba como los de hasta abajo encuentren una manera práctica, organizada, operativa, engrasada y funcional de actuar, manifestarse y conducirse con sus propias cargas de pecados y remordimientos por medio de tres niveles de "corrección política":

a) la institucionalización de los desmanes que permiten la integración social y un espejismo de "igualdad" en fechas y lugares permitidos, condicionados dentro de su propia permisividad y circunscriptos a sitios autorizados (fiestas populares, verbenas, ferias, carnavales, etc.), en que los reprimidos de otros lugares, tiempos y circunstancias pueden darle vuelo a la hilacha sin reticencias ni resquemores -al grado de que los individuos con inquietudes de realización prohibida pueden desplazarse hacia lugares en los que es normal y facilísimo inclusive filmar para *Apocalypse Now* algo tan natural como la decapitación real de una res sin que brinquen y la interrumpan los de las asociaciones protectoras de animales; y los muy adámicos (o adánicos -o, mejor: *adamistas*-) hacia playas, lugares y resorts en que la desnudez corporal no sólo no ofende, sino que motiva, exalta, exulta y reconcilia;

b) el perfeccionamiento y magnificación del uso cotidiano de una realidad subterránea subcutánea subsidiaria que les permite a los individuos cumplir aparentemente con las restricciones, imposiciones y requerimientos de actos "correctos" que les impone la vida social, siempre y cuando mantengan en el substrato el ejercicio -más o menos libre- de sus pasiones. La educación sexual que nos dan (o la falta de ella) es tan fundamentalmente represiva, que los individuos, en lugar de desarrollarse de manera normal, plena, amplia, relajada y natural hacia una madurez sexual, acaban por canalizar su desinformación, sus miedos, sus complejos, sus traumas y sus sensaciones de culpa, por los caminos (tortuosos en muchas maneras) de las desviaciones, obsesiones, fijaciones, perversiones, inclinaciones y vicios más dañinos (para él y los que lo rodean), obligándolo, por otra parte, a vivir su vida normal y aceptable cotidiana sólo como una fachada que esconde, atrás y abajo -de la manera más sutil y efectiva (hasta que un accidente o la saturación de algún exceso provocan la presupuesta aunque sorpresiva crisis; *así* es nuestra sociedad!)-, todos los tumores y deformidades provocados por las corrupciones de la enfermedad subyacente, que, muchas veces, no son los individuos capaces de confesar *ni a ellos mismos* frente al espejo. Éste, en efecto, es el mundo que con tanto cuidado construimos y al que nos enfrentamos: la "casa chica" del mexicano; los jóvenes turistas de países desarrollados cruzando la línea hacia el *south of the border* -o yéndose a Europa o Sudamérica para poner en práctica sus reventones alcohólicos enervantes y pornográficos-; el miembro del Congreso que liderea una causa de apoyo a los jóvenes *abusados* y él, bajita la mano y tras bambalinas es uno de los

abusadores; el político o comandante del ejército que alardea de sus intenciones de acabar con el narcotráfico y en la noche entra en conferencia telefónica con alguno de los capos de un cártel importante; el hombre fuerte, musculoso y "varonil" que presume de macho frente a los cuates, y en la privacidad de la parte posterior de su camioneta se la chupa a su novio en turno y le pide que se la meta más y más veces por atrás; el esposo que en la privacidad de su domicilio golpea a su mujer y a sus hijos, y en sus manifestaciones públicas se declara a favor de la promulgación de nuevas leyes y disposiciones que frenen la violencia intrafamiliar y doméstica; la conductora de programas que, índice tenso, acusa exacerbadamente en cadena nacional de televisión a inmorales, pervertidos y viciosos, y ella sale del programa para darse tres pases, realizar reuniones con mafiosos o intentar localizar a su hijo drogadicto en alguna de las piqueras de homosexuales viciosos de costumbre;
c)la accidental o planeada evolución de los sistemas de comunicación, diversión y entretenimiento que le permiten al pobre individuo -en general- "integrarse" a la corriente principal cultural e "interactuar" con ella sintiéndose parte importante de la realidad, y existente dentro de la misma, al identificarse con elementos de las clases superiores que llevan a cabo "los mismos actos que él" e, igualmente identificarse con las figuras estelares míticas de esos medios, las que por las características de su estilo de vida o los papeles que desempeñan en películas, obras de teatro y televisión, etc. tienen la posibilidad de -y la autorización implícita para- violar las normas de conducta y de corrección política establecidas (estoy fregado, ando sin lana pero al rato, si Dios quiere, le mando un mensaje a mi chava por mi celular, ah! chingá, hablando de eso se me pasó bajar hoy en la mañana a la pantalla la imagen de Sabrina y sus consejos y las recetas de cocina de Hugo Sánchez..., y nos vamos hoy en la tarde al Cinépolis de Polanco, ái donde van los chidos guan y las chavas fresas, a ver la misión imposible de Tom Cruz, ese güey sí que las puede, se chinga a quien sea...y ya más tarde me traigo a mi morra para mi cantón y le doy duro y bonito después de ver acostaditos la película por la que votamos por Internet el jueves para que la pasen este fin de semana...de luxxx...!)

La corrección política esconde, maquilla, crea sus propios escenarios y escenografías. Distribuye los papeles de películas cinematográficas entre personajes de una multiplicidad racial satisfactora de las inquietudes actuales de grupos que antiguamente aparecían sólo como comparsas o multitudes de extras; y así vemos a los chinitos, a los negritos, a los coreanitos, a los hinduitos, a los mariconcitos y a las lesbianitas en papeles no solamente participantes de un reparto *global,* sino en francos papeles protagónicos y estelares. El oriental y el hindú que buscan su hamburguesa de *White Castle* en medio de la noche, acaban por satisfacer junto con su antojo dudosamente gastronómico, el antojo existencial egoísta de millones de tercermundistas arribistas a los estratos pretendida y defectuosamente "humanos" de la sociedad de consumo.

La intención ocultadora de la corrección política se muestra en todo su poder con respecto al manejo del problema de la basura. Es solamente a partir del siglo XX que algunos sectores de la especie humana comienzan a preocuparse de manera objetiva y más o menos constante respecto a la basura, los desperdicios y desechos, su acumulación, su disposición y su procesamiento; y los problemas que todas esas aristas del fenómeno representan dada la enorme cantidad de basura que actualmente se produce en el mundo. Sin embargo, la corrección política atiende -una vez más- más a la forma que al fondo, y prefiere -sólo para mantener tranquilos a algunos ambientalistas y activistas sin oficio ni beneficio-hablar de clasificar, separar, reprocesar y reciclar la basura, e implantar programas tipo "Hoy no circula" para el supuesto control de gases y desechos tóxicos, a estructurar verdaderos cambios y transformaciones que tengan origen *y efecto* desde el momento de la extracción, procesamiento, elaboración, producción y fabricación de los bienes de consumo -*antes* de que el producto llegue a manos del consumidor (antes de la *producción* original de aquello que dará origen a la basura, y modificando la forma de generarla en función de la modificación de la forma en que los elementos que la constituirán se implementen en un principio-, y a elaborar planes y campañas educativas y de condicionamiento conductual de los individuos -desde la niñez- para que la disposición de la basura se lleve a cabo de una manera absolutamente diferente a partir de una concepción fundamentalmente distinta de su *función*, su *significado*, su uso y su manejo.

En ese sentido, corrientes artísticas de gran impacto social, como el *punk*, constituyen una antítesis del papel de la "corrección política" hasta con respecto a algo tan esencial, primitivo y antiguo como *la basura* (en todos sus aspectos). No es de sorprender que los movimientos catárticos de una realidad social antifuncional y enferma- entre los que el movimiento *punk* ganó lugar privilegiado por derecho propio- se presenten -o levanten el mayor número de seguidores, inquietando a la estructura social en su totalidad y removiendo hasta sus cimientos- en momentos y circunstancias como los de la Inglaterra de mediados de los setentas, o el Brasil y la Argentina de fines de los ochentas y principios de los noventas. El arte *punk* no pretende ocultar la basura, *la expone*; la presenta con toda esa fuerza que no deja de tener una belleza implícita (si se le despegan los condicionamientos, ataduras y convencionalismos sociales); y si también con respecto a él debe admitirse que la "recicla" - o *transforma*- de alguna manera para representarla y reutilizarla, esos reciclado y transformación tienen más que ver con la exaltación de sus propiedades intrínsecas más señaladas, que con el ocultamiento, el disimulo y la transformación superficial de ellas -como hace la "corrección política" con los sujetos pasivos de sus esfuerzos barnizadores-. Una canción de los *Sex Pistols*, una actuación de los *Ramones* resultan más saludables, honestas, sinceras, útiles socialmente, y...*correctas, que todos los discursos dirigidos al Congreso por Bush -o por cualquier otro líder por el estilo-* para hablar sobre el estado de la Unión y las políticas de desarrollo social internas y externas para las relaciones internacionales.

El *punk* señala con el dedo, resueltamente, al sol. La "corrección política" insiste todos los días en querer taparlo.

La corrección política tiene -gramatical, social y culturalmente- género femenino. Le arrebata al pueblo hasta sus diversiones más originales, espontáneas y creativas; las toma, las "organiza", las modifica, las "suaviza", las procesa..., y las alquila y las vende inclusive (es más fácil ganar dinero si se encierra y reglamenta el espectáculo, se venden boletos, se consiguen patrocinios y se comercializan los derechos de transmisión por televisión!); transforma la alegre y orgiástica efusividad liberadora callejera y desordenada del Carnaval por excelencia de Río de Janeiro, en un modoso, sistemático y cronometrado desfile de carros alegóricos, sambistas y disfrazados que marchan en el orden y la secuencia previstos, dentro de los límites físicos precisos de dos graderíos, a lo largo de un determinado número de cuadras y en el tiempo señalado por los requerimientos de espacios de transmisión, comerciales publicitarios y programas de los grandes consorcios televisivos -hoy, a escala globalizada mundial- (*el destrampe y la locura encerrados en una camisa de fuerza que les dice en dónde y hasta qué horas!!*). Va cubriendo con su manto esa formidable "corrección" política, imparable, hasta las partes pudendas de las diosas magníficas y suculentas otrora desnuditas sudaditas en naturalísimos cueros y vellosidades *rainhas da bateria* y *das Escolas de Samba* cariocas del Carnaval de Rio, ahora -de unos Carnavales a la fecha- limitadas en su muestreo orgánico televisivo y hasta callejero de la Marqués de Sapucaí con más centímetros de tela, tafetán, lentejuelas y tarlatana escondedores de su prodigiosa naturaleza para satisfacción de los correctores políticos de esta época y de las clases más espantadas, hipócritas, retrógradas y persignadas de la sociedad brasileña (en el mejor *estilo Anthony Comstock* durante su soñadora lucha finalmente infructuosa para la erradicación del vicio; o en el de aquellos enconados San Bernardino de Siena y San Vicente Ferrer, de hace siglos); y entinta desde el momento de nuestro nacimiento (va siendo cada vez más correcto y propio el dar a luz al hijo mediante cesárea, evitando esperas, dolores, contorsiones, cursos en video, pláticas estilo *mothers about to be* anónimas, gritos ensordecedores y aspavientos) hasta el de nuestra muerte -aunque históricamente ha variado la posición desde la muy categórica de Hipócrates hasta la de los romanos de su época dorada, y otras totalmente opuestas, actualmente la ortonasia es *correcta*, la eutanasia *no*- (hacer que alguien muera con respeto y dignidad es correcto, no así acelerar la muerte de alguien aunque en ello vaya más respeto por la dignidad de la persona que en permitir que se prolonguen sus condiciones ofensivas, torturadoras e indignas de vida), el de la de nuestros hijos potenciales (hay voces ya, femeninas, que dan por absolutamente correcto -política y moralmente- el que una mujer decida abortar, sobre la base de que de cualquier manera más de siete millones de niños mueren actualmente antes de los dos años cuando no son cuidados ni protegidos, pues básicamente nadie quería realmente que llegasen al mundo, y **eso** es *también* un aborto, sólo que *tardío*), y hasta el de la muerte de nuestros animales de estos campos y mares del Señor (se alzan las voces quejicosas de naturaleza calcadamente femenina contra las crueles matanza japonesa de delfines convulsivamente receptores del ataque mortuorio, y canadiense de focas y foquitas apaleadas sobre el tiernamente enrojecido manto de hielo).

¿Y quién se preocupa realmente -*realmente*- y hace algo –algo- por los bebés ya heroinómanos desde antes de nacer; por los niños golpeados asesinados en el departamento de al lado, a la vuelta de la esquina; por los chicos huelethinner limpiavidrios miradausente pidemonedas de las esquinas; por los jóvenes muertos de hambre en las comunidades indígenas americanas, en los países asiáticos, africanos; de frío en la sierra tarahumara; por los muchachos masacrados a cada segundo cada segundo cada segundo de en los que estoy escribiendo estás leyendo a cada segundo estas palabras cada segundo cada segundo uno más en las matanzas y conflictos bélicos de Europa Oriental, Medio Oriente y tántos otros rumbos?. Mientras siguen las manifestaciones y declaraciones chapuceras contra el uso de niños soldados armados en las guerras del mundo, y (nos van a salir hasta con eso) contra el cortar los ejotes y las lechugas con golpes violentos de cuchillos afilados que lastiman la sensibilidad aún viva de los verdes envainados leguminosos y las plantas herbáceas compuestas...¿*Quién se preocupa realmente y hace algo concreto y substancial por los verdaderos pobres diablos humanos de la tierra?.*

Perdón, creo que ya caí en la incorrección, disculpen: dije *los niños, los jóvenes, los muchachos*; y ahora, para evitar susceptibilidades y ser afable, atento, atencioso, cortés, educado, amable, urbano, comedido y *políticamente correcto*, hay que darles -con absoluta precisión y minuciosidad- su cabal lugar a las damas, y decir, por ejemplo: los niños y las niñas...los jóvenes y las jóvenes...los muchachos y las muchachas...los seis magistrados...y *la magistrada.*

El DISCURSO DE LA NUEVA (y vieja) DEMOCRACIA

y su altísimo costo

Si los costos operativos de un sistema democrático se refirieran sólo a la cantidad de papel y tinta gastada en los discursos y a los sueldos de los redactores de éstos y de los ideólogos, politólogos y comunicadores circundantes de los distintos poderes, órganos y representantes de la autoridad visible del Estado-aun cuando sabemos bien que el altísimo costo de la democracia (y aun si referido *únicamente* a gastos monetarios) es como un pozo sin fondo que reclama recursos para las más variadas e inútiles (salvo para mantener el mismo funcionamiento del sistema) disciplinas-, y tuviéramos que establecer una regla sencilla de proporcionalidad entre el discurso de la democracia y dichos costos (que en esencia y dentro de nuestra realidad no sirven ambos más que para mantener y prolongar ese discurso), podríamos enunciar, de una manera más general y abarcadora de la totalidad de elementos partícipes en nuestra sociedad "democrática" que: *el aumento del costo financiero de la democracia está en razón directa del aumento del tamaño y/o de la frecuencia de los discursos-a todos los niveles (semánticos, operativos y funcionales):*el **discurso-***de la misma.*

Por el contrario, a menos uso de palabrería gastada y capciosa, menos necesidad de fuegos de artificio, funciones de títeres, lanzamiento de buscapiés y paliativos vergonzosos inútiles para mantener tranquila, contenta y a raya a la masa, y un mucho menor costo final de la democracia. Hasta porque las grandes erogaciones para mantener la engañifa podrían aplicarse real, concreta y efectivamente para aliviar los estragos del hambre, de la ignorancia, de la violencia y de la drogadicción públicas. Sin embargo, el esfuerzo por encontrar variantes más interesantes y convincentes de ese viejo discurso institucionalizado que le permite al sistema mantener el orden por medio del apuntalamiento de la esperanza, y los votos necesarios para pasar de panzazo el curso y ser aprobado para la ejecución de un nuevo ciclo -que, seguramente y sobre esas bases, resultará tan infructífero como el anterior-, contra todo pronóstico, continúa; y lo notamos a diario en las salas y antesalas del poder en las plazas y actos públicos, en las entrevistas y programas de radio y televisión, y en los encabezados de las páginas principales de los diarios y de los servidores de Internet. Un discurso obsesivo, reiterativo, diario, enajenante y omnipresente en slogans más o menos largos sobre bardas, pancartas, anuncios monumentales y páginas y más páginas colocadas tecnográficamente en las pantallas transparentes de los teleprompters o tradicionalmente horizontales sobre atriles leídas mansa y automáticamente por los *gobernantes* gobernados por sus equipos de análisis y comunicación:

"Estamos comprometidos con combatir la pobreza..."

"Nos reuniremos sistemática y continuamente para establecer una agenda de trabajo sobre las necesidades más imperiosas actualmente para nuestro país..."

"El interés nacional debe ser colocado siempre por encima de los intereses de las facciones y de los diversos grupos parlamentarios..."

"El pueblo lo que quiere es trabajo, civilidad, paz y cumplir la constitución..."

"Debemos establecer la interlocución con las distintas áreas y segmentos de la sociedad nacional a fin de que todos los mexicanos encuentren la manera de externar sus necesidades e inquietudes, y de ser escuchados en la misma medida para la satisfacción y alivio de las mismas..."

"La solución de nuestros más caros problemas sólo podrán encontrarse a través de la profundización del estudio y análisis de los mismos y de un compromiso generalizado de todos los segmentos de la sociedad para resolver de raíz y en el menor tiempo posible aquello que no solamente castiga a los que poco tienen sino que afecta a nuestro desenvolvimiento social general y a nuestro desarrollo sustentable generalizado, en la medida en que esa grandísima desigualdad existente en nuestro país, de no ser superada, acabará por dañar la máquina misma del sistema en su totalidad..."

"Lo que tenemos que hacer en un estado de derecho, todos los ciudadanos, sin excepción, es obedecer las leyes, que para eso están...El desprecio a la ley a nada bueno nos conduce..."

"Hacemos un llamado al diálogo, a la cordura, a la civilidad y al respeto, para que trabajemos todos unidos en beneficio de la clases desposeídas y de los que nada tienen, en un esfuerzo definitivo por alcanzar de una vez por todas el verdadero bienestar de la nación..."

"La solución somos todos..."

"México lindo y querido..."

"La patria es primero...apelamos al patriotismo de los mexicanos..."

"La solución a todos nuestros problemas es la Educación, por la Educación atraviesa la justicia, la equidad, la superación y la solución final de la pobreza..."

"El voto es el instrumento del cambio dentro de la democracia..."

El discurso sobre la funcionalidad de la democracia y sobre la de las vías, procesos y procedimientos de la misma se vuelve entonces un arma más de los ricos y poderosos que detentan el poder de los puestos del gobierno (y de las estructuras de control y represión que los mantienen vigorosos y vigentes), para controlar- de manera más efectiva y determinante que por otros medios menos visibles y sutiles- las aspiraciones reivindicativas de la masa (de *peatones*) y llevarlas de la mano por los cauces admisibles, tolerables y potencialmente menos peligrosos que los grupos en el poder pueden admitir, pues no representan la posibilidad de modificaciones estructurales fundamentales que amenacen la generación de verdaderos cambios cualitativos en la sociedad. Ese discurso de la democracia funcional mantiene la esperanza viva no sólo en el peatón ingenuo, haciéndolo soñar mansa, reiterada e infructuosamente en cambios que nunca sobrevendrán por las vías que el Estado le propone como legales, constitucionales, disciplinadas y moralmente admisibles, sino incluso también en intelectuales y grupos de oposición que muerden el anzuelo y se tragan el discurso de una manera olímpica y llegan incluso-cuando no por efecto de haber sido realmente comprados-a avalar ante el peatón que sigue sus liderazgos conceptuales, la idea del cambio posible por las vías del orden y los procedimientos buro(demo)cráticos.

    Una vez más se impone la reflexión de que ese engaño social no es privativo de los regímenes de derecha o de los gobiernos capitalistas y conservadores; cualquier estructura social donde los grupos de poder que conforman el estado se manifiesten partidarios de las instituciones democráticas y no de las dictaduras totalitarias y represivas en última instancia claras, sinceras y transparentes, tratará de mantenerse hipócritamente -de una u otra forma y por todos los medios legales *e ilegales* a su disposición- en el poder.

    Los cambios "pacíficos" y que se caracterizan por una ausencia de violencia o por la presencia mínima o subrepticia de ésta, estilo la desintegración de la URSS(con su *glasnot* y *perestroika* incluidas), la última revolución checa, la caída del muro de Berlín y similares, además de provenir de cambios cuantitativos que se transforman en "cualitativos" al momento de llegar a magnitudes y extremos en que el número o cantidad de los elementos acaban por transformar la esencia de la estructura demostrando como insostenible la aceptación tolerante generalizada de su esencia anterior, son posibles únicamente en esa medida y bajo ese tipo de circunstancias pero no representan más que un cambio de escenografía, de coreografías e inclusive del director y las estrellas de la obra de teatro en cuestión, un aparente cambio disfrazado de ideológico y conceptual que solamente "satisface" las *necesidades de transformación del estado de las cosas*(de la obra representada), que tienen el coro, los extras, los barrenderos y taquilleros del teatro y hasta el público de la audiencia; estos últimos, en su calidad de peatones, siguen asistiendo- y sufriendo las consecuencias de la misma-a la representación de obras que no modifican de manera alguna las características de su nivel y papel participativos, y que se manifiestan-después del entusiasmo propio de la temporada de estreno-como fiascos desilusionantes que participan incluso del mismo tipo de vicios(en ocasiones peores y aun más grandes), perniciosos y dañinos para el peatón, que los de la obra anterior.

De esa manera, aunque no necesariamente todos esos cambios naturales productos de una saturación de las condiciones previas sustentadas por Estados que ya no tienen la capacidad de satisfacer las necesidades y sueños de la masa(el peatón), sean farsas orquestadas y representadas con el único y exclusivo fin de engañar al peatón y ofrecerle de cuando en cuando una válvula de salida a las presiones acumuladas en su ánimo y su existencia física -ofreciéndole, manteniéndole y permitiéndole la ilusión del cambio-, sino que, por el contrario, algunos de ellos se muestran como la consecuencia lógica de una descomposición social que hubo alcanzado ya un grado insostenible, la mayoría de esos "cambios" es producto de una elaborada disposición de los grupos de poder político y económico para, con toda conciencia y mala fe, cambiar "la obra representada en cartelera" por otra fundamentalmente igual en su filosofía e intenciones veladas e hipócritas(y fiel continuación de aquélla),o lo que es lo mismo- aunque dicho en sentido más doméstico-: permitir que se pare la casa de cabeza, se haga una limpieza general, se tiren y quemen los trastos viejos inservibles y hasta se corra a la sirvienta, siempre y cuando y al final la casa siga funcionando bajo su dirección y estén sentados en las cabeceras de la mesa-¿quiénes creen?-...*ellos mismos*!

Es como cuando lo único que percibimos al transcurrir -incluso- de las "revoluciones", son los cambios de uniformes en el éjercito; hoy defienden los soldados a unos poderosos, mañana a otros; hoy se visten de verde recatado y sobrio, mañana de gris y con galones vistosos; hoy la fiesta se hace en el Palacio, mañana en una casa de campo, bucólica, campirana, más cercana al sentir del pueblo; hoy se sirve caviar, mañana mole poblano, pasado mañana comida china; hoy se ameniza con música de banda sinaloense, mañana con música de *big band* de Glenn Miller, pasado mañana con los Violines Románticos de Villaflorenciana...Sólo el pobre permanece, casi visiblemente inmutable a fuerza de ser inmutado, viendo pasar las bonanzas de un lado para otro, viendo el sentido cambiante de la dirección de los vientos, pero nunca, disfrutándolos ni en carne propia, ni en la de sus hijos, ni en la carne de la tierra que nunca se le da, que para él nunca produce.

Si alguna vez Kafka fue clarísimo, descomplicado, transparente, concreto y contundente, fue cuando señaló que aunque el propio Emperador se bambolee y caiga, e incluso dinastías completas acaben por desmoronarse y desaparecer..., *el Imperio es eterno*.

Al final los hombres no luchan por ideales ni ideologías, luchan por mercancías, por productos, por bienes, por comida; por decidir cómo se los van a repartir, cuál sistema usarán -y de qué manera- para repartírselos, con cuáles hembras al lado suyo disfrutarán de esa repartición, y qué espectáculo los divertirá, junto con ellas, al caer la noche. Esa ha sido la esencia de la ley de las luchas de los seres humanos desde que se reunían alrededor del fuego original para asar los alimentos manutentorios después de la caza.

En sociedades como la nuestra -donde los medios juegan un papel determinante y plegado a los intereses del Estado, pues en su carácter de *medios propiedad de los grupos en el poder* no conforman más que un brazo más de los que este Estado se sirve para perpetuarse, manifestándose este hecho, aunque lo nieguen "conductores", "comunicadores" y "líderes de opinión"(al servicio consciente o inconsciente, voluntario o involuntario, gratuito o pagado, libre u obligado, del Estado y sus "socios"), hasta en el tiempo de pantalla y/o transmisión(menor) que se le concede a la oposición, hasta en el tipo de preguntas y las formas tan diferentes respecto a aquéllas en que a los candidatos del Estado les son planteadas en las entrevistas, e inclusive, hasta en la descalificación que de las respuestas de la oposición hacen los entrevistadores por medio de actitudes corporales no-verbales, gestos, miradas, aspavientos, etc.(daría incluso para elaborar un estudio profundo y divertido sobre el lenguaje no-verbal del entrevistador mexicano)...la dimensión que éstos medios alcanzan no sólo en tiempo de elecciones, sino también en el entramado cotidiano del desarrollo del "nuevo" régimen "elegido por el pueblo", hace que la tarea de acabar con la pobreza sea sustituida por la tarea-bastante fácil y mucho más cómoda para aquellos que poseen los medios y el control de los mismos-de hacer creer al peatón que se está acabando con la pobreza, que la riqueza del país está aumentando, que todo va muy bien, que el país progresa en paz, que todo va muy bien, que el rugido de hambre que siente el peatón todos los dias a todas horas en el vientre es puramente psicológico, que todo va muy bien, que vamos en camino, que ahí la llevamos, que todo va muy bien, que los agujeros en el techo de cartón de su casa son fácilmente reparables, sin problemas...

El costo del discurso de la democracia no sólo es caro en la medida en que nada resuelve de manera real y efectiva, sino también porque al disimular, desviar, deformar y maquillar la esencia y causa de los verdaderos problemas, los mantiene, los complica y los eterniza hasta un punto en que su solución requerirá de acciones de fondo y no de forma, y la mayoría de las veces catárticas y violentas.

El mantenimiento del discurso requiere instituciones, acciones, informes, escritos y actos solemnes y rituales que lo justifiquen. Que lo hagan creíble. Por lo menos, *aceptable*. Ahí van incluidos los discursos públicos de planes, promesas y logros conseguidos los salarios de los redactores de esos discursos, de los asesores, secretarios, consejeros, achichincles y guaruras de los políticos y gobernantes; las mantas apoyatarugos y las pintas de las bardas y todo el material propagandístico, promocional y publicitario de las campañas, tomas de protesta, festejos e inauguraciones de obras; las coimas, sobornos y gratificaciones; el papel, la tinta, las plumas, la tela, los plásticos, los cordeles, las gorras, sombreros, chamarras, aplaudidores y guías, antenas y espadas de luces fluorescentes; los desplegados y anuncios en diarios y revistas, los tiempos de aire en radio y televisión y mil etcéteras más. Y también y aunque nos pesen tanto o más que los anteriores: los gastos operativos de las Cámaras y del Congreso, los salarios de jueces, diputados y senadores (incluidos sus descansos, vacaciones, prestaciones, *breaks*, almuerzos, caprichos, tomas de tribuna, siestas, actos de protesta, conciertos nocturnos estilo "cantando por la manutención de mi curul", mañanitas a los cumpleañeros, "bombas" de las institucionales, de las que sí se pueden, laudatorias *poético-musicales* besa pies, clases de jiu-jitsu, de tae kwon do y entrenamientos de boxeo con sparrings incluidos de traje y toda la cosa); los presupuestos asignados a los institutos electorales -para que la rieguen bien y bonito y entronicen y santifiquen *oficialmente* a "los ganadores"-, a los partidos políticos, a las campañas para elección de representantes y gobernantes, a las juntas y asambleas para el planteamiento, análisis y solución de problemas; el tiempo utilizado para todo lo anterior y hasta el de las sesiones de votación para ver qué nuevo juez entrará al tribunal, cuánto ganarán ahora los jueces y quién los presidirá, y para la toma casi siempre extemporánea de decisiones sobre actos y sobre leyes y más y más presupuestos y más decisiones sobre planes y acciones que casi nunca se implementan de la manera en que deberían y que, cuando se logra implementarlos, no se llevan a cabo ni a tiempo ni con efectividad. El peatón les paga a sus dirigentes, representantes y gobernantes -principalmente y en esencia-

para perder el tiempo, en representación suya; para dejarlo correr con la ilusión, para el peatón, de la administración correcta de sus bienes, el ejercicio adecuado de su autoridad y la impartición imparcial y expedita de su justicia..., tranquila y relajadamente, sin sobresaltos, hasta la llegada del día de cobro de su siguiente quincena.

De esta manera el discurso de la democracia no sólo tapa el hoyo únicamente de manera aparente y por encimita sino que -y por lo mismo- evita que se tape a fondo y que, para arreglarlo permanentemente, se encuentren y solucionen las causas que lo provocaron; aun más: el agrandamiento y profundización del hoyo sólo tapado por encima y nunca realmente corregido reclama más y más caras acciones para disimularlo, pretender hacerlo invisible a los ojos de los que lo padecen y mantenerlo en una situación que no afecte el estado general de las cosas.

En estos tiempos de "corrección política" el discurso de la democracia alcanza también a las actitudes exigidas a la oposición y pretende encuadrar a ésta dentro de parámetros aceptables y deseables para que el sistema siga funcionando de la manera conveniente y "como Dios manda". Y así, escuchamos de comentaristas, ideólogos del sistema (y *del sistema* en cuanto a su dependencia de intereses y económica de él), de analistas políticos y de teóricos-quiéranlo o no, consciente o inconscientemente, pertenecientes al *establishment*- que *la oposición debe ser democrática, paciente y democrática...debe asumir sus responsabilidades políticas y democráticas...poner por encima de sus intereses, el interés de la patria...aceptar el diálogo como la vía pacífica del entendimiento...*

Y hablan también estos encantadores analistas políticos y políticos analistas de que *se deberían reglamentar las manifestaciones y las protestas a efecto de...* ¿Cómo puede una oposición ser real, auténtica y efectiva si acepta que se le reglamente en sus acciones y se le encause por las vías por las que precisamente -y dentro de las expectativas lógicas de los gobernantes y del partido en el gobierno- causará el menor efecto posible?

El plantón de Reforma pudo haber sido un acto molesto para muchos y contraproducente hasta para sus promotores, confuso y difuso-lo único definido que tuvo estuvo perfectamente delineado por el tiempo y lugar en que se realizó, independientemente de su levantamiento por causas múltiples-y razonables para los que se dieron cuenta no sólo de su negatividad sino de su inefectividad a todos los niveles-,pero resulta claro que en el momento mismo de su implementación manifestó un verdadero carácter *opositor al régimen*. Si se hubiera instalado en las faldas del cerro del Topilejo que dan hacia Morelos, habría tenido, lógicamente, infinitamente menos antipatizantes de parte de los ricos, poderosos y reaccionarios (y de los del mismo pueblo que, como buen pueblo mexicano comenzó a su manera tradicional, casi desde el principio, y de muchas formas, a darle la espalda a su líder),habría levantado más comentarios de apoyo entre los oráculos de las columnas editoriales, la radio y la televisión e incluso podría estar permaneciendo hasta el día de hoy perfectamente plantado y sin ningún problema. La oposición reglamentada por -y complaciente con -los órganos en el poder no es verdadera *oposición*.

El discurso de la nueva democracia cuenta con la ayuda simpática y colaboradora de los grandes empresarios y gigantescos grupos industriales, con el fin de, juntos, ayudar a algunos de los desposeídos y condenados de la tierra a llevar una vida más tolerable y esperanzadora. Y así, los consorcios y transnacionales crean Fundaciones, Programas, Instituciones de Ayuda y destinan donativos en cheques voluminosos (a fin de cuentas todos ellos pelos del gato) para ayudar a los débiles mentales, a los pobres, a los minusválidos, a los enfermos, a los sidosos y a los chamaquitos y jovenazos con mucho deseo y voluntad de estudiar. Y he aquí que aparecen edificios y hospitales construidos y levantados de la nada como surgidos espontáneamente del subsuelo, becas, planes e institutos para ayudar, efectivamente, a los amolados, pero más que nada como una manera de compensar mínimamente el terrible desequilibrio de la balanza provocado por los mismos megaempresarios y políticos en contubernio, y con una estrategia minuciosamente diseñada para acallar conciencias y taparle el ojo al macho; ah!, de paso, deduciendo su ayuda-*claro*!- en sus declaraciones de impuestos.

Nos reciben en los supermercados con tarjetitas mostrando niños en la miseria, ancianos y campesinos en la desgracia; nos invitan a llamar por teléfono y a donar cantidades que ya las quisiéramos nosotros para comer mañana; nos preguntan que si redondeamos la cantidad para los niños con parálisis cerebral o estomacal(porque hace días que no usan el estómago pues no tienen ni para comer),y con todo ello lo único que quieren el gobierno, los magnates y los grandes consorcios es hacer que nos sintamos culpables y obligados a ser solidarios, transferirnos el peso de su responsabilidad, la carga que aunque no quieran les cuelga, los malestares morales por aquellos otros sociales que han sido producto de su ineptitud, incapacidad, inhabilidad, ineficiencia e ineficacia al momento de ir construyendo el país; quieren convencernos –según ellos- de que ayudemos a los pobres, pero en verdad: de que ayudemos a mantener y perpetuar la estabilidad y las condiciones injustas de este sistema injusto. Es curiosa su actitud; como la de un padre que no cumpliera con llevar el gasto a la casa por andar de borracho, parrandero y jugador, pero, eso sí, le insistiera reiteradamente al hijo mayor que dé dinero para completar para la leche de la mamila del pequeñito…(Pero esos grandes provocadores del desequilibrio social invitadores a que los ayudemos a evitar la descuajaringada total, tienen aliados poderosos: la idiosincrasia humilde, sugestionable y romántica de los pueblos latinos simpatizadora de las causas de los pobres desgraciados amolados, mezclada con los tres siglos de sumisión ante la dominación absoluta española en los que el mexicano aprendió a sobrevivir en la indigencia, dentro de la más extrema pobreza y llevándosela en sus creencias, gustos y aficiones: por lo bajito, agachando la cabeza y sin replicar; el recuerdo de haber vivido después todo un siglo prácticamente a salto de mata por andar en los vaivenes supuestamente correctores de las corrientes, revoluciones y vicisitudes políticas; y la idea ya interiorizada subconscientemente de que es mejor no moverle mucho y más vale paso que dure y no trote que canse pues de cualquier forma ricos y poderosos van ricos y poderosos vienen y la situación del pobre jodido en este país jamás se modifica, y así, calmados y en paz hasta quizá "lógrenos" sobrevivir mejor pues por lo menos seguimos vivos y al fin y al cabo y que le aunque si ya la panza se nos redujo y se nos acostumbró a comer poquitito y de vez en cuando...(y el alcohol ayuda, que ni qué!).

Los pobres se juntan con los pobres, se soban el lomo y se consuelan; hasta se masturban. Todo entre ellos. Los miserables con los miserables. La envidia tradicional y arraigada en el sentir del mexicano hace que se sienta a sus anchas entre otros de su mismo nivel y posibilidades limitadas. Y que jale y atraiga hacia sí, impidiéndoles ascender en la escala del éxito, a los que lo amenazan con adelantársele (a la manera de los proverbiales cangrejos). No es de sorprender, por ello, que una de las telenovelas mexicanas de mayor éxito de todos los tiempos (*Los ricos también lloran*) y una de las películas más taquilleras históricamente (*Ustedes los ricos*) tengan más que ver con una degradación de los acomodados y poderosos, que con una superación o triunfo particular y propio de los desposeídos. La inmensa mayoría de nuestros cómicos, íconos de la cinematografía nacional, son fracasados que explotan su fracaso hasta para complacerse, autodivertirse y regodearse en él, y quedan satisfechos, al final de las tramas, de permanecer -en esencia- tan amolados y mínimos como al principio.
    Además, si es capaz de sacarse un peso de la bolsa para dárselo a otros amolados como él, eso le da al mexicano la seguridad de que él, en el fondo, no está tan jodido como aquéllos.

    Por otra parte, es mentira que el mexicano posea un profundo sentido religioso y lo demuestre en sus acciones más nobles de experiencia mística y ayuda al prójimo; el mexicano no es más que un vulgar imitador y perpetuador de ritos y acciones que la mayoría de las veces ni siquiera entiende en su sentido más original y profundo, y que simplemente reproduce de manera irreflexiva e inconsciente al igual que su padre, su madre y sus abuelos y abuelas antes que él. En la humilde, servil -por otro lado magistralmente orgullosa- y automática distribución de sus limosnas infalibles cotidianas salidas de sus flacos bolsillos lo demuestra.

Y ello forma parte de un esquema general donde las preferencias del mexicano se centran en los cuentos y *comics* donde él se identifica no con los superhéroes, sino con el desgraciado salvado por aquéllos, en las telenovelas donde los pobres y empobrecidos son los héroes; en las novelas y películas de tipo picaresco donde el pobre es la estrella no porque deje de serlo o se supere económica, social o culturalmente, sino porque se burla y jode -aunque sea de manera provisional, momentánea e insignificante- a los ricos y poderosos; y -entre otras cosas- en las telenovelas donde los personajes centrales y heroicos son los feos y menesterosos, simpáticos (en el sentido más etimológico de la palabra) con los otros pobres que los ven desde sus casas -a los que les suavizan su drama y les dan elementos plausibles para identificarse-, y dignos -para el peatón mexicano promedio- no de lástima, sino de encomio y admiración.

El discurso de la nueva democracia alcanza el clímax en la dádiva institucionalizada y los programas de Seguridad Social de los países subdesarrollados, semiindustrializados y/o *colonindustrializados*. Entendible. En un Estado en que el grueso de la población es incapaz de pagarse razonablemente sus más elementales servicios de salud, gozar de una alimentación básica adecuada y balanceada y construirse un retiro y una vejez cómodos y económicamente relajados, bueno, en un país donde cerca de la mitad de la población vive en una pobreza extrema, el gobierno y las clases política y económica dominantes deben invertir en esquemas que le permitan al pobre y desgraciado peatón contar con una salpicadita, en forma de limosna establecida y reglamentada (y potencial y pretendidamente cobrada moral y efectivamente al momento de la votación para las próximas elecciones) de los beneficios del sistema -beneficios que, por otra parte, otros tremendamente más afortunados, *unos cuantos* dentro del grupo total de pobladores, disfrutan hasta yéndose a operar su tumor a Massachussets, a desayunar ahora sí que a Tíffany's y a vacacionar a las islas Seychelles en su avión particular-, pero, sobre todo, deben invertir esos grupos poderosos en los discursos convincentes y las plausibles y alegres formas de venderle a la población depauperada este asunto de los seguros, planes y pensiones, y la bonanza momentánea, huérfana y pospuesta, para que, independientemente de su efectiva puesta en práctica (o de su fracaso sexenal o decenal debido a corruptas malversaciones, fraudes y peculados derrumbadores de la esperanza cifrada y pacientemente realimentada cada año de trabajo y de mísera existencia peatonal) los pobres realmente *se la crean*.

En esencia, el costo del discurso de la democracia es altísimo, y les cuesta a los pobres y agobiados más que a nadie, pues ellos pagan los servicios, la administración de los mismos, las sesiones en las Cámaras, la elección de sus jueces y gobernantes y hasta los sueldos, errores y vicios de éstos; pero ese discurso es a la vez imprescindible, dentro de este sistema, para poder hacer que el país siga adelante y, por lo menos, tarde un poco más en desconchinflarse, detenerse y desestabilizarse por completo.

En una sociedad como la nuestra el peatón paga muchas cosas: paga, por ejemplo, en muchos lugares -cuando ello debería ser obligación y responsabilidad de los gobernantes y administradores públicos en función de los impuestos que el peatón,por otra parte, *paga*-, directamente con su esfuerzo, su dinero salido directamente de la bolsa para compra de materiales, chapopote, asfalto, cemento, etc. -o para coimas, mordidas y propinas a los que deciden qué se hace y qué no en los municipios-, hasta la pavimentación y el asfaltado de las calles y avenidas que pasan por su casa (en ocasiones, cuando entiende del oficio de albañil, hasta *él mismo* realiza el trabajo con tal de que en el verano el polvo del suelo no les queme a él y a sus hijos la nariz y los ojos, y durante la próxima temporada de lluvias el piso terregoso por donde debe caminar diariamente para ir a su trabajo no se le convierta en un infierno semilíquido de lodazales empantanados intransitables!); paga hasta para subsanar los "errores", estafas, fraudes, robos, tráficos de influencia, tranzas y peculados cometidos por sus gobernantes y representantes!; paga las diversiones y los viajes de los representantes del gobierno en las giras internacionales de "trabajo" para estrechar lazos de amistad y abrir nuevos horizontes comerciales a los productos mexicanos en otras latitudes !! -mientras en nuestro país las organizaciones campesinas y el pueblo en general marchan manifestándose contra el aumento de los precios del maíz y las tortillas y se preocupan por las tragedias económicas domésticas inminentes en su futuro inmediato, y en el extranjero los voceros del gobierno y los secretarios y ministros acompañantes de nuestra autoridad máxima declaran con cara compungida, desenfado absoluto y desfachatez olímpica:"...*compartimos la preocupación de las organizaciones...,bla, bla, bla, bla, bla*"-; bueno, el peatón paga hasta para ayudar a sacar a los Bancos del atolladero!!! -esos *mismos* Bancos que lo tranzan, lo explotan, le roban y lo sojuzgan!!!!-. Pero casi nunca lo que paga el peatón es para su propio, real y verdadero disfrute, ni para su beneficio.

Con sus impuestos, la plusvalía que extraen de su labor, y el excedente de rendimientos de su trabajo que con su explotación obtienen todos los que están por encima de él en la escala social, el peatón paga por que le digan qué hacer, por que le pidan cuentas, por que le cobren y hasta por que lo castiguen, pero, sobre todo, paga por que lo convenzan de que sus gobernantes y dirigentes -a quienes él, por otra parte, no les puede pedir cuentas- están haciendo las cosas bien, y honestamente, y mantienen a la sociedad bien y *en paz*, palabra esta última que parece tener prioridad en las preferencias del peatón y de la que se aprovechan infinidad de administraciones para influirle miedo respecto a lo terrible que sería perderla. Es curioso todo el proceso; como cuando paga por un producto o mercancía: el peatón paga principalmente por que lo convenzan de que debe seguir comprando ese producto...y consumiéndolo; gastando y pasando las mayores partes de su dinero y su tiempo en consumirlo. Con esas muy buenas partes de su dinero que van al bolsillo de los fabricantes y del gobierno, éstos se encargan de reinvertirlas -en una gran proporción, pues los costos de lo que verdaderamente hacen o fabrican es mínimo- en asegurarle al hombre ordinario, común, al de la calle, que debe seguir entregándoselas a futuro pues vale la pena lo que recibe a cambio: un buen papel de baño, una buena pasta de dientes, un buen jabón, una buena soda, un buen gobierno, una buena administración, tranquilidad...

El actual discurso de "la democracia" en nuestro país y su contrastación con la patética realidad, nos hace reafirmarnos en la idea de que en sociedades como la nuestra "la democracia" no es más que una dictadura disfrazada con su mejor disfraz; "el socialismo": o una comparsa de la misma, o sólo un estadio dentro del desarrollo general del capitalismo -una de sus fases- (y no al revés, como los soñadores pretendieron); las dictaduras visibles y francas: modelos - a fin de cuentas- más dignos, honestos y económicos; y las monarquías visibles, concretas y transparentes, aun presentes en el medio sociopolítico del mundo: formas de gobierno que -aunque mezcladas y disminuidas, como las europeas- por lo menos tienen la ventaja para el peatón de gastarse una gran tajada de sus impuestos en el ofrecimiento y la presentación de un espectáculo, pero -a diferencia del deprimente que ofrecen nuestras elecciones y gobiernos "austeros", "democráticos", populistas y "revolucionarios"- un espectáculo mucho más atractivo, sofisticado, entretenido, divertido, motivador, aristocrático, tradicional, protocolar, ritualístico, formal y -sin lugar a dudas- glamoroso.

Mientras el discurso de la democracia de nuestros políticos de siempre -y de nuestros nuevos políticos- no deje de ser solamente un discurso de lenguaje, meramente conceptual y puramente verbal(sin dejar de lado lo expertos que se han vuelto en el manejo de la comunicación no- verbal en los apretones de manos, inclinaciones de cabeza, sonrisas tiernas, saludos y besitos respetuosos-*Madre sólo hay una*- y apapachos a las viejitas y campesinos curtidos pobretones muertos de hambre), para convertirse, como *a la* muy antigua *griega*, en una vía múltiple de acciones convenientes con intención apropiada y destino común, y en tal medida benéfica, para *todos* los integrantes de nuestra sociedad, los sucesivos gobiernos seguirán-en el transcurso y al final de su mandato-*tropezando con la misma piedra*, y la realización de sus gestiones será banal, improductiva, inefectiva y casi siempre dañina y contraproducente para la inmensa mayoría desprotegida, y al final -en un determinado momento- hasta inevitablemente trágica para el país entero, convirtiéndose, como en las crónicas de los actos, gestiones y administraciones de sus antecesores, en otra crónica más de *la misma historia*.

MÁS MINI-CRÓNICAS DE LA ACTUALIDAD

VI

Mi hija de ocho años me preocupa; en una sociedad como la nuestra no es para menos.

Sale de la escuela y mientras está jugando por la tarde en nuestra casa junto a sus amiguitas, mi hija se maquilla muy contenta, se mira en el espejo, se pinta las uñas y se acicala porque sabe que un hombre apuesto y atlético de brillante cabello negro y ojos azules la está esperando...el hombre se llama Ken y lo peor de todo es que ella está compitiendo ahora con otras de sus amiguitas para ver cuál de todas tendrá la fortuna de llegar más rápido a su encuentro con el hombre afortunado.

Con pavor creciente escucho la reacción de todas cuando Ken toca a la puerta. Mientras las oigo gritar y emocionarse no consigo apartar de mi mente el recuerdo de aquel episodio de mi juventud temprana en que las mujeres iniciaron una revuelta que pretendía ser una revolución (empezaron por manifestar su satisfacción de decidir por sí mismas y quemar, en bola, sus brassieres)...y acabó siendo sólo un movimiento.

Como después del franquismo, cuando vino aquella apertura de diques y explosión de represiones contenidas durante mucho tiempo –igual que en toda situación en que los impulsos y necesidades quedan comprimidos en un continente que al ser sobrepasado en su capacidad no se resquebraja sino estalla con profusión de energía y violencia– las mujeres del movimiento de liberación liderearon un camino por el que transitaron seguidas inmediatamente y al unísono por muchas otras entusiastas obedientes a las que les pusieron el ejemplo de usar sus cuerpos a discreción, decidir sus concepciones, sus embarazos y sus partos, irrumpir en cualquier actividad humana, tomar en todo momento sus propias decisiones, y desvestirse y acostarse –no sólo para concebir sino para disfrutar y para lo que se les diera la gana–

como, cuando donde y con quien quisieran, y tomaron todas- como *pied pipers* de Hamelin con particulares cohortes de séquitos - por ese camino abierto, con la alegría, el desenfado y la desesperación de quienes llevaban siglos queriendo hacerlo.

Desgraciadamente la irreflexividad de los impulsos, aunque de manera consecuente provenga de pasiones e inquietudes larga y forzosamente acalladas, lleva en muchos sentidos al desorden y a perder los objetivos del camino principal, haciendo que se tome por senderos equívocos que aunque de manera general lleven a la misma dirección, no desembocan necesariamente en el mismo punto. Así, el destino específico procurado se vuelve difuso y aunque se esté muy cerca de él no se encuentra ni se localiza con claridad.

Al vivir, como vivimos, la época de las apariencias, percibimos que la mujer –*aparentemente*- ha dado pasos gigantescos y conseguido convertir en realidad la mayoría de sus propósitos definidos desde los principios de su potencialmente fabuloso -luego, visiblemente petardeado; y ahora manifiestamente superado- movimiento de "liberación". La realidad, en la mayoría de los lugares –y con sus honrosísimas y contadas excepciones-, sigue siendo otra. La mujer ha conseguido irrumpir con éxito prácticamente en todas las actividades masculinas, ha hecho explícitos su agresividad y liderazgo sexuales, ha escalado hasta posiciones insospechadas y alturas que nunca imaginó, se ha dado el lujo de ganarle al hombre en actividades donde no sólo él era el que dominaba tradicionalmente sino también el único que tradicionalmente participaba (ajedrez, boxeo, tenis, etc.), se ha destapado corporal y psicológicamente sin empacho, sin complejos y sin vergüenza desde en los festivales de Woodstock, Wight y Monterey hasta en las actuales películas de clasificación A y obras de teatro para toda la familia; pero así como los pobres (individuos, grupos sociales y naciones) que en esta sociedad capitalista liberal neodemocrática, al recibir más prestaciones, mejores oportunidades de vida, más atención y consideración a sus necesidades, más apoyo a su lucha por salir adelante, algunos asientos más en las Cámaras, Congresos y Organizaciones Mundiales de *las pábara pábara pábara pam*, lo que en esencia han conseguido ha sido únicamente más atole con el dedo, las mujeres pueden decidir ahora lo que harán con el fruto de su cuerpo sólo porque el hombre, desobligado e irresponsable en general, les da la libertad de decidir (*se hará lo que tú quieras mi vida, si lo quieres tener...ténlo, si no... no, yo respeto lo que tú decidas respecto a nuestro hijo*), puede divorciarse a discreción mas invariablemente se queda al cargo de las crías, por mucho que gane nunca alcanza los niveles de salario del hombre, por muy alto que llegue está condicionada en su poder por el poder tras el trono de su séquito restringidor integrado por colaboradores o socios comerciales o aliados políticos masculinos, le dan un hueso en las Cortes Supremas y en los Consejos de Administración para cubrir las apariencias y que no chille, pero dista mucho aún(en los asuntos y eventos importantes) de hacer mayoría, y de hacer -en la mayoría de los casos y situaciones- *la diferencia*.

En suma, la jugada del hombre –como aquéllas, capciosas y llenas de artificios de encubrimiento, de los que detentaron el poder durante siglos y conocen los vericuetos intrincados de su esencia - ha sido de un ilusionismo magistral: goza ahora de la liberación sexual de la mujer acostándose irrestricta e indiscriminadamente con todas las que puede (y hasta con varias a la vez), disfruta del apoyo económico que la mujer le da al salir ella misma a trabajar y ganarse su dinerito con profesionalismo y entusiasmo como antes no podía hacerlo, convive y juguetea con los hijos que la mujer le da, amamanta para él y lleva y trae de la escuela manejando con propiedad y en un porcentaje mayor que nunca los autos fabricados ahora atendiendo primordialmente al gusto femenino ,y todavía- en la noche y antes de cogérsela otra vez si se le antoja – disfruta de una feminísima, deliciosa y suculenta cena preparada por las diestras manos... *de ella*. A cambio, y como por no dejar, el hombre se quedará en casa algunas veces dizque haciendo el quehacer, dizque lavando y acomodando la ropa y, al término de la cena en cuestión- para echar una mano y retribuir un poco de lo mucho que recibe- dizque lavando los platos, hasta eso, mal lavados.

El silencio final de mi hija y sus amiguitas me coloca en la concreción del tiempo presente -si es que existe alguna en algún tiempo que pudiera llamarse así-: la cara desencajada de todas me dice que quien apareció después de que ellas abrieron la puerta no fue Ken; observo la pizza sobre la mesa y dentro de un traje cursi en azules, rojos y blancos, la cara estúpida y granienta del repartidor que cuenta con expresión de incomprensión el dinero que le entregaron y comprueba que no hay propina. A pesar del desencanto por la deficiente aparición imprevista, y la inevitable comparación con el hombre al que hubiese querido recibir al abrir la puerta y que puebla los sueños y las pasiones de mi hija a edad tan temprana, ella le extiende el último billete y lo despide con una sonrisa aniquilante de coquetería. Como si ensayara para la que en su momento le brindará a Ken, o como si comprendiera que -para mal o para bien- Ken es posible que nunca llegará y las seducciones tendrán que ser ejercitadas y aplicadas en ejemplares como el que ahora -deseando que mi hija tenga ya unos cinco años más- cierra soñador, ilusionado y enormemente retribuido la puerta.

Lo dicho: mi hija de ocho años me preocupa.

VII

He empezado este año a tener alucinaciones lúdicas: en mis sueños los hombres se parecen a Ken y las muchachas tienen cara y ojos de muñequita Bratz. Pero lo peor, que de día y en estado de absoluta vigilia también veo los rasgos de ellos en las personas que me rodean. Le llamo *animismo lúdico colonialista*, y hace que -por el contrario de lo que muchos piensan (yo ni la menosprecio, ni la comparo ni la desprecio)- acabe yo adjudicando a la belleza autóctona de nuestro país esos detalles de mandíbula fuerte, nariz recta y ojos gigantescos de los idolillos del siglo XXI. Tal vez, lo más seguro, porque en su afán de parecerse a los extranjeros y seguir sus patrones estéticos y de conducta, mis paisanos y paisanas -con absoluto candor- se ponen los suéteres de ellos,

los zapatos de ellos, las faldas y pantalones de ellos, el peinado de ellos; se depilan la ceja como ellos, se arreglan las uñas como ellos, se pintan los labios y los ojos como ellos... (No consigo apartar de mi cabeza los juguetes extranjeros).

Más tarde el mismo día me impacta aun más el candor de otros que por su edad y ocupación deberían ser mucho menos ingenuos y candorosos: los de las asociaciones de pequeños y medianos comerciantes de juguetes que se quejan de la "competencia desleal" que representa el sin fín de comerciantes informales vendedores callejeros evadepermisos evadeimpuestos evadetrámites vendedores de fayuca, productos robados, sin marca, piratería, y traídos de Taiwan, China y anexas. Mientras el comerciante bien intencionado y legal hace filas, paga renta, permisos, impuestos y demás, los comerciantes gigantescos, y aquellos otros al margen de la ley obtienen -a su muy particular manera- beneficios y prebendas que les permiten aniquilar a los pequeños y medianos comerciantes soñadores emprendedores ilusionados con que el trabajo diario, constante y puntual, respetuoso de las leyes y obediente de las obligaciones les permitirá salir adelante, sacar adelante a los suyos y, de paso, contribuir a que salga adelante este miserable país. No es que haya competencia desleal para el hombre de la calle que quiere hacer las cosas de manera honesta y dentro del marco de la ley; simplemente no existe para él -por parte suya- la posibilidad de competencia ninguna ni con las grandes empresas, ni con los delincuentes de cuello blanco, ni con los de cuello gris, ni con los del azul, ni con los delincuentes callejeros. Si las grandes empresas consiguen beneficios fiscales a cambio de sus inversiones que generan puestos de trabajo, tan necesarios..., bueno para ellas; si algunos de sus jerarcas se aprovechan de su posición, o de la situación, evaden impuestos, contrabandean, duplican facturas, estiban cargamentos de productos defectuosos o piratas..., allá ellos. La culpa tampoco es de los que venden de manera ilegal en las calles a precios irrisorios lo que otros producen o les hacen llegar de manera ilegal: la gente tiene que buscar cada día qué va a comer, y se arregla como puede. La culpa es del sistema, un sistema como el nuestro, que permite que esas cosas acontezcan, que genera las condiciones para que esas cosas se presenten como necesarias, y que hace del hombre común -el que no es demasiado bueno ni consigue decidirse a ser suficientemente malo; el de todos los días ("buena gente")-, con sus miedos, dudas y carencias: el sujeto y paradigma de la más absoluta y esencial *incompetencia*; y, a fin de cuentas y en todo momento: el más amolado.

VIII

Es asombrosa e increíble la capacidad que el ser humano tiene para desear encontrar día con día quién le descubra el hilo negro, el paraguas, la leche con café, el agua de limón y el huevo revuelto. Cada novedad que aparece, la sigue y ni siquiera a ojos cerrados sino a muy abiertos, en un afán por exaltar el salto de cojo, el brinco con dos pies y el paso redoblado; en pocas palabras, por ensalsar lo más olímpicamente simplorio, obvio, evidente y gastado que exista, con tal de que se le presente bajo un barniz de novedad, de descubrimiento o moda.

Y ahí los tienes, comprando por millones el *Step,* el escalón para subir el pie, la esencia afrodisíaca infalible, los cuchillos para cortar limones, las mantas para yoga, los videos de *"zumbacaliente"* , la baba de caracol, el orín de marrano, el aire enlatado y los pedos embotellados de los elefantes (si mañana los vendieren); ah!, y, por supuesto- en esa su infinita desorientación y necesidad por asirse de algo, apoyarse en cualquier cosa y encontrar algún rumbo-: adoptando cualquier "nueva" filosofía, integrándose a cualquier nuevo clan, llevando a cabo cualquier nuevo-o viejo-rito de iniciación para ingresar a cualquier nueva secta, sumándose a las prácticas y fidelidades de cualquier nuevo culto, inscribiéndose en algún nuevo club, asociándose en cualquier nueva sociedad o convirtiéndose a cualquier nueva- o *vieja,* pero para él novedosa-religión...

El exceso de información, de opciones comerciales que incluyen hasta opciones de vida, la compactación temporal a niveles individual, familiar, social e internacional, y el aumento de la longevidad, aunados a la aceleración en los cambios, descubrimientos e invenciones científicos y tecnológicos, provoca tal confusión en el hombre moderno, que éste requiere, como nunca: anclajes, lastres, asideros, rieles, hilos de Ariadna, manos y profetas cotidianos (universales o no, históricamente "eternos" o no) que lo guíen entre una niebla hecha –hoy, asombrosamente- de una multiplicidad de claridades y concreciones. Hoy, el ser humano, más que nunca convertido en buey, animal castrado en todos los niveles, necesita, requiere y pide a gritos la yunta que lo unza a otro elemento que le dé seguridad (y con el cual se identifique plenamente) y lo acompañe y a la vez lo encamine (en el proceso mismo de encaminarse mutuamente) por los surcos que traza bajo la celosa dirección del arriero (sin salirse ni un milímetro de lo indicado) o –más probablemente- por los ya trazados por los bueyes trabajadores del turno de la madrugada. Hoy, curiosamente y más que nunca, el hombre–buey lame, con agrado y placer indescriptibles, su coyunda.

En uno de los infames canales de supuesta gastronomía, más bien cocina estereotipada simplificada y barata, que infestan algunos de los sistemas de cable en la televisión, escuché una de mis perdidas madrugadas insomnes, que alguien daba la receta para elaborar la *"masa bomba"*. Hasta la pesadez y la inconciencia del insomnio no solucionado se me despejaron; subí el volumen y me enderecé en la cama suponiendo que había escuchado que alguien estaba dando la *receta o la formula para preparar una bomba*!! Luego se me desinfló el pecho al comprobar que todos los ingredientes se echaban en un tazón de batidora y no pasaban de ser harina, huevos y cosas por el estilo (masa, de aquélla para hacer pasteles, pasta, repostería). Me recosté en la cama de nuevo recriminándome lo iluso de mi suposición- ¿en qué cabeza cabría imaginar que por televisión comercial instruirían a la gente cómo fabricar bombas?-.

Luego, más calmado, encontré el pensamiento que era quizá la consecuencia lógica del anterior y que se me reveló desde ese momento como una verdad incontestable: en una sociedad sana, equilibrada justa, creativa, satisfactora de inquietudes y necesidades corporales, espirituales y culturales, equitativa y feliz, promotora de las actividades más convenientemente retributivas de los esfuerzos del hombre, creadora de individuos a su vez sanos, equilibrados justos, creativos, satisfactores de las inquietudes y necesidades corporales, espirituales y culturales de otros(que, como ellos, habitan y se empeñan por salir adelante en el mundo), equitativos y felices, promotores de las actividades más convenientemente retributivas de los esfuerzos de sus congéneres –formados en ella y por ella, *espejos y luz de la misma*- nadie tendría miedo de –ni pondría objeciones a- que en un programa informativo científico, histórico o tecnológico se explicaran sin tapujos, limitaciones ni restricciones la formas precisas de elaborar diferentes bombas, mismas que en dicha sociedad, *nadie tendría interés en usar de ningún modo que fuera dañino o atentara contra los intereses de los otros individuos o de las instituciones y estructuras gobernantes de la misma sociedad.*

Igualmente, en una sociedad como ésa, no habría tánto predicador dominical televisivo, tantos templos, iglesias, mezquitas y sinagogas a la vuelta de la esquina, tantos adventistas del Séptimo Día tocando y tocando puertas para tratar de convertir los tres mil de John Byington de Battle Creek en tres mil millones de fieles, ni habría una necesidad tal ni tan histérica y enajenada – como hay en la nuestra-, de religiones, sectas, cultos, clanes, templos solares, iglesias, asociaciones, meditaciones, asambleas, cientologías y miles de curiosidades y lindezas por el estilo.

IX

Hace unos días sentí por primera vez en mi vida la más imperiosa necesidad de colgarme de la lámpara. Una de las instituciones bancarias más grandes y agresivas, y de las que manejan mayores tasas de interés para sangrar al usuario de sus tarjetas (sería *española*?), me negó *el crédito*. Me envió una atenta misiva señalándome en los términos más adecuados de la corrección política que basados en las informaciones de las diferentes instituciones crediticias no podían, por el momento, otorgarme *ninguna de sus tarjetas de crédito*. ¡Ni una de las llamadas: *light*! Dicho en términos más contundentes: me hizo saber que yo no soy sujeto -ni digno- de crédito. Como ya pasamos (como humanidad) por los diferentes tiempos y épocas de la fe, de las creencias, de la credibilidad...y hasta de las credenciales, y llegamos a *éste*, que es el tiempo del *crédito*, estoy consciente de la gravedad de lo que eso significa: simplemente *yo no existo* en esta época, no soy digno *ni de consideración* para la moderna, elegante y selecta (y muy conveniente para los bancos) adquisición plástica de los bienes y productos. Con e l *shock* de la revelación de mi invalidez financiera, ni siquiera me importó -ni lo recordé- que en realidad todo esto que los mortales comunes y corrientes sufrimos en la época presente no se trate más que de una parafernalia publicitaria de las razones que quieren sustituir a la credibilidad, a las creencias y, en última instancia, a la fe. Un buen amigo de la infancia trató de sacarme de mi depresión indicándome que en realidad las tarjetas de crédito son los actuales instrumentos de las grandes empresas y de los poderosos para la esclavización del hombre, y que funcionan a la manera de modernos grilletes, cadenas, bolas de cañón, amarras, látigos y tiendas de raya para mantener al individuo -con respecto a ellos- sujeto, oprimido, deprimido, controlado, sometido, limitado, enajenado, disminuido, incapacitado y *absolutamente dependiente. ¡De la misma forma en que desde los tiempos coloniales en las tiendas de raya el trabajador, el campesino, el peón recibían sus mendrugos constantemente disminuidos por las deudas que el patrón hacía que acumularan en una espiral descendente hacia la aniquilación económica, emocional y moral de sus existencias, recibiendo cada semana menos retribución por sus agotadores períodos laborales y al final- después de los descuentos por deudas acumuladas no pagadas ni disminuidas nunca para beneficio de los dueños de las haciendas- sólo unos cuantos granitos de frijol, de maíz y unos cuantos chiles para asegurar su precaria subsistencia y la continuación de su diario trabajo esclavo (aunque -oficialmente- la esclavitud no existiera prácticamente desde el principio de la colonización por regia disposición...,* las modernísimas instituciones bancarias, crediticias y de cobranza mantienen al hombre de la calle -el exprimido, el oprimido, el común y corriente- sujeto por los huevos -o en su caso los ovarios- y lo único que malamente le permiten -y eso, por momentos y de manera escueta- es dar un pequeño *respiro sacando por un breve momento la cabeza del agua en que cotidianamente lo ahogan por medio de las altísimas tasas de interés sangrantes y criminales disfrazadas adecuadamente en los contratos de letra minusculísima para que ni se entienda ni se lean, los intereses sobre intereses sobre intereses, las comisiones, los gastos de cobranza y las multas por pagos atrasados, y los intereses sobre intereses sobre intereses sobre esos mismos gastos de cobranza, comisiones y multas*!- terminó su disertación vociferándome exaltado mi dilecto amigo. ¡¡A mí ni siquiera me importaban las tasas de interés sangrantes y criminales!!, yo lo único que quería era participar de las acciones y circunstancias de los grupos sociales más normales de la sociedad. Me siento inválido en todos los sentidos, inexistente. Tampoco me importó que un hermano tratara de impedir que me suicidara y de consolarme diciéndome que las prácticas sometedoras avanzadas de los Bancos y las instituciones de crédito han llegado al extremo de implantar estrategias capciosas que sólo acaban por amolar aun más al peatón, como ésa en la que cuando uno está ahogado en deudas y ya sobrepasó su límite de crédito o se atrasó en los pagos, recibe una llamada donde una atentísima voz cibernética con alegría digital nos felicita (*felicidades!*) y nos anuncia que nos ha sido otorgado un crédito (que ni solicitamos, pero que ellos ya han diseñado en su justa medida para que la gran maquinaria del carro no se pare y permitirnos seguir adelante con los pagos, lógicamente, ahora ya, más endeudados!), y que si deseamos aceptarlo marquemos el uno, y si lo deseamos depositado en nuestra cuenta de cheques marquemos el dos y si estamos de acuerdo marquemos tres y para estar seguros de que ya nos la dejaron ir sin que la sintamos y confirmemos que estamos de acuerdo con la violación que nos acaban de cometer...marquemos cinco, y luego nos dice con la misma afabilidad que nuestros pagos serán de tanto al mes y que felicidades una vez más y que durmamos bien esa noche y descansemos en paz (literalmente), yo asentí solamente con expresión ausente a lo que mi hermano me comentaba, y seguí sin hacerle mucho caso, casi hasta sin escuchar su voz -allá perdida a lo lejos en el fondo de mi sopor económico depresivo- diciéndome también que los que me habrían ahorcado serían indefectible y precisamente los del Banco con sus tasas usureras gigantes de intereses sobre intereses y gastos de cobranzas y multas. Las estrategias publicitarias y mercadotécnicas deben haber hecho muy bien su tarea conmigo, debo estar ya completamente condicionado, pues nada de lo que me dijeron mi amigo y mi hermano me hizo efecto. Yo resentí, como nunca, no ser *un elegido*. Todavía hoy -cuando lo pienso bien-, *yo*, quiero colgarme.

X

No sólo para tener a capaces y mejor formados elementos que sirvieran para ayudar al crecimiento y la riqueza del país deberían los gobernantes de éste(miserable) poner un mucho mayor cuidado en la impartición de una educación pública buena, honesta, exigente, decente, digna, propia y de gran nivel en primarias, secundarias y preparatorias…,sino también (y hasta)porque la educación escolar es en esencia y en su sentido más estricto: un *entretenimiento*, es decir, forma parte de aquellas actividades que alimentan el alma en el ser humano y lo distraen; es parte de *el circo*. Y todos sabemos que mientras mejor sea el circo, más divertidos van a estar los hijos de la sociedad, y mucho menos interesados en otras cuestiones que podrían ser dañinas o potencialmente peligrosas para los intereses del Estado. Hasta para tenerlos más quietos e interesados en sus estudios por medio de una educación más atractiva, deberían mejorarla.

XI (*…porque escribes tu nombre con la "x", que algo tiene de cruz y de calvario…*) **México jamás saldrá del atolladero mientras…**

…nuestros puntos de referencia obligatorios en la cinematografía televisiva sigan siendo eternamente *El Derecho de Nacer*, *Nosotros los Pobres* y *Pepe el Toro*.

...los personajes de nuestras telenovelas "serias" hablen en voz alta (y con sus ojos desorbitados) sus pensamientos-como en la mejor época de los cuentos de Cachirulo-.

...nuestras "revoluciones" sigan siendo *light*.

...sigamos creyendo, a cada cambio de entrenador, que la próxima vez sí ganaremos el mundial.

...el sacrificio de nuestros héroes no sirva para otra cosa más que para prolongar la agonía de nuestra incompetencia.

...los mexicanos-y *sin ningún tipo de simpatías ideológicas ni incitaciones a actos específicos de ningún tipo*-griten, cacareen, reten, prevengan y amenacen de algo que al final acabarán por no llevar a cabo; o sea, mientras se nos siga aplicando fielmente la frase de *tánto pedo para cagar aguado!*.

...después de tres días de encierro de Diputados y Diputadas en el Congreso, sean las Diputadas, *las mujeres* quienes agarren las escobas y los trapeadores y sean *ellas* las que se sigan encargando del quehacer y de la limpieza del recinto.

...la pavimentación y el asfalto de calles y autopistas estén tan dañados o tan mal colocados que no sean más que una sucesión eterna y enloquecedora de desniveles abruptos, baches y agujeros.

...los dirigentes de Ayuntamientos y obras públicas pongan a los trabajadores a dizque reparar esos desniveles, dizque rellenar esos baches y dizque arreglar esos agujeros, a las horas pico del más intenso tráfico diurno, en vez de hacerlo durante la calma chicha e inestorbosa de las madrugadas.

...las dimensiones de la figura del caballo de bronce, mármol o piedra, en nuestras estatuas ecuestres estén en completa desproporción con la de los engrandecidos héroes jinetes.

...las autopistas cobren altos peajes por hacerlo transitar a uno entre carriles en reparación eterna, construcciones y reconstrucciones, y piedras, rocas, troncos de árboles, tierra y plantas desraizadas productos de derrumbes y deslaves.

...nunca veamos realmente en qué se supone que trabajan nuestros impuestos.

...el discurso de la democracia-palabras más, palabras menos, tintes ideológicos poco más a la izquierda, poco más a la derecha, aristas y críticas a los regímenes anteriores más o menos-siga siendo, en la práctica y a final de cuentas, *el mismo;* y nos siga dejando al final de cada sexenio con el amarguísimo sabor de boca de la desilusión por las esperanzas estúpidamente alimentadas por nosotros mismos, ilustres ilusos, ya evidentemente insatisfechas, y el más amargo aun de la convicción de que hemos sido-una vez más de las innumerables veces-engañados como lo que en esencia somos: *una bola perfecta de perfectos pendejos.*

...venda materia prima y la recompre después- en modalidades diferentes- a precio de oro; o sea, mientras exporte hasta talento, *inclusive!*, y le cueste más trabajo y dinero readquirirlo importándolo!!.

...no desarrolle al máximo su propia tecnología, y el indio siga sentado en una esquina de crucero, cubierto por su jorongo, contemplando en una televisión coreana las series o películas americanas, jugando juegos de video japoneses, o vendiendo ahí - al lado de él, sobre la banqueta- las últimas novedades de Taiwán...

...para los mexicanos las señales de tránsito no pasen de ser simples adornos de las calles y carreteras...

....siga colindando al Norte con los Estados Unidos de América...

...no se encuentren, a menos de diez cuadras de uno, botes y recipientes adecuados para poder poner realmente la basura en su lugar...

...el mexicano no aprenda a contestar, exacta, concreta y simplemente, lo que se le pregunta...

...el instrumento preferido de los "urbanistas" para administrar el tráfico de vehículos siga siendo: *el tope*...

...sea siempre difícil (casi imposible) distinguir el pavimento o el asfalto entre los baches y agujeros en calles, avenidas y carreteras...

...los ingenieros contratados para las grandes obras viales no calculen con exactitud la resistencia de las estructuras, materiales y terrenos, ni los índices de hundimiento, vencimiento y variabilidad en los diversos segmentos de los puentes y pasos a desnivel...

...los "modernos" estacionamientos de supuesto cobro automático sigan contando con cerillos vigilantes asesores de tráfico "auxiliares" de ascenso y descenso *pidemonedas*...

...los peatones no usen jamás los puentes peatonales para cruzar calles importantes, avenidas, carreteras y autopistas, y acaben cruzándose siempre por donde les da su pinche gana...

...las autoridades viales y los urbanistas no coloquen puentes peatonales en cantidades y a distancias razonables para uso del peatón...

...en cada peatón o peatona tengamos un émulo de *Manolete* o de *Arruza*: un torero en ciernes que se prepara para su gloriosa tarde de alternativa en la Plaza México, untándole la panza y las nalgas a cada carro que transita por la calle que él quiere cruzar plantado a la mitad de la misma esperando al toro...

...en cada automovilista lata -oculto y anhelante- el campeón de Fórmula 1 que nunca pudimos tener...

...el mexicano sienta que es su obligación guardar el máximo respeto a las figuras paternales herederas de aquellos virreyes, condes, duques y padres eclesiásticos de los tiempos de la conquista, y -aunque algunos de sus correspondientes actuales sean rateros, hipócritas, estafadores, peculadores, defraudadores, vendepatrias y traidores a la nación- a la hora de referirse o dirigirse a ellos se le impongan -como siempre- su absoluto automenosprecio, su agachismo crónico, su humildad mal entendida, su complejo de inferioridad, su malinchismo, su estupor tecnogénico y su servilismo secular, y acabe diciéndoles en el mejor estilo de la época de las haciendas y las plantaciones...:*Señor Gobernador*; *Señor Ca*n*didato*, *Señor Secretario*...,*Señor Presidente*.

...el mexicano no aprenda en algún momento de su vida, y verdaderamente: a *leer*...

LA VIDA COMO ENTRETENIMIENTO

Thomas De Quincey pudo haber escandalizado y aterrorizado a los moralistas, chatos de espíritu y miopes de su época, pero no estaba equivocado: las catástrofes naturales, un incendio, un asesinato... pueden-independientemente de la absoluta reprobación moral que merezcan los dos últimos cuando llevados a cabo con premeditación y de manera injustificable-ser motivo de una notable experiencia estética, ejemplos de belleza y transmisores de la misma a almas sensibles. El pirómano, el asesino, resultan a veces, aunque de manera involuntaria y contra todos sus talentos y expectativas: *artistas*.

La experiencia estética resultado de la contemplación nocturna de un edificio en llamas o vespertina de un bosque incendiándose, y la belleza plástica en ellas-repito (para los moralistas actuales, que en todos los tiempos los hay y por montones), sin tomar en cuenta las posibles desgracias económicas y/o pérdidas humanas-, cuando los contrastes de las luces en la atmósfera, en los objetos y en las flamas de la combustión generan formas gigantescas, atractivamente volubles y fantasmagóricas, pueden resultar comprensibles hasta para los menos entusiastas. Es más difícil justificar tales valores de percepción estética en otros actos de franco carácter delictivo; lo cual no quiere decir que no los posean.

Lo que es más fácil reconocer es el indudable carácter de *espectáculo* (y aquí las etimologías emparentadas con las de las palabras antiguas nos lo confirman: ver, observar) que, cuando contemplados, dichos actos y eventos(o las consecuencias de los mismos)- en su calidad de fenómenos naturales o sociales, y si los aislamos convenientemente lejos de consideraciones de orden moral- sin duda tienen.

Podemos no estar de acuerdo ni impresionarnos estéticamente con la belleza implícita en determinadas catástrofes o crímenes, pero será difícil que no nos detengamos a ver y a contemplar su desarrollo y evolución cuando pasamos frente a ellos, nos topamos con ellos o ellos pasan u ocurren frente a nuestros ojos. Podemos hasta cuestionar su belleza, dejar de calificarlos como *bello espectáculo,* pero nunca como **espectáculo** en sí. Y en ese sentido nos distraen, nos entretienen, nos diversifican, nos refrescan, nos tranquilizan, nos relajan y-en su acepción original y más amplia-*nos divierten*. La vida se detiene por unos instantes, se sale de su curso normal. Nos detenemos, nos paramos, materialmente y en todos los posibles sentidos, para *contemplarlos*.

Esa capacidad mágica de atracción que poseen ciertos eventos, no sólo por caer fuera de lo normal y ordinario, sino por rebasar los límites de "lo legal", "lo moral" y lo cotidiano al alcanzar dimensiones y características que cuantitativa y/o cualitativamente se salen (y nos sacan) de lo común es la que muchas veces nos permite sobrellevar la aplastante y terrible monotonía de nuestras vidas; y en su construcción, logro y admiración se nos van los momentos más significativos de nuestra existencia. De hecho, el arte no es más que la diversión, la distracción, el entretenimiento máximo, que toma elementos de la realidad y les quita un poco de su efimeralidad haciéndolos aun más maravillosos de lo que de por sí ya son.

El mundo se divide en los que sueñan con hacer, los que no dejan hacer, los que pretenden descorazonar a los que quieren hacer o sueñan con hacer algo, los que critican y hablan de los que hacen, los que frenan y castigan a los que hacen, los que encierran a los que hacen, los que acusan y matan a los que hacen, los que miran y observan lo que hacen los que hacen, los que admiran lo que hicieron los que hacen, los que siguen a los que hacen y...*los que hacen*. Todos ellos partícipes (intercambiables, correspondientes, alternados), de una forma u otra, de los pequeños espectáculos cotidianos, de los grandes espectáculos históricos y del máximo *espectáculo* del mundo, de la vida. Todos ellos, de alguna manera, partes de la diversión. Todos ellos elementos del entretenimiento por excelencia, aquél continuado, vario, constante, multiforme, múltiple pero único en su grandeza intemporal y eterna: *el espectáculo que nos permite sobrellevar la angustia primordial, la de la muerte.*

Canción (en ritmo cuaternario y con sonido *new disco*, bombo pesado bien presente y una melancólica alegría del fracaso inevitable de la existencia de todos los humanos- hasta que la medicina y la ingeniería genética nos rediman- en la voz reventada).- *One, two, three, four...*

(Recitado sobre música de fondo:)

" El sentido de la vida, el más plausible
es entretenerse lo mejor posible
mientras llega la muerte,
y no es por hambre y sed de gloria
que los hombres despiertan
y se escribe la Historia
-porque Dios dio alas a las mariposas
comida a las abejas
y color a las zanahorias-;
todo lo que el hombre hace con pasión
lo hace para matar el tiempo
por llenarse con algo el corazón
para vencer al aburrimiento
para olvidarse de que un día se va a morir,
y todo lo hace así...:
por entretenimiento."

(Inicia música rítmica con voz cantando:)

*Salió Colón del Puerto de los Palos
acompañado por marinos malos
queriendo hallar las Indias orientales
casi termina entre los esquimales
(Todo fue una farra!)*

Para entretenerse
para no aburrirse
como pasatiempo
como entretenimiento

Tomó el Señor de Adán una costilla
la transformó en mujer y maravilla
que no duró el amor ni una semana
cuando de postre le sirvió manzana
(En hoja de parra!)

Para entretenerse
para no aburrirse
como pasatiempo
como entretenimiento

Tocó bien Bach el órgano en el templo
y con el suyo propio dio el ejemplo
pues tuvo veinte hijos y no adoptivos
-no había tele ni preservativos-
(Ni comió chatarra!)

Para entretenerse
para no aburrirse
como pasatiempo
como entretenimiento

Aunque en sus tiempos caminó descalza
hoy todo el mundo le da fe y la ensalza
comen los fieles de Santa Teresa
sus chuletones y también le rezan
(Entre butifarras!)

Para entretenerse
para no aburrirse
como pasatiempo
como entretenimiento

Llegó y vio las pirámides de Egipto

y descifró el lenguaje ahí transcripto
fue Champollion "El Napoleón" del habla
y así salvó su gloria en una tabla
(Que no fue chaparra!)

Para entretenerse
para no aburrirse
como pasatiempo
como entretenimiento
Ay! Ay! Ay! Ay!
Válgame Dios qué cosa!
Ay! Ay! Ay! Ay!
Cosa maravillosa!

Cruzaron sus ejércitos Europa
y hasta en la nieve motivó a sus tropas
y controló Hitler con su Gestapo
las almas de sus súbditos de trapo
(La historia lo narra!)

Para entretenerse

Habló Albert Einstein sobre la energía,
salía de noche y dormía de día
mas cuando habló que el tiempo es relativo
ahí su mujer le puso un correctivo
(Y el violín le amarra!)

Para no aburrirse

Pintó el pintor diez mil obras maestras
y también hizo algunas que no prestan
y hasta se dio tiempo el genial Picasso
de a sus esposas darles sus trancazos
(Y tirar la barra!

Como pasatiempo
El Real Madrid venció al Vasco da Gama
en un estadio de La Castellana
diez mil fanáticos se alborotaron

y a la salida los despatarraron
(Y no eran etarras!)

Para entretenerse
para no aburrirse
como pasatiempo
como entretenimiento
Ay! Ay! Ay! Ay!
Válgame Dios qué cosa!
Ay! Ay! Ay! Ay!
Cosa maravillosa

Compró mi novia cuatro mil revistas
que traen belleza, chismes y artistas
y por si fuera poco, como escuela
también se puso a ver telenovelas
(Y quedó hecha garras!)
Viendo un programa de infidelidades
se cuestionó sobre mis amistades
me puso un investigador privado
y me agarró una noche descuidado
(Me perdí en la jarra!)

Para entretenerse
para no aburrirse
como pasatiempo
como entretenimiento
Ay! Ay! Ay! Ay!
Válgame Dios qué cosa!
Ay! Ay! Ay! Ay!
Cosa maravillosa
Ay! Ay! Ay! Ay!
Válgame Dios qué cosa!
Ay! Ay! Ay! Ay!
Cosa maravillosa...

(Fin de la música bullanguera discotequera en éxtasis orquestal climático rumbo al *fade out*).

Las influencias económicas y culturales que han incidido en el comportamiento sexual del ser humano prácticas y costumbres ahora ya propias y características de su especie, y -por otra parte- han repercutido en las condiciones biofisiológicas del hombre modificándole sus originales hasta el grado de haber llegado a darle un muy particular y exclusivo modo de apareamiento, gestación y procreación, han provocado también que el sexo se le haya convertido no sólo en un bien comercializable (actividad única dentro del mundo animal la prostitución, en y con todas sus variantes, excepto en aquélla que tiene que ver en su manifestación como una variante particular de las formas más primitivas de dominio, sujeción y sumisión), en un artículo de consumo, en un instrumento de control, enajenación, represión, opresión y esclavitud, sino también y en última instancia -no **por sí** y **en sí**, como en otras especies animales, sino, en su modalidad de "función" *pre-producida*, preparada y producida con menor o mayor sofisticación (algo privativo de nuestra especie) con respecto a su uso y efectos conscientes, voluntarios y propositales...-: en **espectáculo**. La pornografía, a través de sus múltiples aspectos y modalidades (libros, revistas, filmes, videos, DVD's, Internet, intercambios por la red, por teléfono, etc.) corriendo siempre a la par -y muchas veces motivándolos- de los más avanzados inventos, medios y tecnologías, no es más que la punta del iceberg. La raigambre de ella en la conducta sexual del hombre (*y de la mujer* -perdón, feministas-) le ha dado un poder que se manifiesta de manera definitiva, insoslayable, insustituible e inobjetable en nuestras vidas; *es como si el sexo actualmente sólo pudiera hablar y expresarse a través de ella*, la hacen insustituible -uno más de los vicios con arraigo emocional, psicológico, físico y *químico en el hombre*-, y convierten al sexo, por ende y más que nunca, con el auxilio de los medios masivos de comunicación de alcance interclasista y mundial, e n *entretenimiento*, show, espectáculo y artículo indispensable de consumo.

    Las putas y los putos (los profesionales, puesto que "los otros"... *siempre*) han estado históricamente al alcance físico y económico de los hombres y mujeres de las clases más pobres. Pero la pornografía -como tal y a pesar de su enérgico desarrollo y proliferación desde el principio de las civilizaciones y culturas, y de su enorme éxito entre las clases más necesitadas, precisamente por su carácter diversor y *transgresor*- sólo ha alcanzado su masificación proletaria totalizada actual, a raíz de la aparición de los más recientes modelos y disposiciones económicas a escala mundial, y del desarrollo de los medios masivos de comunicación; apenas en los últimos años. Una pornografía especializada y profesional, minuciosamente trabajada, como la de los cuadros de pinturas que colgaban de los muros en los pasillos más íntimos entre salones de los palacios renacentistas y barrocos, sólo podía ser degustada y apreciada por papas, reyes, príncipes y séquitos cortesanos. Hoy, un flaco albañil, un modesto artesano, pobre campesino, consumen con facilidad -y representado en un sinfín de maneras minuciosas, detalladas y preciosistas- el mayor de los espectáculos dentro de la psique humana.

También allí la popularización y "democratización" han dado un paso adelante a favor (?) del peatón -más bien *a favor* de los intereses más reales, concretos y monetarios de las clases dominantes, y "*a favor*" de los sueños, fantasías, anhelos, irrealidades, apapachos psicológicos, masturbaciones y diversiones del peatón-, poniéndole a su alcance elementos que antes quedaban lejos de sus posibilidades, pero -por encima de todo- dejándolo más a merced de las prácticas distractoras, enajenantes, capciosas y opresoras de las clases en el poder.

Para aquéllos que tienen menos, y que tienen tan poco que prácticamente nada tienen, el sexo convertido en placer, en entretenimiento, en diversión y en espectáculo, se vuelve más que vicio, y se hace una necesidad, un paliativo, una medicina para su sufrimiento diario -tanto en su forma física y funcional original, como en la de su representación humana preparada sofisticadamente para apreciación y excitación; como, así mismo, en la de pornografía- y, como tal, se convierte en bien pretendido, sujeto a adquisición, utilización, consumo y acumulación, a todas las dinámicas de intercambio mercantil y prácticas de mercado, y -en suma y contra lo que podría esperarse por sus propiedades potencialmente liberadoras y en última instancia satisfactoras- en arma de control, sujeción, tortura y represión contra los desposeídos.

A la manera de los protagonistas de la trama de *Encerrados con un solo juguete* de Juan Marsé, y de los amantes bertoluccianos departamentales parisinos de *El último tango en París* (Jeanne y Paul), los peatones de todas partes del mundo, en sus favelas, vecindades, rancherías, ghettos, casas de cartón y parques públicos, abajo de los puentes, en los refugios, centros de asistencia y bajo las marquesinas de los comercios, hasta atrás del camión y en lo oscurito de los pasillos de las escuelas, de los pasajes de los centros comerciales, de los mercados, del metro, de las últimas filas de algún cine de barrio, y de la sombra de los árboles y arbustos de los campos, participan y disfrutan del espectáculo por excelencia, el más intimo y esencial, el espectáculo que pueden presenciar casi sin límites de tiempo ni lugar, y prácticamente sin restricciones de horario y sitios, y aquél que les es ofrecido y proporcionado por lo único que real y verdaderamente tienen en sus vidas -y poseen hasta con orgullo-: *su cuerpo y sus necesidades*.

Sólo hasta épocas recientes ha empezado el hombre (principalmente movido por la mujer -como siempre-) a librarse de la presión y el peso que el sexo en su papel de instrumento opresor ejercía sobre él en forma de prácticas y usos económicos tradicionales de la compartición, repartición y transmisión de la riqueza, de restricciones morales y religiosas promovidas y condonadas por la Iglesia en contubernio con las fuerzas y estratos poderosos de la sociedad respecto al sexo *sin* y *antes* del matrimonio (y al uso de anticonceptivos), y de ausencia científica de métodos confiables y económicos para el control de la concepción y la natalidad.

El "creced y *multiplicaos*" ha sido especialmente atractivo para los gobernantes y líderes económicos de los diferentes pueblos y sociedades particularmente en ciertas fases del desarrollo evolutivo de las civilizaciones, y convenientemente santificado por las distintas Iglesias que se ven fortalecidas por un mayor número de fieles, territorios, posesiones, riquezas y aliados y socios solapados bajo su sobrepelliz. Para todo sistema económico es conveniente la mayor cantidad posible de hijos, fieles prosélitos y obedientes soldados, principalmente en la forma de trabajadores activos, disciplinados y productores (incluso de *más* hijos), generadores de la riqueza que disfrutan los poderosos, consumidores de los productos que bajo la dirección de aquéllos ellos mismos cosechan, seleccionan, organizan, estructuran y fabrican, bebedores de Coca-Cola, comedores de Gansitos Marinela, asistentes a la salas cinematográficas exhibidoras de *Rambo I, II , III,.....*

En paìses como México y Brasil -entre muchos otros- parecería que existe una estrategia subterránea y subliminal para -a pesar de lo que digan oficialmente gobiernos y autoridades- hacer que los pobladores (conejos pululantes) se desarrollen de manera constante y continua lo más rápido posible, en la forma más pródigamente fértil posible, y desde la edad más temprana en que se pueda. Por encima de la mano de obra y la enormidad de sujetos de explotación que esa estrategia brinda para surtido de campos, fábricas, industrias, empresas y prostíbulos, está algo más poderoso aun para los jeques del mercado mundial globalizado: *el consumo*; el consumo poderoso, creciente y eterno de una masa que crece a razón de millones de nuevos individuos consumidores (de, desde leche, leche en polvo, pañales, pañales desechables, medicinas, alimentos, ropas, etc., hasta lápices, cuadernos, huevos, carne, legumbres, tiempos telefónicos y de acceso a Internet, toallas sanitarias, teléfonos celulares, televisores, cigarrillos, cigarrillos de mariguana, líneas de cocaína, arponazos de heroína, iPods, Dvd's, CD's, libros, boletos para el cine, conciertos, revistas, botellas de ron, de tequila, de whisky, cockteles, helados, bolsas de pistaches, de chocolates, jeans, t-shirts, brassieres, etc.,etc.,etc. -y hasta condones y pastillas anticonceptivas!- el sistema es absolutamente comprensivo, asimilador y absorvente!!) cada vez que el lector termina de leer un párrafo o da vuelta a las páginas de este libro.

Aunque las condiciones económicas han provocado una disminución de la tasa de crecimiento de la población en algunos países, o una cierta proliferación de pirámides de edad en declinación, y seguramente frenarán proximamente en gran medida el enloquecido aumento de natalidad de la gran explosión demográfica de los últimos siglos, no cabe asegurar que las grandes empresas fabricantes y comercializadoras y sus gobiernos socios en los pingües negocios de tráfico y venta en el comercio mundial apoyen el decaimiento de la curva y no se agencien nuevas mecánicas y estrategias para solucionar los problemas de la sobrepoblación sin tener que disminuir los índices de natalidad. A fin de cuentas de algo debe servir tánto dólar gastado en la potencial colonización de nuevos mercados interplanetarios ("*¡Compra dos six-pack de Marte-Colas y llévate gratis un combo de hamburguesas MacFobos, de MacPlanet, y un cupón de descuento para el concierto del dueto de la nieta de Madonna y el sobrinito nieto de Michael Jackson en la H.P.Lovecraft Memorial Station este fin de mes marciano...!, no olvides llevar tu abrigo de fibras poliuroaislantes Versace, patrocinador oficial del evento!*").

El control demográfico sólo se vuelve institucional -y magníficamente coercitivo, como últimamente en China, o en ciertas épocas o momentos de algunas sociedades- cuando obedece a peligros estratégicos o daños significativos inminentes que amenacen la seguridad y el bienestar de los poderosos de esas sociedades, o de las naciones más poderosas de las que ellas dependen. Si no, permanece como un asunto estrictamente personal, mismo que sólo se ha patentizado, desarrollado, formalizado y extendido recientemente a través de una evolución simultánea dialéctica del papel económicamente creciente de la mujer en los presentes esquemas laborales, productivos y de servicios, y el perfeccionamiento y difusión de los modernos y confiables métodos anticonceptivos.

Hasta antes de esto, el papel que el sexo jugaba como auxiliar de las clases poderosas para sojuzgamiento de las necesidades, expectativas y modo de vida de los individuos, era impresionante y definitivo. Y aún ahora se manifiesta de manera particular, peculiar y característica principalmente en los pueblos menos desarrollados y en los estratos más pobres y atrasados culturalmente de la sociedad. Todo ese entramado forma también, por su propio derecho, un espectáculo histórico digno de visión, reseña, análisis, crónica, crítica y consideración; aunque no de *reposición*.

Y no hay espectáculo más apasionante que aquél en que los espectadores participan, toman cartas en el asunto, partido, se apasionan y gritan y brincan exultantes de energía y apoyo para ellos mismos o para una de las partes, retribuidos estéticamente desde su interior por sus pasiones- más altas y más bajas- exacerbadas y por la egoísta manifestación desencadenada del deseo de la realización de sus más arraigados y fundamentales anhelos y propósitos.

Mentira -gradual, por defecto- lo que dijo D.H.Lawrence sobre la diversión, en las digresiones de sus amantes boscosos; toda la Historia de la humanidad se encarga de demostrar que el asunto tiene muchas más y más complejas aristas y perspectivas.

Moisés, Abraham, Sócrates, Platón, Aristóteles, Cristo, Confucio, Buda, Mahoma, San Agustín, Santo Tomás, y tantos otros fueron -las más de las veces de manera absolutamente involuntaria, en el sentido más esencial del cual aquí hablamos, y con absoluto respeto por la grandeza y profundidad de sus logros, hasta por la lucha, sufrimiento y origen divino de alguno de ellos-: grandes *entretenedores* (*entertainers*). Vivieron su vida entretenidos y entretuvieron a los demás. Y de qué forma!

Pero también lo fueron los David (el de Goliat y el pintor francés), Cleopatra, Julio César, Ciro, Darío, Alejandro Magno, Marco Polo, Erick el rojo, Rodrigo Díaz de Vivar (el Cid campeador), Colón, Magallanes, Vasco de Gama, Álvares Cabral, Elcano, Vespucio, Cortés, Alvarado, Pizarro(con z el impresionante y con s el impresionista) y tantos más que hicieron lo que hicieron con el mayor y mejor propósito de entretenerse y, en el proceso, acabaron por entretener a muchos. Hasta ahora.

Y lo fueron igualmente -*evidentemente*- los que además de entretenerse mientras cruzaban por la vida, decidieron conscientemente ayudar a que se entretuvieran los demás: Homero, Esquilo, Sófocles, Eurípides, Aristófanes, Dante, Bocaccio, El Arcipreste de Hita, Blake, Almotadid Segundo, Cervantes, Shakespeare, Byron, Goethe, Schiller, Novalis, Kavafis, Storni, Ibarbourou, Joyce, Chesterton, Sterne,

Stendhal, Wells, Verne, Dumas, Proust, Unamuno, Pound, Steinbeck, Yeats, Darío, Nervo, Santos Chocano, Vallejo...y no se diga: Fidias, Policleto, Mirón, Miguel Ángel, Cellini, los Pollaiolo, Da Vinci, Caravaggio, Rodin, Sánchez Cotán, Luis Meléndez, Doménicos Theotocópoulos, Velázquez, Rembrandt, Rubens, Van Eyck, Ieronimus Bosch, Van der Weyden, Vermeer, Géricault, Delacroix, Daumier, Nadar, Rossetti, Manet, Renoir, Toulousse Lautrec, Mucha, Whistler, Turner, Constable, Hogarth, Poussin, Matisse, Magritte, Ingres, Van Gogh, Gaugin, Sorolla, Gaudí, Brunelleschi, Lloyd Wright, Niemeyer, Domènech i Montaner, Puig i Cadafalch, Aalto, Machuca, de Arrieta, de Becerra, de Herrera, Le Corbusier, Bacon (Francis y Roger), Munch, Cezanne, Siqueiros, Eastman...; como también lo fueron Pericles, Solón , Catón, Cicerón, Herodoto, Maquiavelo, Churchill,... Kennedy y tántos y tántos más..., Pelé, Garrincha, Maradona, Romário, Babe Ruth, Mickey Mantle, Willie Mays, Michael Jordan, Bob Beamon, Bobby Fischer, Capablanca, las hermanas Polgar, Nadia Comaneci, ...; y como fueron, también, aunque nos pese, grandísimos entretenedores -no podemos negarlo-: Nerón, Francis Drake, Barba Azul, Atila, Gengis Khan, Torquemada, los diseñadores de la Inquisición y el Santo Oficio, los *assassins* más sanguinarios de las huestes de Salah al-Din Yusuf, Dantón, Marat y Robespierre furiosos, Hitler, Speer ,Goebbels y sus secuaces convencidos, Nixon en sus mejores y peores momentos, Hoover, McCarthy, Bush el padre, Bush el hijo (ni se diga!) *y push , push in the bush*: Papá Doc, Idi Amín, Mobutu Sese Seko, Trujillo , Castro (no siempre por abajo del agua ni siempre humanitario), Osama Bin Laden, Videla, Franco, Pinochet y Sadam Hussein , entre otrísimos. Esos últimos, hasta en su muerte.

Espectáculos de primera nos han brindado todos ellos, y tantos que aquí no fueron nombrados, y tantos que han sido olvidados y se nos siguen olvidando a pesar de que en su momento y para hacer la vida del hombre llena, la historia del hombre interesante, supieron distraernos de las banalidades nimias e insignificantes de la existencia durante los diferentes capítulos de la Historia y de nuestro desarrollo humano. Al vivir viendo lo que hacían, criticándolo, atacándolo, sufriéndolo, admirándolo, alabándolo, llegamos a olvidarnos de nosotros mismos y tomamos partido a favor de *alg*o, de *alguien*, y la vida, aun dentro del más grande sufrimiento se nos hizo más soportable y llevadera, y con un propósito, un impulso, un sentido, una dirección.

Sin entrar en partidarismos políticos ni en juicios de valor, sólo como un corolario ejemplar a esta pequeña aproximación a los maestros del entretenimiento, contemplo brevemente las acciones -lo que nos dejan ellos mismos ver de ellas- de dos grandes políticos (y- entre otras muchas cosas dignas de encomio y alabanza en sus personas privadas y públicas- por todo lo dicho anteriormente y *sólo en ese sentid*o-: dos grandes *entretenedores*, dos grandes maestros del espectáculo) de nuestra cultura actual: Andrés Manuel López Obrador y Felipe de Jesús Calderón Hinojosa.

No soy *lopezobradorista* aunque lo suponga un gran político y simpatice con él y algunos de sus planes y propuestas loables, y con algunas de sus acciones y desplantes; y debo decir que menos soy *calderonista,* aunque mi capacidad "democrática" me dé para notar en él cuatro cosas para mí curiosas (su claridad de objetivos bien marcados y definidos, su tenacidad, su ecuanimidad pública, y el valor y la presencia de ánimo de que hace gala en momentos difíciles sacando fuerzas de flaqueza y apareciendo inmutable e inconmovible). Atendiendo *sólo a las particularidades de sus acciones cercanas al primero de diciembre del 2006* (toma de posesión y de protesta del cargo de Presidente de la República de los Estados Unidos Mexicanos), y analizando -como en un segmento aislado producto **únicamente** de un corte transversal en el transcurso de sus carreras políticas- cabe decir que el primero, arriba la mano, buscando el apoyo de la masa, vociferando en el Zócalo, quejándose en los medios, expresándose él mismo con la exaltación de unas "mayorías" multitudinarias que se adjudica a su favor y las que anuncia representar contra el "usurpador", autoungiéndose con los bálsamos adelantados de un pretensioso liderazgo sobreinducido, no consiguió hasta esa fecha involucrar al público de la manera apasionada y volcánica que es el sueño de los *entretenedores* de corazón.

El segundo, bajita la mano, *mansamente,* repitiendo casi obstinadamente sus fórmulas, preceptos y "soluciones" (y agregándoles las que tomó prestadas -por necesidad imperiosa- de los planes de campaña de su principal adversario), manteniendo la calma y la sonrisa a medias *hasta no ver claro*, reconociendo su necesidad de aplacar los ánimos, de hablar con los opositores para estabilizar al país, sumando poco a poquito codicias, talentos, conveniencias, avaricias, esfuerzos y lealtades para no sentirse tan solo, y trabajando veinticuatro horas diarias para colocarse en el inconsciente colectivo no como el presuntuoso arrebatador de derechos ajenos aprovechador de la no tan moderna y sencillísima estrategia mercadotécnica electoral que plantea (hasta en películas simplonas para principiantes, como *The Contender*, con los excelentes Gary Oldman y Jeff Bridges) que si no puedes demostrar ser mejor que tu contrincante entonces demuéstrales por qué razón *no* deben votar por él, sino como el vencedor "cierto", sereno, pausado, no presumido ni ostentoso sino casi humildísimo de una contienda de las más inciertas -pero que no por ello le impide ser merecedor del beneficio de la duda y de la oportunidad de convencer, servir y demostrarles a los ciudadanos su valía (cosas y conceptos que también utiliza y maneja con prodigalidad)-, decidido frente a todo y todos (uno -*el débil*- contra la masa supuestamente enardecida) a "cumplir" con sus "obligaciones y compromisos cívicos y constitucionales" y a dar una demostración cuidadosa no de poder y de fuerza -que ésa ya vendrá en su momento, espérense tantito- sino de un cierto "valor", un relativo "coraje" y una presencia definida (fortalecida a pesar de las presiones, ataques y corrientes en contra), anunciada y oportuna en momentos en que el país lo que más necesita es el ejemplo del individuo que a pesar de sus temores, carencias y debilidades lucha contra la inseguridad del mundo o su propia inseguridad, contra la adversidad, y logra imponerse humanamente a ellas a fin de cuentas y por lo menos momentáneamente,(como a todo ciudadano común, vulgar y corriente le gustaría sentir que él mismo es capaz de hacer), logró mandar a todos con su llegada nerviosa, tensa, pero decidida, al Congreso, ese día, un mensaje capaz de atraerse la simpatía y el entusiasmo participativo hasta de muchos imparciales y de algunos adversarios. Ni se diga de sus partidarios, simpatizantes, seguidores y una gran parte del público en general -en lo menos (y hasta muchos quizá sin querer reconocerlo): asintiendo con simpatía aprobatoria al acto; en lo más: aplaudiendo entusiasmados y hasta enardecidos, e incluso derramando (los más sensibles) una furtiva lágrima-.

En principio, por principios, y al principio de su mandato -y hasta el *primero de diciembre* y, por lo menos, *estricta y puramente en el terreno del* **espectáculo**- Calderón se echó el público a la bolsa y se llevó las palmas.

MITOS, FALACIAS Y PELIGROS DE LA "DEMOCRATIZACIÓN" DE LOS MEDIOS

Los procesos de la compactación.-Por las características económicas y socioculturales de nuestra sociedad actual se presentan en su seno procesos de compactación del tiempo, por lo menos y de manera claramente significativa, en dos sentidos: transversal y longitudinal.

Imaginemos uno de los modernos autobuses gigantescos de pasajeros de dos pisos, en el cual hacemos un corte transversal y percibimos a los que van arriba y los que van abajo. En ese caso podríamos aplicar el símil de la convivencia compactada de momentos históricos diferentes representados por elementos de la sociedad de diferente desarrollo económico y sociocultural.

En un corte longitudinal apreciaríamos la convivencia de diferentes elementos que en estricto sentido llevan antecedencia de avance y de llegada a ciertos estadios o puntos de avanzada con respecto a los otros; y ahí quedaría ejemplificada la compactación real de elementos de la sociedad de muy diferentes edades, históricas y biológicas, que trataremos posteriormente.

Existen otros aspectos no menos importantes de la compactación, como son el hecho de la convivencia multirracial y multicultural "dentro del autobús";y la posibilidad de desplazarse éste a muy altas velocidades entre una y otra localidad, lo que favorecerá la convivencia e interacción prácticamente simultánea de individuos de lugares de origen, entornos y circunstancias completamente diferentes.

La compactación temporal , entonces, se presenta más bien en muy variados sentidos en el seno de nuestras sociedades: de clases, histórico, racial, cronológico biográfico, cultural y geográfico, y no se refiere únicamente a "una confluencia de muchas corrientes y épocas" o a una "superposición y convivencia de diversos niveles históricos" (como fue esbozada en su señalamiento hace ya muchos años dentro de *El laberinto de la soledad* por Octavio Paz), sino, verdaderamente y de manera efectiva, a una real y auténtica compactación del tiempo -y de todos los tiempos- *dentro de una nueva estructura* (o espacio temporal nuevo generado) en donde todos esos tiempos compactados se mezclan e influyen entre sí descomponiéndose y desintegrándose, y se van integrando nuevamente de manera dinámica quedando sus distintos elementos como en una especie de emulsión donde cada uno permanece suspendido junto y-por las propiedades particulares de los elementos sociales- *en el interior* del otro; esto modifica no solamente las propiedades básicas de los tiempos compactados, sino que cambia esencialmente las características propias de la estructura original que los ha abrigado, y provoca, además, una *compactación individual* –funcional, conductual y psicológica- en la persona y en la personalidad de los seres humanos que la habitan.

En la actualidad la distancia entre ciudades aun lejanas se reduce prácticamente a cero por los modernos medios de transporte y comunicación. El tiempo requerido para enterarse de un suceso ocurrido al otro lado del mundo es mínimo y en ocasiones el conocimiento de los hechos se da de forma simultánea al suceso mismo. La capacidad actual de enterarse rápidamente de las cosas viene unida, por la misma rapidez de los medios de comunicación y transporte, a una inmensa potencial capacidad de respuesta inmediata. Un habitante de Lesbos, uno de Samos o de Mileto que simpatizasen con Sócrates(siglos V-IV a.C.) y admirasen su personalidad y sus enseñanzas, habrían tardado mínimo algunos días en enterarse de su muerte acaecida en Atenas y, aunque sintieran indignación por la condena de los jueces al ilustre filósofo, se rebelaran ante la misma y decidieran actuar protestando físicamente o por medio de alguna medida disidente en consecuencia, les tomaría otros tantos días apersonarse con sus seguidores en esa ciudad para manifestarse o iniciar una revuelta.

Hernán Cortés, en el siglo XVI, debía esperar meses para saber cómo proceder en algunos asuntos con base en la respuesta que el rey les daría a sus informes contenidos en sus *Cartas de Relación* informativas de la situación en los territorios que andaba conquistando.

No así en el mundo actual: ya inclusive el asesinato de Kennedy, John; de su hermano Robert; ni se diga el de John Lennon; la golpiza a Rodney King; la estrellada de auto de Lady Di; el comienzo de la Guerra del Golfo; las marchas de los latinos en los Estados Unidos de América para legalizar su indigencia; y la golpiza de elementos policiales y de "seguridad" a los revoltosos de San Salvador Atenco, *provocan todos ellos conocimiento y respuesta inmediatos* (aunque en una gran medida sólo aparentes, como se verá más adelante) por parte del individuo promedio de nuestra moderna sociedad. En unos cuantos minutos se modifican los índices bursátiles, lloran los sentimentales y los deudos, se desgarran las ropas los llamados "líderes de opinión", se animan las tertulias de bares y cafés de los arregladores del mundo, sírvete las otras no?;encuentran un motivo más para discutir –también sin razón ni conocimiento- esposo y esposa antes de una vez más irse a la cama sin hacer el amor; se levantan en libros sudorosos no leídos engrasados de frituras de taco los pseudoestudiantes buenos para nada carne de cañón sobrinitos de Marx lectores nunca consumados de ninguno de sus libros, y ,en general, aprovechan los pescadores, para su mayor ganancia, el río revuelto que se haya generado.

Un comandante americano en el desierto de Irak enlaza inmediatamente, por radio, teléfono satelital o red computarizada criptografiada, con sus superiores en el Pentágono, en el momento mismo en que desea informar las condiciones de una batalla. Y de la misma manera y en el mismo momento recibe una respuesta, con instrucciones específicas de operación por parte de ellos. La intercomunicación puede ser instantánea, drásticamente interactiva y a todas luces efectiva.

La red de satélites orbitales terrestres y su impacto en la telefonía, los sistemas de comunicación computarizados, el radio y la televisión, permiten a un preso aislado en las eufemísticamente llamadas "cárceles de máxima seguridad",en medio –digamos – del desierto del Sahara o de la parte ignota del Paru (por la Cachoeira do Inferno, en la selva amazónica), enterarse de los últimos acontecimientos y responder a ellos con posibilidad de influencia decisiva, por medio de Internet o de un simple celular, para ordenar un alzamiento en Mayagüez, una huelga en Washington, una ejecución en Londres, una manifestación en Guadalajara, un tiroteo en Río, un atentado en São Paulo, un bombazo en Roma o la entrega de un cargamento de cocaína ahí, más cerquita, en Maseió.

Los ejemplos donde aparecen rumbos o localidades brasileñas no son por acaso aunque las anécdotas de realidad que los sustenten, puedan ser halladas en latitudes y sociedades aparentemente disímbolas y no sean privativos de los políticos, narcotraficantes, terroristas o activistas brasileños: son proverbiales los motines y alzamientos de revuelta sincronizados y coordinados por vía telefónica celular entre presos y penitenciarías múltiples de los estados de São Paulo, Río de Janeiro, etc., tanto de centros de detención de menores de edad, como de prisiones de adultos y cárceles de seguridad máxima; igualmente los actos de alboroto, tráfico de droga, compra de influencias y ejecuciones violentas ordenados y dirigidos "desde dentro" de centros de reclusión en Brasilia y Río por el capo Fernandinho Beira- Mar, y muchos otros.

Estas características de nuestro mundo actual (información múltiple, comunicación instantánea, desplazamiento velocísimo y capacidad de respuesta inmediata), convierten a nuestro mundo no en una "aldea global" ,como decía uno de los egregios analistas del pasado, sino en un auténtico "vecindario global", o "lavadero globalizado" donde todo mundo se da cuenta (o mejor dicho, cree darse) de lo que pasa en todos lados; escucha (o mejor dicho, cree escuchar) lo que dicen todos los demás; está al tanto (o mejor dicho, cree estarlo) de todas las cosas y de todos los asuntos, principalmente de aquellos que ni le corresponden ni le competen y, en última instancia, ni deberían importarle. En pocas palabras, el hombre común del siglo XXI recibe tal cantidad de información, tiene acceso a tantos medios que poseen características tan propias y muy especiales para contener, manejar y transmitir dicha información (soportes), y cree tan a ojos cerrados que la domina, la conoce a fondo, la posee y está autorizado para usarla, responder a ella y actuar en consecuencia..., que vive metiendo su cuchara-y de la forma más absurda, inoportuna e impropia-en todo aquello que no le importa ni le viene al caso.

En un mundo que ha demostrado ser incapaz de dar plena satisfacción existencial a las mayorías-por medio de actividades laborales interesantes, creativas, generadoras de entusiasmo y complacencia, y bien remuneradas-el hombre y la mujer (y los gays), se ven compelidos a vivir las vidas de otros, a soñar las fantasías de otros, a existir por medio de la existencia de los otros. Es, en suma, en vez de un mundo preocupado por hacer, unos, y, esos mismos, por hacer que otros hagan...,un mundo preocupado por *lo que los otros hacen*. El problema no radica solo ahí, sino en un fenómeno actual fruto del acceso -compactado en el tiempo que no le corresponde- del "hombre primitivo" al uso de los celulares y los ordenadores (una ascesis acelerada e intensa-e infructífera-, fuera de su alcance, impropia para alguien que no ha pasado aún por los estados previos de desarrollo paulatino de sus capacidades y creaciones, ni se ha enfrentado a éstas últimas desde una perspectiva cercana, madura y preparada),mismo que genera que la mayoría de las veces al meter su cuchara, el hombre común meta también la pata.

Nunca antes como hasta ahora, y desde hace muy recientemente, la masa había tenido acceso general casi irrestricto a los medios de comunicación, a los "soportes" físicos y conceptuales de la comunicación, y al contenido de la misma, *a la información*.

Eso es lo que nos dice el análisis superficial de las cosas en el devenir histórico; y lo que los incautos y promotores de las intenciones chapuceras de los grupos de poder de nuestra sociedad anuncian de manera entusiasta a los cuatro vientos. Un análisis objetivo y detallado de las condiciones y circunstancias en las que ese acceso y uso de los medios masivos de comunicación se da por parte de la masa en la actualidad nos demostrará que-lógicamente- *no es así*.

El verbo fue siempre atributo y oficio de dioses, reyes, filósofos y oráculos. La fijación del verbo en imágenes fue oficio de gobernantes, mercaderes y escribas. Amenophis III, Ramsés III, los colosos de Memnón, las tumbas y sarcófagos, las pirámides, los templos de Isis y Medinet Habu; las tabletas de arcilla de los comerciantes de la Mesopotamia; las placas de oro persas invocadoras de Ahura-Mazda; y otros; los códices mayas, aztecas y aun los medievales europeos, como el de las Siete Partidas, dan fe de ello.

Pero aun la imprenta, con su portentoso aporte a la masificación del conocimiento y la difusión de la información; la fotografía, el telégrafo, el fonógrafo, y el radio no habían podido lograr lo que en el último siglo hicieron a favor del peatón, del hombre común, el de la calle: el teléfono, la radio transmisión comercial pública, la televisión, la computación y sus redes de interconexión, y los enlaces satelitales. La información, los soportes de fijación de la misma y los medios para su comunicación están, como nunca antes, a su alcance.

Los esclavos de épocas antiguas, el campesino de la edad media, los trabajadores de las fábricas y talleres de principios de la Era Industrial, todos ellos, estaban lejos de la palabra escrita, de las bibliotecas reales, de la filosofía, de los monasterios y de sus monjes transcriptores, de la correspondencia de políticos y gobernantes, de los archivos y actas, de los acervos literarios de las casas imperiales y las ciudades prohibidas, de los tesoros culturales del Vaticano, de la ciencia y aun en muchas ocasiones de las manifestaciones artísticas vanguardistas y sofisticadas.

En nuestra sociedad media occidental, el peatón lee. O algo parecido. Los índices de analfabetismo se han reducido considerablemente, hasta casi desaparecer. De unos cuantos hogares con aparatos de televisión en la década de los 50's, hemos pasado a casi la totalidad de los hogares con por lo menos un aparato de televisión cada uno; y en sociedades con economía superior, o en los estratos económicamente superiores de sociedades medias y tercermundistas, hasta con 3 y 4 receptores de televisión por casa (y sus correspondientes aparatos de DVD). En el ámbito general, un solo objeto, un solo medio, una sola palabra: *Televisión* (englobando no únicamente las compañías productoras y transmisoras de programas, las fabricantes de aparatos y equipos, las prestadoras de servicios conexos, y los aparatos reproductores de las imágenes transmitidas a distancia, sino también todo aparato con pantalla para la visión o reproducción de video). Televisión en el teléfono, en la computadora, en el reloj de pulsera. Hasta en la sopa. Sobre las mansiones y residencias de los adinerados-ya en formato tradicional, ya como grandes parabólicas o pequeñas receptoras de señales satelitales...: antenas de televisión. Sobre las vans, limusinas y autos ejecutivos, motor-homes de lujo y transportes de adinerados: antenas de televisión. Sobre las chozas de paja y bajareque de Coyuquilla: antenas de televisión; sobre las barracas de las favelas de Río de Janeiro y los caseríos del Cerro de Cubitos de Pachuca: antenas de televisión; sobre las paupérrimas, miserables casas de cartón y residuos de plástico y aluminio de los indigentes a orillas de la carretera Cuauhtémoc-Bachíniva: antenas de televisión. En los camellones de las avenidas de las grandes ciudades, sobre el pavimento y el aparato portátil colocado junto a la mercancía del comercio informal que practican totonacas, otomíes, tzotziles, mixtecos, purépechas y tarahumaras (ahí, junto a sus chicles Adams, dulces, artesanías y caramelos) en cualquier crucero..., en alguna esquina de Insurgentes y Puente de Alvarado, de repente: *antenas de televisión*.

Teléfonos en hogares, escuelas, oficinas; en cada esquina y media cuadra. Teléfonos en los autos. En la cocina, en el refrigerador. En la computadora, en el televisor. Teléfono en el bolso de la señora; en la bolsa de la nalga izquierda del pantalón ajustado de mezclilla de la amante; en la mano compulsiva para marcar 300 números al día y enviar 800 mensajes escritos a las amigas y al novio de la hija; en la mochila de la hermanita menor, por si algo se te ofrece, m'ijita, no te vayan a querer secuestrar no vayas a tener algún apuro háblame a las 3 al Gym yo ahí voy a estar.

Teléfonos surgiendo por millones de la nada con más bites de memoria, con pantallas más depuradas, con video, con computadora, con plantillas modulares de colores y estilos diversos para que combinen con el auto, la blusa, la colección de invierno, el humor cambiante de los días.

Computadoras en el trabajo, en la escuela, en la casa, sobre el escritorio del estudio, sobre la mesa de trabajo para hacer tareas del dormitorio de las hijas, en la cocina, en el refrigerador, en el televisor, en el teléfono, en el auto, sobre nuestras piernas en la sala de espera de un aeropuerto, de una terminal de autobuses, sobre la mesa de una cafetería o restaurante, en los cubículos de un local público para acceso a Internet, en los procesadores y generadores de correos electrónicos en la palma de nuestro mano.

(Sueño con unos anteojos transparentes que ajusten automáticamente su foco de acuerdo con su distancia a los objetos y a las condiciones particulares de nuestra visión, que igualmente se ajusten automáticamente por medio de algún tipo de fotoceldas o multisensor diafragmático para dejar pasar más o menos luz, de manera similar a los casos de las cámaras con control de acceso de luz automático, y se conviertan de esa forma también en anteojos para sol; que con un pequeño interruptor en ellos bloqueen sus lentes al paso de la luz exterior y los conviertan en pantallas o visores en tercera dimensión de la pequeña computadora portátil interna que guarden en su interior, conectada-obvio-de manera inalámbrica a la red, que posean -cerca de nuestras sienes, arcos superciliares, temporales, pómulos, cuencas oculares, etc.) una multiplicidad de fotosensores, sensores de orientación y sensores de contacto para captación de impulsos nerviosos y de distancias, ubicación, dirección y sentido que les permitan recibir, registrar y procesar –para llevar a cabo comandos de funciones, selección de tareas, escritura de textos y mensajes, envío de los mismos, etc.-los movimientos que para tales efectos los dedos de nuestras manos-o pies- hagan sobre cualquier superficie, y los que de manera general ciertos músculos y articulaciones de la cara, la cabeza y el cuello realicen: y que en la parte de la armazón próxima a nuestros maxilares y oídos cuenten con los dispositivos necesarios tanto para hacernos oír el audio de las imágenes que estemos viendo en sus *lentes-pantalla* y el de nuestras conversaciones telefónicas, como para captar el de nuestras voces emitidas y transmitidas durante esas mismas conversaciones o durante el proceso de instruirle órdenes orales al aparato. Ah!, por supuesto, sueño con que dentro de los miles de microaparatos, cámaras y sensores instalados en esos anteojos, estén muchos para la captación de información especializada obtenida directamente del mundo exterior, como aquélla referida a condiciones meteorológicas- temperatura del ambiente, humedad del aire, presión atmosférica, grados y características de nubosidad, dirección y fuerza del viento, etc.-, distancias a lugares y objetos, condiciones físicas de los mismos, estado de movimiento y a qué velocidad o estático, peligros inminentes, potenciales atropellamientos, choques deslaves, aludes, despeños, condiciones y estados físicos, fisiológicos y de ánimo de nuestros interlocutores -frente a, o cerca de nosotros-, señales que éstos nos envíen consciente o inconscientemente con sus posturas corporales adoptadas, sus movimientos, su velocidad de desplazamiento, y, en general, información referida a todo lo relativo a aquello que pueda extraerse y obtenerse de su lenguaje verbal y *no-verbal*, este último manifestado en inflexiones, tono y volumen de voz, aumento o disminución de sus latidos, sudoración, dilatación de la pupila, etc.;y muchos otros instrumentos sensibles digitales informatizados instalados en dichos anteojos, que también nos informen sobre la temperatura, presión arterial, sudoración, tensión nerviosa y en general sobre el estado de salud de nuestros propios cuerpos, e inclusive lleven a cabo ahí mismo y por aplicadores de estímulos también en ellos instalados, el alivio de los síntomas, la cura de la mayoría de los padecimientos simples que hayan detectado, o el restablecimiento del equilibrio corporal que hayan llegado a registrar como perdido. Sueño-por supuesto- con que en un futuro próximo esos anteojos, con todas sus ventajas funciones, tecnología, implementos e instrumentos convenientemente perfeccionados y minimizados en tamaño, haciendo uso inclusive de la hiperconducción de microorganismos biológicos y chuladas por el estilo, puedan ser instalados quirúrgicamente-a la manera de ultratecnologizados lentes de contacto- que prescindan de la armazón "exterior" y otras incomodidades- en el interior de nuestros globos oculares...)

Lo maravilloso del asunto -y a la vez la génesis del problema- no es que el peatón tenga un radio en su automóvil, un diskman para fijarse al cinturón cuando sale a hacer joggin, una televisión con mas de 300 canales por cable en su recámara, un iPOD con 500 millones de canciones y toda la música que ha sido grabada de Edison a la fecha, un aparato de DVD al lado de trescientos títulos de películas hollywoodianas, un teléfono junto a la despensa de la cocina, un celular con cámara de video integrada en el bolsillo interno de su chamarra, y una laptop con cámara ídem conectada inalámbricamente a Internet sobre sus piernas....;lo asombroso y portentosamente abrumador es que el peatón puede en la actualidad, desde el baño de su casa, mientras caga; desde su salón de clase, mientras se supone que estudia; desde su oficina o centro de trabajo, cuando se supone que trabaja; desde su auto, en el parque, al salir del cine, en la playa, y aun en el garage de su casa y en el avión, tener no solamente acceso a la información a través de los medios de comunicación y los soportes de la misma, sino él mismo generar su propia información y transmitirla por medio de "sus" propios soportes y de "sus" propios medios de comunicación a otros *comunicólicos* como él, ya sea en ese mismo instante, o subiéndola para su posterior consumo a uno de los *blogs* de alcance más internacional.

¿Para qué -dice el conductor europeo de televisión- querrá el adolescente subir su información y su video, y acceder a un blog de diez millones de personas? -(la cifra continúa aumentando a cada segundo mientras el lector lee las palabras del texto de esta página)-, y hace el mismo conductor una cara de incomprensión y de incapacidad

honesta para entender que los individuos necesitan *sentir* que *participan* en los diferentes eventos, necesitan sentir que *generan* su propia "información" e identificarse con otros individuos que, como ellos, forman parte de un grupo social amplio, moderno y proporcionador de "seguridad" y "tranquilidad" psicológicas que el individuo solitario y perdido en la inmensidad de la desinformación real y la falta de personalidad auténtica requiere tanto. Olvida también el conductor que existe históricamente una proporcionalidad directa numérica entre el alcance técnico de los medios y el número de individuos a los que ellos consiguen transmitir la información. A menor número de individuos, medios limitados; a mucho mayor número, medios superpoderosos. Hace algunos siglos, junto a los castillos medievales y las viviendas de los burgos, en medio de la plaza pública el gritón de noticias en estilo influido por el ministerio de juglares y poetas alzaba la voz y sus publicidades para enviar sus noticias melopeicamente salmodiadas hasta -cuanto mucho- los oídos de unos cuantos moradores en los dos o tres bloques de casas circundantes más próximos, quienes, curiosos y atentos, se asomaban, acercaban y participaban en el evento (no siempre de manera tan discreta como cuando Lady Godiva, su cabello y su caballo les proporcionaron -tal vez involuntariamente- uno de los más memorables espectáculos lascivos de la Historia, que todavía se recuerda -ténganse inclinaciones de voyeur, o no-); hace algunas décadas, los Beatles cantando *All you need is love,* el nacimiento de un niño, y la pisada de Armstrong al poner el primer pie en la Luna fueron vistos por millones de personas en varios países en virtud de la transmisión de dichos eventos -en vivo- por televisión. Hoy las transmisiones en directo por televisión, y la Internet, conectan simultáneamente, del modo más directo y "vivo", los miles de millones de personas -toda la gente- del mundo todo.

De la misma forma existe también una proporcionalidad histórica directa entre los problemas que se presentan para el ser humano, y la capacidad que éste va adquiriendo para resolverlos; una relación dialéctica directa entre los problemas y su solución, que hace que -por ejemplo, entre muchísimos que podrían analizarse en todos los campos de la actividad humana- la lepra, la peste bubónica, el escorbuto, la rabia, la sífilis, la tuberculosis, el cáncer, el sida, y tantos males, dolencias, enfermedades e infecciones más hayan ido alcanzando sus fases de presentación, de máximo desarrollo, de alivio, y de cura potencial y efectiva, representando un desarrollo de impacto mutuo y contínuo entre causas y efectos aplicable a cualquier otro tipo de problemas humanos en donde cada causa provoca un evento que manifiesta una evolución que genera un problema que llega a una crisis que presenta unas consecuencias que requieren, sugieren, impulsan, posibilitan y atraen una solución, misma que da forma a las condiciones en las que nuevas causas se presentarán para provocar nuevos eventos, evolución de los mismos, generación de problemas, etc., etc., etc.; en una espiral donde se regresa histórica y socialmente a un cierto tipo de condiciones similares en regiones de fenómenos y eventos que parecieran ser "los mismos" de épocas pasadas -o equivalentes-, y que para los individuos significa -si pesimistas- el eterno retorno a los problemas y las tragedias, o -si optimistas- el retorno eterno a las crisis y las soluciones. Y a la esperanza.

    El día de hoy el peatón niño hace su propio video con su versión cibernética de una variante galáctica e interestelar de *La Cenicienta* y la envía a sus amigos y amigas alrededor del mundo desde el escritorio de su hermano mayor en la recámara común; el adolescente samplea sonidos y fragmentos, organiza *softwares* de composición, arreglo y ejecución musical en la computadora, estructura *loops*, graba instrumentos, coros y canta, hace mezclas, vacía a sus propios CD's gravables, quema copias, diseña portadas, edita y reencuadra fotografías de las mismas, selecciona fotografías finales para la portada, contraportada e interiores, imprime las cubiertas de sus CD's, y los distribuye y vende a través de Internet, todo, desde la cochera de su casa o desde un cuarto de azotea del edificio donde vive, y todo, sin necesidad de compañías disqueras, casas distribuidoras ni Mercados de Discos. El rap, hip-hop, grunge, techno, música electrónica y en general todos los géneros actuales se han visto servidos-aunque en general y en muchos casos empobrecidos, despreciados, banalizados y degenerados-por una gran cantidad de peatones impreparados entusiastas que creen, equivocadamente, que *el uso del medio* es el mensaje, o más bien-porque de hecho en la mayoría de los casos actuales esa ecuación sí se hace efectiva y el mensaje *no es otra cosa* más que *el uso del medio-*, que *el uso del medio* convertido en -y circunscrito a- el mensaje es suficiente, válido y rico en información y valores estéticos por sí mismo, y que la imitación de la genialidad ajena, hace al genio. Su candor e ingenuidad se ven, no obstante, accidental y esporádicamente coronados con éxitos fortuitos que atraen, como los excrementos a las moscas, a otros incautos hombres de las cavernas nuevos usuarios entusiastas de los mismos medios.

La adolescente mexicana que chatea con un sensual desconocido, sin personalidad ni ubicación establecidas, de país en país, haciendo a destiempo el tradicional *you show me yours, I'll show you mine*, enseñándole su sexo en todo su esplendor sin intromisión de padres, policías y censores, por medio de la cámara de video integrada a su computadora, al malagueño babeante que se masturba frente a la pantalla allá en su finca de Coín; la muchacha de catorce años que ayuda a su propia economía de la comunicación desvistiéndose y poniéndose en cuatro y en más posiciones incitantes frente a la cámara para que en otros sitios otros hombres y mujeres *voyeurs* calientes la observen y desde la tranquilidad de sus propios hogares y habitaciones le manden cómodamente el ingenioso pago por sus servicios exhibicionistas en la forma de números de códigos vírgenes de tarjetas telefónicas pre-pago para que ella pueda usarlos después y hablar a -y con- quien se le antoje o venderlos a otros usuarios de los servicios telefónicos; y el adolescente que a través de *sites*, sistemas de intercomunicación por la red y pagos con tarjeta de crédito, se monta todo un negocio de venta de sus propias fotografías en cueros en distintas poses.....*los tres*, son típicos elementos integrantes muy actuales del ingente y creciente grupo de productores, actores y empresarios de sus propias sesiones de psicoterapia y de sus muy particulares y característicos *porno-shows* a escala mundial.

El adulto emprendedor y que cree tener algo que decir, las sectas que dependen de multitudes de incautos y adeptos para su subsistencia y crecimiento, el señor despedido de la

RAI....transmiten sus programas de radio o televisión al mundo entero que se interese y sea capaz de sintonizarlos por la red. Por fin –así parece- el mediocre hombre de la calle puede aspirar a ser visto y/o escuchado, potencialmente tomado en cuenta, y a contar con un espacio (*su* espacio) y un lugar (su lugar) en el universo. Aunque sea virtual.

Lo anterior sería de irse para atrás si lo trasladásemos a circunstancias diferentes pero equiparables; imaginemos: un alfarero acadio iletrado tomando la tableta y la caña o el punzón del escriba para -por el simple hecho de tenerlos en sus manos sentirse capaz de- escribir algún texto informe de signos imitativos de la escritura cuneiforme (sin denotación real de palabras y códigos sancionados por la costumbre, y con la sola connotación de las deficiencias y de la imitación en sí); un agricultor en la Edad Media que, tomando las plumas, papiros, lienzos, tintas, tintes y minios de los transcriptores escribanos del monasterio de Monte Casino, o el de Pontigny, o el de la Grande Chartreuse y poniéndose a dibujar letras y trazar caligrafías a imitación de las de los transcriptores especializados, pero sin siquiera realmente copiarlas, sólo por usar los utensilios y pretender actuar como uno de los monjes letrados, sintiera en su imaginación que está escribiendo las guías espirituales de Benito de Nursia, las disposiciones de Bernardo el de Borgoña, o las reglas benedictinas que adoptaron Bruno y los cartujos, pero, por supuesto, sin escribir nada de eso pues no aprendió nunca a *escribir* (imaginemos aun más: que pudiese sacar copias instantáneas de sus dibujos sin sentido y las entregara a multitudes de monjes, sacerdotes y pobladores del campo, de los burgos y ciudades; aparte del dudoso valor artístico que pudieran tener como dibujos en pergaminos entre colores rojos y naranjas-"valor" incluso probablemente histórico, como muestra de alguna manifestación cultural equívoca, si alguien en una época futura los encontrare-, no tendrían mayor interés ni beneficio para sus veedores, que como muestras de disposición plástica o de diseño, pero sí en cambio ocuparían espacio y tiempo, y atención, de los que invirtieran su energía tratando de "leerlos" o descifrarlos); un empleado de correos del siglo XIX, que apenas escribe y mal lee los nombres y direcciones de los destinatarios, entra a la oficina del telegrafista y feliz de no encontrarlo y de tener la oportunidad de manejar esa maquinita tan chistosa que manda mensajes cifrados a distancia y que ha visto usar al jefe de la oficina, se sienta en la silla, la conecta y se pone a lanzar al espacio impulsos eléctricos cortos y largos a semejanza del código cifrado de Morse (los receptores estarían preocupados de descifrar el mensaje, perderían olímpicamente su tiempo, la línea se saturaría); un señor de su casa, de su hogar, común y corriente, que en los primeros tiempos de la televisión hubiese podido entrar a un estudio en Chicago, agarrar una cámara y transmitir lo que se le antojara por medio de las ondas herzianas a través del espacio, pero sin conocimiento alguno de cómo encuadrar, cómo enfocar, cómo hacer *panning* o *till*, ni cómo o qué es lo que realmente quería transmitir; inclusive hasta de manera posiblemente accidental o como un juego y sin tener conciencia real de que verdaderamente estaba transmitiendo algo (los televidentes recibirían algún mensaje y cierta información quizá no del todo carentes de interés o estética, pero de ninguna manera- para la mayoría de los casos- dignos de atención, consideración o perpetuación mayores).

  De nada sirve decir que en el caso de los medios actuales los hombres comunes *usadores*(que no necesariamente *usuarios*) de medios y soportes de comunicación "democratizados" no mandan mensajes sin denotación o incoherentes porque al estar alfabetizados por lo menos dominan y controlan el soporte conceptual y simbólico del lenguaje utilizado para transmitir la información, o para interpretar, encadenar y asociar las imágenes; pues -como sería peor también en cada uno de los ejemplos mencionados- la situación empeora siempre cuando el *comunicador-usuario* de los medios y soportes posee un grado de "alfabetización" en cierta forma superior(que lo capacita ya para transmitir mensajes y cierta información puesto que habla, escribe y sabe fijar un lenguaje en los soportes) pero no tiene ni la capacidad de discriminar los pormenores del lenguaje, ni los detalles importantes de la técnica para su correcta fijación y transmisión, ni mucho menos el fondo cultural, la corrección estructural y la solidez conceptual para crear copias adecuadas, continuaciones consecuentes, o evoluciones, rupturas y novedades ricas en contenido y que permitan avances en algún sentido. El uso en tales casos se vuelve una especie de pretendida e ilusoria prédica de todos los (*I wanna be*) falsos sacerdotes que llegaron a la iglesia como simples fieles escuchas autoproponiéndose ahora enérgicamente y con entusiasmo desde sus bancas y reclinatorios –por la simple posesión en sus manos del misal que les entregaron- para oficiar la misa esta mañana, y comenzando a oficiarla; así, sin más!

El alfarero acadio ya semialfabetizado o creyéndose un torpe aprendiz del oficio; el campesino al que un monje ayudante de copista le dibujó en una piedra un par de palabras en latín; el empleado postal que atentamente observó al telegrafista y creyó aprender cómo enviar por el aparato emisor telegráfico los puntos y rayas significantes de las letras constituyentes de las palabras del sistema codificado original; aquel señor carente de técnica y "analfabeto" televisivamente pero que como ayudante de algún "jala cables" aprendió un poco de los rudimentos de ciertos movimientos, enfoques y técnicas básicas de cámaras y consolas mezcladoras de televisión…,todos ellos podrían hacer más daño aun que el analfabeto impreparado ignorante absoluto si contasen con la posibilidad del manejo libre e irrestricto -aunque fuese temporalmente- de los soportes y los medios. Su "transmisión" de la "información" contenida en sus "mensajes" pretendidamente conscientes y voluntarios (no en aquellos emitidos, y recibidos por terceros, simplemente por –y durante la acción de- llevar a cabo el uso de los medios sería potencialmente aun más peligrosa. *Lo mismo, pero más gravemente* -por las implicaciones de la compactación temporal y sus efectos, y los de las engañifas que las clases gobernantes influyen en el hombre de la calle (el peatón) para motivarlo y convencerlo de que participa activamente en la planeación de los eventos, en las acciones significativas, en la movilización social, en el diseño de la fiesta, en la elaboración de la lista de invitados y en la repartición del pastel…- *ocurre el día de hoy.*

De la misma forma en que los organismos superiores conservan vestigios anatómicos de estados de evolución anteriores, propios de organismos inferiores antepasados- y hasta por el hecho de que el hombre en su evolución histórica conserva pautas de conducta compartidas con sus antepasados históricos en función de sus muy similares estructuras anatómica y fisiológica y de comportamientos individuales y sociales perpetuados a través de los siglos de manera tradicional, modificados sólo parcial y paulatinamente y de manera más lenta que las estructuras y los modelos de producción y desarrollo económico.....-,de esa misma forma las sociedades modernas, como la nuestra actual -sin duda-, y en mayor grado aquéllas con mayor retraso en su desarrollo económico y/o diferencias en sus parámetros de "igualdad" y "justicia" social, participan de una compactación *temporal-espacial* donde prácticamente todos los niveles de desarrollo cultural, social, biológico y económico, así como los modos y sistemas de producción, coinciden y conviven. Ello no solamente se nos manifiesta en "el contacto" conceptual y en el conocimiento que de manera informativa podemos tener de las apariencias, personalidades, modos de conducta y operaciones de producción, artísticas y culturales de los diferentes pueblos en las diferentes épocas(su filosofía, su religión, su ciencia), información que tenemos precisamente por medio de libros, discos, cassettes, CD's, DVD's, programas de radio, documentales y programas de televisión, Internet, etc., sino de manera real y *en vivo*, a través del contacto físico con los pobladores de otros países y culturas que por la rapidez de los medios de transporte visitan, emigran o viven en nuestros propios países (ya) en un interdesplazamiento constante "instantáneo" - inimaginable antes por la intensidad y la multiplicidad de la convivencia cultural que ahora se produce, e inédito hasta hace muy poco por la forma tan señalada en que el mismo fenómeno de "atavismo" cultural, social y económico se hace presente actualmente en nuestras sociedades- que hace que prácticamente convivan en el mismo lugar, época y circunstancia -digamos...: en el centro del país México(área formada por la Ciudad de México, el

Distrito Federal y los Estados de México, Morelos, Puebla, Tlaxcala, Hidalgo y Querétaro (y que podría ser también el centro de Argentina, con las Provincias de Buenos Aires, Entre Ríos, Santa Fe, Corrientes y Misiones; o el de Brasil, los Estados de São Paulo, Río de Janeiro, Minas Gerais y Espírito Santo incluidos)-:un hombre de las cavernas viviendo en las cuevas de los montes aledaños al Valle de México, sin luz eléctrica, servicios de salubridad e higiene, agua ni gas, y que vive de escoger, recoger y seleccionar restos de comida, papeles, plásticos, aparatos descompuestos, botellas y latas entre la basura de los tiraderos cercanos como el hombre primitivo sacaba adelante su subsistencia recolectando frutos...y el habitante de un condominio ultramoderno de lujo en Campos Elíseos(a un lado de Reforma); un "esclavo" vendido por su familia mexiquense por unos cuantos pesos para quitarse la carga de su manutención económica y hacerlo acceder a una vida mejor poniéndolo a trabajar domésticamente de por vida para una familia adinerada o extranjera....y un niño francés colegial – hijo de padres franceses inmigrantes empleados de la Embajada de Francia en México- estudiante en el Liceo Francés; un campesino morelense con estructuras mentales, conductuales y económicas medievales comiendo quesadillas de huitlacoche y papas asadas en comal, frijoles con chile y caña de azúcar a dentelladas en el tallo acabado de cortar (y limpiándose el culo con una mazorca de maíz allí mismo donde defecó a medio campo abierto)...y el "señor feudal"(que acaba de salir con sus hijos en su Jaguar del estacionamiento del MacDonalds del Polvorín en Cuernavaca después de haber recibido las bolsas con los MacTríos y los *pies* y los refrescos y el cambio en la ventanilla del Drive-in), cabeza del "feudo" en que el campesino morelense trabaja, y que puede perfectamente recibir ese título, sin duda, por las relaciones que guarda -económicas y sociales- con ese mismo campesino y –recíprocas de poder- con el *gobernador-"rey"* del Estado o Provincia del país; y conviven ellos dos con los niños obreros explotados en las minas de cal, y las trabajadoras maquiladoras de ropa de la era industrial de Tlalpan, y los latifundistas terratenientes de finales del siglo XIX que aún viven en Puebla y Chihuahua y muchos otros etcéteras, y los colonizadores capitalistas gerentes de las fábricas de Bacardí y Coca-Cola rumbo a Querétaro, y los judíos banqueros y dirigentes mercantiles de los bancos de Reforma, y los navegantes colonizadores modernos de HSBC y del Bilbao-Vizcaya y del edificio de la Bolsa en Reforma, y los niños y señoras fabricantes de cohetes -aún a la manera ancestral china- en los tendajones de Tultepec (viviendo con las mismas limitaciones económicas y tecnológicas y los mismos impedimentos y restricciones sociales que los plebeyos de los tiempos de Tiberio en las afueras de Roma),y los políticos mexiquenses que viven con similares "limitaciones" económicas y tecnológicas-que son muy pocas- a con las que vivieron los políticos acomodados de los tiempos de Don Porfirio Díaz, Plutarco Elías Calles, Miguel Alemán Valdés, Gustavo Díaz Ordaz y Carlos Salinas de Gortari(entre otros), y los tecnócratas de los rascacielos de Santa Fe y Tecamachalco con sus lap-tops y teléfonos satelitales, y la boletera de la taquilla del Metro y los jovencitos juglares maromeros pintarrajeados de las esquinas de Insurgentes; y conviven todos ellos con el árabe que llegó en el vuelo de Lufthansa al Aeropuerto Internacional de la Ciudad de México a las 4 de la tarde y que viene a cerrar un acuerdo petrolero y a invertir en la apertura de otras casas de apuestas en Cuernavaca, y con el otro árabe que llegó en el vuelo de Iberia dos horas antes y que pasa por aquí camino a Washington para poner una bomba en la torre de Seattle, y con el panadero español que usa técnicas aún renacentistas para cocer el pan, y con los dueños de Bimbo, y con el agricultor que ara la tierra con sus dos bueyes y su yunta como agricultor sumerio 3000 años antes de Cristo, y con el astronauta americano que viene a dar una conferencia en el World Trade Center, y con el ingeniero belga que vino a asesorar la construcción del segundo piso del Periférico, y el traficante de diamantes sudafricano, y el narcotraficante colombiano, y los muchachos tatuados de la Mara Salvatrucha, y las putas húngaras, moscovitas y cubanas que vienen a ver de a cómo(y por dónde), y el asistente de Bill Gates que llegará en la noche, y Slim, que ya llegó, y los del grupo de "Los 3" y de "Los 8", y los del Greenpeace que ya los están esperando a ellos, y el cuate con un pastel de aritos grande de "El Globo" que se lo estrellaría en la cara a Gates si no fuese porque aquél no vino sino que mandó a su asistente, y el taxista pirata hondureño, y el productor de discos argentino, y los judíos de Polanco en su Explorer con cuatro reproductores de DVD empotrados en los respaldos de sus asientos, y las regiomontanas acomodadas paseantes por el Zócalo (*qué padre, qué buena onda pasearse así por la tierra de uno, por su país, no? y apreciarlo como cuando vamos a la Plaza de San Marcos en Venecia,no?*) con sus *Blackberrys* en las manos, y los turistas de San Diego, Montreal y Houston, y los que vienen desde Bariloche, Punta del Este, o Anchorage, y los japoneses con sus cámaras Nikon digitales de última generación que fotografían el reloj del Parque Hundido y de paso al italiano sentado en una de las bancas hablando por su celular con la novia londinense que le cuenta cómo está el *fish and chips* que se está comiendo en ese mismo momento en Trafalgar Square.... y conviven todos ellos y el pasado remoto y los tiempos ancestrales de los aztecas y los de la conquista y la colonia y la revolución industrial y las revoluciones socialistas y las estudiantiles y las tecnológicas, y todas las profesiones y todas las técnicas y todas las formas de coser la ropa, desde que el hombre es hombre(como el que vive actualmente aún en las cuevas intemporales de las que hablábamos) hasta las máquinas de Singer y Elías Howe, Bartolomé Thimonnier, y las modernas máquinas portátiles que te venden en miniatura por televisión, y todas las formas de comer el pollo, desde crudo y como perro a la salida de un mercado junto al bote de basura(como buen hijo de la calle y de indígenas indigentes en la gran metrópoli) hasta directo al fuego como cargador azteca tameme contemporáneo jalador de *rickshaw* empujador de diablito de la Central de Abastos, o con la receta secreta del Coronel Sanders en el Kentucky de por Perisur, o en tempura y acompañado de un Châteu Laffite en el Suntory de Palmas, y conviven el carretón del ropavejero y el carro silbante de camotes de la lagunilla y la Roma y los Mercedes y Porsches y Mustangs y Peugeots convertibles último modelo y la maría de Juárez y el Eje Uno y el representante de Bernstein-Goldman-Sachs que desciende de su Hummer y mientras camina para entrar a oír en Bellas Artes "Rigoletto" va escuchando cómo le llegan y se disuelven un segundo después en el aire con su avance los sonidos de las chirimías y los ojos de venado de los indígenas danzantes y de las guitarras y los cantos de protesta de los hippies tardíos de la Alameda y los ecos de los compactos con música de los Temerarios de los vendedores de fayuca de Tepito y una que otra nota que cada vez más débil rebota todavía en los muros del Correo Mayor, el Palacio de Minería y las portezuelas y ventanillas de los autos, de alguna trompeta o guitarrón de los mariachis que ensayan mientras esperan jale ahí a unas cuadras, aquí, por los rumbos de este nuevo *Triángulo de las Bermudas Culturales*, o-lo que es lo mismo- de ésta *otra* Plaza de las Culturas, ésta, la que se ubica oronda entre los tres templos compactados de sus tres modernos vértices (el Palacio de Bellas Artes, la Plaza Garibaldi y la Torre Latinoamericana): *La Plaza de las Tres Mil Trescientas Treinta y Tres Culturas*.

Conviven todos y todo, pues.

Conviven niños que en edad preescolar y en virtud de las modernas técnicas pedagógicas ya leen y escriben o tocan magistralmente un instrumento...con ancianos que en virtud de la medicina moderna alcanzan promedios de longevidad cada vez mayores; conviven los palos, los machetes, las lagartijas(tirapiedras), las hondas y las piedras...con las navajas suizas multiespecializadas, y con las Berettas, los Kalashnykovs y las Uzis de última generación, láseres incluidos; convergen y coinciden en nuestras sociedades-y conviven-todas las regiones, los países, las razas y los tiempos; todas las religiones y creencias, todos los modos de producción, todas las corrientes y estilos.

Conviven todos.

Todo convive.

La compactación del tiempo que incide en la sociedad a través de los "atavismos" culturales, económicos, de producción e ideológicos, provoca una convivencia múltiple generalizada y la apariencia de una *"democratización" de la sociedad* que no es tal. Existe otra compactación temporal -ésta, interna en la familia, que como célula estructural (hasta cierto punto y en cierta medida aún vigente) de la sociedad, refleja los fenómenos y características de la misma-, a la que podríamos denominar *compactación interna del tiempo en el seno familiar*, y que acaba-por diferentes causas: mayor cantidad de información y acceso a la misma, evolución de los sistemas educativos, modificación del papel tradicional de la mujer, descomposición gradual de la misma familia (y del matrimonio) en su sentido tradicional, avances médicos que prolongan la vida de los individuos y su "plena" forma física, etc.-por *democratizar* la familia y hacer que actualmente – entre otras cosas algunos de sus elementos aun con *plenísima* capacidad sexual en la "tercera edad"! - todos los miembros tengan "por igual"-o aparenten tener, o sientan que tienen-: la misma voz, el mismo voto, los mismos derechos, obligaciones y responsabilidades. En la familia actual ejemplar -la del peatón-, el niño y el adolescente ya no son elementos que aún no disfrutan de las consideraciones concedidas a los adultos; ahora ellos dicen con toda libertad y peso lo que les gusta, lo que no les gusta, lo que aceptan o no, lo que se debe comprar (ellos mismos lo compran) o no; participan de la toma de decisiones y en muchos casos ellos mismos las toman; ven los programas de los adultos y están al tanto de la misma información que ellos; tienen acceso al uso -casi irrestricto, privado, y la mayoría de las veces justificado por supuestas razones de aprendizaje, seguridad física y la pretendida reclamación del mismo tipo de derechos que históricamente hasta décadas muy recientes han reivindicado los negros, las embarazadas, los gays y las mujeres (*yo también tengo derecho, también tengo <u>derechos</u>, mamá!*), incluidos aquéllos objeto de las protestas de los movimientos de reivindicación de los derechos de los animales, y de protección de los mismos- de(y quizá incluidos -*influidos*- en gran medida por el conocimiento que toman a través de los medios electrónicos de esas mismas reivindicaciones): controles remotos de televisión, teléfonos y teléfonos celulares, computadoras y conexiones a la red y laptops y *palms*; uso de vehículos automotores, de tarjetas de crédito, etc.

De la misma forma, y en el otro extremo, los ancianos ya no quedan fuera de la escena puesto que, para empezar, no se han muerto todavía, gozan en general de mejor salud que antes, y la atención de políticos y empresas comerciales a un segmento de la población que viene y seguirá creciendo de manera consistente a lo largo de estas décadas convierte a los "abuelitos" en seres capaces de reivindicar sus propios derechos de: compra de artículos(incluidos los juguetes sexuales), asistencia a "sus" propias películas y obras de teatro, uso de los mismos medios de comunicación y soportes de información que manejan los demás miembros de la familia, utilización del auto de la misma, cuando se pueda, para irse ellos mismos manejando a pasar un fin de semana a Cuernavaca o aquí nomás cerquita, a tomarse el café con las amigas-ahora viejas pero no seniles-en Sanborns, y aprovechar el menú de *Seniors* del Denny's. Sus opiniones y comentarios, hoy, existen y pesan más que nunca. No son ya en general, los ancianos babeantes o abuelitas tejedoras de sillón y poltrona quedándose dormidos en un rincón de la estancia.

La compactación temporal (ayudada por otra de carácter socioeconómico y cultural: la de la mujer antiguamente sobajada, relegada, acallada, condicionada y limitada, ahora *apretada* en las estructuras familiares y sociales junto al hombre, y sufriendo -o gozando?- *en su propia persona,* cuerpo, funciones y psique, otra compactación temporal más, ésta aun más particular, dramática e interesante -la de personalidades, comportamientos, actividades y papeles pertenecientes a épocas, circunstancias y situaciones biológicas, fisiológicas, intelectuales, sentimentales y morales completamente dispares entre sí, no correspondientes necesariamente a su entorno inmediato y muy diferentes respecto a aquéllas vigentes de manera general en el ancho mundo en que su existencia está inmersa y en el que ella vive en realidad, físicamente -: *la compactación temporal individual*) se ha completado en el seno de la familia; ya no es solamente el hombre ni el jefe de la casa ni quien lleva la batuta y determina de manera exclusiva lo que se hace. Ahora su mujer, sus hijos, nietos, padres, suegros, tíos, etc. alzan sus manos y su voz en esta nueva democracia familiar.

No es fortuito el éxito de artistas cada vez más viejos, ni la proliferación de estaciones *revival*, ni el aumento de los personajes ancianos(o por lo menos "anticuados") en las series y programas de la televisión, ni el que películas como *Charlie y la fábrica de chocolates*, las de Harry Potter y las d e *El Señor de los Anillos*(sus correspondientes libros primero –lógico-), y todas las recientes en general, desde las de aventuras hasta los *thrillers* y las comedias románticas, coloquen como personajes centrales a grupos carismáticos e influyentes -líderes- de *niños, púberes, mujeres, adolescentes y ancianos*.

El mercado ordena.

Sin embargo, en la actualidad el daño se ejerce en muchos sentidos, pues la supuesta "democratización" de los medios, la alfabetización tradicional -lectura y escritura -casi generalizada, el acceso del peatón a la información común popularizada procesada permitida obrerizada campesinada casinada mediatizada mediocrizada idiotizada populachera antiguamente selectiva especializada elitista privativa hoy masificada ubicua abrumadora universal y eterna-como receptor- y el impacto que a través de medios de alcance inclusive mundial podría lograr dicho peatón por el uso de medios masivos de comunicación, hoy por otra parte al cercanísimo alcance de su mano, convierten al hombre común -psicológicamente- en "actor", pretendido conocedor capacitado usuario pero de una realidad que no deja de tener un peligrosísimo trasfondo virtual, que en esencia no llega a conocer a fondo, y a la que él -en sentido estricto- no puede impactar más que en la medida del azar, de la coincidencia, de la oportunidad y de la mayor o menor tolerancia que los verdaderos dirigentes de la sociedad, los poseedores y propietarios de los medios en su más verdadero y real sentido, y los detentadores del poder y de la fuerza, *le permitan*-por lástima, curiosidad, diversión o simpatía-,y eso, *ocasionalmente*.

Si la "democratización" es virtual y su impacto y alcance se encuentran limitados en realidad por la clase gobernante y los plutócratas, ¿qué importancia puede tener o qué peligro puede representar para las clases privilegiadas y los políticos y empresarios y en general elementos poderosos de la sociedad que a ellas pertenecen el que todos los días haya multitudes de peatones recibiendo cantidades abrumadoras de información, millones de peatones creyendo que esa información es completa, que la entienden y la dominan, hordas de peatones usando "sus" propios medios y soportes para transmitir "su" propia información, interactuar con otras hordas de peatones, y una generación entera de peatoncitos actuando de origen o respondiendo a la información recibida suponiendo que modificarán significativamente su entorno, biológica, social y/o culturalmente?¿Qué problema puede haber para las clases dominantes cuando los poderosos permiten ese impacto muy de vez en cuando y siempre bajo ciertas condiciones y en circunstancias muy controladas? ¿Qué problema cuando, si a los gobernantes se les escapa y filtra por error un acceso de peatón que podría impactar significativamente para cambiar en su esencia -cualitativamente o por saturación cuantitativa- la estructura implantada, en ese momento en que algo se les escapa y les meten un gol cierran filas e inmediatamente aniquilan, modifican o absorben al peatón inoportuno e imprudente? ¿Qué problema si precisamente ese "acceso a la información" y ese "uso democrático" de los medios funcionan como distracción, válvula de escape, vía de encauzamiento para las frustraciones, represiones e inquietudes del hombre de la calle, engañándolo y haciéndole sentir -con recursos chapuceros- que "existe", que "está", que "participa" y "cuenta"?¿Qué problema si a lo largo de todos estos procesos los peatones *productores-emisores-transmisores-generadores de mensajes*, con o sin información relevante, usuarios de sus propios medios simplificados, generalizados y "democratizados", se divierten y hacen que se diviertan no sólo miles o millones de otros peatones, sino la sociedad en general(los danzantes, los tragafuegos, los automovilistas, los comandantes de tránsito y hasta los opresores y engañadores de todos ellos: los paseantes en limusinas y los trajeados y elegantes observadores sonrientes desde las cristalerías de los *penthouses* de sus rascacielos)?

Los problemas que se generan son muchos y mucho más peligrosos-para el peatón (lógico!)-de lo que parecen. Y, al analizar con calma, con detenimiento y a profundidad las situaciones y fenómenos que se presentan en nuestras modernas sociedades,

I.- Mito del "esté usted bien enterado";...o del *"Entérese de lo que ocurrió en..."*.- En el momento en que la noticia-y en general la información-se convierte en artículo de consumo y en bien adquirible dentro de un mercado (sujeto por lo tanto a manipulación en su cuerpo, en su contenido, en su uso y en su comportamiento; a cotización, valorización y, en general, a las leyes de la oferta y la demanda), las estructuras crecientes de los medios impresos alcanzan proporciones gigantescas y se diversifican desplazándose hacia otras áreas de la comunicación. Axel Springer construyó su imperio periodístico, que llegó a incluír televisión y publicaciones políticas tan importantes como "Die Welt", partiendo de las altas ventas de su periódico escandaloso y sensacionalista "Bild Zeitung", de muy alto tiraje diario. Como él, *muchos otros*. Con procesos similares, *muchísimos más*.

La "información" contenida en cifras, datos, noticias, estadísticas; noticieros, documentales, programas históricos y de investigación, de análisis etc.; difundida a través de los medios masivos de comunicación-inclusive a través de libros y publicaciones que por la rapidez de los medios de transporte y la simultaneidad de impresión por vía informática o satelital ligada a máquinas reproductoras de textos e imágenes, y de distribución en varios países a la vez, se han vuelto "globales"-se ha venido convirtiendo, pues, -y cada vez más-, en un producto, mercancía o *"bien* de consumo"(como prefieren hacernos creer las grandes empresas que la comercializan)*sumamente rentable*. Por lo mismo, pierde su carácter escueto de imparcialidad y pasa a convertirse en un artículo de consumo y a servir a los intereses de las grandes empresas fabricantes y transnacionales que se anuncian en los tiempos de publicidad de dichos medios o patrocinan los mismos. *La manipulación que dichas empresas hacen de la información, así como la que a su vez hacen los jefes políticos y económicos, provoca que el peatón no pueda estar bien enterado ni de cantidades, ni de promedios, ni de la relación entre las cosas ni de los hechos en su sentido más real y estricto.*

La manipulación de la información no solo alcanza y afecta a su contenido sino igualmente, y quizá de manera más dramática, a la transmisión de la misma. Las supuestas encuestas de opinión pública, los análisis estadísticos de las mismas, y la transmisión de la información contenida en dichos análisis-así como también la de la contenida en los estudios de las empresas de las agencias y los "institutos" de medios (Nielsen, Ibope, etc.), y los de otras agrupaciones, entidades, colegios y particulares (del tipo Warren Mitofsky *q.e.p.d.* con sus encuestas a boca de urna)-, quedan empañados también por un manejo tendencioso de las variables de *formato, estilo* y *presentación* de la información al momento de su comunicación al peatón, que hace de las frases o slogans que los propios medios manejan para venderla, simples *mitos.*

Los intereses de los dueños de las cadenas de radio y televisión, y de los medios masivos de comunicación en general, cuando no es el Estado mismo (y aquí habría que señalar que el concepto actual de "el Estado" no comprende más que a la estructura elitista mínima plural de "conducción" del mismo -de aquél que tradicionalmente se ha entendido como tal-, que está formada por una interacción de intereses paralelos -subordinándose unos a otros pero siempre untándose la mano de manera recíproca, avanzando siempre como hermanitos- entre los líderes políticos sancionados como jefes de gobierno por los líderes económicos y/o por los jefes políticos de mayor jerarquía a nivel nacional y/o internacional, y los líderes económicos, sancionados en su posición privilegiada de prebendas y favoritismos, por los jefes políticos, todos actuando ahora, inclusive, de una manera perfectamente *global*; por lo que en esencia el dueño de los medios siempre será *el Estado*, de una u otra manera, aun en aquellos sistemas de pretendidos tintes socialistas y comunistas en los que un reducido número de políticos poderosos -cuando no un solo dictador- se han hecho con el ejercicio de su administración y detentan su control, engañosamente haciendo soñar a los desposeídos con que estos son "los dueños" de los medios de producción y aun de los de la comunicación), siempre estarán -los de los reales y verdaderos y únicos dueños- por encima de los intereses del peatón respecto a la veracidad de la información. Lo que no convenga que el peatón sepa...no lo sabrá. Lo que tenga que "saber" de otro modo, le será informado de forma tal que le convenga así a "el Estado", y *así* se complete, para beneficio único de éste, el ciclo "información"-comunicación- recepción.

Esta interacción en que a los jefes políticos y económicos los mueven los mismos intereses de enriquecimiento y conservación del poder, y que se soluciona alternativamente a favor de unos o de otros (pero siempre dentro del grupo de ellos mismos; y eso, en los pocos casos en que los intereses de unos apuntan conceptualmente hacia otros lado y amenazan con lastimar los de los otros), puede ejemplificarse de manera característica por la conversación del señor Emilio Azcárraga Milmo(q.e.p.d) con el autor, en el sentido de que cuando se enteró de que el presidente López Portillo tenía la intención de quitarle el control de sus canales de televisión y cadenas de radio para ponerlos-materialmente-en poder "del Estado"-según la concepción capciosa tradicional-, se dirigió el señor Azcárraga inmediatamente a la residencia de Los Pinos y de manera amable pero firme puso en conocimiento del -o mejor dicho *le recordó* al -señor Presidente la innumerable cantidad de empresas en las que el señor Azcárraga tenía intereses grandísimos comprometidos e ingentes cantidades de dólares invertidas, era Administrador Único, Presidente del Consejo de Administración o miembro prominente de los Consejos de Administración de las mismas, y la conmoción económica y social que causaría el que el señor Presidente decidiera seguir adelante con su idea......Y santo remedio.Hasta la fecha, lógico, la familia Azcárraga -acciones más, acciones menos;

ventas más, ventas menos; cambios más, cambios menos- conserva las propiedades que López Portillo amenazó retirarles.

II.-Mito de la "simultaneidad";...o del *"En vivo y en directo!"*.-La simple supuesta presencia de cámaras y micrófonos en las refinerías de Bolivia, en las plataformas del Mar del Norte, en la Casa Blanca, en la selva Lacandona, en el Vaticano, en el desierto de Irak o en el Estadio de Wembley, da la impresión y provoca la sensación en el peatón de que esta enterándose de la realidad *como si estuviese presente en el lugar de los hechos*. Dicha presencia de las cámaras en los lugares donde las cosas "suceden"-si es que estuvieran realmente ahí y no se encontrara "la producción" usando material de archivo; si el reportero estuviera presente realmente *ahí* y no superpuesta su imagen e n *chroma* sobre la imagen de los sucesos; (y aun así provocaría esa sensación en el peatón, pues lo importante es lo que el peatón *percibe*)-, le confiere a la "información" una autoridad casi "papal" ante los ojos del ingenuo peatón radio escucha y televidente. Olvida que en muchos de los casos las empresas televisoras utilizan imágenes de archivo sin aclarar dicha situación, o con la palabra "archivo" con letras pequeñitas en los ángulos de las imágenes a los que menos atiende el observador humano promedio. Olvida la posibilidad de selección y edición de imágenes -y el grado altísimo de sofisticación que la manipulación de dichas imágenes puede alcanzar actualmente a través de los modernos sistemas digitales- que tienen las empresas dueñas de los medios de comunicación, y el uso continuo, sistemático y reiterado que dichas empresas hacen de la misma. Olvida que una diferencia en el encuadre o en la toma -por parte del camarógrafo, al servicio de dichas empresas- del escenario y los personajes de los hechos, puede transformar -y distorsionar- la esencia misma de la supuesta "información" transmitida y anunciada; que inclusive una modificación en el orden de las frases y las imágenes puede alterar la información -y de hecho así lo hacen en la mayoría de las ocasiones- para beneficio de los poderosos y sus intereses, nunca del peatón y los suyos. Olvida que aun estando el reportero -en el mejor de los casos- en el lugar de los hechos, su forma de plantear la realidad a la que él personalmente acude, está determinada por los lineamientos de los conductores de los noticieros, Directores de Departamentos de Noticias, Directores de División, Gerentes Generales, dueños de la empresa, de las otras empresas socias o asociadas, políticos, gobernantes, etc. Lo peor de todo es que las estructuras de pensamiento, las formas de presentación, muchas veces imitadas("*Nos encontramos en...*", "Muy *buenas tardes querido teleauditorio, estamos transmitiendo en vivo y en directo desde...*","*...desde la plaza de San Pedro, Mónica Papiropetti, para Noticieros Televisa...*"o"*...para Fuerza Informativa Tlaxcalteca*"), y los mismos parámetros y criterios permean todas las producciones y personalidades; y ni siquiera requieren ser, las disposiciones y lineamientos de la clase gobernante, ordenadas directamente en cada uno de los casos, pues se han vuelto de uso común y forman ya parte del sistema y de la tradición. Lo que no quita que en muchos casos, que requieren un tratamiento delicado por su potencial peligro para el Estado -léase aquí de la misma forma que antes: el grupo formado por los jefes políticos y los líderes económicos; perteneciendo a estos últimos, *claro*, los magnates dueños de los medios de comunicación-, los lineamientos y directrices se apliquen de manera directa en las oficinas de producción, en las juntas previas a los programas con locutores y conductoras , etc., y de manera perentoria cuando las crisis que amenazan el orden establecido que debe ser preservado, se presentan.

De ahí, que no sólo se modifique y dosifique la información que recibe el peatón, respecto a la esencia de la misma, sino también respecto al tiempo (*momento*) en que sea conveniente que la reciba; esto genera una temporalización de la información completamente atribuible a -y responsabilidad (*irresponsabilidad*) de- los medios, y si bien la limitación de la simultaneidad puede estar indicada de origen por los jefes políticos -para su conveniencia respecto a controles de crisis y tiempos de reacción y respuesta de otros líderes, grupos económicos, o (*principalmente*) la masa-, siempre cuentan con el contubernio y apoyo de los medios - que en esos casos se pliegan a voluntades mayores, hasta haciendo a un lado incluso la casi infalible competencia de la primicia con otros medios, para servir a los superiores intereses de "el Estado"- para, por ejemplo: dar la noticia de la muerte del Papa, o del Presidente, tres horas después, o en la noche, o en la madrugada, o a la mañana siguiente, o cuando mejor sirva a sus intereses; dar hasta hoy en la noche la noticia sobre el levantamiento de indígenas en Ocosingo, y hasta dos días después el número de ellos-reducido, para su conveniencia, por supuesto-que murieron; dar a conocer unos minutos después-en lo que pueden adquirir o vender millones de dólares en acciones correspondientes-la venta o fusión de empresas de importancia considerable en el mercado; saber qué hacer exactamente con el conteo de votos electorales adversos; ...y mil cosas por el estilo, todas, por supuesto, para servir a sus muy propios y exclusivos intereses.

Mentira que los medios de comunicación actuales coloquen al hombre común en el centro del globo y su entorno sea el día de hoy el mundo entero. La realidad contraria a los mitos del *"esté usted bien enterado"* y del *"en vivo y en directo"* hace que el peatón sólo pueda enterarse, *en estricto y real sentido*, de lo que ve que *efectivamente* sucede en su casa, su edificio, su vecindario, su colonia; o de lo que un pariente o una persona de toda su confianza pueda transmitirle y/o comentarle -no necesariamente "en el acto" (y casi nunca así)- por teléfono, radio privado, carta, telegrama, mail o intercomunicación *real time* por la red, de lo que ocurrió o está ocurriendo en partes lejanas a su verdadero y en esencia limitado entorno. De ahí que en ese sentido dicho peatón no se encuentre-de manera proporcional y hablando objetivamente-en mejor situación que en la que se encontraba, por ejemplo, un habitante de Delft o de Lyon, o de las *Valladolides* españolas o americanas, en las últimas décadas del siglo XVI.

III.-Mito del "derecho a la información";...o *"Tu no te fijes, es por tu bien..."*.-Aunque el hombre común, el peatón, el hijo -y padre- de *la masa*, promueva cambios y ocasionalmente los consiga; aunque el observador caminante y los que alzan la voz con el peatón consigan a veces mejorar o modificar elementos, condiciones o circunstancias de la existencia y las relaciones sociales del peatón; y aunque incluso se den en ocasiones iniciativas de modificación a las condiciones de vida del peatón por parte de la clase gobernante…,en todos los casos, esa clase gobernante, ya sea aceptando ciertos cambios, forzada a admitirlos o incluso proponiéndolos, jamás llegará a dar pasos continuos mayores y definitivos hacia una transformación *real* de la sociedad que implique mejoras *reales*, significativas y substanciales- de orden económico, educativo, social o cultural- para el peatón, pues al hacerlo, perdería precisamente su condición de superioridad, sus ingentes beneficios, sus prebendas, su control de poder, su condición de clase gobernante y hasta su autoridad.

Cuando los voceros de los medios formales de comunicación -los legitimados, establecidos, gerenciados y poseídos por elementos de la clase gobernante- cacarean insistentemente sobre un concepto tan capcioso como el "derecho a la información" que tiene el peatón (*"El público tiene derecho a saber…","El pueblo tiene el derecho de estar enterado de lo que realmente sucede…","La gente tiene derecho a saber lo que pasa…"*),los poderosos -a través de sus medios(y aquí hay que decir que los medios son, en general y de manera amplia, de todos los poderosos, políticos y económicos, más o menos grandes, de una sociedad; *así funciona*)- no están más que queriendo legitimar su derecho a meterse en la vida privada de los individuos, los peatones -y explotar comercialmente por medio de ventas de espacios comerciales para transmisión de spots publicitarios, patrocinios, producciones de programas para su alquiler y venta a otras cadenas, dicha intromisión-, para su propio beneficio económico y magnificación de su poder (*conocimiento es poder*); e igualmente no están más que queriendo legitimar su derecho a meter la nariz sin restricciones en la vida privada y los asuntos de *otros poderosos* competidores suyos que les hacen sombra -precisamente para hacerlos a un lado en el incómodo y arduo camino de la competencia capitalista; para concretar una venganza en nombre propio o de aliados comerciales y políticos; o para dañar figuras procuradoras, impartidoras o ejecutoras de justicia que estén a la caza y ya en los talones de los mismos poderosos poseedores de los medios o amenazándolos con disminuirles su poder, y precisamente para generar destituciones, despidos, cambios y confusión general que les salvaguarde a éstos el pellejo-; o para evitar que nuevos empresarios exitosos transgredan el límite de acceso a la clase gobernante e irrumpan en ella haciendo que sean menos y menores las tajadas del pastel por repartir.

Al servicio de todo eso está el manoseado "derecho a la información".

Nunca para beneficio del peatón.

No obstante, el miedo que manifiestan los representantes del poder ante el acoso y abordaje de los medios, es fabuloso.

Y ello, porque dos canes de la misma jauría no necesariamente están salvaguardados, por pertenecer a ella, de mordidas mutuas. Casi nunca de manera inconsciente, normalmente *por sistema* y con pleno conocimiento de la presión o el daño que pretenden hacer -aunque a veces hasta sin estar enterados sus más altos jefes, que entrarán a tiempo en escena para lavarse las manos y *desfacer* entuertos-, los medios -a través de sus sicarios, emisarios, reporteros agresivos, pseudo-representantes de la opinión pública(*"La gente opina, señor, que ustedes están sacando provecho de las necesidades más nobles del pueblo, escondiendo productos y desviando recursos por medio del lavado de dinero hacia…etc.,etc.,etc.¿Qué nos puede usted decir sobre eso, señor?"*)-, autoerigidos en abanderados de supuestas causas populares de interés social nacional…provocan en los testaferros, caras visibles, voceros de las dependencias del estado, representantes de los megaconsorcios ante los medios, un pánico que está en razón inversa de la importancia de su cargo y en razón directa proporcional a la importancia del cargo de su jefe o superior.

Sin embargo, la verdadera clase gobernante, o "El Estado"- en la forma en que debe entenderse dicho término cuando se habla de "proteger los intereses *del Estado*", o sea: los del grupo de jefes políticos y líderes empresariales o económicos de la sociedad-, sí alza en veces la voz, unificada y en conjunto, a través de *sus* medios, voceros, testaferros y sicarios, para defender causas buenas, justas nobles y humanitarias que hasta pueden reflejar mejoras en algunos aspectos de la miserable vida del peatón; pero *sólo comprará un pleito, abrazará una causa o enarbolará una bandera a través de sus medios de comunicación-*en ese sentido da igual si hablamos del Estado capitalista post-industrial con sus Presidentes o primeros ministros y reyes y sus Cámaras y Congresos y sus grandes empresarios, o del estado socialista con sus *jefes de gobierno* y de partido y sus medios de producción y de comunicación ("propiedad de todos" los peatones(!) pero bajo el control exclusivo de esos mismos *jefes de gobierno)-*,*si el hacerlo beneficia o salvaguarda sus intereses.*

Los reportajes sobre quejosos individuales, manifestantes solitarios, pequeños grupos de reivindicadores de las mujeres violadas, prostituidas, de la memoria de mujeres asesinadas, de niños maltratados, pornografizados; sobre suicidas planteadores de causas y principios, campesinos explotados, maestros burlados en la asignación de sus aguinaldos, obreros explotados, mineros en huelga, pacientes mutiladas o muertas por error en intervenciones quirúrgicas, en administración de medicamentos, consumidores estafados, mineros sepultados en minas, vecinos aplastados por los derrumbamientos de cuevas, por explosiones de gas, adolescentes intoxicados por comida "chatarra" descompuesta, envenenados por alcohol, cancerizados por cigarrillos, asesinados por éxtasis, crack, cocaína, heroína; y aun aquéllos realizados sobre grupos más o menos grandes y hasta a veces enormes, cándidos, vestiditos igual de blanco, de verde, de personas caminando silenciosos a veces con velas manifestándose contra la violencia callejera incontenida,...por la paz,...por la justicia; de amas de casa quejosas de la carestía de insumos, de la especulación de carburantes, de los aumentos irracionales en precios de víveres y servicios; de comerciantes quejosos porque no los dejan subirles más; de manifestantes quejándose de la contaminación de arroyos, ríos, mares, océanos y el agua entubada que les llega a sus casas, de la caza de especies amenazadas de extinción, de la violencia contra las focas canadienses, de la violencia contra la naturaleza por la tala de árboles insensata, por la destrucción de la capa de ozono, incluso quejándose de la violencia contra los manifestantes quejosos en la última manifestación; y mil elementos más que a pesar de su aislamiento representan los intereses reales y auténticos de millones...,sólo hallarán eco para sus demandas, causas y movimientos, reclamos, pleitos y reivindicaciones en los medios de comunicación, si éstos consideran que el apoyarlos llevará de alguna manera agua a su propio molino. Ahí donde el peatón se sorprenda de ver una cobertura intensa de alguno de esos casos-u otros por el estilo-, y de la pasión con que los medios pidan "una mayor investigación", una quema (que no será más que de brujas), "un castigo a los culpables"(que no serán más que "chivos expiatorios"), "una modificación substancial de las injustas condiciones" que afectan al individuo -en caso de que no sea sólo de dientes para afuera, hipócritamente y para taparle el ojo al macho-, podrá estar seguro, si la intención de los medios fuese realmente lograr algo en el mismo sentido que los intereses de los peatones, que lo harán sólo para beneficio de sus propios intereses de grupo y *con plena conciencia de que esa participación activa en la reivindicación de los intereses del peatón, mejorará categóricamente los suyos propios y no significará peligro ni amenaza alguna para los mismos*. Ellos -los poderosos, los abastecidos, los acomodados, los *cómodos*- en última instancia y en todo momento: ni sudan ni se acaloran.

Si "el Estado" -incluido "el Estado" de el estado de Chihuahua-estuviese realmente comprometido con la resolución del caso de "las muertas de Juárez", y no afectara dicha resolución en gran medida a sus intereses...es evidente que lo habría resuelto desde hace mucho y sin dejar pasar tánto tiempo.

The Sun, *The Mirror* y muchas otras publicaciones-así como en América otros tabloides inconcebibles como el

National Enquirer- del magnate Rupert Murdoch, ejemplifican fielmente el tipo de falacia "democrática" que los dueños de los medios tratan de venderle al peatón remachándole el "derecho" que "tiene" a la "información" -pero sólo haciendo en realidad incursiones dolosas en la vida privada de los personajes notorios de la sociedad, y en infinitas ocasiones del mismo peatón(cuando no inventando los mismos reportajes)-,sobre la que se han asentado y crecido numerosos imperios editoriales como el de Murdoch; y por citar algunos en México: Intermex("TV y Novelas", "Tele Guía", la antigua "Ritmo", etc.); Notmusa("TV Notas", la antigua "Notitas Musicales", etc.),y otros como "La Prensa", "Alarma", etc.

La mayoría de dichos medios impresos se especializan en las intimidades de los famosos; inclusive -y principalmente - en sus vicios, torpezas e infidelidades.

La extensión vivísima y aún creciente hasta nuestros días de esos periódicos de escándalo que han utilizado desde hace décadas con éxito sin igual el chisme morboso-fundamentalmente en las portadas llamativas y los titulares escandalosos, muchas veces para artículos y reportajes inventados y la mayoría distorsionando y agrandando situaciones- son los modernos (y en las sociedades actuales como la de nuestro país multiplicados exaltados orgullosamente glorificados como los *summa* del entretenimiento gratuito divertido apasionado por excelencia del peatón y cotidianamente sin llene, conciencia ni cansancio asistidos por él, su señora y sus hijos) programas del "espectáculo", del corazón; sobre las intimidades de famosos, plutócratas y aristócratas.

El fenómeno del éxito de dichas revistas y programas apunta en dos sentidos a las necesidades psicológicas más apremiantes del peatón: revistas como *Hola*, *Caras*, *Gente*, etc., y programas como aquéllos sobre los artistas y el *show-business* lo hacen sentir *vecino*, familiar, *cuate*, pues, de los famosos; y participante de un mundo que en la realidad está -y lo más probable es que estará para toda su vida- fuera de su alcance. Él vive, a través de ellos, la vida que no puede vivir por sí mismo.

Hasta el sexo lo vive a través de esos programas! *La isla del amor*, y paparruchadas por el estilo, con gatas suculentas nalgas paradas bronceadas en cueros para los *hombres-buey* de las fábricas, y gatos buenísimos fortachones panza de lavadero aceitado para las *mujeres-vaca* de los hogares, les espejean -en la intimidad de su dormitorio- el tipo de relación candente apasionada sexual que ellos, triste peatón, triste peatona, lamentablemente no tienen. Pero que a través de ellos...rasguñan. Cuando menos, mental y emocionalmente

Por otra parte, programas como el de *Laura en América*, el de Ratinho, en Brasil, etc.(sin contar todos aquéllos de videos caseros mandados por los peatones, y de bromas ante cámaras escondidas a los mismos),le permiten al peatón acceder a la grotesca, dudosa, burda y efímera fama pública durante sus "15 minutos" proverbiales.

Otros programas que participan del engaño al pobre peatón, divirtiéndolo insulsamente, manteniendo sus estándares de entretenimiento en niveles paupérrimos, pero haciéndolo sentir que participa de la intimidad de sus admirados artistas, sus taras, traumas, complejos y problemas -gracias a Dios para el peatón y para su tranquilidad y consuelo(de tontos, lógico)muy similares, prácticamente igualititos, a los de él mismo- son aquéllos como el internacional *Big Brother*, o *La Casa de las Estrellas*; y otros en los que los sorprendidos, burlados, engañados, expuestos en su ingenuidad son precisamente: *los famosos*.(Unos, porque desde antes de entrar al programa lo eran; otros, porque después del primer capítulo...ya lo son). Como consecuencia del tratamiento que les dan dentro de esos programas y de la cotidianeidad de su omnipresencia en el hogar y en la psique del hombre de la calle, se vuelven ya igual de vulnerables -en esos casos, y por fin!- que el peatón. Se han convertido en figuras eminentemente *familiares* de y para la masa. Y la masa participa de sus propiedades

En un mundo donde la fama, la celebridad, la notoriedad, son irracionalmente sinónimo de éxito en la vida -y por ende, de asequible felicidad-, eso no es poca cosa; y por ello no extraña que tales formatos de producción en revistas, radio y televisión tengan un éxito exorbitante, pues consiguen colocar a los millonarios, artistas, Duquesas, Príncipes, Baronesas y herederos de sangre azul -teóricamente por lo menos- al alcance de la *mano-digitadora* del teclado del cajero automático, del control remoto, del *mouse* y de los *diales*(y de los números telefónicos que lo conectan con las voces grabadas de sus ídolos (bendito sea Dios) ahora ya (*oh! gloria de las democracias!*) en el mismo nivel social y emocional que él- del peatón.

IV.-El mito de "el medio es tuyo";...o "*El medio más democrático!*".- Si bien en las últimas estadísticas del INEGI aparece más del 90% de los hogares mexicanos como poseedor de un aparato de televisión -con las salvedades lógicas de esos estudios y sus márgenes de error en recopilación, análisis de información o métodos estadísticos; ni se diga por la inveterada costumbre de mentir del encuestado-, es muy diferente tener la capacidad de comprar un aparato(o soporte)que participa del proceso de la comunicación masiva, o de largo alcance -radio, teléfono, televisión, computadora conectada a Internet, *palm tre*o,etc.-, a ser propietario de los medios de comunicación y apellidarse, por ejemplo: Azcárraga, Slim, Vargas, Vásquez Raña, Salinas, etc.; o en su caso: Murdoch, Turner, Berlusconi, o cualquiera de los accionistas mayoritarios de las gigantescas empresas de los medios electrónicos.

En realidad, en sistemas económicos como el nuestro, ni siquiera puede decirse que el peatón es propietario de los "soportes". En realidad y estricto sentido, sólo alquila el teléfono de su hogar y el servicio del mismo; su teléfono celular y su correspondiente servicio; su televisión; su computadora y sus servicios de liga a la red mundial. A principios del año 2006, menos del 20% de la población mexicana contaba con computadora; los *poquísimos peatones* que para esas fechas contaban con una, estaban seguramente, casi en su totalidad, pagándola a plazos por medio de alguna tarjeta de crédito sobresaturada.

La dichosa y cacareada "democratización" de los nuevos medios electrónicos olvida que el peatón ni siquiera puede ser propietario realmente de los "soportes"; en cualquier momento -si llegó a hacerse de uno y lo va pagando- lo podrá perder por un embargo promovido por sus acreedores, por suspensión de pagos, por su propia inestabilidad económica y/o falta de empleo, o por reciclamiento que él mismo haga al tratar de venderlo. O por algo más significativo aun: su pérdida de la capacidad de mantenerse al corriente en los pagos a los propietarios de las compañías telefónicas, servidores de la red, proveedores de programas (*softwares*), etc. El peatón no tiene en sus manos prácticamente nada más que un juguete cuyo efecto "real" de impacto en la sociedad -y provocador potencial de un posible cambio- sólo llegará hasta donde los propietarios de las grandes empresas distribuidoras y vendedoras de los soportes, poseedoras de los bancos y sistemas de crédito, de las redes de comunicación y de los prestadores de servicio para la intercomunicación entre las computadoras(*de peatones*)de la red -quienes tienen el verdadero control- se lo permitan.

El acceso a los soportes de la comunicación siempre será prohibitivo o restrictivo para el peatón: imposibilidad de comprar libros; falta de dinero para sacar copias, para comprar cuadernos, papel; poca capacidad de adquisición- cuando en su caso- de aparatos celulares que reciban convenientemente mensajes, que tomen fotos, video; incapacidad de compra de computadoras, de suscripción a servicios; etc. El peatón -e históricamente sus equivalentes (esclavos, siervos, campesinos, peones, operarios de fábrica, proletariado en general)- siempre tendrá problemas para acceder, conocer, poseer y/o utilizar los "soportes" de la comunicación. Cuando los precios de los "soportes" bajan considerablemente y se ponen a la altura de las posibilidades económicas del peatón; cuando la accesibilidad a los mismos le permite al peatón conocerlos y manejarlos a voluntad; cuando la combinación de descenso en costos de producción, baja de precios y aumento de la demanda permiten una generalización del producto que alcance a la gran porción de la sociedad que comprende los peatones (similar a la fabricación en serie y popularización -incluso entre la masa trabajadora- del Modelo "T" de la Ford), ya se dio para ese momento -por otra parte y de manera paralela- el desarrollo de nuevos "soportes" de la comunicación, o productos en general, que representan un avance tecnológico significativo con relación a los "soportes" ya popularizados y abaratados, lo que hace que el peatón -junto con sus *hardwares* y *softwares*- quede una vez más en absoluta desventaja y atraso considerable con respecto a los nuevos medios y soportes de los poderosos, quienes seguirán conservando el liderazgo en cuanto al manejo de la información.

Aunque el peatón cuenta con la posibilidad de la adquisición barata de soportes y programas, por medio de la compra de productos "piratas"(cuya distribución y venta-por otra parte- son promovidas por muchas de las grandes compañías, a pesar de lo que públicamente declaren en las conferencias de prensa en las que presentan la estructuración de asociaciones y estrategias para combatirlas), y con la del uso del equipo y el acceso a Internet por medio de la contratación de tiempo y servicios en los negocios de computación y de Internet públicos, es claro que ésos no son más que recursos paliativos que le permiten a la masa aproximarse al "consumo" de tales productos y servicios, y -a la vez, por medio de él- al consumo de todos los otros productos de la gran feria universal de las mercadurías que a través de esos soportes y medios las grandes empresas le presentan, aproximan y promueven en forma de carnadas mágicas capciosas supuestas satisfactoras de sus "necesidades"(y a esas grandes empresas y compañías difundirlos -los productos y el consumo- *realmente* a *escala masiva*), pero dejándole a la masa permanentemente inaccesibles las manifestaciones más plenas de espacio y tiempo irrestrictos en el uso, el acceso comprensivo y total al meollo de la información, la posibilidad de generarla real, consistente e influyentemente, el uso de los soportes más caros y efectivos, y la tecnología verdaderamente *de punta*.

    El peatón y los elementos de la sociedad que no participan del poder, siempre bailarán con la más fea. Casi como en una familia en que el papá le deja el auto al hijo adolescente, cuando el padre ya pudo adquirir un último modelo, y ahí sí, ya le permite al hijo poseer aquel que ya está viejo, gastado, con fugas de aceite y bastante dado al traste. El hijo nunca podrá ganarle al padre en unos *arrancones*. De manera similar, una hermana cursando su doctorado de Derecho, dejará probablemente para su hermanito de once años la computadora y los programas, y la impresora, y todo lo que a ella ya no le sirva, para comprarse ella el modelo de última generación. Y si el hermanito hubiera tenido la entereza de ánimo y la constancia para ahorrar sus domingos y hacer algunos trabajitos extras con el fin de comprar la computadora que la hermana -casi doctora ya- no le dejaba prácticamente utilizar, habría acabado por juntar el dinero cuando ya ese modelo de computadora estuviese prácticamente descontinuado. Cuando el pobre tiene -por fin- para una videocassettera, ya están saliendo las películas en DVD; cuando para una videograbadora normal, ya están las de alta definición; cuando para un teléfono celular, ya salieron los que incluyen cámara fotográfica y de video; cuando para una televisión a color y con pantalla más o menos decente, ya están las enormes pantallas planas y de cristal líquido. Cuando la señora esposa del albañil tiene para su vestido de largo *Chanel*...ya están de moda otra vez las minifaldas.

Los libros pasaron a ser del dominio público y se colocaron al alcance de la masa, luego de un larguísimo proceso de secularización, abaratamiento y popularización, sólo hasta que ya existían nuevos medios elitistas para soportar, conservar y/o transmitir la información; nuevos medios sofisticados y lejos del alcance y posibilidades de las mayorías, para comunicar los elementos integradores de la cultura, del poder.

En nada le ayuda al peatón el que las grandes empresas elaboren planes "accesibles" y al alcance de las posibilidades del peatón para que éste pueda adquirir los bienes más o menos novedosos y participe de manera entusiasta -con su ingenuo candor apasionado característico de siempre- en el concierto general del consumo: la parte que de su ínfimo sueldo separe para la adquisición de los productos (aunque baratos), será siempre proporcionalmente ambiciosa y de cualquier manera prohibitiva, pues le impedirá la adquisición de otros artículos y servicios -o el mantenimiento de los mismos- de igual -casi siempre *mayor*- importancia real para el desarrollo de su existencia, los que, al ser minimizados, soslayados o desplazados provocarán una aun mayor descompensación en el ya de por sí precario equilibrio de su *día a día*, generando un colapso generalizado en cuanto al pago de sus deudas y al mantenimiento económico y funcional de su situación personal o familiar.

Es la misma historia en todas las épocas y en todas las sociedades; la que, por otra parte -la más patética-, tiene que ver con que el peatón siempre conseguirá el pan -cuando lo consiga- hasta que quienes son los jefes de la mesa decidan que ya pueda recoger los mendrugos y comérselos si así le va, y hacer con ellos lo que quiera -pero únicamente hasta ese momento y bajo esas condiciones: las de *la subordinación* y *la postergación*-; e igualmente: el desprotegido de la masa sólo conseguirá sus míseras pizcachas de aumento de sueldo cuando al patrón no le afecte ni le estorbe ni le incomode el otorgárselas, y cuando el porcentaje aumentado le sirva prácticamente para nada pues el costo de la vida haya subido aun más y le vaya, otra vez, muy -pero *muy*- por delante.

El peatón siempre va atrás de la vida.

De eso se trata: el que tiene más poder va adelante, y los tristes peatones miserables sólo podrán pasar por donde el poderoso ya pasó, cuando éste lo permita y en la forma que le parezca razonable. En ese sentido la estructura familiar reproduce fielmente -como siempre- la estructura social; pues aunque hemos hablado de la compactación de tiempo y edades de los miembros de la familia -que permite una "igualdad" entre los integrantes y una "democratización" de la estructura permitiendo a los más desprotegidos (niños, púberes, adolescentes, mujeres en su papel tradicional y abuelos ancianos) una cierta "igualdad"-, ésta acaba por ser, en muchos aspectos, sólo aparente y más de forma que de fondo. Igual que la supuesta "democratización" de los medios, del "papel" de ellos en la sociedad, o de la misma sociedad en sí con respecto al peatón.

En el fondo y en estricto sentido, los que tienen el poder económico siguen diciendo qué se compra o no, qué se come, qué se cena, y a qué hora tienen permiso ya los pobretones para ir levantando la mesa y lavar los trastes.

No importa qué tanto vociferen, nos vendan la idea y nos canten aquello de que las cosas han cambiado y los pobres también son invitados, cuentan y participan de los beneficios de la fiesta. El dueño del palo acabará rompiendo la piñata; el que tiene el cuchillo parte el queso.

V.-El mito de "Hazte ya de la tuya!";... o *"Para que esta Navidad tu familia tenga..."*.- Es dramática -para el peatón, obvio- la visible situación de disimulado desamparo en que se encuentra. El lanzamiento de un nuevo tipo de procesador que viniere a substituir al procesador personal; un cambio substancial en la capacidad de algunas de las funciones que realizan los actuales procesadores; o la simple aparición en el mercado de un nuevo modelo con características funcionales avanzadísimas..., sacan al peatón de la jugada y lo descalifican para una participación competitiva en la danza de la supuesta nueva "democratización" mediática.

Aun más -y esto, terriblemente amedrentador-: la modificación de sistemas y, especialmente, de programas, tiene -de hecho- una función claramente conformadora, delineadora, estructuradora, moldeadora y modeladora de los sistemas "lógicos" de pensamiento del peatón. Los programas nos dicen qué pensar, cómo pensar, en qué orden, siguiendo qué pasos, procesos y procedimientos, y -prácticamente- para qué fin. Independientemente de la evolución planeada a que llevan al peatón gradualmente los programas diseñados por los programadores al servicio de los grandes propietarios capitalistas de las empresas fabricantes de programas, procesadores y soportes en general, es evidente que un simple cambio substancial en el sentido, tendencia, orientación y/o "filosofía" de una camada nueva de programas y/o sistemas, no sólo tendrá la capacidad de frenar cualquier desempeño del peatón "normal", lo confundirá y le complicará sus intentos de acceso e impacto -entre otras cosas-, sino que acabará por rediseñar sus propios estándares de pensamiento, motivación y expectativas, y sus esquemas de percepción y "racionalización" de la realidad. Cuando los profetas de Silicon Valley dijeron que enseñarían a pensar al mundo, estaban queriendo decir...exactamente *eso*.

VI.-Mito del "de acuerdo a tus necesidades";...o *"Para que tu también puedas..."*.- El moderno joven peatón adolescente promedio -dejando afuera *hackers*, geniecillos, *nerd*s obsesionados, y otros etcéteras que juegan a subvertir ciertos elementos del orden social pero sin la finalidad de provocar cambios significativos de mejoría para su propia clase o sector y normalmente sin conciencia social y sin coordinarse entre ellos para tal efecto- no se digna siquiera(como uno de los múltiples, y quizá no el menos grave de ellos, ejemplos que muestran de manera clara la dependencia y conformación mental y conductual de dicho peatoncito con respecto a los conceptos y esquemas diseñados e influidos por los magnates propietarios de los medios y sus secuaces, siempre para su propio beneficio y aun cuando algunos les viniesen de manera completamente involuntaria) -estudiar ortografía o preocuparse por ella; el programa de la computadora en cuestión se encarga -con las limitaciones sintácticas y características de cada caso- de escribir "correctamente" las palabras, por *él*, substituyendo su análisis crítico, y en *su* representación. Lo mismo en sistemas de mensajes de celulares y similares: sacando de cuadro de manera automática términos o palabras considerados caducos, *démodés*, poco usuales o inconvenientes. (Hasta existe una temporalidad o dosificación provocada a propósito en la intención, o por medio de la rapidez controlada de flujos en los sistemas de comunicación, para acabar haciendo que el peatoncito escriba sólo las palabras "permitidas" por la computadora, las abrevie como la computadora indica, use las letras para las abreviaturas convenidas para ciertos términos por la propia computadora junto con los instintos programadores de usuarios líderes, reestructure -de ahí- su forma de hablar y la acomode a idiomas y conceptos extranjeros tanto de denotación característica de la realidad como dentro de una codificación utilitaria de la misma y para su interacción tendenciosa con ella; y hasta mande su información por medio de mensajes telefónicos y/o *mails* en los términos y plazos controlados por las computadoras y los servicios de su red internacional.

El peatón no usa la computadora. *La computadora lo usa a él* dentro de un esquema donde es él quien se va adaptando a la "realidad" virtual que los programas le inculcan a manera de reflejo enajenante (y enajenado) de -y para enseñarle nuevas formas de interactuar con, y responder a- esa otra realidad (ya deformada, en un prodigio de modificación y alteración que de su percepción -y forma de racionalizarla- hacen los patriarcas y gurús de los equipos y sistemas informáticos, ya incrustados perfectamente en el mundo de las megaempresas, y los jerarcas de los medios masivos de la comunicación), que en estricto sentido ya no es *otra* , y a la que ya también cuesta trabajo referirse como *la de ahí afuera.*

VII.-El mito de "La opinión pública";...o *"Llámanos, tu opinión cuenta! Dinos qué piensas, qué deseas!* ".- Resulta hilarante, y a la vez dramático, escuchar en los programas de radio y televisión y en encuestas participativas por Internet, que inciten al peatón a manifestar su opinión o a votar por tal o cuál artista, película o candidato político; o a responder preguntas de opinión sobre temas de supuesto impacto sociopolítico que teóricamente se reflejarán después en porcentajes pretendidamente conformadores de la "opinión pública", y de decisiones.

No sólo en una gran mayoría de los casos las grandes cadenas *don't give a shit* sobre lo que piensa el peatón y sólo lo hacen para animar en sus domicilios y entretenimientos mediocres a la masa; sino que utilizan sus llamados "sondeos de opinión" como pretexto para "entregar" o "presentar" después los resultados como otra forma más -ésta, *sutil*- de conducir a esa masa hacia la opinión y por los caminos que conviene a los poderosos que desean mantenerse en el control.

El peatón tiene invariablemente dos necesidades intrínsecas históricas: **1) La** de ser dirigido, guiado o "lidereado" por elementos que le transmitan la sensación de seguridad en la conducción y en el rumbo a ser tomado; y **2)** La necesidad de sentirse abrigado -y de muchos modos protegido- dentro de y por un grupo social de individuos con respecto a los cuales pueda sentir afinidad de condiciones de vida, sueños y sentimientos -mejor mientras mayor sea el grupo y mejores sean las condiciones de vida que compartan-, y con el objetivo mayor y fundamental de no sentirse solo y mucho menos apartado (*descastado*) de esos otros individuos. Quiere sentirse identificado y protegido.

Por ello, el peatón va a intentar integrarse de cualquier manera a aquel segmento de participación mayoritaria en la conformación de la "opinión pública". De esta manera -y en ello los medios de comunicación tienen considerable experiencia- lo que debería ser un recurso(o arma) del peatón para influir de manera real y democrática en los cambios sociales necesarios, y con el impacto requerido para promoverlos -e influir en otros peatones-, se le revierte y acaba facilitando el control del mismo peatón por sus dominadores; ahora, aparentemente no "desde arriba", sino "desde los lados". Lo único que se le da al peatón a través de encuestas y participaciones interactivas en los medios es la ilusoria -aunque reconfortante- sensación de que él puede participar en las tomas de decisiones y en los cambios que promuevan las mismas.

VIII.-Mito de "El conejo que sale de la chistera";...o *"Conozca los resultados de la encuesta!"*. - Ilusionado por esa sensación, el individuo común no descubre esa otra de las grandes falacias que los medios le venden: que un conejo que antes no estaba allí, realmente apareció en la chistera! No nota nunca el maquillaje, camuflajeo y manejo que los medios hacen de la información que se refiere a su propia participación en programas y encuestas de tinte "democrático". Esos supuestos conteo, canalización, y escape de sus inquietudes, represiones y necesidades, resultan, a fin de cuentas, no sólo un engaño para él respecto a la capacidad real de impacto de su opinión en los programas, cambios y procesos democráticos de la sociedad, sino también un engaño monstruoso respecto a los resultados de los conteos y evaluación de los mismos. Al final, ni el conejo que nos muestran surgió de la chistera por generación espontánea o debida a los actos materializadores del mago; ni es -regularmente- como lo esperábamos o imaginábamos; ni -en realidad- como lo estamos viendo.

Resulta aun más deprimente -por supuesto- pensar en aquellos programas de participación del público con resultados supuestamente confiables de votación y en los que las llamadas telefónicas de participación tienen un costo. Por mínimo que sea éste, representa que el peatón no solamente está pagando su precaria diversión con su candidez, con el gasto de luz casera que representa su televisión encendida en esos programas, con el televisor que ya compró para verlos, y con los productos que compra a consecuencia de la observación de los *spots* publicitarios de las mercancías y productos que patrocinan o se anuncian durante el tiempo de dichos programas, sino -*además*, y por el simple derecho a "votar", a *participar*-, con otro poco del escuálido dinero de su bolsa, y -al momento del pago del recibo telefónico- *en efectivo*.

Existen, junto a los mitos, tres falacias características: **1)** Que el peatón actual promedio dispone de mayor tiempo para el ocio que su correspondiente de épocas pasadas; **2)** Que "la democratización" de los medios le permite participar de manera amplia y generalizada en el proceso mediático aplicado -y reflejado- en su ocio; y **3**) Que la educación tradicional, diaria, puntual, general, disciplinada y sistemática, la institucional, la oficial, prolongada y extendida al máximo en el tiempo -y mientras más cara, mejor-, le dará a sus hijos, *infaliblemente*, la posibilidad de mejorar susbstancialmente sus deprimentes condiciones de vida, de escalar hasta las alturas más distinguidas y satisfactorias de la escala social, y de obtener por medio de ella, en forma general y amplia, la más completa reivindicación de sus derechos sociales y culturales.Ésta, la última de ellas, no sólo es una falacia, sino una maravillosa *fantasía*,y esos afanes de hacer ascender a los hijos hasta donde el pobre peatón no consiguió llegar jamás en su vida, se revela casi siempre -al final- como una absoluta pérdida de tiempo, dinero y esfuerzo, y -familiar, social y nacionalmente- una compulsiva y constante derrochadora de costosas energías y flacos patrimonios.

Ciertamente los horarios de trabajo -al menos nominal y legalmente- han disminuido, pero el peatón típico necesita aplicar su esfuerzo y creatividad para sobrevivir en la ardua lucha diaria por medio de horas y trabajos extras, y actividades paralelas como ventas y servicios informales, etc. -inclusive actividades ilícitas para suplir sus enormes deficiencias económicas-,lo que viene a dejar su "jornada de trabajo" - la *real*- en el mismo orden que la de individuos trabajadores promedio (peatones) de siglos pasados; y si se trata de pasar las vacaciones (que en su caso serán seguramente más cortas que las de elementos de estratos sociales superiores, y prefijadas por la estructura laboral que gobiernan los mismos), no irá a Ginebra, Montecarlo, Ibiza, Amsterdam, Bridgetown, Angra dos Reis ni Punta del Este. Si bien le va, dejará sus ahorros en el Six Flags de la esquina, o si mejor le va, en la laguna del municipio de al lado o en los puestos de frituras del Chapultepec, de la ex Hacienda de Temixco o del balneario El Rollo de su localidad.

El tiempo dedicado al trabajo aumenta en realidad,pues ahora -por ejemplo- hasta a mitad de un día de campo con su familia el oficinista -con el pretexto del privilegio del uso "democrático" de las nuevas tecnologías- trabaja para la empresa que lo tiene como empleado, resolviendo problemas tecleando en su laptop, obteniendo información de sus propios archivos o a través de sus conexiones con la red, y sacando adelante el trabajo acumulado(los niños y la mujer bien, gracias, juegan solos entre ellos allá cerca del camioncito de los helados mientras papá se desocupa); el trabajador, el empleado, el oficinista, hoy...más esclavos que nunca.

Antiguamente el trabajador laboraba, si se quiere, hasta dieciséis horas diarias..., pero salía de la fábrica (del lugar de trabajo) y en las ocho horas que le quedaban libres ni le vibraba el *beeper* en la barriga, ni sonaba su celular el sábado en la noche ni el teléfono de su casa la mañana del domingo, ni le llegaba un mail a su Blackberry (o cualquier otro tipo de palm treo), ni estaba localizable, ni al alcance de las voluntades y designios de su patrón ni en contacto con la empresa que cubría sus sueldos. La realidad presente deja clarísimo el hecho de que los medios de comunicación y en general cualesquiera tecnológicos estarán "libremente" a disposición y al alcance del obrero, *siempre y cuando* su uso por parte del mismo represente un aumento en los índices de producción general de la empresa, una mayor plusvalía multiplicadora de sus ganancias, un crecimiento en la productividad de sus trabajadores, y un ascenso en los porcentajes de las utilidades.

Los modernos medios de comunicación se manifiestan en toda su fuerza como un moderno engrudo que aglutina y pega -conectándolos entre sí- todos los elementos humanos de producción y servicios que con su trabajo y fuerza operativa mantienen funcionando la sociedad por medio de la generación de la riqueza, para beneficio de la clase poderosa y dentro de los parámetros, lineamientos y leyes señalados por ésta. Se manifiestan también como un vitalicio cordón umbilical que mantiene y alimenta, limita y condiciona la vida del peatón -feto permanente y eterno- en su dependencia absoluta con la "casa matriz" (las eternas casa-taller, fábrica, escuela, industria, organización, empresa, iglesia, unión sindical, etc.) y todas la demás estructuras caracterizadamente femeninas y gobernantes en este nuevo amanecer reciclado del matriarcado que se anuncia, se plantea y proyecta como definitivo; o para de aquí a una buena cantidad de siglos.

No podemos llegar a los extremos escandalosos que Ruth S. Cowan planteó en sus comparaciones entre el tiempo pasado por la mujer moderna trabajando en casa auxiliada por los nuevos aparatos electrodomésticos, y aquél empleado por las abuelas de principios del siglo XX realizando el mismo tipo de labores sin el auxilio de las modernas tecnologías, pero sí cabe señalar que el fenómeno de la compactación del tiempo opera de manera visible y determinante en cada día de nuestras vidas, y provoca resultados diversos a lo largo del transcurrir de éstas en las diferentes épocas del desarrollo de la humanidad. No es que las modernas tecnologías no generen una disminución de la cantidad de horas dedicadas a las distintas tareas y trabajos para las que representan una ayuda potencial,tampoco es que el resultado de su utilización sea contrario -en sí y por sí- al ahorro de tiempo planeado o previsto; lo que sucede es que de una manera natural las actividades humanas se expanden, se multiplican y/o se esparcen hasta llenar el tiempo total disponible de la vida cotidiana del ser humano, y -al final- de su existencia. Las características sociobiológicas desarrolladas por el ser humano culturalmente en sus diversas civilizaciones y sociedades encuentran su complemento existencial en la necesidad de concentrarse, entretenerse, distraerse y divertirse para llenar de manera subsistente -ya como trabajo, ya como juego- el vacío de las horas de la vida: toda actividad, o grupo de actividades del ser humano, crecerá y se prolongará en el tiempo hasta llenar la mayor cantidad posible de horas en la vida del ser humano, y hasta que aparezca otra que la complemente o sustituya (pero siempre con la intención implícita de llenar la totalidad de su tiempo existencial disponible). Una forma razonable y esencialmente"humana" de esperar la muerte.

Y ello, independientemente de aquel tiempo que otros seres humanos obliguen al hombre a dedicarle a las tareas a las que más les convenga someterlo para aumentar su riqueza, explotándolo.

Esto quiere decir que aun sin el auxilio claro y evidente de sus dominadores para ocupar al hombre al máximo para beneficio de ellos -y de los miles de recursos que poseen (hasta de fondo ideológico) para obligarlo y condicionarlo a ello- el hombre *llenará su propio tiempo*.

Los antiguos estaban equivocados al querer explicar los fenómenos originados por la presión atmosférica, una reacción de la naturaleza provocada por su intrínseco "horror al vacío", pero es un hecho que es un concepto que fácilmente podemos tomar prestado para describir de una manera sensible esa necesidad del ser humano de no dejar espacios vacíos en su existencia. El pensamiento conceptual en el ser humano, amén de una mayor capacidad -inclusive con mayores espacio y tiempo entre ellas- para manejar las imágenes de los objetos y acciones percibidos por los sentidos, ordenados y almacenados en la memoria, alcanzó -por lo menos hasta el momento- su cúspide con el lenguaje, ese don de Dios que le permite al hombre ir aun más lejos en tiempo y espacio, sustituye a la realidad, la simplifica, la reconstruye, la reordena produciendo un mucho más fácil -por lo menos más diferente- manejo de la misma, e inventa y crea otra realidad, tan válida o más que la primera, y que en todas sus modalidades (fonético, alfabético, lógico, gramático, matemático, etc.) da origen a la más comprensiva y totalitaria realidad de su existencia. Es ese pensamiento conceptual-verbal del hombre el que le permite intuir la muerte. La mayoría de los animales puede advertir o hasta presentir el peligro, e incluso, un daño inminente de magnitud tan considerable que le "sugiere" un evento *extremo* en el sentido más literal del término; pero es únicamente el hombre -y algunas contadísimas especies superiores (aquellas en las que el manejo de unidades sonoras y gestuales significativas con denotaciones y connotaciones simultáneas llega a convertirse en un verdadero lenguaje de tipo "verbal"-conceptual)- el que por medio de dicho pensamiento *verbal* preve, presiente, autoanuncia, imagina, conjetura, presupone y/o intuye la muerte; y es ahí que el ser humano necesita llenar con lo que sea y pueda ese vacío para no sufrirlo como tal durante la espera de esa muerte que intuye.

El hombre tratará de llenar su tiempo con toda posible actividad y ocupación, todo potencial pensamiento y rito, toda práctica y vicio, todo sueño y recuerdo, toda fiesta y velorio, toda lágrima y pena, todo festejo y caricia, todo sexo y desfile, todo amor, toda arte, toda religión, toda ciencia, toda filosofía. En el concierto de las creencias donde toda religión no es más que una forma de reconciliarse con la muerte, desde la saturación de rezos y rituales hasta la ausencia de pensamiento, es todo un fantástico "relleno" pragmático, puro entretenimiento, distracción, diversión, y sirve ese magnífico todo de cualesquiera de las pequeñas grandes cosas, a la perfección, para llenar el agobiante vacío mítico y eterno. Hasta las prácticas conducentes al Nirvana, sirven para llenar el hueco primigenio.

Queda pendiente -dejando a un lado los incalculables beneficios que al hombre le han aportado la invención y el uso del lenguaje verbal- la liberación de la dictadura perceptiva, cognitiva y creativa que esos mismos uso e invención le han impuesto, la superación de los límites que basado en ellos el mismo hombre se ha establecido, y la substitución de ese lenguaje verbal por otro de mayores alcances y comprensión, que le permita llegar a alturas de percepción y conocimiento aun mayores, para avanzar más en su propia permanente evolución.

La expansión de las actividades del hombre, que se multiplican, intercambian, sustituyen y esparcen hasta provocar una compactación de los bloques constitutivos del espacio-tiempo (originando simultáneamente la falta de esos supuestos espacios que la tecnología moderna aparentemente genera a favor del individuo), se presenta principalmente bajo tres aspectos: **a)** La compactación de actividades previas en menores espacios de tiempo -producto del uso de nuevos aparatos, medios y tecnologías- genera un tiempo "libre" que inmediatamente exige ser llenado por otras actividades o elementos totalmente diferentes (alternativos) en sustitución de aquellos cuya simplificación o rapidez de realización los ha convertido en "mínimos"; **b)** Los nuevos aparatos, medios y tecnologías favorecen un uso extendido de los mismos más allá de las tareas para las que específicamente han sido creados -muchas de las veces convertido ya, inclusive, en simple *juego* o recreación, por lo novedoso de los mismos-, provocando al final, y de cualquier forma, una "cobertura" del tiempo que originalmente habían ayudado a liberar; **c)** El uso de los nuevos aparatos, medios y tecnologías (nuevos recursos) genera problemas nuevos que requieren de una dedicación de tiempo específico para la creación de técnicas, estrategias y nuevas tecnologías que favorezcan, faciliten y permitan su solución; y aunque históricamente la evolución cultural del hombre ha demostrado que cada problema genera su solución genera su problema genera su solución etc., ello no significa que la ausencia de preocupación por los problemas ocasionados por la aparición de nuevas tecnologías, dado que eventualmente y sin excepción serán resueltos, no venga aparejada con una significativa cantidad de tiempo necesitada para solucionarlos.

El supuesto "ahorro" de tiempo se convierte siempre al final en *agua de borrajas*.

Las carabelas, los telares, la máquina de coser doméstica, el horno de microondas, el automóvil, la sopa instantánea deshidratada, y miles de "recursos" e inventos más testimonian la compactación del tiempo generada por el impacto y el efecto de la aparición de nuevos aparatos, medios y tecnologías, en la realización de actividades tradicionalmente desempeñadas de manera más simple y lenta. (En el entendido claro de que aunque un nuevo "recurso" muestre una aparente mayor facilidad superficial en el desempeño de una actividad o tarea, es producto, esencial y profundamente, de una mucha mayor complejidad tecnológica). El tiempo requerido para coser las ropas familiares, para crear los tejidos de los vestidos de la gente, para cocinar una sopa instantánea en el microondas, para viajar del Puerto de Palos a la isla de Santo Domingo, o de Detroit a El Paso, Texas..., se compactará en relación al requerido previamente para la realización de esas tareas, antes de la aparición de los nuevos aparatos y vehículos; pero a la vez que estos últimos llenarán expectativas y satisfarán necesidades, generarán otras; a la vez que acortan distancias, crean dimensiones, amplían perspectivas y ensanchan horizontes..., generan sus propias problemáticas y la necesidad de nuevos recursos e inventos hasta para -a su vez- mejorarlos a ellos mismos, perfeccionarlos, sustituirlos prácticamente de manera definitiva, o eliminarlos.

El hombre compacta actividades previas por medio del uso de nuevos medios y recursos, y llena ese tiempo liberado, con otras nuevas actividades, muchas veces aquéllas que tienen que ver con una utilización o ejercicio *ampliado* de los nuevos medios, aparatos y tecnologías que se encuentra más cerca del juego y la diversión -el *uso por el uso* del invento novedoso- que del trabajo para la realización de la tarea para la que fueron diseñados. El disparar el mosquete por dispararlo; el coser un dobladillo de una parte del pantalón que no lo necesita sólo para ver cómo funciona la cosedora eléctrica manual; el quedarse horas dando vueltas por los suburbios de la ciudad en el último modelo de auto; el jugar "tenis" veinticuatro horas seguidas en las primeras computadoras personales, los primeros videojuegos; el navegar sin dormir cuarenta y ocho horas por los mares virtuales de la información de la red mundial de computadoras.

En el estadio de desarrollo normal de un ser humano- aquél que es producto natural de la evolución sociocultural histórica reflejada en cada uno de los elementos constitutivos de su formación intelectual a partir de su nacimiento, y cuyos aprendizaje y práctica de todos los procesos cognitivos y *operativos-operadores-manufacturadores* a n t e r i o r e s , conseguidos, resumidos y compendiados paulatinamente por el hombre desde el principio de su evolución racional y conductual como especie hasta el momento del propio nacimiento de ese ser humano como individuo, se dan de manera sintética y expedita en los primeros años de su aprendizaje- el acervo de todos los logros del tiempo histórico, que "recibe" por medio de su educación -en el sentido más amplio, general, y comprensivo del término- se refleja de manera práctica, económica y positiva ya desde su primera infancia, facilitando -y fundamentalmente: *permitiéndole-* un desarrollo y una evolución integrales dirigidos hacia los estadios más modernos y avanzados de la condición humana en sus aspectos más admirables y notables. Por el contrario, el ser humano castigado por la explotación, por la inequidad de los tratamientos educativos, por la injusticia social, por las diferencias existenciales, por los menosprecios físicos, concretos y sistemáticos de la discriminación de clases, por el retraso y el primitivismo patentes en sus acciones, crecimiento, educación, actitudes, funciones, pensamientos, pretensiones, actividades, esperanzas, logros y capacidades, perderá tiempo y oportunidades de avance, de evolución libre, normal y despejada, y de actualización: frotando dos maderos para prender el fuego, haciendo las tortillas a mano, trabajando veinte horas al día para poder mal comer y mal dormir, para lograr *sobrevivir,* reinventando la rueda, el lenguaje, la escritura, redescubriendo la esencia de los números fraccionarios, de los negativos, el pastel de tres leches, moliendo las pepitas y los chiles en el metate, jalando agua del pozo, llevándola desde la noria, cultivando las papas para su propia manutención, recuperándose fortuita, empírica y lentamente de sus enfermedades e infecciones, hilando, tejiendo y confeccionando su ropa, o caminando diariamente nueve kilómetros a campo traviesa entre lodazales hasta su escuela.

También, por lo demás, la supuesta participación del peatón en la generalización de los medios no pasa de ser un falacia, pues si bien, por ejemplo, puede ver sus programas de televisión, ir al cine, tener un aparato de DVD, o hasta ir a algún show en vivo y divertirse, o disfrutar algún videojuego...,no verá ni relajado ni muy cómodamente sus programas pues lo estarán interrumpiendo las constantes llamadas telefónicas de sus acreedores(o ellos mismos tocando a su puerta) mientras él trata infructuosamente de acomodarse a sus anchas en el incómodo y desvencijado sofá de quince años de viejo (o comprado recientemente pero dentro de las modestísimas condiciones de sus compras de muebles de madera aglomerada a plazos), ni irá al cine con frecuencia, ni entrará, por supuesto, a las salas VIP; los DVD que vea en su casa no serán originales sino ostentosamente piratas; el espectáculo en vivo al que asista será de los rascuaches, o se sentará en las filas de hasta atrás de uno de los buenos; y su peatoncito jugará seguramente con un modelo viejo o reciclado de un juego de video de una compañía llamada - proposital y engañosamente-: Intendo.

Para entender el "porqué" de la importancia de estos conceptos, hay que conectarlos –como causa y efecto- con hechos como el de que la corriente económica mundial actual, aunque compleja, es bastante limitada. Se asemeja a un gran tráiler circulante en alguna de las enormes autopistas: doble volante (como en los cursos de manejo-o triple-) de conducción real al frente, llevado cada uno por los grandes líderes mundiales; en la parte delantera del compartimiento de carga, los países más avanzados y desarrollados; y así sucesivamente, hacia atrás, los demás países -en grado decreciente (y degradante) de capacidad económica-, hasta llegar a los de mero atrás que serían- por ejemplo-: Níger, República Centroafricana, Etiopía, Eritrea, Tanzania, Zambia, Mozambique y Angola –entre otros de más engañosa realidad pues su proximidad geográfica (y/o económica) a (y dependencia de) las grandes potencias permiten que se permeen ciertos elementos pertenecientes al capitalismo avanzado dentro de los estratos más inferiores de esos países dependientes, originando una mezcla de bonanza...y condiciones infrahumanas, modernidad...y situaciones prehistóricas, megacapitalismo...y cooperativismo tribal, instalaciones fabriles transnacionales con tecnología de punta...y talleres improvisados artesanales campesinos para la elaboración de piedras pulimentadas, avances científicos en literatura especializada de vanguardia...y analfabetismo generalizado disfrazado, vinos del Rhin y de California remojando paellas valencianas cocinadas en el más minucioso estilo deconstruccionista...y pulque pasado suavizando tortillas con un chile, riquezas billonarias *dollarianas*...y miserabilidades paupérrimas devaluadas *pésicas*..., mezcla que espanta, medularmente aterroriza (*verdad, México?*), y que sin analizar esos países a fondo hasta se pueda llegar a percibir que los peatones en ellos viven "mejor" que los peatones de otros países clasificados tradicionalmente como de categoría económica inferior. Pero lo limitado de la corriente actual se refiere a que dentro del concierto universal de naciones en la economía global, no es posible – como parte de ese "tráiler" –dar bandazos demasiado pronunciados, so pena de desbarrancarse todos juntos (o desprender del vehículo las partes "incómodas",pero necesarias, con el mismo resultado catastrófico). Así de simple. Ningún candidato que promueva cambios verdaderamente substanciales puede ser tomado en cuenta, y no tanto porque dudemos de sus intenciones, que podrían ser honestas, sino porque el entorno lo limitará para actuar –si es que pretendiese seguir procedimientos de los tradicionalmente conceptuados como "racionales", estrategias de las consideradas "institucionales", y vías de las llamadas "democráticas".

Cuando por azares del destino, el peatón votante consigue remover la clase gobernante en el sentido de un cambio del sistema o del orden económico, basada esa consecución en el número de votos significativo para lograr desplazar al Estado anterior y remover la organización y fundamentación del mismo, es sólo porque, de alguna manera, el sistema desplazado –o parte de sus miembros y/o aliados extranjeros en combinación con ellos –condonó por intereses propios y particulares los cambios pedidos en las urnas por el peatón; a sabiendas, lógico, de que el cambio, por drástico que se anunciara, no afectaría sus más fundamentales intereses.

Puede darse también la imprevisión o inadvertencia de los poderosos (en alguna extraña ocasión, por no prever la magnitud del cambio; y en muchas otras, como resultado de los propósitos simulados, escondidos, disimulados o convenientemente camuflajeados por parte del candidato (partido) de la oposición apoyado por los expectantes peatones.

Los cambios de tendencia en el Gobierno –por disímbolas que parezcan (o en su sentido más profundo sean) las alas del Congreso, y por diferentes que sean sus raíces y aspiraciones- no representan un verdadero cambio en el sistema económico ni en las condiciones de vida del peatón. Por diferente, revolucionario, entusiasta y demagógico que sea el discurso de "la izquierda"; o por exultante, terrorista, prometedor y tranquilizador que sea el de "la derecha".

Guardando sus respectivas diferencias de raza, Historia, recursos y paralelos geográficos, los cambios de ala, partido o tendencia en elecciones de países como Estados Unidos de Norte América en las elecciones Bush-Gore, y en la República Federativa de Brasil en las elecciones Lula Da Silva-José Serra, o inclusive en las más cacareadas y supuestamente representativas de verdadera transformación Fox-Labastida en nuestro país, no cambian la estructura arraigada del Estado ni en cuanto a los líderes del poder económico, ni en cuanto al sentido y dirección de las fuerzas de coacción del orden y la "seguridad pública" (que son en realidad sólo las fuerzas para mantener "respetada" y "legitimizada" la "autoridad" del Estado vigente y el poder del mismo), ejército, policías, fuerzas especiales etc.;ni en cuanto a la dinámica misma real del desarrollo socioeconómico. Para el peatón, en su sentido más estricto y generalizado, no representa en el fondo más que una continuidad de la obra, únicamente con algunos cambios -más o menos, y más o menos acentuados pero hasta eso, *sólo* en el estilo- de los decorados.

La misma gata pero revolcada.

Cambian los agentes de la conducción política, los procuradores de justicia -a veces-, los jefes del ejército – en ocasiones- y de la policía –más frecuentemente-, el sentido de las iniciativas de ley y la orientación de los jueces- así como otros son removidos si no siguen los vericuetos del cambio de curso-; pero el sistema económico en su raíz, y los poderosos capitalistas -o socialistas,o comunistas,en su caso- permanecen incólumes e inamovibles, de la misma forma que los altos jueces –en general- y los altos jefes de los introsistemas de coacción que han sabido posicionarse sólidamente y que saben acomodarse en la nueva caravana -mientras el nuevo gobierno elegido respete el control que tienen de su carro y se les ubique en lugar preferencial- caminan siguiendo el "nuevo" rumbo que se les marque. Algunos - Secretarios de la Defensa, de Estado, Directores, gente como John Edgar Hoover, y hasta en áreas de la supuesta defensa de los intereses del peatón, como Fidel Velázquez, "La Quina", los Gómez Urrutia, etc.- no cambian a lo largo de un buen número de años. Como tampoco la forma y carencias del modo de vida del peatón.

Con aquel tipo de "cambios conseguidos por logros democráticos", los verdaderos poderosos y el sistema económico en su totalidad pueden vivir tranquilamente. Que lo digan los líderes económicos y las grandes estructuras empresariales de Brasil de Lula, del México de Fox y de los Estados Unidos de Bush, el hijo. Con ese tipo de "cambios", también los amolados de la vida –a pesar de que puedan seguir sobreviviendo dentro de sus condiciones adversas, más decepcionados que nunca al final de los periodos de gobierno de las administraciones del "cambio", por ver que las mejoras prometidas para beneficio de su modo de vida y el de sus hijos no fueron, a pesar de las promesas y lo exaltado de los discursos de campaña, a pesar del glamour y encanto de los spots de televisión y a pesar de la engañosa energía de los primeros meses de las administraciones electas para implementarlos, implementados- sabrán, al final de la fantasía,el sueño y el entusiasmo de las elecciones, que nada, *absolutamente nada* cambió realmente para mejorar. "Cambios" de ese tipo no modifican nada esencial ni fundamental en las condiciones de vida de los peatones.

El espejismo de "cambio" promovido por los *candidatos –partidos* que prometen mejoras para la vida del peatón y una alternativa democrática plausible de gobierno para la implementación de las mismas –a pesar de lo carismáticos que puedan ser los *izquierdistas-populistas* sin dedo meñique, los extremadamente altos *administra-empresas* plutócratas con ribetes decorativos de culto populachero a la Virgen Morena y a las botas vaqueras y al sombrero, y los entusiastas *supermanes-juniors* conquistadores del mundo orientadores de los cauces de la economía e impartidores de la justicia mundial para beneficio (claro, según los dichos *místeres*) en última instancia, del hombre de la calle y de nuestra poderosa Nación que en Dios confía- es el espejismo más truculento y desalmado con el que pueda atraerse a la masa hacia un oasis que nunca existirá. Y eso de que para lograr aquel otro espejismo de manera pacífica, ordenada y puntual, debe el peatón acudir a las urnas, hacer fila pacientemente y votar con pasión y esperanza –que aquí vendría a ser equivalente a esperar con absoluta certeza sacarse "el gordo" de la lotería- es no sólamente un acto insensato y cruel por parte del Estado, sino algo innecesariamente inhumano. La más sádica y retorcida de las burlas a que cotidianamente somete la clase gobernante al inadvertido, candoroso, paciente, amedrentado e ingenuo peatón. En las "modernas" estructuras estatales de "tres poderes", de partidos de "oposición", de procedimientos "democráticos" y "públicos" de voto, y de medios electrónicos centralizados en un puñado de *mega–empresas* y *mega–empresarios*, resulta no sólo una ilusión desértica la expectativa, para el peatón, de *un cambio que realmente signifique mejorar categóricamente su situación*; es también un desperdicio de tiempo de gobernantes, legisladores y "representantes populares" -aunque necesario para justificar sus cargos y altos sueldos-, y un desperdicio del dinero destinado para "gobernar", que en su mayor parte viene de los bolsillos del peatón. De nada sirve entender que *ése* es precisamente el papel del Estado en cuanto a su manutención, conservación y perpetuación en el poder, y que por ello los líderes políticos y económicos se desviven ideando cada día formas mejores de espejear a la masa, de enfarolar al conejo, de encandilar a los cangrejos, de ilusionar al peatón con nuevos planes de ahorro, de inversión, de *points rewards* en los Fiesta Inn y tarjetas de crédito, con planes de pago parcializados, de reducción de intereses, de prestamos al minuto, de ofertas, de regalos de balones, vajillas y despensas en la compra de cantidades mínimas, de premios por fidelidad de consumo, de recompensas por volúmenes del mismo, de bonificaciones de tiempo en las adquisiciones de créditos de éste para celulares, de casas y residencias y automóviles de lujo en sorteos del PAN, del TEC, de la Lotería, de cambios de las administraciones públicas, en las mayorías del Senado, en los cuerpos policiales, de los gobernadores y hasta del presidente de la República, inclusive –cuando se da el caso- hasta con una orientación ideológica diferente para hacer soñar al peatón...; resultaría más practico y económico para todos   -hasta para que los gobernantes y líderes económicos disfrutasen más de su enriquecimiento, de su trabajo y de sus actos de explotación y corrupción contra el peatón, y el peatón de su salario y de la satisfactora conciencia de apreciar una más racional aplicación de sus impuestos-, y mucho más razonable, la implementación de dictaduras como las que han demostrado -al menos temporal y parcialmente; como, de hecho, cualquier otro sistema económico- el poder y la capacidad de armar racional y funcionalmente, y hacer avanzar la infraestructura de un país, mantener razonablemente el orden y la seguridad pública en gran medida, y mejorar en varios aspectos la vida del peatón (Porfirio Díaz, Hitler, Stalin, Castro, Mussolini, Trujillo, juntas y gobiernos militares de Brasil, Argentina, Chile, etc.- *apasionamientos ideológicos y formas de acceso al poder,aparte-*); por supuesto, hasta antes de degenerar cuantitativamente a un grado en que las mejoras cualitativas acaban por revertirse, y haciendo a un lado los excesos visibles (muchos de ellos demasiado escarnecidos febrilmente por sus contrapartes ideológicas) de la represión y la "violación" de los derechos humanos para su manutención en el poder. O sea, si se pudiera decir: atendiendo solamente a la temporada (y a la parte) *buena* – para el peatón (aunque muchos estén en desacuerdo y lo consideren un contrasentido)- de las dictaduras. Nuestras actuales "democracias" revelan tanta injusticia social, tanta inseguridad, tanta corrupción, tanta prevalencia del desorden y la delincuencia, tanta enfermedad biológica y espiritual, tanta pobreza física, económica, emocional, cultural y de miras, tanta chapuza y tal incapacidad de solucionar los problemas más profundos y apremiantes para construir una sociedad plena, desarrollada y equilibrada..., que nos insinúan la necesidad de cambios sólidos y determinantes,y nos hacen soñar, aunque sea brevemente, con la experiencia de la implantación de una dictadura (también, *brevemente*).

Por lo menos en las dictaduras no se pierden tanto tiempo y dinero tomando decisiones; ni se le da al peatón tanto atole con el dedo.

En la moderna estructura económica mundial -la dichosa globalización-, y para el perjuicio del peatón y de sus sueños guajiros de mejoría basada en la modificación de las estructuras por "la vía democrática del voto", no da -entre las tensiones ,presiones y violencias de las corrientes del poder económico y político mundial que tienen su propia dinámica y formas, inclusive ,a veces, hasta racionales, de conservarla, y las de aquéllas pertenecientes al ámbito más modesto de cierto país en cuestión- para pensar que algún cambio, posiblemente y de manera remota y sorpresiva alcanzado a través del voto del peatón, y a pesar de sus buenas intenciones, pueda representar -en términos de consecuencias reales efectivas- una modificación noble y notoria, para mejor, de las condiciones de vida, impedimento, limitación, desprotección, desamparo, inseguridad y desencanto...del peatón.

En ningún sistema donde las autoridades de supervisión del proceso electoral dependan del Estado, o cuyos jefes o cúpula directiva sean determinados por el Estado, y tengan sus intereses y expectativas más profundos arraigados en los del Estado, puede suponerse una justicia, una imparcialidad y una transparencia que le garantice al peatón el respeto real por su voto y la aceptación del mismo, si éste fuera uno de los muchos que pretendiesen cambiar substancialmente el estado de las cosas y la estructura fundamental establecida por el Estado.

Es tema recurrente la medida adoptada por las autoridades en el ejercicio del poder cuando en el año 1988 la votación popular pedía el cambio y el derrocamiento del sistema implantado, perfeccionado y perpetuado por el PRI durante décadas, a favor de la elección de un presidente que le había logrado inspirarle al pueblo la posibilidad de implantar modelos y medidas para su mejoramiento económico y existencial, un Cuauhtémoc Cárdenas que realmente *estaba ganando* la elección. "La caída del sistema" para la votación, fue una estrategia creativa y efectiva por parte del Estado para impedir el cambio político y dejar al PRI doce años más en el poder. Nunca una caída de sistema trabajó más en favor d*el sistema.*

Ningún sistema político en donde los medios masivos de comunicación sean propiedad del Estado –y aquí vuelve a venir al caso la consideración de que es irrelevante si los medios pertenecen al "ESTADO", como lo entiende un régimen comunista, o al "Estado", como aquí se plantea, en referencia al grupo de la clase gobernante donde megaempresarios, políticos y ,en muchos casos, *capos* forman la clase gobernante y poderosa que determina las rutas a seguir, las cosas a realizarse y *la preservación del estado* de las cosas; para el caso es lo mismo (en el entendimiento de que en sistemas como el nuestro los medios *siempre* serán propiedad de *el Estado*)- permitirá cambios de raíz ni los fomentará real y honestamente a través de procesos supuestamente democráticos. Podrá hasta admitir que cambie el Partido en el poder, *pero no la esencia del sistema*.

Las leyes e institutos electorales creados por el Estado y mantenidos en funcionamiento por él (con dinero del pueblo), administrados en esencia por el propio Estado en aspectos tan diversos como mecánicas de operación, sistemas, equipos y asignación proporcional de recursos –sin soslayar (claro!) su papel de arbitraje (!) en diferencias partidistas-, no son más que estructuras perfectamente engrasadas precisamente para que las cosas no cambien en lo absoluto. Ningún Estado va a permitir organismos ni a sentar las bases que pavimenten el camino del acceso al poder a otros partidos u organismos de la oposición, cuando éstos propongan cambios verdaderos.

De igual manera las cadenas de radio y televisión del Estado –sean públicas o privadas (pero estas últimas propiedad de amiguitos, socios, hermanos, parientes y/o asociados de los gobernantes, en el sentido que ya hemos comentado)– sólo favorecen-y *favorecerán-* la permanencia en su lugar del grupo en el poder (aglutinación de grupos menores en el poder), la prolongación de sus políticas, la perpetuación del estado de las cosas establecido por -y entre- los poderosos, y la ilusión -para mantener al peatón caminando todos los días hacia el trabajo, motivado y soñando con la "real" posibilidad del cambio de su incómoda, grisácea y dramática existencia– de que democráticamente y a través de su voto ordenado, libre, puntual, consciente y secreto, podrá transformar substancial, pacífica y permanentemente su situación y el estado trágico –para él- de las cosas.

Paralelamente, el estado psicológico y emocional del peatón en una sociedad como la nuestra -bombardeado por spots publicitarios de campañas electorales asesoradas por técnicos de la percepción y de la publicidad, y pagadas de acuerdo a los presupuestos correspondientes al desigual tamaño de los diversos partidos políticos-, no le permite conservar la lucidez necesaria, no sólo para entender que en una de tales estructuras su voto no hará la más mínima diferencia -ni el de sus vecinos-, sino también para escoger racionalmente el partido o candidato que mayores beneficios pueda traerle efectivamente a él y a todos los peatones *como él*; en caso de que sus votos sí pudieran hacer alguna diferencia.

El peatón en resumen, ni se da cuenta de los verdaderos alcances de su voto, ni obtiene la información veraz que le permita conformarlo, ni toma –la mayoría de las veces y por lo mismo- la decisión adecuada en su elección final del voto. Es como un jinete sobre un caballo de madera, de espaldas a lo que le parece una bifurcación de caminos, y hacia la cual ve por un espejo deformador de imagen. Mira al espejo, escoge el camino equivocado y jala las riendas del caballo creyendo que éste reaccionará, moverá la cabeza levantándola, dará la vuelta y avanzará para dirigirse, muy campante, al camino escogido por su jinete con base en la decisión hecha a través de la imagen distorsionada del espejo!.

Frases como:*"La solución somos todos"* (sic), *"Sólo a través del diálogo concretado entre los diferentes sectores de la sociedad podremos hallar la solución a los problemas…"*, *"La democracia es la única posibilidad de resolver los conflictos…"*bla, bla, bla…bla, bla, bla…, vertidas en tiempos recientes con prodigalidad y prolijidad por analistas supuestamente lúcidos y racionales descarada o inconscientemente al servicio de las grandes y poderosas estructuras gubernamentales de la comunicación, nos revelan a qué grado de incomprensión de la verdadera esencia del problema –acorde con el deseo de los políticos gobernantes- llegan algunos estudiosos y teóricos. Y a qué grado de suposición de nuestra peatonal estupidez.

Un niño, en condiciones normales y en el ejercicio de su poder, jugando, descansando o comiendo plácidamente un suculento y brillante caramelo mientras oye las razones del hermanito menor -o del amiguito- para transformar ése estado de las cosas, jamás le va a dar su propio juguete para que el otro se quede con él y juegue (salvo que él ya haya conseguido otro mejor), ni se quitará del asiento más cómodo ni le dará la porción más grande del caramelo.

Es el egoísmo natural, la avaricia propia del hombre.
Naturaleza humana. Y punto.

Uno de los principales problemas de las sociedades que se encuentran apenas en vías de desarrollo, tratando de definirse y defendiendo internacionalmente una identidad que a ellas mismas se les escapa..., es precisamente querer -y tratar de- adoptar esquemas y/o estructuras provenientes de sociedades más desarrolladas y que han llegado a dichos esquemas y estructuras después de largos y continuos procesos de evolución social.

Muchas veces los países en vías de desarrollo reciben por una especie de ósmosis sociocultural la herencia de esos esquemas importados de sus colonizadores, dominadores o países "asociados". Pero otras -producto de la comunicación y de la información extendidas y generalizadas en tiempo y espacio en nuestro mundo actual-, es en los propios países subdesarrollados donde surge la inquietud y "dignidad" de querer parecerse *a ellos*, o de no quedarse atrás y defender el derecho que todo pueblo tiene a participar de las "cosas buenas" de este planeta azul y *tener lo que otros tienen*. ¿Pues no debería ser ése el derecho de todos los peatones y de todos los países?; y surgen voces diciendo: "*Debemos tener una biblioteca a la altura de las mejores y más avanzadas del mundo*"; "*¿Cómo es que no tenemos un teatro a la altura del mejor de Europa?, Vamos a hacerlo!* "; "*¿Cómo no tenemos una Opera como la de Sydney?* "; "*¿Cómo es posible que pretendan quitarle importancia a la "educación superior" y quieran hacer un pueblo de escuelas tecnológicas?* "; y bla bla bla y así por el estilo. Los dichosos voceros de la igualdad social entre países y sociedades diversas, e idénticas oportunidades basadas en los "iguales derechos humanos" que deberían de ser para todos, olvidan que a pesar de la tan blofeada taza de alfabetización y los supuestos estudios del INEGI, México continua siendo un país que no solamente no lee, sino que en realidad *no sabe leer*.

Es deprimente el constatar la forma en que universitarios a punto de recibirse no son capaces de leer con precisión, lógica, puntuación, intención y sentido, y comprensión para entenderlo y transmitirlo, un texto gramaticalmente correcto de nivel medio. Ni qué decir del estudiante promedio de secundaria o de los niños de primaria! Olvidan que somos un país consumidor de imágenes -en televisión y comics, revistas del espectáculo y "del corazón", y libros de "culturización"-, y aunque se supone que una imagen vale mil palabras, siempre sería conveniente conocer las palabras y su significado en nuestro idioma(el mexicano se aleja cada vez más del español correctamente hablado y de las estructuras lógicas y estructuralmente correctas del mismo); olvidan que no existe una cultura auditiva, ni siquiera para permitir la correcta y precisa afinación de los instrumentos musicales de cuerda, viento, etc. en las escuelas y orquestas integradas dentro de las mismas; olvidan que sería preferible un pueblo de buenos maquiladores, buenos campesinos, buenos técnicos en computación, buenos técnicos industriales, buenos técnicos en electrónica, buenos fabricantes, etc., que permitiera por medio de su educación y capacitación -primero y como condición para unas mejores condiciones económicas, biológicas y fisiológicas y un posterior pleno desarrollo "humanístico social"- crear estructuras económicas de abastecimiento, de comercio y de servicio competitivas y rentables dentro del orden mundial(niños y adolescentes construyendo radios, televisores, cámaras, computadoras y programas; tenis, ropa, etc. estilo Corea, Japón, Taiwán, Singapur, China en sus diferentes momentos; cada uno de esos niños, púberes y adolescentes mexicanos estudiando, analizando, diseñando y fabricando un particular proyecto de teléfono o teléfono celular, en el que el estudio previo del funcionamiento de dichos aparatos y la construcción del mismo de manera sistemática, progresiva y gradual a lo largo de un año escolar, le permitiría al alumno conocer y profundizar con creces en una gran cantidad de disciplinas relacionadas con los estudios y actividades necesarios para su fabricación, y donde el resultado de dicho trabajo práctico escolar -fundamentado en una teoría *aplicada*- sería no sólo para beneficio educativo y económico del alumno, sino para el del país, al comercializar dichos aparatos a muy bajo precio -reflejo de su bajísimo costo original- en los mercados mundiales y obtener ganancias que se repartirían entre gobierno, distribuidores, *maestros y alumnos;* recibiendo estos últimos además del premio en metálico y en formación, el diploma final del curso de ese año.....; y a empezar el siguiente con los nuevos planes de investigación, estudio y análisis para la fabricación del siguiente producto -electrónico, informático, artístico, plástico,etc.), a un pueblo que no sabe más que continuar soñando sueños guajiros y pretendiendo estar a la altura de países desarrollados participando de estructuras y mecánicas propias de los mismos, sin haber pasado por las fases necesarias de desarrollo que a ellos los llevaron a ese punto de la evolución y a ese puesto de avanzada. Nuestra "dignidad" mexicana (*somos muy machos, y por qué nosotros no?, nosotros sí podemos, somos muy chingones, y por qué a nosotros no?*) nos hace olvidar que no es que se trate de no acceder a esos esquemas de mayor desarrollo y formatividad cultural y social -que por supuesto son importantísimos-, sino de, primero, sentar las bases adecuadas de infraestructura económica y social sobre las cuales se monten sólida y fructíferamente aquellas otras estructuras de contenido superior y especializado. A pesar de los talentos que tenemos, seguimos siendo -por las mismas deficiencias en la percepción de las prioridades, y en el enfoque de nuestros problemas y limitaciones y del orden de los pasos a seguir para resolverlos y superarlas- un país de chispazos, de golondrinas solitarias que nunca hacen ni harán verano (Dolores del Río, Mariles, Pedro Armendáriz, Cantinflas, "El Tibio" Muñoz, el Sargento Pedraza, Hugo Sánchez, Octavio Paz, Corona, Cementos Mexicanos, Ana Guevara, del Toro, González Iñárritu, García Robles, Mario José Molina Henríquez, y poquísimos más). Nos levantan el ánimo, nos mantienen esperanzados, nos inyectan una pequeñita dosis de ilusión futurista, nos acarician el eguito idiosincrático. Pero hasta 'ái.

Y tenemos dos corrientes de apreciación: la que quiere fomentar institucionalmente la lectura y propone hasta leyes del libro y precios estandarizados, etc. etc., olvidando que el problema fundamental no es el precio sino la falta de una estructura económica adecuada y mejorada de la pobre realidad de nuestro país que permita educar al peatón desde pequeño en la lectura conveniente, y convenientemente y por encima de la televisión basura, publicaciones basura, música basura, etc.; y la otra, que cacarea que no hace falta lo que dice la primera porque la cultura es "rentable" y "sí deja", olvidando ésta que no son lo mismo la cultura real y la comercialización de la misma -que, efectivamente, sí deja- que lo que bajo nuestros pobres criterios y de manera capciosa se nos pretende hacer pasar por "cultura" y por sus sistemas de comercialización. Aun concediéndole a esta última el beneficio de la duda, haría falta sentar las bases sólidas de unas verdaderas *cultivación* y *culturización* desde los niveles de *kinder*, preescolar y primaria, para que tuviera éxito cualquier posible intento posterior en ese sentido. Mientras no cambie fundamentalmente la estructura económica de nuestro país, será siempre y en última instancia y en el mejor de los casos: sembrar orquídeas en desiertos, darles margaritas a los cerdos, gastarse la tela en dobladillos.

El tercer mundo (y el cuarto y el quinto) queriendo entrar a la "era de la información" -e implantando parcialísimamente adelantos tecnológicos para lucimientos políticos y satisfacción de los más egocéntricos y engañosos sueños tropicales de cultura-, cuando ni siquiera ha salido plenamente de la Edad Media.

Los niños de primaria del Tercer Mundo -y eso lo sabe muy bien un niño carioca cuya mamá se queja de que en su equivalente a nuestro "desayuno escolar" le dieron solamente **un** *huevo cocido*, o **una** *cajita de leche* (!)- lo que necesitan son proteínas, buena alimentación y nutrientes, por lo menos en los mínimos niveles aceptables, que les permitan -a todos ellos, para el caso en nuestro país, no sólo a unos cuantos– alcanzar un desarrollo psicobiológico adecuado y tener la energía para tratar de aprender y comprender lo que sus maestros -muchos de ellos malamente- les enseñan; alimentación conveniente que a la vez les alivie el andar cabeceando a media mañana para venir a quedarse dormidos a eso de las 12:00 del día por raquitismo crítico, anemia galopante y botulismo crónico.

Sorprende la ingenuidad de los dirigentes, o -más bien- el grado de ingenuidad que ellos creen que conservamos(o que efectivamente muchos de los peatones poseemos): y ahí llegan los conceptos de que se requiere una prueba a nivel nacional,una evaluación de conocimientos,de procesos cognitivos,de asimilación, lógicos de razonamiento, general de grados de aprovechamiento y paparruchadas por el estilo,cuando el real, el verdadero problema radica en el sistema general económico,en la inequidad de la distribución de la riqueza,en las deficiencias de la alimentación de los alumnos, en la falta de cultura histórica y generacional no sólo de éstos,sino también de maestros y -en general- de todos los elementos humanos (y bíblicos y archivonómicos) de nuestro sistema educativo; en el papel mismo que la educación juega en nuestro Estado -o la hacen jugar- dentro del esquema total de las estructuras y superestructuras del mismo.Quieren solucionar el todo comenzando por los detalles nimios de la decoración de la planta alta de la casa(una peladurita en el papel tapiz, una raspadita en la pintura, un análisis de cuántos muebles nos están faltando para decorar bien el cuarto de los niños); y se olvidan de los cimientos, de *la base*.

Al lado de las consideraciones de que un Estado tiene la educación que se merece (o por la que ha luchado por medio de sus planteamientos, políticas,disposiciones y administraciones),marcha el entendimiento de que en un sistema político como el nuestro los planes -a pesar de lo que se diga, se pretenda y se prevea- son sexenales;y seis años no dan para reformar o remodelar los cimientos,apenas para dar una manita de pintura.

Es de enternecer, y casi le brotan lágrimas a uno por una mezcla múltiple combinada de emociones paradóxicas, el ver a un grupo de niños anémicos subnutridos de un puñado de poblaciones paupérrimas mexicanas recibiendo sus clases de educación básica con *Enciclomedia*, con su carita de entusiasmo y su pobre intelecto a todo lo que dé, mal efectuando y peor siguiendo los procedimientos neotecnológicos informáticos de la misma; y sus *asesores-maestros* procurando salir bien a cuadro en los videos promocionales del gobierno y para los reportajes engañabobos de los noticieros. *Nuestro país cuenta con veinte millones de desnutridos, pero, a pesar de eso, nuestro país avanza: ya algunos de nuestros pequeñines de primaria reciben sus clases con equipo y programas informáticos de primer mundo!*

Todos los fenómenos, situaciones y acontecimientos señalados previamente, nos llevan hasta el punto en el que podemos analizar con claridad la magnitud real de los peligros de la llamada "democratización" de los medios. Al hablar de peligros –desgraciadamente, y haciendo momentáneamente caso omiso a la significación básica de la palabra- no nos referimos a riesgos o contingencias de daños que amenazan con suceder, sino a otros que ya están *muy* presentes y en pleno vigor.

I.- Peligro de la confusión mensaje-uso.- Una de las principales falacias, la de "tu opinión cuenta", tiene que ver y está íntimamente ligada con el peligro terrible de confundir en el uso de los medios de comunicación (y/o de los soportes) supuestamente "democratizados", no ya la forma con el fondo, o el contenedor con el contenido, o el transmisor con el vehículo o con el medio o con lo transmitido -lo que de por sí es gravísimo-, sino algo peor: *el mensaje con el uso.*

En el punto en el que alguien impreparado – desalfabetizado o *desinformatizado*, en términos del uso de las técnicas de los soportes y los medios de comunicación- entra en contacto libre y relajado con ellos, lo más importante se vuelve para ese peatón no la comunicación de información de un mensaje, ni el fondo del mensaje mismo, sino **el uso,** para él novedoso, de los soportes y los medios, que también, en su caso, pasan a un segundo término y dejan de tener el lugar prioritario en los rangos de importancia del proceso mismo de la transmisión de información, salvo en lo que concierne a la acción -simple y aislada- del momento mismo en que los utiliza. Usarlos por usarlos.

La jovencita marca un número en su celular mientras su mamá echa en el carrito del súper un kilo de nopales."*Oi!, ¿Cómo stás?*-su amiga, sorprendida porque se imagina con la casi infalible intuición femenina de siempre, acentuada en la pubertad, de dónde le está hablando y qué aparato está usando para hacerlo, le responde titubeando y un poco incómoda desde su casa (ella aún no tiene celular) que bien,que está bien, haciendo la tarea; la llamadora continúa, feliz, exultante-: *Ando en la Comer, es que me acabo de comprar un cel, ves?,y dije, voy a llamar a Edith inmediatamente, a ver qué onda, no? a ver qué rola...*". Lo importante se ha comunicado: *el uso*. El mensaje es el uso.

La peatoncilla escribe en su celular "mensajes" de texto para sus amigas, pero la anécdota no se refiere a algo que ella tenga que decir o comunicar, sino al hecho mismo de que está siendo capaz de usar o utilizar ese medio o soporte en particular. Y cumplen la misma función-esencialmente- que aquellas llamadas orales por teléfono (el mismo), también insubstanciales, entre la peatoncilla, el peatoncillo, sus amigos y amigas:"*K onda?k pasó? comostás?* (fórmulas establecidas sin carga informática significativa alguna en su esencia cuando ocurren como en esos casos -la redacción equívoca y equivocada , el uso de substitutos y los errores ortográficos son "normales"); *ond'andas, yo pus aki nomás, s k vine al centr comer y pensé mandart msg...*"(la importancia la tiene el poseer un celular desde el cual pueda comunicarse, y comunicarle a sus amigas: que lo tiene , *que lo está usando,).*

Lo importante no es qué fotografías digitales se tomen, o que acción se grabe en las imágenes del video por medio de la cámara integrada al celular; lo importante es -para el peatón- hacer uso de los aditamentos, sentir que los usa, y mostrar lo que quedó registrado (o lo que traen las pantallas, los tonos y los programas alimentados pregrabados de origen) en el aparato; independientemente del valor informativo, conmemorativo o emocional del mismo.

El peatón intenta hacerse de una computadora no -en esencia- por la real utilidad que puede significar para sus actividades profesionales o las académicas de sus hijos, sino para sentir que él y su familia también participan de lo que la mayoría disfruta y comenta; y el hecho de tenerla en casa y ver a sus hijos operándola lo reconforta y le da ánimos para seguir trabajando y adquiriendo nuevos bienes de consumo; aun cuando los peatoncillos mal la utilicen para navegar sin sentido en los mares de la información, para bajar textos y fotocopiarlos y llevarlos aun sin leerlos a sus clases en calidad de trabajos escolares; para escuchar, bajar y quemar músicas en el más depurado estilo piratesco; para visitar sites de rock, de modas, de hechizos, de artistas, de chismes, pornográficos, de chistes, pornográficos, pornográficos, pornográficos, etc.; para subir detalles de su *personalidad-creatividad-existencia* a los *blogs* de alcance universal;para transmitir su imagen- muchas veces en cueros- a los cuates potenciales desconocidos por conocer del ancho mundo; para sentir que -*por fin!!*- ya pueden *chatear* -gracias, Dios!-, ya pueden comunicarse *en el mismo lenguaje* que sus compañeritos, que el mundo todo, pues ya tienen el instrumento y lo importante es utilizarlo y mostrar que lo utilizan y comunicar que ya lo están utilizando y que ya forman parte de la corriente activa generalizadora de los grandes avances tecnológicos.

Ese entusiasmo embriagador por el uso -simple y llano- de algún medio, soporte, dispositivo o artefacto, no es privativo de nuestra época. En todos los siglos ha existido el manejo o uso de las novedades con el sentido de mensaje por sí mismo. Desde las señales de humo,las palomas mensajeras, los lacres para los sobres de las cartas y el papel Bond, hasta las cámaras fotográficas, el automóvil, el teléfono y la televisión.Pero es en nuestra época particularmente señalado pues tres elementos confluyen para acentuarlo: la aceleración cada vez mayor de los tiempos de aparición de nuevos y más modernos medios; el tiempo libre disponible para su uso que algunos sectores de la sociedad han venido adquiriendo con los siglos; y la posibilidad actual de las clases bajas para tener acceso a ellos (esto último producto del aumento irracional de la población hasta extremos alarmantes y de la necesidad de *venta-consumo* en una dualidad dialéctica *causa--efecto* ,en ambos sentidos,entre industria y consumidor.

Hace años se dijo que el medio es el mensaje.

*El uso-*actualmente-*es el mensaje*.

II.-Peligro de la banalización.- Esta utilización "democratizada" no sólo provoca que la información pierda su importancia, sino que banaliza dicha información al subordinarla al uso de los medios y soportes.

En los modernos secuenciadores de teclados con síntesis de sonidos y ritmos diversos (*dichosa World Music!*) -tanto si los utiliza un admirador de la música (un amateur) cuanto un estudiante de música, cuanto el público en general-, la importancia de la creatividad, de lo que se toque musicalmente, o de cómo se toque, pasan a un segundo término ante el hecho de que lo que actualmente verdaderamente cuenta es *que se toque*. El apretar uno o dos botones y poder generar sonidos lógicamente articulados es suficiente para hacer una fiesta alrededor del aparato.

Ni se diga si se trata de sentir que el peatoncillo junto con sus cuates pueden no sólo agarrar unos instrumentos sino hacer doblajes digitales superponiendo sonidos y grabar su propio CD, estilo... *así mismo*, igualito a como los venden en las esquinas.

El hecho de que la ausencia de técnica musical, conocimientos teóricos y falta de contenido conceptual en la información, se sume a la total facilidad del manejo de los medios y soportes, provoca, además, una absoluta banalización del mensaje. Es lo mismo que darle una caja de música a un chimpancé, o una palanquita a la rata para que moviéndola consiga su comida. Con uno o dos dedos, el "ejecutante" consigue sacar del teclado acordes de tres y cuatro sonidos; pero quedará lejos siempre de los acordes de novena, oncena, trecena, de los acordes alterados, de la politonalidad, del dodecafonismo (y en el aspecto rítmico -entre otras cosas- de la polirritmia), etc. El uso "democratizado" de los medios y soportes no sólo produce mensajes e información simplificados y de simplezas, sino que –peor aun-produce una simplificación y una simpleza de la información y los mensajes subsecuentes, al poner en la mano del peatón las herramientas que-simplemente-no pueden producir otra cosa. Si con un dedo y dos botones puede el peatón animar la reunión del día de las madres, e interpretarle las mañanitas a su santa jefecita Doña Peatonza (o a la virgencita del Tepeyac, que para al caso viene a ser lo mismo), ¿qué sentido puede tener aprender a fondo nociones de solfeo y armonía para intentar nuevas y más interesantes-y diferentes- estructuras musicales?

III.-Peligro de la estupidización.- Por otra parte, las grandes compañías fabricantes venderán más unidades a más peatones mientras menos les compliquen la vida a éstos al momento de pretender utilizar los medios y soportes que aquéllas fabrican, y más les simplifiquen los pasos de operación y el uso de los mismos. Igualmente, venderán más, mientras más linduras sea capaz de "hacer" el peatón (?), con sólo mover un dedo y con el menor esfuerzo. Todo esto circunscribe, moldea, deforma, limita y castra la imaginación, la potencialidad de raciocinio y el talento-y el espíritu-creativo del peatón.

La facilidad del manejo de los medios y soportes es promovida precisamente por las grandes empresas fabricantes para asegurarse de que las instrucciones de fácil manejo de los aparatos, programas y sistemas puedan ser seguidas, por ende, entusiastamente adquiridas en los centros comerciales, desde por niños en edad preescolar hasta por indígenas y pueblerinos alejados de la "civilización"; desde púberes y adolescentes vagos calentadores de pupitres en secundarias, chimpancés dejados a la buena de Dios y mujeres con retraso mental mientras hablan por teléfono o se pintan las uñas, hasta por albañiles iletrados y torpes, y ancianos decrépitos en la última fase de Alzheimer.

Aun los programas supuestamente especializados para el desempeño de actividades con un más alto grado de complejidad acaban por limitar, volver romas y anquilosar los talentos, aptitudes, capacidades, destrezas potenciales, espíritu analítico y creatividad del usuario; con el tiempo, primero se los atrofian, después, terminan por aniquilárselos por completo.El problema no se reduce al hecho de que el usuario deja de llevar a cabo tareas que en estricto sentido son esenciales para el desarrollo y la realización de otras dentro de la misma actividad que *é l* debería saber desempeñar, conocer a fondo y dominar profundamente tanto en el conocimiento teórico de su razón de ser cuanto en la práctica y técnicas efectivas de aplicación -cediéndoselas a los soportes y programas de los aparatos y equipos-, sino que en muchas ocasiones los equipos y sistemas le proponen, ofrecen y entregan - automáticamente- substitutos, soluciones y procedimientos completamente limitados y que desvirtúan el sentido mismo del acto en cuestión. El usuario termina por entender que así debe ser, que no hay forma de hacerlo de otra manera, o -si fuese muy inteligente y creativo- por descubrir el hilo negro veinte veces al imaginar y llegar a soluciones que simplemente ya existían, aunque no se encontraran implementadas en el limitado sistema o programa dentro del cual el usuario trabajaba.La fuerza creativa y de soluciones de dicho usuario se vería más gratificada si partiera de programas absolutamente actualizados y desarrollados al máximo -perfeccionados, *up to date-*, y realizase en ellos -con ellos y por medio de ellos- únicamente aquellas tareas que le representarían un ahorro de tiempo o dinero en la realización de cosas que *él* ya sabe realmente hacer. De lo contrario se cae indefectiblemente en la torpeza, de acción y de miras.

Un joven y experimentado programador de computadora -inclusive con conocimientos musicales adquiridos en una de las modernas "escuelas" de "música"- contratado para una sesión de grabación no lograba comprender el sentido del término *rubato* para un fragmento musical de estilo profundamente romántico que yo quería aplicar en uno de los instrumentos del sintetizador sincrónicamente interconectado (MIDI); cuando por fin pude hacérselo entender, no fue capaz de obtenerlo de la computadora pues el programa que estaba utilizando simplemente no era capaz de efectuarlo!

Una alumna de arreglismo musical, que sistemática y exclusivamente había sido instruida en la escritura y transcripción de signos y frases musicales por medio del manejo de programas de computadora para dichas tareas (cuando quería escribir alguna música la tocaba en su teclado conectado a la computadora y ésta organizaba la caligrafía musical y le mostraba el resultado en la pantalla, después la alumna oprimía la tecla de *imprimir* y... voilá! aparecía por ahí una hermosa hoja parecida inclusive a las de las partituras de las obras de los grandes clásicos, claves, alteraciones, silencios, corcheas y semicorcheas incluidos en los flamantes pentagramas -dentro de ella misma,la alumna no podía sentirse más orgullosa-), era -en realidad, y sencillamente- incapaz de identificar los sonidos auditivamente, racionalizar el orden en que se encontraban, percibir los valores rítmicos comparativos de las diferentes notas, y escribirlos de puño y letra en el papel pautado.Cuando se le pidió un día que oyera una frase musical y la escribiera en el papel pautado (cosa que cualquier alumno de solfeo -de los de antes- podría haber hecho)...la alumna se bloqueó, entro en colapso generalizado;no pudo! No solamente no conseguía distinguir cuáles eran los nombres de las notas y acordes que estaban sonando o su relación entre ellos, sino que tampoco pudo dibujar decentemente una sencilla clave de Sol! Al preguntársele por qué razón no había colocado una armadura diferente para los instrumentos transpositores, comentó que estaba acostumbrada a que el programa de su computadora las pusiera siempre *todas* igual, pues al querer darle la orden de cambiarlas y detallarlas selectivamente, el programa no discriminaba y cambiaba todas y se "*echaba a perder todo*"(!) Cuando se le preguntó por qué razón había escrito algunas notas para la batería (de las pocas que había podido descifrar rítmicamente) en ese determinado lugar, respondió que porque *ahí* las escribía siempre la computadora (!!!) Se le requirió entonces que dibujase ella misma una clave de Sol en el papel...y mal pudo realizarla, de manera torpe y casi como un garabato!!! -"*¿Qué!, no trae usted papel pautado, con pentagramas, para ponerse a practicar por lo menos la caligrafía musical?!*" -le dijo el maestro sorprendido cada vez más, gritando y manoteando, casi histérico-; -"*Papel pautado?...pen..t..ag...romas??* "- respondió la alumna.

Y así, variando las palabras y aplicándolas a muchas otras actividades de nuestra vida actual, podríamos construir infinidad de episodios similares representados -*vividos*- por los peatones usuarios de (en realidad *usados por*) los medios y soportes.

El problema mayor -en términos de una peatonalidad esperanzada en una evolución mejoradora de sus potencialidades, capacidades y condiciones de vida- es que la moderna tecnología súper capitalista global, "democratiza" los medios y soportes para venderle más unidades de bienes de consumo al peatón, para darle la sensación de acceso a niveles superiores de vida y consumo, de mejoras de vida, y de participación en la dinámica social; y –por supuesto (y analizando esto como hechos, sin entrar en las profundidades de las posibles intenciones torcidas o de la mala fe, que sin duda también existen)- para condicionarlo y limitarlo a estructuras simplificadas de racionalización y de operación, que terminan por impedirle desarrollar sus propias formas de interacción con la realidad y su capacidad de modificación de la misma.

Todo ello es como permitirle a la criada -que no maneja, *que nunca aprendió a manejar*- que salga de repente de la casa conduciendo el Ferrari del patrón y muy emocionada subida en él. Si el patrón es Schumacher, Alonso, o alguien por el estilo, el contraste se nos presenta con la misma dramaticidad que en los ejemplos de nuestras consideraciones. La criada hasta es posible que avance algunos metros antes de chocarlo, o en última instancia, que consiga llegar hasta la esquina; pero el sentido mismo del uso de un automóvil como ése, se pierde; se banalizan igualmente la utilización y las funciones del mismo, al no usarlo para lo que sus características más avanzadas señalan como su máxima utilización potencial y funciones de máximo provecho; se confunde la importancia del *para qué manejarlo* y *cómo manejarlo*, con la importancia agigantada del uso, de *simplemente: manejarlo*; y se vicia toda posible relación funcional con el vehículo al confundirse los parámetros y puntos de referencia y creer que el simple uso del mismo y la capacidad de hacer uso –de cualquier manera, de la forma que sea- de él, categoriza, capacita instantáneamente y autoriza para manejarlo.

Imagino a la sirvienta avanzando a jalones por la calle –pero muy emocionada estilo niño de cinco años mordiéndose la lengua lateralmente entre los dientes y haciendo sonidos onomatopéyicos de arrancones –y diciendo: "*Qui'úbole!,Qué tal, eh? soy Chúmaker!!!*"

Si, además, se le aplaude y se le festeja..., jamás, *jamás* aprenderá –entre otras cosas- a manejar. Hasta porque acabará en el cementerio, en algún sanatorio, o en la cárcel; o -por lo menos- despedida y sin trabajo.

En nuestro mundo informático, global y "democráticamente" comunicado, se confunden la información del mensaje, y la importancia y el contenido del mismo, con los de la técnica del uso - reducida a una mera manipulación- de los medios y soportes de la comunicación, y con los del uso *en sí*. Como si un mudo adquiriese la capacidad de emitir sonidos consonantes y vocales y se quedara en el estrato de creer que usar sus cuerdas del habla es lo importante, y anduviera por la calle balbuceando incoherencias para mostrar orgulloso su nueva capacidad (lo que en su caso se justificaría por la felicidad de tan importante adquisición, pero no es el caso), y se olvidase de que lo significativo de la misma sólo tendría importancia –y la máxima posible para él- en el momento –y sólo si- le permitiera dicha adquisición transmitir mensajes de utilidad para su efectiva interacción personal y social con el mundo, a través de una comunicación realmente denotativa, connotativa, significativa, concreta, enlazante, contactante, creativa y profunda.

IV.- Peligro de creerse aquello de "El mundo a tu alcance";...o que lo tienes ("...*desde la comodidad de tu casa*").- La sensación más importante que las modernas estructuras dirigentes tratan de implantar –y lo consiguen con éxito rotundo – en la mente y las emociones del peatón, es la de que puede vivir, desplazarse, incidir, actuar, viajar, triunfar y desarrollarse en el mundo, siempre desde la comodidad de su departamento o desde su pueblito perdido en la serranía. Con el mínimo esfuerzo, con la comodidad de marcar un número telefónico, teclear un E-mail o acceder a un web site sin salir del hogar o de su cuarto, el peatón puede "conocer" los canales venecianos, las laderas del Kanchenjunga o las profundidades de la Sinforosa; puede conversar con sus amigos, intimar con auténticos desconocidos y hasta hacer el amor virtualmente; puede pedir información de vuelos, reservar pasajes, adquirir boletos; puede comprar desde un horno eléctrico giratorio portátil, hasta unas embarradas de baba de caracol, de oso hormiguero, aparatos mecánicos para gimnasia y vibradores - consoladores eléctricos *clítori-vaginales* con rugosidades plásticas *rosa-fluorescente*; puede entrar a promociones, redimir puntos de programas de fidelidad, escuchar música, ver películas, transmitir su voz e imagen, enviar y recibir pornografía, abrir cuentas de banco, hacer traspasos , inversiones, transferencias, pagar tarjetas de crédito, etc.

El peatón se convierte en manipulador y partícipe de una realidad, con el único problema de que esa realidad es en última instancia, *esencialmente virtual*. El ciberespacio denota en ocasiones una realidad y la refleja y se refleja en ella; y puede tener connotaciones diversas; pero, a pesar de tener sus propiedades intrínsecas de uso y participación, no es la realidad objetiva en sí, y aunque algún accionar pueda resultar incidente en ciertos aspectos de ésa, la verdadera realidad, será sòlo en aquellos en los que la conveniencia y el beneficio resultaren mayores para las grandes empresas, no será una incidencia profunda ni efectiva en términos de modificación significativa de las condiciones de vida del peatón (usualmente sólo servirá para reafirmar las estructuras de control del grupo gobernante y para llenar aun más sus bolsillos), y posee la inmensa y terrible desventaja para el peatón de alejarlo cada vez más de ella.

Una simple caída de sistema le impedirá tener acceso temporal o definitivamente a sus cuentas bancarias, al conocimiento de los conteos de su voto, al lugar de ubicación de sus hijos, a los horarios de salida de su vuelo, a la información general; a la continuación de su vida.

La empresa, por otra parte, deja de tener visual y objetivamente una dirección física ubicada -y ubicable-, para convertirse en un reflejo cibernético, una estructura informática, un ente virtual, un E-mail, un web-site.

El sueño dorado de los poderosos es que uno marque los números 01 800...; que "hable" uno con las grabaciones digitales; que teclee uno el dos, el tres, el cinco para ingresar a buzones diferentes; que si habla uno con *alguien*, ese alguien esté, junto con otros colegas suyos acomodaditos en filas y en hileras desempeñando su oficio sumisos, comportados, ordenados como en fila jaladora de piedras con cuerdas egipcia, galera romana, escritorio catolico conventual, en moderna esclavitud *cristiana-musulmán* (unidos en lo que realmente importa) Siglo XXI, dentro de algún *call-center* de la India, de Uruguay, de El Salvador, lejos..., lejos...; y la empresa matando también con eso, claro, varios pájaros de un tiro, entre ellos los que tienen que ver con la obtención de servicios y mano de obra a precios no de risa, sino de llanto (y amargo), y con el distanciamiento psicopráctico entre la "empresa" -o entre la parte "audible" de la organización corporativa(la única que podemos conocer)-, y el cliente -aun cuando, no obstante lo anterior (trátese de dependencias gubernamentales, estructuras de grandes partidos políticos o transnacionales capitalistas), intenten todas inculcar en sus clientes la idea de la atención pronta y eficaz, el trato familiar y respetuoso, y la importancia de dejarlos plenamente satisfechos, física y anímicamente, en cada llamada("*Tú llamada es importante para Organización La Cumbre...*","*Usted es muy importante para el Grupo AlfaTech, muchísimas gracias por acercarse a nosotros, habla Esmeralda Lunan, en que le podemos servir?*","*Lo transfiero a otra extensión, no vaya usted a colgar, un momento por favor...,recuerde que lo queremos mucho...*"(vocecitas amañadas, música digital torturadora de espera y caricias orales telefónicas incluidas)-; siempre para mantenerse lo más lejos posible de uno; que nunca se le vaya a ocurrir a uno presentarse personalmente con ellos y las compañías que representan; que use uno referenciales de segundo y tercer grado (referenciales de referenciales) de la realidad (tarjetas de crédito, boletos electrónicos, etc.- hasta porque la implementación de las nuevas leyes necesarias para el control de los abusos que las empresas hacen de los sueños, expectativas, necesidades e ingenuidad del peatón, de manera más contundente, efectiva y creativa a través de los nuevos medios y soportes que van descubriendo, inventando y fabricando, llevará tiempo e irá siempre veinte pasos atrás de los ilícitos que pretende controlar) ; que se inscriba uno por *mail*, que se queje uno por medio de los *mails*, que llegue uno a hacer manifestaciones por *mails*, con imágenes de video de nuestras protestas en archivos adjuntos que les enviemos adosados a nuestras cartas electrónicas de desesperación electrónica,; siempre, siempre a una grandísima –*cada vez mayor*- distancia física –*far, far and away*- de las cosas concretas y objetos reales.

V.-Peligro de llegar a creer que se existe (por aquello de que *estoy*).- Si ya la televisión había logrado influir en los peatones la idea de la necesidad de figurar en ella (*salgo en televisión, luego existo*) para poder sentir que en efecto *estaban ahí* y , por consiguiente, "*existían*" , de manera similar y correspondiente la supuesta "democratización" actual de los modernos medios -en su peor ángulo- consigue darles la idea de que si logran estructurar *su propia página* en la web, acceder al suficiente número de *blogs*, figurar en las listas de usuarios más frecuentes de los servicios de Internet, recibir los correos electrónicos de promociones y ofertas con la abundancia que amerita su presencia en los directorios -inclusive a través de varios E-mails registrados a su nombre-, participar en los intercambios de *mails*, en los *chateos* colectivos y en las intercomunicaciones audiovisuales electrónicas en tiempo real a través de la red, en suma: si consiguen *estar,* de esos modos y en todos lados..., van a conseguir *existir*.

VI.-Peligro de llegar a creer que se *es* (por aquello de que me visto y me estructuro, por aquello de que existo, por aquello de que estoy, por aquello de que me ven)... o **El "emperador" del traje** (que no *El traje del Emperador*).- Pero un peligro infinitamente mayor se agazapa en el hecho de **creer** que, de la misma manera, pueda llegarse -además!- a conseguir *ser*; y ello, fundamentalmente por medio de la adquisición de una "personalidad", "específica" y "definida" (que suplanta -eliminando, por otra parte, cualquier posibilidad de formación de la otra- a la que podría ser real, substancial, de origen y características esenciales y naturales, y potencialmente mucho más poderosa), *a través* de la cual (por expresarlo incluso de forma gráfica) se logre, en última instancia: "tener"(!) "verdaderamente"(!) una *esencia conformadora substantiva integral* (!!!); en pocas palabras, el peligro extremo radica en el hecho de creer que por medio de la conformación, la estructuración, la utilización y el aglutinamiento de mercancías, espejitos, abalorios y fantasías se pueda llegar, por fin: a *ser*, en realidad.

Los animales existen a su manera por sí mismos. Nosotros -cuando el desarrollo del cuerpo y de la psique son deficientes, incompletos, viciados, insubstanciales- dependemos irremediablemente del vestuario físico, psicológico y funcional, no sólo para convivir, funcionar y relacionarnos adecuadamente con los demás insubstanciales como nosotros -haciendo ellos lo mismo que nosotros para corregir su insubstancialidad-, sino para dormir de alguna manera satisfechos y tranquilos sintiendo que realmente existimos -en términos humanos: *somos*-, que tenemos ciertas propiedades y características esenciales, propias y fundamentales, mismas que casi nunca poseemos o conservamos intrínseca, interiormente (hasta porque nos encargamos sistemáticamente de soslayarlas, postergarlas, apagarlas, aniquilarlas), sino que son el resultado del vestirnos *total e íntegramente* con una inmensa multiplicidad de objetos pegados al cuerpo, y con el uso de otros de diferente tipo pero de igual finalidad, y que sirven al mismo propósito: darnos peso, forma, presencia, color, actitud, definición, posibilidad de impacto, o -por lo menos- de supervivencia social, y -en la medida de nuestra dependiente interacción cotidiana con nuestros semejantes-, finalmente: *propia*.

Los pañales, los calzones, las camisas, blusas, vestidos, sacos, la ropa en general; los aceites, lavandas, perfumes; las cremas, bilés, rubores,maqueillaje; los juguetes, los vehículos que manejamos por jugar o con la finalidad de transportarnos; las credenciales,los diplomas, los títulos, las insignias, las placas, los números exteriores de las casas, las leyendas en las camisetas; los departamentos, casas, chalets, residencias, mansiones, villas de campo que usamos y nos ponemos encima; las plumas, portafolios, mochilas, libros y libros forrados que cargamos(y exhibimos); los televisores, teléfonos, revistas, espectáculos "en vivo" a los que asistimos, en los que nos metemos; computadoras, Blackberrys, laptops, teléfonos celulares, accesos a la red, navegaciones en la misma, etc.; las cartas escritas a la manera antigua, las tarjetas de felicitación de cumpleaños, los e-mails, mensajes de texto por teléfono celular, los *chat rooms*, *web sites*...; y el uso mismo que llevamos cotidianamente a cabo -de manera múltiple, variada y ostentosa (muchas veces aun de modo inconsciente)- de todos esos elementos conformantes de nuestro más real, permanente, personal y característico vestuario..., funcionan en nuestra moderna sociedad -más que nunca, en ninguna otra época histórica (por la pérdida de independencia y de individualidad en el hombre común actual, y la enajenación y adulteraciones reflejadas física, emocional e intelectualmente en su persona- como el substituto de los valores, de las capacidades, de la cultura, de la educación, de las nobles y esenciales propiedades físicas, biológicas y fisiológicas, y hasta de la personalidad más intrínseca y fundamental, positivamente creadora y satisfactoriamente retributiva, substancial y colorida, valiosa -y *válida*- y supuestamente eterna: la inmensamente potencial natural esencial y grandiosamente ambiciosa evolutiva única y maravillosa del ser humano.

 Acaban vistiéndolo y dándole forma y presencia -para *él* una esencia válida- al peatón, allí, donde no hay nada. De manera inversa al cuento del traje del Emperador,en el que los súbditos "veían" o decían ver un hermoso traje donde no había más que una simple persona gordinflona desnuda, la gente ve ahora, en presencia de todos esos artefactos, artilugios y artificios...: *una persona!* -y aquí volvemos al sentido denotativo original del vocablo-, e inclusive la percibe con ciertas características físicas, intelectuales, emocionales y psicológicas definidas surgidas de aquel vestuario impuesto y autoimpuesto (traje elegante, corbata, pisacorbata, camisa de algodón peinado, mancuernillas, zapatos de lujo, abrigo largo, blusa de seda, de marca, falda a la moda, de marca, maquillajes, afeites, lociones, perfumes, todo de marca, pins, piercings, tatuajes, tarjetas de crédito personalizadas, credenciales, pañuelos bordados, calzones y pantaletas de satín, brassieres de encaje, portafolios, plumas y lapiceros, todos y todas y todas y todos de marca, laptop funcionando en contacto con el mundo absorviendo información mandando recibiendo mensajes imágenes, platicando chateando, teléfono celular pequeñísimo funcionando, videoteléfono, cigarro humeante, pareja del brazo, automóvil de lujo con televisor en los respaldos, en el tablero, en el techo ahí al lado de la ventana del *sun roof*, etc., etc., etc.),como un verdadero y pleno ser humano, una verdadera persona, allí donde -en esencia, adentro y en el fondo- en realidad *no hay nada*.

En una especie de milagrosa transubstanciación de lo inanimado a lo vivo -de los elementos sin conciencia a aquellos que en cierta medida la poseen-, una especie de ente virtual llega a tomar forma dentro del traje, y hasta se da el lujo de "pensar" que *está,* que *existe,* que *es*.

VII.-Peligro de llegar a creer que se cuenta.- Si con la procreación que los medios masivos de comunicación hicieron de él, y el bautizo que los medios informáticos le administraron, el peatón llegó a adquirir "vida", "presencia", "esencia", "existencia" y "personalidad", no es de extrañar que suponga que también puede accionar dentro del mundo,ser tomado en cuenta y en consideración por las grandes estructuras que lo gobiernan, lo limitan, lo controlan, lo someten, lo reprimen y lo oprimen, y provocar con sus acciones ciertos cambios y modificaciones a esa estructura,que lo ayuden -sencillamente- a mejorar sus patéticas y dramáticas condiciones de vida (condiciones que, por otra parte, no siempre percibe en su terrible realidad por estar más ocupado -y distraído- en la percepción de la "realidad" de la que los poderosos quieren que se ocupe). Es claro que el peatón sólo posee una cosa: *función*. La de trabajar y servir de criado, apoyo, tapete y soporte de las clases dominantes; de abono. No sirve -ni es útil para ellas- para otra cosa. No es tomado en cuenta (en sus necesidades, deseos e inquietudes) para otra cosa que no sea ayudar a reforzar con ellos, o incluso con la satisfacción parcial de ellos) la posición y el poder de la clase gobernante. En su más concreta realidad cotidiana, ni existe, ni es, ni está... *ni cuenta*.

Esa función característica y eterna del peatón me sugirió esto alguna vez:

EL HOMBRE MASA

¿Qué sería del mundo sin la masa?
sin el hombre que sólo duerme
que sólo come
que sólo sueña,
sin el hombre ¿qué pasa?

¿Qué sería del mundo sin el hombre
que sólo es un número en el banco
un papel en las urnas
un animal de campo
una mano que limpia
los engranes de las máquinas,
un nombre chiquitito
en las listas telefónicas,
una foto sin gloria
ni fama
en las revistas de los pasaportes,
un reflejo pálido
frente al televisor,
un holograma verdoso
iluminado
mantenido
creado por las computadoras

alumbrado por los datos,
un fantasma hundiéndose
en los pantanos
de cristal
líquido?

¿Qué sería del mundo sin la masa?
¿sin el hombre sin más elementos
que el constante peso ancestral
de sus heredados sufrimientos?

¿Quién habría cazado el jabalí?
¿Quién habría llevado -aquellos días
del sol recalcitrante,
paisajes temblorosos y aire puro-,
las piedras de faraónicas proezas,
los bloques de los regios monumentos
a las carentes vanidades?

¿Quién habría sudado cataratas
para desvencijar los pedernales?
¿Quién habría cargado con el peso
de darle liviandad a los torreones
para apuntar al cielo
el afán loco de las catedrales?

¿Quién habría seguido a Gengis Khan?
¿quién a Mahoma?
¿A quién Jesús le habría dado el pan,
su sangre, su deshonra?
¿Quién habría formado con sus cuerpos
la gigantesca alfombra

de cuerpos, penachos, sangre y pies
que como palpitante cempasúchil
recibió las pisadas mancillantes
de don Hernán Cortés?

¿Quién habría entintado el mar
en las costas de Chipre?
¿A quién le cupo el retorcido honor
de lograr que la armada
no fuera realmente invencible?
¿Quién habría seguido a Carlomagno?
¿Quién habría abrazado al rey Arturo?
¿Quién habría peleado por cien años,
por los sacos de té, por los sepulcros?

¿Quién habría resultado mejor
para servir en los ingenios,
en las mesas de Atlanta,
en las haciendas de Chandrakpukta,
en los safaris de África o de Rusia;
para servir de blancos siendo prietos,
cobrizos, rojos o amarillos;
quién mejor que los negros, los indios y los chinos?
¿Quién serviría de carnada,
como cobaya, como muestra, como prueba?
¿Quién pesaría el martillo hasta el cansancio
para dejar bien lisos y con brillo
los aceros que recubren los cohetes
de la NASA?
¿Quién habría posado para la fragua de Vulcano,
en la Ronda Nocturna y en Las Lanzas?

¿Quién formaría las filas en los cines,

los supermercados
y los días de liquidación de temporada?
¿Quién compraría los millones de ejemplares
de los hombres de acero,
de los súper espías,
las historias de muertos,
las historias capciosas
de los niños que estudian
para ser hechiceros?

¿Quién llenaría los estadios,
las arcas de los bancos
con su microscópico
pero gigantesco salario?
¿Quién atascaría las explanadas
de los conciertos
para brindarles sus doscientos
o trescientos
mil pares de oídos
a las sinuosidades de Elton John,
Nirvana, Guns and Roses y los Rolling Stones?
Bueno, ¿quién habría servido mejor, con más afán
que el hombre masa
para demostrar el poderío de una bomba nuclear?
¿Quién moriría por apoyar al Vasco,
al Boca Juniors,
al Manchester United?
¿Quién rompería botellas
y encajaría los clavos de esa nueva crucifixión
en el paroxismo de una exaltación
mayor que aquella
de los místicos
-ésta, la de los *tifosi* con los *hooligans*-,
quién si no los fanáticos de Albión?

¿Quién danzaría mejor
y con más noble intención
el ballet de su desgracia
que el populacho
cada día de elección,
cuando emotivo e ilusionado
reproduce la farsa de la
democracia?
¿Quién marcharía mejor
y con más propiedad
en las protestas y manifestaciones
contra la violencia
que los miles de hombrecitos masa
cargando veladoras,
entonando canciones
contra IRA, ETA
y escuadrones,
siendo la estrella del noticiero
de las televisiones
para después marchar a casa satisfechos y
morir en uno de los callejones?

¿Quién pagaría los yates de los ricos,
los viajes a Mikonos
de los dueños de empresas,
los aviones Global
de los políticos
para transportar el caviar,
los patos y salmones
para la última fiesta,
y quién descargaría
las cajas de botellas,
y después cargaría y serviría
las mesas?

¿Quién pagaría los viajes a la luna
y las Guerras de Estrellas?
¿Quién colocaría los andamios
de las torres gemelas,
los tabiques de los Club Med
y los castillos
para luego admirarlos desde abajo
y por fuera?
¿Quién lavaría, pues, los ventanales
de los últimos pisos?

¿Quién al acabar la función
limpiará los pasillos, las butacas
los baños
de papeles, envases, *pop-corn*
y desperdicios
y quién marchará después
preocupado -en el metro-
y pensando en sus hijos, en los pagos
en el auto, en los préstamos
hacia su casa?
¿Quién si no el hombre común
si no el hombre que pasa?

¿Quién saldrá hasta el final
de las tripas del teatro,
recogerá su abrigo
y apagará la luz?

    La "democratización" de los medios -hemos visto- funciona no sólo en el sentido de que el peatón consigue acceso a ellos, a su uso más o menos diario, de cierto modo formal y, en cierta medida y bajos ciertos ángulos, aparentemente irrestricto, sino que le acercan el poder, los poderosos, los duques, los reyes y los príncipes - y sus vidas, costumbres, vicios y milagros-, trayéndoselos a su casa; y acercándolo a su vez a ellos. Nunca estuvo la gran masa más cerca de ellos. La fantasía del "acceso", la "aproximación", y "la convivencia" con los pináculos de la estructura funcionan a la perfección como una gran zanahoria atada, colgando de un gran palo, pendiente a unos centímetros tan sólo del hocico rebuznante del asno.

A la manera de lo que sucedió cuando se quemaron los ejemplares de los libros en el feroz incendio de la Biblioteca de Alejandría -y de lo que ha venido pasando con los libros desde entonces-, los modernos medios electrónicos no serán verdadera y realmente democráticos -y para algún cierto beneficio del hombre de la calle, del peatón- hasta que se hayan quemado los espacios virtuales, o caducado, y dado paso a más nuevas, sorprendentes -y elitistas- tecnologías.

Alea iacta est.

(Cuernavaca; Morelos, 5 de Enero de 2009)

www.ingramcontent.com/pod-product-compliance
Lightning Source LLC
Chambersburg PA
CBHW020742100426
42735CB00037B/165